汉语国际传播与国际汉语教学研究丛书　总主编：吴应辉
Series of Chinese Language Globalization & International Chinese Language Teaching Studies
Chief Editor: Wu Yinghui

移动端国际汉语教学研究

Yidongduan Guoji Hanyu Jiaoxue Yanjiu

谷陵　胡俊茹　马玉佩 / 编著

中央民族大学出版社
China Minzu University Press

图书在版编目（CIP）数据

移动端国际汉语教学研究/谷陵，胡俊茹，马玉佩编著.—北京：中央民族大学出版社，2022.12

（汉语国际传播与国际汉语教学研究丛书）

ISBN 978-7-5660-2170-0

Ⅰ.①移… Ⅱ.①谷… ②胡… ③马… Ⅲ.①移动终端－应用－汉语－对外汉语教学－教学研究 Ⅳ.① H195.3-39

中国国家版本馆 CIP 数据核字（2023）第 003915 号

移动端国际汉语教学研究

编　　著　谷　陵　胡俊茹　马玉佩
责任编辑　戴佩丽
封面设计　舒刚卫
出版发行　中央民族大学出版社
　　　　　北京市海淀区中关村南大街 27 号　　邮编：100081
　　　　　电话：（010）68472815（发行部）　传真：（010）68933757（发行部）
　　　　　　　　（010）68932218（总编室）　　　　（010）68932447（办公室）
经 销 者　全国各地新华书店
印 刷 厂　北京鑫宇图源印刷科技有限公司
开　　本　710×1000　1/16　　印张：38.25
字　　数　460 千字
版　　次　2022 年 12 月第 1 版　2022 年 12 月第 1 次印刷
书　　号　ISBN 978-7-5660-2170-0
定　　价　173.00 元

汉语国际传播与国际汉语教学研究丛书总序

吴应辉

目前来华学习汉语人数不到全球学习汉语人数的1%，而在中国境外学习汉语的人数达全球学习汉语人数的99%以上。国际汉语教学已成为学术界关注的一个热点，然而从目前出版和发表的有关论著来看，研究对外汉语教学的很多，但研究国际汉语教学的很少。汉语国际传播及国际汉语教学的实践已经超前于理论，或者说我们的汉语国际传播及国际汉语教学理论滞后于实践。作为国际汉语教学的从业者，大家都应肩负起历史使命，对汉语国际传播及国际汉语教学进行研究，深入探讨相关的理论和实践问题。

中央民族大学在20世纪50年代就开始了对越南学生的汉语教学，成为当时中国最早接收外国留学生的八所院校之一，但在对外汉语教学学科建设方面起步较晚。近年来，中央民族大学国际教育学院调整了学科建设方向，将研究力量集中于汉语国际传播和国际汉语教学。在学校的大力支持下，我们的国际汉语教学学科建设已经取得初步成果。我们在全国高校中率先在语言学及应用语言学专业博士研究生培养中设立汉语国际传播研究方向；我们是全国第一个明确把“国际汉语教学”列为重点培育学科加以建设的汉语教学机构；我们创新性地设计并组织实施了“汉语国际教育硕士”的“1+2+X”培养模式；我院绝大部分专职教师和20多位中外博士生都把研究方向集中到了国际汉语教学及其重要组成部分——汉语国际传播上，研究领域包括泰国、马来西亚、缅甸、韩国、美国、越南等国家的汉语传播问题，内容涵盖国际汉语教学宏观和微观层次的诸多问题；我们已承担了包括两项国家社科基金课题、教育部新世纪优秀人才支持计划项目和教育部人文社会科学项目在内的多项汉语国际传播纵向和横向课题；我们正在进行国际汉语教学案例库和汉语国际传播数据库建设。

我们才刚刚起步，我们愿不断努力，与兄弟院校一起在汉语国际传播和国际汉语教学领域拓荒、播种，并愿意与国内外同行分享我们的收获。我们将以全球化的视野、国际化的思维和创新务实的行动，努力开展汉语国际传播和国际汉语教学研究，推动国际汉语教学学科建设，为汉语和中华文化走向世界尽绵薄之力。

经过中央民族大学国际教育学院两年多的策划和研究，汉语国际传播与国际汉语教学研究丛书陆续开始出版了。希望这套丛书能从各个侧面对国际汉语教学学科的形成和建设起到支撑作用，能为国际汉语教学的专家学者带来另一种清新的学术空气，给青年学者和博士、硕士研究生选择未来的研究领域提供新的视野，并为汉语国际传播有关机构提供决策参考。这套丛书虽为中央民族大学国际教育学院策划，但我们的作者并不限于本院师生，我们热忱欢迎国内外有志于汉语国际传播和国际汉语教学研究的专家学者加盟我们的队伍，我们愿意将符合丛书主题的学术成果列入丛书出版。

前　言

“互联网＋”时代对于语言教育提出了新挑战和新需求，汉语教育不仅要关注系统性的传统课堂教学，同时也应该重视移动端等新兴教学平台。Desmond Keegan（2000）根据学习形式与手段的不同，把远程学习分为三个阶段：远程学习、电子学习以及移动学习。目前学者们对移动学习的理解主要存在三种不同的认识取向，“第一，将移动学习理解为一种远程教育或数字化学习的扩展。第二，将移动学习视为一个可独立存在的学习过程，从认知与学习的角度来开展研究。研究者通过结构化的活动设计确保完整的移动学习过程，并充分发挥移动学习所特有的移动性、情境性、实时交互协作性等特点，以促进学习者的学习动机，增强学习效果。第三，移动学习工具论。这种理解方式仅将移动学习视为可以增强或辅助学习的一种技术或工具，其自身不完全独立。”①

目前国内的移动学习仍处于基础环境建设阶段，知识体系化建设仍需大量投入，距离学习服务建设尚有一段距离，相关研究以通讯、互联网技术角度的论述为主。黄荣怀等（2007）指出，作为E-Learning扩展的移动学习实践，大多仍聚焦于向学习者提供何种资料、如何提供的问题，基于Web2.0技术的会话、协商也

---

① 王佑镁，王娟，杨晓兰＆伍海燕.（2013）.近二十年我国移动学习研究现状与未来趋势——基于中西方对比的研究综述.现代远程教育研究（01），49–55.

并未有效地融入学习者的学习过程，对移动学习效果的评价更未脱离传统知识掌握与否的模式。

近年来，高新科技快速进入国际中文教育领域，“中文数字资源的‘技术含量’越来越高，智能化产品越来越丰富，为加速并深化信息技术与国际中文教育的融合发展奠定了基础。”①国际中文教育领域自2016年开始重视国际中文教育数字资源建设相关研究，至2021年汉语移动学习App研究热度不减。“国际中文教育数字资源的未来研究将逐渐精细化，研究内容呈现多层次多角度的特点。”②

移动端汉语教学则是指借助能随时登录无线网络的便携式电子设备进行的汉语教学活动，包括无线移动通信设备（如智能电话）、个人数字助理（PDA、Pocket PC）等。“移动学习特别强调利用无线移动通信技术和设备获取教育信息、学习资源和服务，随时随地开展学习活动，突出学习在时间和空间上的延伸和拓展。”③而本书关注的则是移动终端、软件和平台作为教学工具如何应用于国际中文教育的教与学中。本书收录的是2015年至2021年我们在国际汉语教学中做出的调查、探索和思考，相关调查始于2015年汉语学习App刚刚萌芽时，从移动端的汉语教学话题需求到雨后春笋般的国际中文教育App发展情况（2021年），

① 马箭飞，梁宇，吴应辉&马佳楠.（2021）.国际中文教育教学资源建设70年：成就与展望.天津师范大学学报（社会科学版）（06），15-22.

② 孙朝阳.（2022）.国际中文教育数字资源的研究热点、发展趋势可视化分析（2000—2021）（eds.）数字化国际中文教育（2022）（pp.58-69）.数字化国际中文教育（2022）.

③ 张振虹，杨庆英&韩智.（2013）.微学习研究：现状与未来.中国电化教育（11），12-20.

从语言学习App的课程设计到教学管理模式，从词汇可视化方式到释义方式，以及教学游戏，这些调查引起的思考最终都体现到了口语、听力到词汇、汉字等App原型的设计当中；教学应用的探索从最早QR Code（二维码）、微信公众号平台、YouTube到抖音、Formative，从数字化故事、交互理论到美国高中沉浸式项目，试图探索移动技术和传统教学方法如何结合到汉语教学实践当中。限于专业背景和研究水平，这些探索和思考尚很粗浅，也都基于被广泛应用的移动技术，而并不涉及人工智能、Web3.0、虚拟增强现实等尚未实际应用于教学场景的新技术。教学探索性应用也仅仅局限于数量较少的留学生班级，最长的教学时长也仅为一个学年。限于设计水平，App原型的界面设计非常简单，内容也仅能体现某个具体的教学流程，无法构建完整的App导航构架。因此，本书的编成仅可视为2015年—2021年这六年间，我们在国际汉语教学中对于移动学习的初步理解和蹒跚尝试，而并不能回答“如何让汉语移动学习真正发生”这一重要问题。解决这一问题还需努力构建和完善国际中文教育移动学习的基础环境、知识体系，并从学习者的视角和需求出发，将移动学习当作汉语作为第二语言教学系统的组成要素，为了促进国际中文教育教学效率，将本领域卓有成效的教学方式与移动技术有机结合，为师生提供多种适合移动环境的学习策略和工具，并构建多维度的移动学习评价体系。

本书入编的14篇论文均由本人和所指导的硕士研究生共同撰写，选题立足于“互联网+”的时代背景，研究内容主要集中于国际中文教育领域的App调查分析和移动教学的应用探索。分为三个方面，主要探究在移动端这个新生的教学生态环境中，传统汉语教学与移动学习相结合的创新性实践，从多个角度分析汉语移动学习的相关问题并提出有效建议，力求丰富汉语国际教育的学科理论和教学实践案例。

数据调查分析方面，数据主要来自于自建的“国际汉语教学App动态数据库”，同时采用问卷调查、焦点团体访谈、案例分析和个案研究等多种方法，充分利用网络数据资源，调查分析了国际中文教育移动端教学的师生需求、App发展现状及存在的问题，为教学应用研究提供有力的数据支撑和丰富的案例。例如，《国际中文教育App资源调查研究》以“国际汉语教学App动态数据库”中334个有效数据作为研究对象，从“发展概况、开发特点、运营模式、使用评价”四个观测维度，勾勒出国际中文教育App的发展现状。《移动端汉语教学话题需求调查研究》在移动学习理论、教学话题理论和语言学习需求分析理论的指导下，以对外汉语教学中的重要组织形式——话题为研究核心，来展开汉语移动学习需求的调查研究。《交互理论在移动端汉语阅读学习中的应用情况调查》着力于探讨移动端阅读学习的可行性和实施方案，同时结合交互理论，探索汉语移动端阅读学习软件设计的新思路。《汉语移动学习的质量管理调查研究》则以汉语移动学习的质量管理作为研究内容，分析主流移动学习软件的优缺点，并提出改进意见。

教学应用探索方面，在混合教学、翻转课堂等理论的指导下，依托信息技术为线上教学提供辅助，引入线上游戏、可视化词汇、影视资源等信息媒体技术，并尝试与YouTube、微信公众号、抖音、Formative等媒体平台结合，探索汉语要素和技能的移动端教学模式，为今后国际中文教育移动学习软件的设计提供参考案例和思路。例如，《移动端汉语教学游戏的设计调查研究》针对当下汉语教学App的问题，进行教学游戏设计，以激发学生学习兴趣，防止移动端学生终止学习。《移动端网络流行语自主学习模式初探》将常用的、实用的网络流行词语纳入汉语国际教学实践中，进行汉语网络流行语自主学习模式的优化和反思，提出了以Youtube和抖音作为前端吸引流量的平台、与Formatives平台合作、把流行语专题学习网站作为自主学习主阵地的模式构想，并从学习者、资源设计和教师三方角度总结了对外汉语词汇移动端自主学习模式构建的重要思路。《移动端中高级汉语词语释义初探》针对学习者心理以及当下移动语言学习存在的问题，从多角度分析了词语释义方式和汉语词汇类App的相关功能，为中高级汉语词语释义App原型的设计提供了参考。《移动端汉语词汇可视化应用研究》提出将国际汉语词汇可视化与移动课堂的有效结合，通过选取两款具有代表性且分别适用于不同级别的词汇学习软件进行个案研究，探索设计思路。《微信公众平台在国际汉语口语微课中的应用研究》和《微信公众号中的国际汉语中级听力教学应用研究》将微信公众平台与非目的语环境下的汉语口语和听力教学相结合。同时，也探讨了汉语教学法理论和典型教学模式在移动端的实现及自适应改良的路径。《基于反馈理论的美国高中汉语沉浸式项目移动端混合式教学设计》为解决目前教师教学任务繁重、难以全面跟踪学生学习问题，参照美国高中汉语沉浸式项目经验，提出移动端混合式教学，使得学生为中心的教学和解放教师这两大教学主题变得更具操作性和可行性。

由于研究水平和资源等条件所限，我们对于数据和个案的理论分析不够深入，App原型未能付诸实践，部分教学设计的效果还有待进一步验证。未来将继续深化完善这一研究，努力推动汉语移动教学理论与模式的创新，为国际中文教育事业的发展略尽绵薄之力。

目　　录

国际中文教育App发展调查报告（2009—2020）[①]

谷陵、马玉佩、刘梦瑶

摘要：本研究以中国为搜索地区，以“学习汉语、学习中文、Learn Chinese、HSK”为搜索字段，整理搜索结果，芟夷复重。最后选择334款内容可供国际中文教育教师和汉语学习者使用的App，并在苹果手机App Store一一搜索验证其有效性，分别从“发展概况、开发特点、运营模式、使用评价”四个观测维度，考察国际中文教育App的发展现状。

关键词：国际中文教育App；汉语学习；发展现状

一、引言

移动学习正在成为语言教育中越来越重要的一部分。移动辅

---

① [基金项目] 本文系国家社科重大项目“汉语国际传播动态数据库建设及发展监测研究”（项目编号17ZDA306）阶段性成果，和国家社科一般项目“互联网+移动端国际汉语碎片化教学理论与模式创新研究”（项目编号16BYY066）阶段性成果。

助语言学习（Mobile Assisted Language Learning，MALL）是指以手持设备为媒介、可随时随地进行的语言学习，语言学习App则是最为常见的移动辅助语言学习资源。在新媒介时代，国际中文教育App能够帮助汉语学习者突破时差、距离的限制，进行便捷、经济、灵活的个性化自主学习。

本研究通过“七麦数据”iOS专业移动产品商业分析平台①，以2021年1月20日为搜索日期，以中国为搜索地区，以“学习汉语、学习中文、Learn Chinese、HSK”为搜索字段，分别获得236、227、191和194个App搜索结果。然后将搜索结果整理入库，删除重复项，剔除仅限于汉语母语者使用的App（如普通话测试App）和直播通用平台App（如Zoom、Google Classroom），保留内容可供国际中文教育教师和汉语学习者使用的App（如梧桐中文、Quizlet），并将剩余结果在苹果手机App Store里一一搜索验证其有效性，最终确定了334款App作为本文研究对象。从“发展概况、开发特点、运营模式、使用评价”四个观测维度，考察国际中文教育App的发展现状。

二、国际中文教育App发展概况

（一）App年度发展情况

从App创立时间来看，2010年以前可以看作是国际中文教

① “七麦数据”是国内专业的移动推广数据分析平台（https：//www.qimai.cn），覆盖全球155个国家/地区App Store、Google Play及国内8大主流安卓市场。

育App的早期萌芽阶段，数量较少。2011—2015年为第一发展阶段，年上架App数量迅速增加到18个后，基本保持平稳增长。2016—2019年为第二发展阶段，年上架App数量爆发式增长到54个后，年均上架量保持在50个左右。疫情后2020年稍有回落。334款的创立时间具体见图2-1。

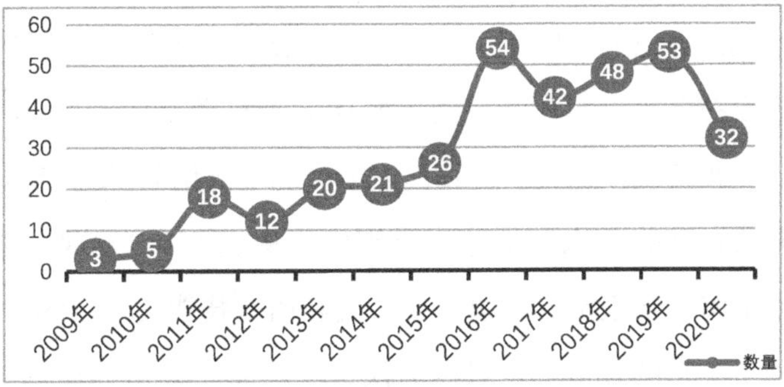

图 2-1　334 款国际中文教育 App 年度开发数量分布

（二）开发机构情况

在334个样本数据中，由个人开发的App有153款，由商业公司开发的App有178款，余下3款分别由非营利性机构（孔子学院总部：Chinese Plus）和高校出版社（上海交通大学出版社：Hello Chinese－零起点学习中文口语；北京语言大学出版社：梧桐中文）开发。

（三）版本更新情况

一般说来，持续更新时间越长，App的运行情况就越好。更新的内容包括升级版本、修正错误、更新资源、解决反馈问题等。334款App中有62款汉语App已经下架。仍在架的App中，更新持续时间超过十年的有12款，10年以下5年以上（含5年）的有76款，5年以下3年以上（含3年）的有56款，3年以下1年以上（含1年）的有100款，不足一年的有28款。

（四）开发类别情况

334款App根据内容、受众进行分类，内容上分为语言要素类、语言技能类、专项内容类（如HSK和旅游汉语）、专项功能类（如词典及翻译工具）及其他五个类别。汉语教学功能不明显、难以归类的App归入其他这个类别中。从表2-1中发现专项内容类数量最多，接近40%，语言要素类和语言技能类共占约45%。

92%左右的App受众目标为汉语学习者，师生共用的App为27款，教师专用的App仅有2款。

表2-1　国际中文教育App开发类别情况

按内容分类			按受众分类		
类别	数量	占比	类别	数量	占比
语言要素类	75	22.46%	教师专用	2	0.60%
语言技能类	77	23.1%	汉语学习者专用	305	91.32%
专项内容类	129	38.63%	师生共用	27	8.08%
专项功能类	26	7.78%			
其他	27	8.1%			
总计	334	100.07%	总计	334	100%

剔除其他类别中的27款App，其余307款App根据内容的不同进一步分类后的数量情况如表2-2所示。值得说明的是，语言要素相关的学习内容同样也出现在其他几类App的学习资源中，表2-2中的语言要素类数据仅就以语言要素学习为核心进行设计的App进行统计，例如Pleco（鱼）App中有汉字相关的学习内容，但统计时归入专项功能类中的词典一项，而不计入语言要素类的统计数据。语言要素类App中，以词汇和汉字混合类的App为主，占该类别总数的46.66%。词汇专项App共20款约占该类别总数的16.2%，汉字专项App共14款，占18.66%。75款App中仅有6款为拼音专项类，尚未见到专门的语法学习类App。语言技能类的则以综合类居多，共计44款App，占该类别总数的57.14%。听说训练类App共计15款，占19.48%。口语专项训练App共计14款，占18.18%。阅读和写作类的极少，分别占3.9%和1.3%，无听力专项训练App。专项内容类的App中绝大部分为HSK考试类App，占总样本量的38.14%。专项功能类的App中字/词典类App为主流，共有19款，其中7款兼具翻译功能，另有7款仅有翻译功能。

表 2-2 国际中文教育 App 细分内容开发类别情况

语言要素类	数量	占比	语言技能类	数量	占比	专项内容类	数量	占比	专项功能类	数量	占比
词汇专项	20	26.67%	综合训练	44	57.14%	HSK	127	98.44%	字/词典	12	46.15%

续表

语言要素类	数量	占比	语言技能类	数量	占比	专项内容类	数量	占比	专项功能类	数量	占比
汉字专项	14	18.66%	阅读专项	3	3.90%	旅游	2	0.56%	翻译	7	26.92%
拼音专项	6	8%	口语专项	14	18.18%				字词典+翻译	7	26.92%
语法专项	0	0%	写作专项	1	1.30%						
汉字+词汇	35	46.66%	听说训练	15	19.48%						
总计	75	100%	总计	77	100%	总计	129	100%	总计	26	100%

三、国际中文教育App开发情况分析

本文从语言支持系统、教学功能、资源呈现方式、交互方式、评测方式五个方面对国际中文教育App的开发情况进行了数据统计和分析。

（一）语言支持系统

在语言支持系统上，除两款已下架App（HSK Lite和轻松学习中文）未能查询其支持语言，其余普遍支持简体中文和英文，部分App界面语言中英文皆有，或者以中文为主，辅以关键内容英文翻译。还有一些App，如中文帮、寰语在线等都具备中文的简繁体转换功能。332款国际中文教育App中支持语种数量为1—2种的占70%，其中绝大部分支持英语。支持7个以上语种的占14%。具体分布见图3-1。

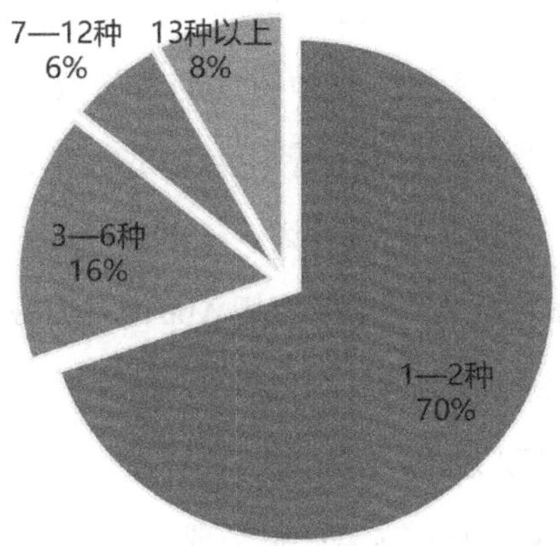

图 3-1　332 款国际中文教育 App 语种数量分布

（二）教学功能

教学功能是App最重要的功能之一，教学功能的完善与否直接影响到学习质量。在样本数据中，仅有14款综合类、考试类的汉语App中设置了在线教师，占总样本的4.2%，学习者可通过与在线教师的交流及时解决学习问题，获得专业指导，从而提高学习效率。无在线教师的App为了弥补App交互性的不足，会在平台内增添真人教师视频课程，课程内容多为易错点讲解、语法解释、文化现象解释等，学习者可点击查看。

有15款App还设置了“教学管理”功能，如在“熊猫记词”中，用户可以通过注册新账号、游客登录或者第三方账号登录App，制定个人学习内容、学习完成时间和每日目标，还可以申请加入班级学习或者建立一个新班级，添加学习伙伴，营造学习氛围，分享学习心得，交流学习经验。

有137款App内有可供教师使用的教学资源或教辅工具，常见的教辅工具类型有拼音表、字词典、试题库、词卡、翻译、汉字释义、形近字辨析、成语查询、HSK1—6级词汇大纲以及语法大纲等，另外教师也可直接使用App内的HSK真题或模拟题，对学生进行语言测试。

（三）资源呈现方式

据统计，334款App教学资源呈现方式有文本、音频、视频、图片、漫画、动画、试题、注释、故事、游戏、对话等几十种，数量分布如图3-2所示。实际上，每一款App都综合了至少两种方式，因此汉语国际App资源内容的呈现方式在总体上还是十分丰富的。

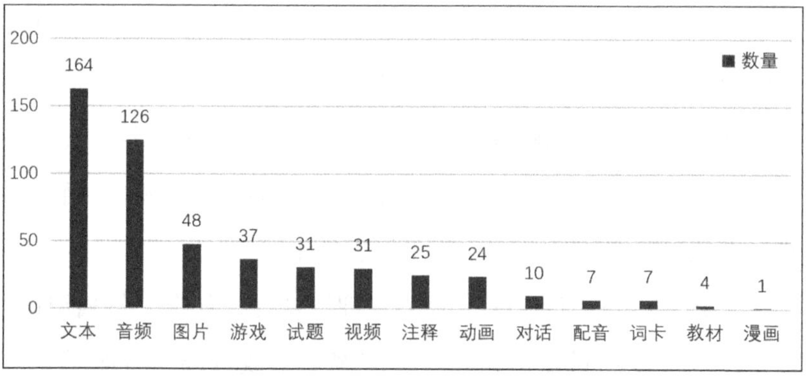

图 3–2　国际中文教育 App 主要资源呈现形式

（四）交互方式

334款样本中，仅有132款汉语App设计了在教学与学习过程中与学习者进行互动的功能，其中批改功能为最重要的互动形式，包括客观题的自动批改功能和主观题的人工批改功能。问答是语言学习最为有效的互动形式，但会大幅提高App的开发成本和运营成本，仅有6%的App具备这种交互功能。具备语音识别功能的App占17%，具备提供正确答案等纠错功能的App占18%，这两类互动形式对于技术和语料库的要求较高，由于缺乏测试数据，无法判断正确率和准确率，从人工随机测试情况来看，目前效果一般。除了这四种与语言学习密切相关的互动形式外，App常见的其他互动形式同样也存在于国际中文教育App中，如评星、音效提示等。

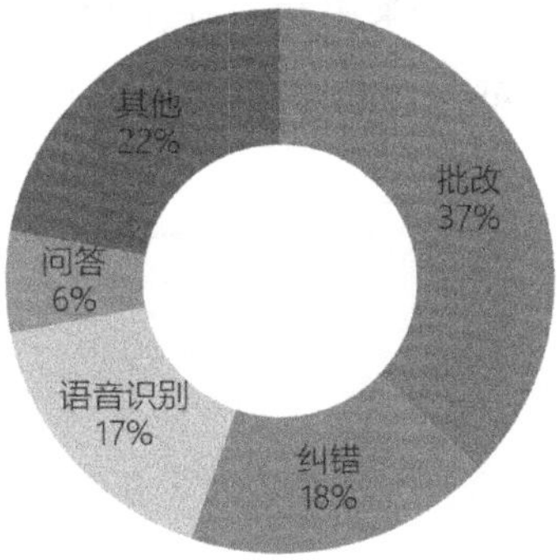

图 3–3　国际中文教育 App 的互动形式

有86款汉语App可以分享平台链接到其他社交平台。由国外公司或者国内外公司共同研发的App一般支持用户通过信息、邮件、Airdrop等方式推荐给他人，或可通过社交平台如脸书、YouTube、Instagram、Twitter、Pinterest、KakaoTalk、LINE等 进行分享。国内公司开发的App一般支持的社交平台有微信、微博、QQ、百度、知乎、支付宝等，也可以通过复制App本身的下载链接进行分享。

（五）评测方式

21款App设计了布置作业的功能，用户在完成作业后可在App内提交，App会通过评分、评语、评星的方式给予用户反馈。99款App内具备测试功能，测试类型分为三种：正式学习前的语言水平测试，学习中的学习效果检测，以及学习结束后的成绩测试，针对学习内容进行复习和巩固。测试的反馈形式至少两种，多为显示正误、批改、答案解析、显示正确率、正误提示音效、颜色标错、评分、评星、自动评语等。

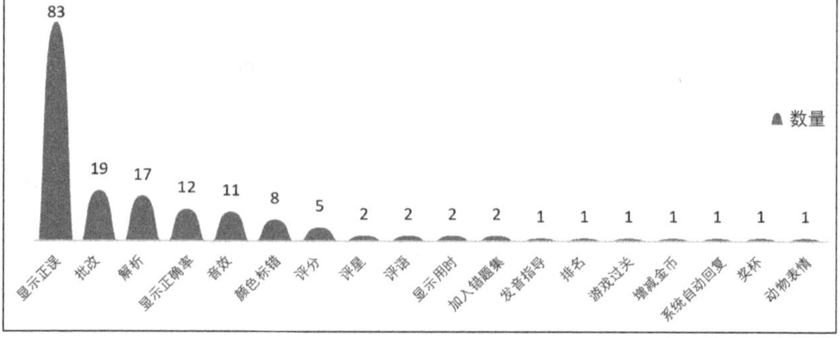

图 3-4　国际中文教育 App 主要评测方式

四、国际中文教育App运营情况分析

（一）注册信息

App注册形式较为丰富，可通过手机号码、邮箱账号直接注册，苹果商店的可以直接关联Apple ID，也可以通过脸书、微信、Twitter、谷歌等第三方账号注册。通过第三方账号注册需要打通与第三方软件的接口，App开发方一般会选择在主要运营地区用户最多的软件进行关联。样本数据中，仅有46款App必须注册才能使用，占样本总量的14%。这说明国际中文教育App的开放程度较高，还处于推广的初期。

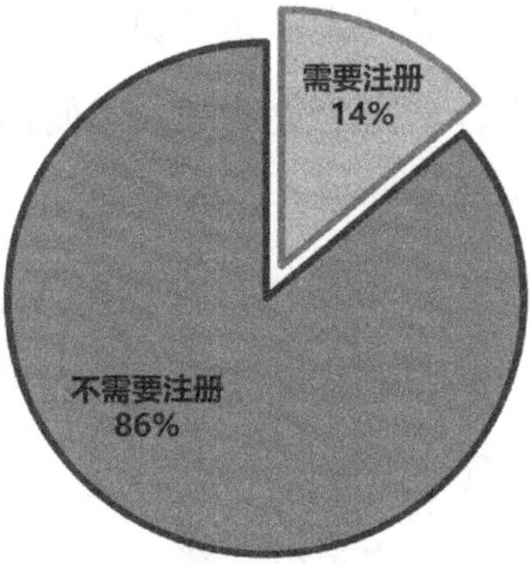

图 4–1　国际中文教育 App 注册信息

（二）收费方式

据统计，App内的收费内容主要分为以下几种:（1）会员充值。一般分为周会员、月会员、年度会员与终身会员，价格

按照时间长短依次上升，但购买的时间越长，优惠力度就越大。在数据库中，会员免费试用时间最长的为7天，价格最高的为“Chinese Pod”的年度会员价1748元。（2）充值虚拟金币购买课程。用户可充值平台内提供的虚拟金币、金豆、钻石、宝石，然后使用虚拟金币购买自己需要的课程及资源。如梧桐中文App上可以用人民币1：1充值阅读币，购买汉语教材和学术资源。（3）直接购买不同功能的学习资源。用户可根据自己的App学习体验、学习需求及经济能力，选择最合适的付费板块进行深入学习。（4）去除广告。用户一次性花费人民币6元到68元不等即可去除App内所有广告。（5）解锁全部学习内容。（6）实物销售。25款App有自身延伸商品销售，如“识字大卡”有相对应的纸质版书籍。（7）投放广告。完全免费的App使用免费使用的方式吸引用户，通过增加下载量获得广告投放机会，从而实现盈利。所以在这类App的评价中，很多用户都反映App内广告数量太多，需等待的时间较长，影响界面操作和学习效果。但是广告的植入是App开发商重要的资金来源。

从支付方式上看，用户都可在登录苹果账号或iTunes账号的状态下，绑定银行卡或者支付宝进行支付，也有部分App考虑到存在多国用户的情况，对支付方式进行了优化，如“中文帮”为来自全球不同国家的用户提供了更为人性化的支付设置，平台内可绑定不同国家的银行卡，支持多种支付系统，用户可选择最合适的一种进行支付。

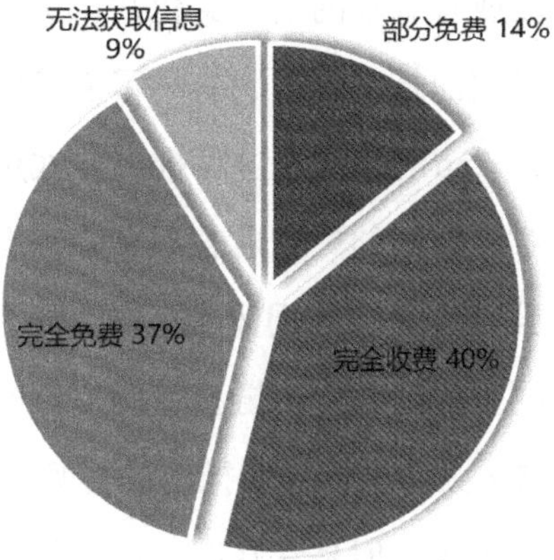

图 4–2 国际中文教育 App 收费情况

（三）推广方式

目前国际中文教育App中常用的推广方式主要有以下几种：（1）微信、QQ等通信工具的朋友圈打卡学习：朋友圈的分享是一种几乎零成本、传播效率却较高的传播手段。朋友圈是一种一对多的传播模式，每个用户的分享信息可以发送给所有好友，通过好友的点击、加入和分享呈现快速裂变式传播，比如iChinese Sch邀请好友送积分。（2）脸书、推特推广：脸书和推特是国外常用的社交软件，App通过社交媒体发布最新资讯、提高点击率，从而实现客户转化。社交软件推广可以增加粉丝、维护老客户，可以就大家感兴趣的话题进行互动，增加现有客户黏性，吸引新客户的关注，但是转化率低，需要时间积累粉丝提高热度，如果直接购买大V的账号，则需要较多的资金投人。（3）自媒体软文推广：就学习方法或者有趣的语言文化知识进行软文推广，公众号软文推广一般是定向推广，吸引有学习需求的目标用户，定位精准，从而转换为App的用户，这种推广方式用户转化率高，但是运营成本高，对公众号的更新内容和频率都有较高的需求，比如“多邻国”的公众号。（4）同盟App广告推广：同系列的App会在应用上添加同盟应用的广告链接，用户点开广告链接，从而实现用户转化。（5）大众媒体传播推广：电视、网络等广告推广，这种推广模式成本最高，但是受众广，广告效应比较明显，可以快速引流。

五、使用评价

（一）App排名

“七麦数据”提供“教育类”“旅游类”“生活类”等22个类别的App实时监控排行榜。本文以北京时间2021年1月20日20：00为搜索时间，分别搜索中国、美国、英国、日本、韩国五个国家“教育类”iOS App榜单排名，每个国家包含免费榜和畅销榜[①]两个榜单，从各个榜单中筛选出国际中文教育App，再按照App上榜次数和平均排名排序，最终确定国际中文教育App排名。

① “免费榜”侧重于App实时下载热度，“畅销榜”侧重于App综合下载热度。

表 5-1 国际中文教育 App 排行榜上榜及排名情况

综合排名	App名称	上榜次数	总榜排名
1	Duolingo	8	8
2	Quzilet	8	75
3	HelloTalk	4	88
4	Drops	9	150
5	Tandem	4	158
6	Fluentu	5	175
7	HelloChinese	6	375
8	ChineseSkill	5	464
9	Chineasy	4	467
10	HskOnline	4	470
11	Du Chinese – Mandarin Reading	6	594

由表5-1可以看出，排名前7位的App皆为含有中文的多语种学习App，此类App在全世界都拥有数量较多的使用者。专为中文学习者设计的App虽然在教育类排名中不占优势，但涵盖了综合类汉语App（HelloChinese，ChineseSkill）、汉字类App（Chineasy）、考试类App（HskOnline）三种类型。排名第11位是阅读类App“Du Chinese-Mandarin Reading”（上榜6次，总榜排名594）。这5款App也为汉语在世界范围内的推广起到了极大的促进作用，从不同方面满足了来自世界各国学习者的学习需要。

（二）用户评分

在334个样本数据中，有45款App无足够评分，79款软件无法获取相关数据，剩余的255款中，五星好评率100%的有62个，占16%。90%—99%的有92个，占28%。80%—89%的有28个，占8%。70%—79%的有6个，占2%。五星好评率70%以下的有22个，占7%。数据显示，国际中文教育App的质量基本是受到用户广泛认可的。

在样本中，用户做出评论且能查询到的App总量为102款。评论数最多的App为百度翻译，评论数量超过150，000条。有7款App的评论数仅有1条。样本中App的评论数主要分布在1—999条之间，其中10条以下的34款，10—99条的30款，100—999条的23款。具体分布情况见图5-1。

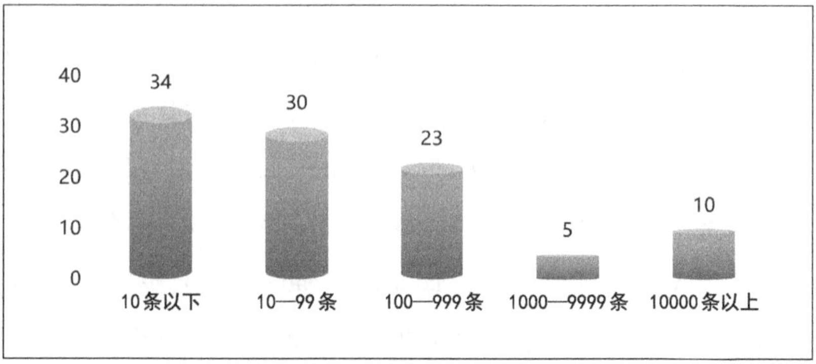

图5-1　国际中文教育App评论量分布

六、问题与建议

（一）国际中文教育App发展中出现的问题

1.持续更新的App数量不多、种类不全，与迅速增长的学习需求不匹配

目前受疫情影响，来华留学生和派出汉语教师数量均大幅减少，而线上语言教育发展迅猛，全球汉语教学对于线上教学资源需求迅速增加。2015年后国际中文教育App数量增长较快，但也有很多App只是昙花一现，后继无力。能够确定仍在更新的国际中文教育App仅有39个，支持语种绝大部分为英语和汉语，尚未有专门的语法类App，无法满足全球汉语学习者日益增长的移动学习需求。

2.App的开发倾向未能充分凸显汉语特点，有待创新

从开发内容和设计模式来看，现有国际中文教育App的开发仍倾向于模仿成功的英语教育App。排名前十的语言教育App中有7个是多语种学习App，中文仅为其中一种语言。与教材不同，语言教育App是一种动态的学习资源，学习者使用App实际上是一个动态的学习过程，是在采用App开发者的教学模式进行语言学习。各种语言的学习模式有其共通之处，但多语种学习App在开发思路上只能以一种语言为母版，这种语言通常都是英语，并以词汇为主要开发内容。且不论学习模式是否符合中文的教学特点，同样的学习内容翻译为中文，在话题和词汇的选择方面必然与汉语的语言生活有一定差距。来华留学生中使用人数最多的词

典软件“PLECO”也是由美国普利科公司研发的，重在查询功能，而汉语学习的功能较弱。汉字学习和HSK相关App开发数量相对总量而言不算太少，但总的来说，国际中文教育App仍需在开发内容上进一步凸显汉语特点，汉语移动学习模式有待创新。

3.App开发方的专业性不足，不利于可持续发展

目前国际中文教育App开发的主力是商业公司，高校参与很少。然而语言教育App与一般的商业App不同，其设计思路应符合语言教学的规律。商业公司的App开发一般由软件设计专业人员主导，汉语教学专业力量投入较少，在专业性上很难有保障。目前国际中文教育App的好评率不低，但随着全球汉语学习者的水平提高，对于App的专业性要求也会逐渐提高。语言移动教学专家和研究者最为集中的高校缺席于开发队伍，不利于国际中文教育App未来在专业性上的提高，影响此类App的可持续发展。

（二）国际中文教育App发展相关建议

1.大力推动中文移动教学相关研究

移动学习作为未来语言教学的重要组成部分，将会发挥越来越大的作用。然而汉语移动学习相关研究发展较晚，目前仍有大量研究领域亟待探索，比如移动学习生态环境的构建，移动语言学习中的情感支持，汉语传统教学法在移动学习环境中的自适应改良等等。国际中文教育App的发展离不开相关研究的指导和支持。

2. 校企联合，快速转化研究成果

App的开发成本极高，开发周期也不短，上架后还需要投入大量人员和资金进行运营。这也是高校很难独立开发运营国际中文教育App的原因之一。商业公司与高校横向联合，可以加快研究成果的转化速度。国际中文教育App的开发初期，需要信息工程技术人员与语言教学专家反复沟通需求，避免后期大幅度修改导致开发成本攀升。App的使用数据可以推动汉语移动学习相关研究的深入，为App的快速迭代提供可靠依据和准确的开发方向。国际中文教育App的使用人群是汉语学习者，中国高校目前作为国内主要的汉语作为第二语言教学机构，在教学实践中可以引入App，创新汉语教学方法和模式，对海外的汉语教学机构可以起到一定的示范作用，有利于国际中文教育App的快速推广和可持续发展。

七、结语

综上所述，目前市面上的汉语国际教育App在开发倾向上以内容为主体的趋势明显，并不强调所有的移动科技层次构造，对于集体互动的开发较少，集中于词典类、应试类与其他学习类，尚未大规模实现用户之间学习体验的交流分享，而这正是移动客户端的功能。由此可见，国际中文教育App目前主要还是线上学习（E-learning）的移动化，还没有发挥移动学习（M-learning）的优势。

世界交流日趋紧密，在当今世界手机数量与人口几乎持平的情况下，后疫情时期移动学习必将大行其道，国际中文教育App也必将发展壮大。语言教育App的发展，需要新科技的支持，如实时交互视讯和通话、线上互动白板、学习内容智能匹配与推送等功能都是辅助语言学习，尤其是集体互动学习的重要的功能。从这个角度说，国际中文教育App还有较大的提高空间，这有待于汉语移动学习相关领域的深入研究，也离不开相关政策支持，以及企业、高校和海外教学机构的深度合作。

移动端汉语教学话题需求调查研究（2017）

平雪珂

摘要：随着网络技术快速发展以及智能手机的普及，移动学习应运而生。本文于2015年通过问卷调查，以话题为核心对107名汉语学习者展开汉语移动学习需求调查研究。从性别、年龄、国籍、汉语学习时间、汉语水平等5个维度对调查结果进行了分析，发现汉语学习者在移动端汉语学习环境下最感兴趣的六个话题依次为：日常生活、文化娱乐、社会交往、语言与文化、教育、旅游与交通。

关键词：汉语教学；移动学习；话题需求；问卷调查

一、引言

进入21世纪之后，世界逐步进入信息化和经济全球化时代，整个语言科学在21世纪的地位越来越高。其中教学领域对利用移动智能终端辅助学习的关注也逐步增强，一种新的学习方式——移动学习（M-learning）正逐渐进入人们的视野。而对外汉语教学中的移动学习资源能够为汉语学习创设更加有效的学习环境。

就我国的移动学习研究情况来看，我国移动学习研究起步较晚，近年来，随着对外汉语教学中的“慕课”、基于iPad和智能手机的移动学习应用的逐渐增多，涌现了大量的研究论文。然而，这些论文中，进行理论研究、支持性技术研究和资源建设研究的较多，进行应用研究和其他研究的较少。已有的移动端汉语教学方面的研究中，需求研究较少，涉及话题需求研究的更少。

二、移动端汉语教学话题需求调查分析

（一）调查问卷的设计

在问卷开头部分，笔者根据第二语言习得的理论和实际对外汉语教学经验，将调查对象的个人信息分析项分为“性别、年龄、国籍、学习汉语时间和现在的汉语水平”，[①]并按“生活实用性”的原则做了一定的改动与完善。此外，根据Hutchinson和Waters（1987）的分类方法，[②]可以把语言需求分为目标需求和学习需求两类。根据目前市场上已有的汉语移动学习应用的内容分析及实际教学经验，将内容选项分为课程类和具体学习目的内容类。

关于汉语移动学习需求部分的问题包括：汉语学习者使用过的语言学习App（移动学习应用）、每天用手机软件学习汉语的

① 曹祎怡（2014）对外汉语高级教材中话题选择的研究——《以博雅汉语（发展汉语）》为例，《第七届北京地区对外汉语教学研究生论坛文集》，北京：北京大学对外汉语教育学院。

② 陈冰冰（2009），国外需求分析研究述评，《外语教学与研究》第2期。

时长、在使用汉语学习App时遇到的问题或困难、喜欢的移动学习方式、内容呈现形式、语言设置需求、对满足这些需求的汉语学习App的态度、付费上汉语课的态度和可接受的课时费、教授自己母语的态度及可接受的价格。主要依据学习者认知方式中场独立性和场依存性的差别，将学习方式归纳为：自己学习、在老师指导下学习、和语伴小组学习及社区学习。此外，根据对市场上已有的汉语学习App和语言学习App的观察，发现不同App中，语言设置也存在不同，因此，笔者也设计了“汉语学习者对汉语学习App的语言需求”这一问题。

（二）调查问卷的发放和回收

调查问卷不仅发送给了认识的留学生、学习汉语的外国人，也在使用人数较多的社交网站发布了该问卷。从北京时间2017年2月8日12：00发放问卷开始，到北京时间2017年2月21日4：41，共收回问卷107份。其中，网页显示共进入问卷的次数为943次，完成率为11.35%。与纸质版问卷相比，网页版调查问卷的发放和回收更方便，但无法现场监管问卷的填写情况，回收率比较低。

三、调查问卷的结果和分析

（一）调查对象的基本信息分析

本次调查中，男性占49%，女性占51%。就性别来看，在107名调查对象中，男女性别比例相差不大。就年龄来看，12—

14岁和18—30岁这两个年龄段的调查对象较集中，另有个别调查对象为38岁及56岁。

就国籍来看，美国、亚洲国家和欧洲国家的调查对象所占比例较大。

表4-1　调查对象国籍所在洲的分布

洲	国家（人数）	人数及百分比
亚洲	泰国、印度尼西亚、越南、韩国、乌兹别克斯坦、缅甸、巴基斯坦、伊朗、朝鲜、哈萨克斯坦、日本、约旦、吉尔吉斯斯坦、塔吉克斯坦、蒙古	49人 45.79%
北美洲	美国、墨西哥	44人 41.12%
欧洲	德国、法国、白俄罗斯、匈牙利、瑞士、罗马尼亚、丹麦、西班牙	10人 9.35%
南美洲	巴西、秘鲁	2人 1.87%
非洲	赞比亚、马达加斯加	2人 1.87%

就汉语学习时间来看，学习了半年汉语和三年以上汉语的占比较大。

表 4-2 调查对象的汉语学习时间分布

汉语学习时间	占比
半年	31.80%
一年	11.20%
两年	15.90%
三年	6.50%
三年以上	34.60%

就目前的汉语水平来看，调查对象汉语水平为高级或HSK5级、6级占比较多，约占四成。

表 4-3 调查对象的汉语水平分布

汉语水平	占比
初学/HSK1级	19.6%
基础/HSK2级	15.9%
准中级/HSK3级	9.3%
中级/HSK4级	12.1%
高级/HSK5级或6级	43%

（二）调查对象的汉语学习话题需求分析

总的来看，日常生活是大部分调查对象最感兴趣的，占比六成多。

部分调查对象补充填写了自己感兴趣的其他话题，包括：网络流行词的用法、宗教信仰、运动、商业和正式场合的词汇。

表 4-4 调查对象感兴趣的话题分布

话题	占比
日常生活	65.4%
文化娱乐	55.1%
社会交往	51.4%
语言与文化	50.5%
教育	43%
旅游与交通	42.1%
节日活动	40.2%
价值观念	36.4%
政治、历史与地理	35.5%
文学与艺术	35.5%
情感与态度	34.6%
个人信息	33.6%
热门话题	33.6%
习俗与禁忌	32.7%
自然景观	31.8%
家庭生活	30.8%
身心健康	28%
计划与未来	28%
学校生活	27.1%

续表

话题	占比
全球与环境	26.2%
科学与技术	26.2%
植物与动物	25.2%
其他	5.6%

对比两次话题需求调查研究的结果，可以发现：除了“旅游与交通”和“热门话题”以外，两次调查研究中调查对象对相似话题的感兴趣度相差不大。

表 4-5　两次调查研究中，调查对象感兴趣的相似话题分布比较

上次调查中的话题分类	Base（33 人）	本次调查中的话题分类	Base（107 人）
旅游度假	72.7%	旅游与交通	42.1%
有趣的日常/餐饮、文化	63.6%/45.5%	日常生活/家庭生活	65.4%/30.8%
歌曲/影视/时尚、搭配	60.6%/39.4%/24.2%	文化娱乐	55.1%
不同国家的文化、差异	57.6%	语言与文化/习俗与禁忌/价值观念	50.5%/32.7% 36.4%
新闻时政	54.5%	热门话题	33.6%
感情（爱情/友情/亲情）	48.5%	情感与态度	34.6%
文学	48.5%	文学与艺术	35.5%
中小学和大学	39.4%	学校生活/教育	27.1%/43%

续表

上次调查中的话题分类	Base（33人）	本次调查中的话题分类	Base（107人）
环境保护	36.4%	植物与动物/自然、景观	25.2%/31.8%
节假日	30.3%	节日活动	40.2%
运动健身	27.3%	身心健康	28%
约会聚会	27.3%	社会交往	51.4%
		个人信息	33.6%
		政治、历史与地理	35.5%
		科学与技术	26.2%
		全球与环境	26.2%
		计划与未来	28%

从性别差异看，女性调查对象更偏向“情感与态度”“社会交往”“家庭生活”等话题，男性调查对象更偏向于“个人信息”“文学与艺术”“政治、历史与地理”等话题。

从年龄差异看，12—14岁的调查对象对“文学与艺术”“科学与技术”“植物与动物”更感兴趣。18—30岁的调查对象对“文学与艺术”“科学与技术”“植物与动物”以外的其他话题更感兴趣。

从国籍差异看，美国的调查对象对“节日活动”“文学与艺术”“政治”等话题更感兴趣。欧洲国家的调查对象对“个人信息”“情感与态度”“社会交往”等话题更感兴趣。

从学习汉语时间的差异看，学习汉语两年及更短时间的调查对象对“个人信息”“日常生活”“学校生活”话题更感兴趣。学习汉语两年以上的调查对象对“旅游与交通”话题更感兴趣。

从汉语水平的差异看，汉语准中级水平（或HSK3级）及以下水平的调查对象比汉语更高水平（或HSK4级、5级、6级）的调查对象对“社会交往”“文学与艺术”“科学与技术”“教育”更感兴趣。

（三）调查对象的汉语学习目标需求和学习需求分析

1.汉语学习动机分析

（1）总的来看，对中国语言和文化感兴趣是最主要的。

表4-6 调查对象汉语学习动机的分布

学习动机	占比
对中国语言和文化感兴趣	63.6%
在中国旅游	43%
找到好工作	41.1%
在中国留学	36.4%
与中国进行经济贸易	29%
在中国社交	24.3%
融入中国生活	16.8%
通过HSK考试	12.1%
升职	11.2%
父母要求自己学汉语	10.3%
其他	6.5%

（2）从性别上看，女性更偏向于“在中国留学”（40%）和“找到好工作”（50.9%）。男性更偏向于“在中国社交”（30.8%）、“在中国旅游”（48.1%）、“与中国进行经济贸易”（42.3%）和“融入中国”（21.2%）等。

（3）从年龄上看，18—30岁的调查对象对“在中国留学”（39.76%）、“与中国进行经济贸易”（32.53%）和“融入中国”（19.28%）等动机比12—14岁的调查对象（16.67%、11.11%、5.56%）更强。

（4）从国籍上看，美国调查对象对“升职”“对中国语言和文化感兴趣”“在中国旅游”与“和中国进行经济贸易”的汉语学习动机高于亚洲国家和欧洲国家的调查对象。亚洲国家的调查对象对“通过HSK考试”“在中国留学”“找到好工作”与“父母要求自己学汉语”的动机高于美国和欧洲国家的调查对象。欧洲国家的调查对象对“融入中国生活”的动机高于美国和亚洲国家的调查对象。

（5）从汉语学习时间长短上看，学习了三年及以上汉语的调查对象“找到好工作”的动机（57.1%、54.1%）高于学习汉语时间半年、一年或两年的调查对象（32.4%、33.3%、29.4%）。学习了两年及以上汉语的调查对象“融入中国生活”的动机（23.5%、14.3%、24.3%）高于学习汉语时间半年或一年的调查对象（8.8%、8.3%）。

（6）从汉语水平差异上看，初学汉语（或汉语水平为HSK1

级）（57.1%）和有一点汉语基础（或汉语水平为HSK2级）（52.9%）的调查对象对“在中国旅游”的学习动机高于汉语水平更高的调查对象（30%、38.5%、37%）。

2. 汉语运用领域分析

（1）总的来看，日常生活领域中较多运用汉语。

表 4-7　调查对象汉语应用领域的分布

应用领域	占比
日常生活	65.4%
教育	61.7%
旅游	59.8%
商业	46.7%
交通	20.6%
其他	5.6%
医学	4.7%
生物	3.7%
建筑	3.7%

（2）从性别上看，女性更倾向在“教育”（67.3%）、“旅游”（63.6%）和“生物”（5.5%）领域运用汉语，男性更倾向在“建筑”领域运用汉语。

（3）从年龄差异上看，12—14岁年龄段的调查对象选择“生物”（16.67%）、“建筑”（22.22%）和“交通”（27.78%）作为汉语应用领域的比例高于18 — 30岁年龄段的调查对象（1.2%、0%、19.28%）。

（4）从国籍差异上看，欧洲国家调查对象选择“日常生活”（100%）和“教育”（100%）作为汉语应用领域的比例高于美国（60.5%、62.8%）和亚洲国家（65.31%、55.1%）的调查对象。

（5）从汉语学习时间差异上看，学习汉语三年（71.4%）及三年以上（67.6%）的调查对象选择“教育”作为汉语应用领域的比例高于学习汉语半年（58.8%）、一年（50%）或两年（58.8%）的调查对象。

（6）从汉语水平差异上看，汉语水平为准中级（或HSK3级）（50%）、中级（或HSK4级）（53.8%）和高级（或HSK5级、6级）（60.9%）的调查对象选择“商业”作为汉语应用领域的比例高于初学汉语水平（或HSK1级）（33.3%）和有一点汉语基础（或HSK2级）（17.6%）的调查对象。

3. 汉语学习者想用汉语学习App学习的内容或用途

（1）总的来看，107名调查对象最想用汉语学习App学习的前三个汉语内容或用途为汉语词典（51.4%）>汉语阅读（51.4%）>了解中国文化（49.5%）。

表4-8 调查对象想用汉语学习App学习的内容或用途

用途	占比
汉语词典	51.4%

续表

用途	占比
了解中国文化	51.4%
汉语阅读	49.5%
汉语歌曲	35.5%
学习HSK	33.6%
按话题安排的汉语课程	33.6%
交中国朋友	31.8%
按情景安排的汉语课程	30.8%
了解时事和热门话题	29%
按课本教材安排的汉语课程	26.2%
通过汉语游戏，学汉语	21.5%
作为学校汉语课的课后练习	19.6%
作为学校汉语课的课前预习	15.9%
其他	3.7%

（2）从性别差异上看，女性更希望学习“汉语阅读”“汉语歌曲”，男性更希望学习“按情景安排的汉语课程”“作为学校汉语课的课后练习”的汉语学习内容、“通过汉语游戏，学汉语”和“交中国朋友”等。

（3）从年龄差异上看，12—14岁的调查对象比18—30岁的调查对象更希望汉语学习App上有“作为学校汉语课的课后练习”“通过汉语游戏，学汉语”内容。18—30岁的调查对象比12—14岁的调查对象更希望汉语学习App上有“按课本教材安排的汉语课程”“按情景安排的汉语课程”“汉语词典”“学习HSK”“汉语阅读”“汉语歌曲”“交中国朋友”和“了解时事和热门话题”等方面的内容。

（4）从国籍差异上看，美国调查对象更希望学习“按情景安排的汉语课程”“汉语阅读”“通过汉语游戏，学汉语”“交中国朋友”和“了解中国文化”方面的内容。欧洲国家的调查对象更希望学习“按课本教材安排的汉语课程”“作为学校汉语课的课前预习”“作为学校汉语课的课后练习”“汉语词典”“汉语歌曲”“了解时事和热门话题”等方面的内容。

（5）从汉语学习时间上看，已经学习汉语两年（76.5%）及以上（100%、59.5%）的调查对象选择“汉语词典”的比例高于学习汉语半年（32.4%）和一年（16.7%）的调查对象。

（6）从汉语学习水平上看，可以发现，汉语水平为准中级（或HSK3级）及更低水平的调查对象比汉语水平为中准级以上的调查对象更希望汉语学习App上有“作为学校汉语课的课后练习”“通过汉语游戏，学汉语”方面的内容，汉语水平为准中级（或HSK3级）及更高水平的调查对象比准中级以下水平的调查对象更希望汉语学习App上有“学习HSK”方面的内容。

4. 最想用汉语学习App学习的语言技能或内容

（1）总的来看，增加词汇量是大部分调查对象最想学习或提高的。

表 4-9 调查对象想用汉语学习 App 学习或提高的内容

内容	占比
增加词汇量	63.6%
阅读	57.9%
口语和语音	56.1%
写作	54.2%
听力	46.7%
语法	46.7%
汉字	43%
中国文化	37.4%
电话交流	30.8%
其他	1.9%

（2）从性别差异上看。女性更想提高“口语和语音”“电话交流”“听力”等方面技能，而男性更想提高“写作”“增加词汇量”“中国文化”等方面的技能。

（3）从年龄差上看，12 — 14 岁的调查对象更想提高“汉字”和“中国文化”等方面的技能。18 — 30 岁的调查对象更想提高“口语和语音”“阅读”“增加词汇量”“语法”等方面的技能。

（4）从国籍上看，美国的调查对象更希望提高“口语和语音”“电话交流”“听力”“阅读”“写作”等方面的技能。亚洲国家的调查对象更希望提高“语法”技能。欧洲国家的调查对象更希望“增加词汇量”。

（5）从汉语学习时间的差异上看，刚学习汉语半年的调查对象更希望提高“听力”“阅读”“写作”“汉字”“中国文化”等方面的技能和内容。已经学习汉语三年及更短时间的调查对象更希望提高“口语和语音”“电话交流”技能。已经学习汉语两年及更长时间的调查对象更希望“增加词汇量”。

（6）从汉语水平的差异上看，汉语水平为准中级（或HSK3级）及更低水平的调查对象更希望提高“听力”“阅读”“写作”“汉字”等方面的技能。汉语初学者（或HSK1级）和中级水平（或HSK4级）、高级水平（或HSK5级、6级）的调查对象更希望“增加词汇量”。

5. 调查对象的汉语移动学习需求分析

从汉语学习者使用过的语言学习App方面来看，调查对象最常用的三个汉语学习App为微信（57%）、Pleco（49.5%）和Hello HSK（17.8%）。此外，只有21.5%的汉语学习者从没使用过汉语学习手机软件，其他78.5%的调查对象都使用过汉语学习App学习汉语，说明汉语移动学习被大多数汉语学习者接受，汉语移动学习应用的发展前景比较乐观。

107名调查对象在使用汉语学习App时遇到的5个主要的问题或困难为：资源太少（19.6%）；注意力容易被分散（15.9%）；没有老师指导（14%）；内容不符合学习需求（14%）；网速太慢（14%）。

调查对象喜欢的移动方式依次为：自己学习（41.1%）>在老师指导下学习（29.9%）>和语伴，小组学习（14%）>网络上，社区学习（13.1%）。从性别差异上看，女性更喜欢“自己学习”和“网络上，社区学习”。男性更喜欢“和语伴，小组学习”的学习方式。从年龄差异上看，12—14岁的调查对象更喜欢“在老师指导下学习”与“和语伴，小组学习”的学习方式。18—30岁的调查对象更喜欢“自己学习”与“网络上，社区学习”的学习方式。从国籍差异上看，美国调查对象更喜欢“在老师指导下学习”和“和语伴，小组学习”的学习方式。亚洲国家的调查对象更喜欢“自己学习”和“网络上，社区学习”的学习方式。从学习汉语时间差异上看，学习汉语一年及以上时间的调查对象更喜欢“自己学习”的学习方式。学习汉语一年及以下时间的调查对象更喜欢“在老师指导下学习”及“和语伴，小组学习”的学习方式。从汉语水平差异上看，至少掌握一些汉语基础（或HSK2级及以上水平）的调查对象更喜欢“自己学习”的学习方式。汉语初学者（或HSK1级水平）和掌握一些汉语基础（或HSK2级水平）的调查对象更喜欢“和语伴，小组学习”的学习方式。

调查对象的内容呈现形式偏好顺序为：图片（62.6%）>文字（60.7%）>语音（59.8%）>视频（49.5%）>语言游戏（36.4%）。从性别差异上看，女性更喜欢“视频”和“语音”（42.3%、55.8%）的呈现形式。男性更喜欢“文字”的呈现形式。从年龄差异上看，12—14岁的调查对象更喜欢“视频”“语言游戏”的呈现形式。18—30岁的调查对象更喜欢“文字”“语音”的呈现形式。从国籍差异上看，欧洲国家的调查对象更喜欢“文字”呈现形式。美国的调查对象更喜欢“语言游戏”呈现形式。从汉语学习时间差异上看，调查对象的汉语学习时间与喜欢的内容呈现形式之间没有必然的联系。从汉语水平差异上看，初学汉语或HSK1级水平的调查对象（57.1%）和有一些汉语基础或HSK2级水平的调查对象（52.9%）比更高水平的调查对象更喜欢“语言游戏”的呈现形式（30%、30.8%、23.9%）。

调查对象每天使用App学习汉语的平均时长为20分钟。从性别差异上看，女性每天使用汉语学习App的时长多于男性。从年龄差异上看，18—30岁的调查对象使用汉语学习App的时长多于12—14岁的调查对象。从国籍差异上看，亚洲国家的调查对象每天使用汉语学习App的平均时长（约27.6分钟）多于美国（约16.5分钟）和欧洲国家的调查对象（25分钟）。从汉语学习时间上看，跟学习汉语时间更长的调查对象相比学习汉语半年的调查对象每天使用App学习汉语时间最短。从汉语水平来看，汉语水平为中级和高级的调查对象每天使用App学习汉语时间长于汉语水平中级以下的调查对象。

总的来看，汉语学习App中英文的双语设置符合大多数调查对象（58.9%）的语言设置需求，同时36.4%的调查对象认为汉语学习App的相应翻译语言越多越好。绝大部分汉语学习者对汉语学习App持积极态度。四成左右的调查对象愿意付费上课，而对于30分钟的课程107位调查对象平均可以接受的费用为43.5元。超过一半的调查对象愿意在汉语学习App上教自己的母语，其中他们平均愿意收取的费用为46元每30分钟。对于汉语学习App的期待与要求，他们提到希望话题更加丰富；所选词汇符合常用的情景；课程由汉语为母语的老师教授；有中国语伴交流；有友好、专业的语言社区；语言游戏新颖；简单好用；没有广告；具有激励机制。

四、关于移动端汉语教学话题的思考与建议

（一）关于移动端汉语教学话题的思考

笔者按“生活实用性”的原则，对《国际汉语教学通用课程大纲》中的《汉语教学话题及内容建议表》做了改动和完善，归纳出汉语移动学习中的22个话题：“个人信息、情感与态度、社会交往、日常生活、学校生活、家庭生活、文化娱乐、节日活动、身心健康、习俗与禁忌、旅游与交通、语言与文化、价值观念、文学与艺术、政治历史与地理、科学与技术、全球与环境、计划与未来、热门话题、教育、植物与动物、自然景观”。

就汉语学习者的话题需求分析而言，学习者个体因素的不同会对语言学习产生不同的影响，汉语学习App话题需求分析应充分考虑汉语学习者的性别、年龄、国籍、汉语学习时间和汉语水

平等个体因素的差异。

（二）关于移动端汉语教学话题的建议

本研究从性别、年龄、国籍、汉语学习时间和汉语水平5个维度对107名汉语学习者的汉语移动学习话题需求进行了分析。

（1）汉语学习者对按话题安排（33.6%）的欢迎程度高于按情景安排（30.8%）和按课本教材安排的汉语课程（26.2%）。（2）移动端汉语学习者最感兴趣的六个话题为日常生活（65.4%）>文化娱乐（55.1%）>社会交往（51.4%）>语言与文化（50.5%）>教育（43%）>旅游与交通（42.1%）。（3）女性调查对象比男性调查对象对“情感与态度”“社会交往”“家庭生活”“文化娱乐”“节日活动”“身心健康”“旅游与交通”“热门话题”和“自然景观”等话题更感兴趣；男性调查对象比女性调查对象对“个人信息”“文学与艺术”“政治、历史与地理”“科学与技术”“计划与未来”“教育”等话题更感兴趣。（4）12—14岁的调查对象比18—30岁的调查对象对“文学与艺术”“科学与技术”“植物与动物”更感兴趣；18—30岁的调查对象比12—14岁的调查对象对话题分类中“文学与艺术”“科学与技术”“植物与动物”以外的其他话题更感兴趣。（5）美国的调查对象比亚洲国家和欧洲国家的调查对象对“节日活动”“文学与艺术”“政治、历史与地理”“科学与技术”“教育”等话题更感兴趣；欧洲国家的调查对象比美国和亚洲国家的调查对象对“个人信息”“情感与态度”“社会交往”“日常生活”“学校生活”“家庭生活”“文化娱乐”“身心健康”“习俗与禁忌”“旅游与交通”“语言与文化”“价值观念”“全球与环境”“计划与未来”“热门话题”“植物与动物”“自然景观”等话题更感兴趣。（6）学习汉语两年及更短时间的调查对象比学习汉语两年以上的调查对象对“个人信息”“日常生活”“学校生活”更感兴趣；学习汉语两年以上的调查对象比学习汉语两年及更短时间的调查对象对“旅游与交通”更感兴趣。（7）汉语准中级水平（或HSK3级）及以下水平的调查对象比汉语更高水平（或HSK4级、5级、6级）的调查对象对“社会交往”“文学与艺术”“科学与技术”“教育”更感兴趣。未来的汉语学习App开发者在汉语课程设计过程中应充分考虑汉语学习者的这些话题需求，设计出符合汉语学习者需求的产品。

汉语移动学习的质量管理调查研究（2017）

谷陵、李媛

摘要：21世纪是教育与技术结合最紧密的时代。随着通信技术的发展和普及、3G网络的普遍覆盖，现代教育技术也得到了迅速的发展，移动设备作为学习载体的方式得以实现。当前市面上的汉语移动学习软件，质量良莠不齐。据调查，不少汉语学习软件不仅在学习内容的设计上存在问题，而且缺乏对学习者学习的评价，不具备反馈功能，无法保证学习质量。本文认为质量管理是提高汉语移动学习软件质量必不可少的环节；同时，高质量汉语移动学习软件是缓解当前汉语师资供不应求的有力途径。

关键词：移动学习；汉语学习App；质量管理

一、引言

情境认知与学习理论认为：学习的意义应该是参与学习，学习的实质并不是学会知识，而是学会知识以后，能够运用知识参与实践，而学习的最终目的是通过实践将知识内化为自身的经验和能力（Jones A C etc.，2013）。移动通信技术的出现，使得学生的学习环境不再局限于课堂，即使融入真实的社会情景中，教师在学习过程中不是知识的授予者，而是真实学习情境的提供者，促进学习者利用社会文化环境去构建知识。

汉语移动学习软件，作为汉语教学的辅助工具，可以让学生充分利用碎片时间进行汉语学习。然而，目前市面上的汉语移动学习软件质量良莠不齐，有些软件全盘模仿外语学习软件，在学习内容的设计上并没有体现出汉语的特点；还有一部分软件只是对已有教材的电子化。而且绝大部分软件都缺乏对学习者的学习评价，不具备反馈功能。

汉语移动学习软件作为国际中文教育的电子化教学资源，是中文国际传播的重要媒介之一，而其质量管理尚未受到重视，相关研究亟待开展。本文尝试探讨了汉语移动学习软件质量管理的定义、内涵和基本原则，在此基础上以三款汉语学习App作为调查对象，试图一窥汉语移动学习软件质量管理方面存在的问题，并提出了相应的建议。

二、关于汉语移动学习软件质量管理的理论思考

（一）相关术语的界定

关于移动学习，国内外并没有统一的定义，王佑镁（2013）从认知取向的角度，将学者们的定义分为三种：第一种是将移动学习理解为数字教育或网络教育（E-learning）的延伸；如Harris

认为“移动学习是移动计算技术和E-learning的交点，它为学习者带来一种在随时随地学习的体验。第二种是将移动学习视为一种独立存在的学习过程，从认知和学习的角度来开展研究；第三种则是将移动学习看作一种辅助学习工具，自身不完全独立。笔者认为，汉语移动学习软件以移动因特网为平台而实现的一种网络教育，对移动学习的定义属于第一种，但又有其自身的特殊性。移动学习的特点主要可以归纳为两大点：学习形式的移动性和学习内容的定制性。

综上，本文对于移动学习的定义是：移动学习是一种在成熟移动技术设备和无线通信网络的支持下，学习者在没有教师正式指导的情况下，按照自身需求，随时随地进行学习，自由选择学习内容、学习时间和学习场所，具有灵活性、及时性、交互性等特点的一种独立完成的非正式学习。

不同的学者和组织对质量的定义有所不同。国际标准化组织（ISO）在ISO9000：2000标准中将质量定义为：一组固有特性满足需求的程度，即实际满足顾客需要（明确的或隐含的）的能力特性之总和。（王明贤，2014）质量管理体系的定义是：质量管理是指导和控制组织的关于质量的相互协调的活动，通常包括制定质量方针和质量目标以及质量策划、质量控制、质量保证和质量改进。（梁工谦，2014）

笔者认为“质量”的定义包含两个关键词：“特性”和“要求”。汉语移动学习的软件质量可以理解为汉语移动学习软件满足使用者明示的、隐含的学习需求能力的特征总和。移动学习软件的质量管理是以满足学习者的学习需求，保证学习体验良好，促使学习行为持续发生，而进行的质量策划、控制与改进。

（二）汉语移动学习软件质量管理的基本要素

网络教育和移动学习是现代远程教育的两个不同发展阶段，移动学习作为网络教育的延伸，两者仍有许多共通点。网络教育的教学管理在一定程度可以视为网络教育的质量管理。笔者从管理活动系统的五个基本要素：管理环境、管理主体、管理客体、管理模式和管理手段，借鉴网络教育的教学管理理念，对汉语移动学习软件质量管理的基本要素进行了思考。

1. 管理环境

网络教育和移动学习的管理环境相对普通教育来说，都具有不稳定性。电子设备的使用情况，互联网是否通畅，服务系统的运行状况，都会对网络教育和移动学习产生影响。另一方面，在网络教育和移动学习的过程中，学习者主要和机器、设备进行教学活动，网络教育和移动学习管理环境中缺乏普通教育中的精神环境。

除了以上的共同点外，移动学习的学习场所和学习时间不固定，使得移动学习的管理环境更为复杂多变。

2. 管理主体

在网络教育和移动学习中，管理主体的角色不再单一，具有多重性。在网络教育的教学管理中，明显存在着“三类多极主体”。“三类”指的是管理者、教师和学生；“多极”是指每一类主体都有多种。

网络教育不再是传统的教师主导型学习，而是更多地基于学习者自身兴趣的自主式学习。其次，在网络教育中，管理主体中“教师”一类，不再仅仅局限于负责设计课程内容和在线授课的主讲教师，助理教师也是管理主体之一。除此之外，技术管理人员也是管理主体，他们通过对网络环境和网页的监控管理，确保网络教学的顺利进行。随着移动技术的成熟，移动学习的实现方式大多为智能手机软件，因此移动学习的管理主体还包括软件开发人员。

3. 管理客体

网络教育中的管理客体相对庞杂，大致可以分为三类：人、物、信息。

人主要指的是教学对象和教师两大类；物指的是物质类管理客体，网络教育物质类管理客体主要指互联网、学习平台和系统等；信息管理是网络教育非常重要的管理对象，主要为网络教育信息资源。

移动学习的物质类管理客体主要为互联网和移动终端设备；在信息资源的管理上，除了对网络教育资源进行筛选以外，移动学习因为其地点的移动性和时间的碎片化等特点，对学习内容也有特殊的要求。在许多移动学习软件中，教师的角色已经弱化。

4. 管理模式

网络教育的教学管理模式中，有采用随机型管理模式和模糊型管理模式进行教学管理。网络教学打破了传统课堂教学在时间和空间上的限制，并且将教师主导型的教学方式转变为“以学习者为中心”的教学方式，因此网络教育的管理模式应该是能真正实现“以学习者为中心”的管理模式。

移动学习在内容上具有定制性，学习者可以从兴趣出发自主选择学习内容，学习积极性更高。因此，移动学习的管理模式在借鉴网络教育的教学管理模式时，应该侧重如何提高学习者的积极性。

5. 管理手段

网络教育的教学管理手段以计算机和网络技术为主，通过计算机和网络技术收集大量的教学管理信息，利用统计软件对教学管理信息进行统计、分类，通过互联网高效而快速地将信息传递给教学管理者，以助于管理者进行科学管理。

笔者认为在网络教育的教学管理和移动学习的质量管理中，人工管理手段也具备参考价值。在计算机管理手段以外，应该适当采用人工管理手段来加强教师和学生之间的交际互动。

综上所述，通过对管理活动系统中的五个基本要素的对比，网络教育的教学管理和移动学习的质量管理有许多的相似之处，但也存在着差异。

（三）汉语移动学习软件的质量管理目标

近年来，随着“汉语热”的不断升温，全球范围内的汉语学习者的人数快速增长，导致汉语师资出现了“供不应求”的局面，且学习者的需求多种多样，传统的课堂教学和网络教学已经很难满足。而汉语学习软件的出现，正好能够解决这一问题，汉语爱好者可以通过汉语移动学习软件随时随地学习汉语。由此看来，一款好的汉语移动学习软件对汉语国际传播有着重要的意义。但，由于教师的功能的弱化，学习者通过移动学习软件进行汉语学习时，缺乏足够的引导和监督，很容易中途放弃，无法实现预期的语言目标。因此，汉语移动学习软件的质量管理目标应该是通过管理不断激发学习者在使用汉语学习软件过程中的积极性，以帮助学习者完成预期的语言学习目标。

（四）汉语移动学习软件质量管理的基本原则

笔者借鉴ISO9000总结梳理的优秀质量管理理念，结合移动学习的特点，形成了汉语移动学习软件质量管理的六点基本原则。

1.以学习者为关注焦点的原则

从质量管理体系来看，移动学习软件相当于“产品”，学习者相当于“顾客”，对移动学习进行质量管理的最终目的在于“产品”满足“顾客”的需求。移动学习及移动学习的质量管理要以学习者的需求为导向，致力于满足学习者当前和长远的需求。

2. 过程管理原则

从学习者学习的角度来看，移动学习过程包括学习内容的选择、学习计划的制订、在线学习、在线测试与反馈、课后作业、助教在线答疑等一系列活动；从教师的角度看，则是授课计划的制定，上传课程内容，在线授课，师生在线互动，批改学生作业及时给予反馈等活动的一个过程。整个过程中的每一个环节都息息相关，任何一个环节都关系到整个移动学习的效果。因此在移动学习的管理过程中，管理者要充分考虑每一个环节对前后其他环节的影响。

3. 系统管理原则

移动学习这个系统是由许多子系统组成的，如学习资源系统、学习系统、测试和评价系统、在线交流系统等等。各个系统之间联系紧密，互相制约和影响。在进行管理的过程中，要时刻把握系统管理原则，比如设计移动学习的内容时，不仅要考虑学习资源系统本身的实用性、连续性、科学性等，也要考虑到对其他系统的影响。

4. 实用性原则

汉语移动学习软件是否具备多国语言或多民族语言切换的功能，是衡量实用性很重要的一点。本文关注的重点是内容层面的质量管理，主要包括学习内容的组织和学习内容的呈现方式。

5. 趣味性原则

学习软件可以把普通教育中教材上单调的文字转化为图像、

影音资料，调动学习者的多种感官，增强生动性和趣味性。

6. 互动性原则

汉语移动学习软件的质量管理应该以互动性为原则，为学习者创建一个接近真实的语言环境，尽可能多地提供使用汉语进行交际的机会。

（五）汉语移动学习质量管理的基本内容

明确了汉语移动学习软件的质量管理目标之后，笔者认为从学习者的角度出发，汉语移动学习软件的质量管理应该符合以下原则：

汉语移动学习质量管理的内容应该包括以下几个方面：

1. 学习者管理

使用汉语移动学习软件的学习者的学习动机通常来自于兴趣。汉语移动学习软件的质量管理主要是通过管理手段对学习者的学习过程进行监督，建立学习者管理机制激发学习者的学习兴趣。

2. 移动学习内容管理

汉语移动学习软件的质量管理的目的在于不断激发学习者的积极性。

在移动学习中，移动学习是知识的传授者和学习过程的引导者、监督者。学习内容管理是汉语移动学习软件的质量管理的重要方面。通过对移动学习内容的管理，利用学习内容对学习者的学习行为、心理进行正确的引导，激发学习者的积极性，提高学习效率。

在对学习内容的组织结构进行管理时，应从学习内容的容量、梯度、趣味性三个方面进行考虑。

3. 学习环境管理

从汉语学习软件出发，学习者的学习需求既包括对学习资源的需求也包括对交际的需求。构建一个良好的语言学习环境，既需要资源环境，也需要交际环境，即为学习者与学习资料之间、学习者之间、学习者与教师之间的真实交际提供机会。在学习环境管理这一部分，汉语学习软件的质量管理着重关注交际环境的管理，交际环境的管理又分为人机交际环境管理和人人交际环境管理。

二、三款汉语学习App的质量管理分析

笔者选取了ChineseSkill、Busuu、RosettaStone这三款软件作为研究对象。选择针对初中级学习者的汉语学习软件进行质量管理分析。

ChineseSkill是一款利用游戏化练习机制来学习汉语的移动学习软件，旨在让语言学习变得更有趣、更简单和更高效。

Busuu是一款提供多种语言学习的软件，目前有多达十二种不同的互动语言课程，Busuu的用户在全球超过2500万人。Busuu为全球的学习者创建了一个语言学习社区，在这个语言社区中学习者拥有和其他学习者以及母语者交流的机会。

RosettaStone也是一款多语言学习软件，RosettaStone的理念认为第二语言的习得应该遵从幼儿学习母语的方式，这种学习方式最为有效。RosettaStone致力于让学习者沉浸在目的语环境中，运用学习母语的方式来学习汉语。

（一）内容管理比较分析

汉语学习软件的内容管理包括学习内容的呈现形式和组织结构。

1.ChineseSkill

在学习内容的表现形式上，ChineseSkill使用多种媒体表现学习内容、充分考虑学习者语言水平、注重音频的使用、重视汉字学习的表现形式。

在学习内容的组织结构管理上，ChineseSkill单课学习内容容量设置合理，基本符合移动学习的特点。但从整个软件的角度来看，ChineseSkill的课程容量有待提高。

同时，ChineseSkill学习内容设置明确。学习者可以根据自身的需求，选择普通音频和慢速音频，这种关于听力语速的梯度设置充分体现了移动学习的实用性和定制性。学习内容在容量和难度上也有梯度设置，梯度的设置基本符合语言学习循序渐进的原则，不会让学习者觉得学习内容一下子变得太多或太难。

ChineseSkill学习内容组织形式比较丰富，简洁干净的界面和可爱的卡通形象在一定程度上增加了学习内容的趣味性。

但就学习内容本身来说，ChineseSkill初级阶段的很多句子不具有交际性，学习者在实际交际中几乎不会使用，这在一定程度上会影响学习者的积极性。

2.Busuu

在学习内容的表现形式上，Busuu注重界面的简洁。词汇学习的界面总体来说简洁清爽，主要内容突出。但从界面的布局上来说，图片相对过大，文字部分太小，如果学习者处于移动的环境中，过小的文字将影响学习者的学习效果。

Busuu较多使用音频媒体和文本媒体，但在文本信息中，过多使用目的语，学习过程中没有提供任何媒介语信息帮助学习者理解学习内容，增加了学习内容的理解难度。纯文本信息很容易使学习者感到无聊，对话这一部分学习内容在表现形式上可以更多元化。

在学习内容的组织结构上，Busuu各环节学习内容容量设置不平衡。在学习内容中没有设计汉字学习和口语练习，其汉语学习偏重认读和写作。

Busuu初级课程和中级课程的学习内容梯度设置合理，特别是语法学习内容注重循序渐进，且符合汉语语法学习的特点。但在听力方面，Busuu的所有音频都是同一语速，没有慢速音频。

Busuu在学习内容组织上趣味性不强。Busuu的单词学习形式非常容易使人联想到单词书，一个单词搭配一个例句。许多单词后的例句都超出了学习者当前的语言水平。对话环节的学习内容组织形式则类似于阅读理解，会让学生产生应试的感觉，导致学习者学习积极性下降。

3.RosettaStone

在学习内容的表现形式上，RosettaStone统一学习内容的多媒体表现形式，所有学习环节的内容表现形式均采取音频、文本和图片三种媒体种类。虽然这是其语言学习的理念，但会让学习过程显得单调。另外，值得注意的是，RosettaStone在对学习内容的表现形式的管理上，更加注重实用性。

在学习内容的组织管理上，RosettaStone学习内容容量设置较大，学习内容安排基本做到了由易到难、以旧带新、循序渐进。虽然RosettaStone核心课程时间比较长，学习内容不断重复，学习内容的表现形式固定，但是学习者在学习时却不会感到枯燥无聊。这是因为RosettaStone通过学习内容组织形式的细微变化，不断变化着练习方式。

（二）学习者管理比较分析

从以学习者为管理客体的角度出发，汉语移动学习软件的学习者管理内容应该包括学习者管理机制。

1.ChineseSkill

在学习进度管理上，ChineseSkill在主界面上专门设置了一个记录学习进度的排名界面，让学习者不必按照顺序学习，可以优先学习自己感兴趣的内容，通过单元图标的颜色就能清楚区分哪些内容已经学过，哪些还未学习。但缺少单课学习进度管理。

在学习者管理上，ChineseSkill采用的是任务 — 通关式学习者管理机制。ChineseSkill的学习理念主张即学即测，学习和测试两项行为几乎是同步进行，并且软件会给出即时反馈。

2.Busuu

在学习进度管理上，Busuu有便捷的进度记录界面。Busuu的单词从左到右依次排列，学习者可以通过触摸移动设备屏幕左右滑动随时回顾之前学过的单词。

在学习者管理上，Busuu对于学习者的管理机制是一种互助机制。但是这种激励和监督是充满随机性的。在网络社区中，修正练习的也许同样是一名学习者，因此其修改内容的正确性得不到保证；就算是由母语使用者修改，由于其缺乏专业的语言知识，也不一定能做出最合适的修改。同时，Busuu对学习者的学习行为的管理很少，缺乏即时反馈。一旦学习者离线学习，学习活动便缺乏引导、监督和激励，则学习者很容易失去学习兴趣。

3.RosettaStone

在学习进度管理上，RosettaStone学习进度管理非常方便，RosettaStone将汉语学习的进度管理细化到了最小的学习单元，可以记录到学习者学习的每一个单词，即使突然中断学习，下次登录仍然可以继续学习。

在学习者管理上，由于RosettaStone主张母语学习式的学习方法，因此它更注重学习内容的设计安排，在学习者管理上，其更注重学习者的正确率。但是从长远来说，RosettaStone缺乏对学习者的激励机制，大量的操练容易让学习者感到疲劳，学习者很容易丧失学习兴趣。

（三）环境管理比较分析

有相关研究表明，一部分学习者认为语言学习软件的学习效果不理想，其原因在于学习过程中只有与机器的交互，缺少真实的交际氛围，没有语言环境。

1.ChineseSkill

在人机交际环境的管理上，ChineseSkill提供信息提示和答题自动批改服务。但是该软件并没有自动答疑的服务，这意味在学习者出现了错误并对错误产生了疑问的情况下，软件只能提供一个否定的反馈和正确的答案，并没有任何的讲解。人人交际环境的管理对于语言学习软件至关重要，由于ChineseSkill软件针对的是初级水平的汉语学习者，因此几乎所有课程的学习内容只包含单句的学习和练习，没有对话、课文。总体来说ChineseSkill的学习者的整个学习过程不具备交际性。

ChineseSkill可以通过好友添加创建良性竞争的语言学习环境，并且这种良性的竞争关系，更为学习者提供了在移动学习以外的环境中使用汉语的机会。

2.Busuu

在人机交际环境的管理上，Busuu在单元测试的部分提供了答题自动批改服务，学习者作答后会得到即时反馈，不过该反馈仅用颜色来区分对错，如果学习者答错，并不会同时给出正确答案。该软件同样没有自动答疑的服务，对于学习者的错误没有提供讲解内容。

Busuu通过建立网络社区来构建真实的语言交际环境，Busuu提供十二种语言的学习，这个语言社区有超过2500万的用户。这种互助机制，为学习者和学习者之间、学习者和母语者之间进行真实的语言交际提供了机会和平台。

3.RosettaStone

RosettaStone的语言学习环境更加地独立，由于其认为幼儿学习母语的方式是学习一门语言最有效的方式，因此RosettaStone并没有构建大的语言社区，让学习者之间运用汉语进行交际，而是确保学习者在学习之初获得大量的正确输入，并通过反复的操练获得正确的语言表达方式，避免因与其他学习者的中介语接触而得到不正确的语言输入。

三、汉语移动学习软件质量管理中的问题、建议与思考

（一）汉语移动学习软件质量管理中存在的问题

1.汉语移动学习软件的学习内容管理问题

（1）学习内容的表现形式不合理

笔者经过对ChineseSkill、Busuu、RosettaStone三款汉语移动学习软件的比较分析，发现其在学习内容的呈现方式上均存在问题：忽视可理解性输入原则、过度使用某一媒体种类、形式与内容不统一。

（2）学习内容的组织结构不合理

在学习内容的组织结构方面，三款汉语移动学习软件存在的问题如下：学习内容的容量设置不符合移动学习的特点、学习内容梯度设置不明显。语言学习过程是一个循序渐进的过程，明确的梯度设置，能让学习者准确地选择适合自己汉语水平的学习内容。

（3）学习过程缺乏趣味性

趣味性对于维持学习者的积极性至关重要，但总体来说，ChineseSkill、Busuu、RosettaStone三款汉语移动学习软件的趣味性还有待提高。这三款软件在学习过程中缺乏对学习者的引导、监督和激励，学习模式单一、固定，学习过程缺乏真实性和交际性。

2. 汉语移动学习软件的学习者管理问题

（1）缺乏高效的学习进度管理方式

在移动学习中，学习者的管理主体地位突出，学习进度不再由教师掌控，而是由学习者自己掌控。方便准确的学习进度管理方式让学习者对于自己的进度一目了然，有助于学习者制定学习计划和建立成就感。从三款移动学习软件的比较分析来看，ChineseSkill和Busuu均缺乏有效的学习进度管理方式，只有RosettaStone能够很好地记录学习者的学习进度。移动学习过程中网络的不稳定、碎片化的学习时间或者各种突发状况都会导致学习者中断学习任务，如果汉语移动学习软件无法记录学习者单课的学习进度，会导致学习者重复学习，浪费学习者的精力。

（2）学习者管理机制单一且不完善

这三款软件的学习者管理机制都不完善且单一，不能有效地对学习者进行引导和监督，激发学习者的积极性。ChineseSkill采用的是竞争机制来管理学习者的学习行为，对于那些竞争意识强的学习者有一定的激励作用，但对于其他学习者来说则没有什么作用。Busuu通过建立语言社区，采取互助机制来管理学习者，这种管理模式适合于那些乐于分享和交流的外向型学习者，对于那些习惯单独学习的内向型学习者来说，竞争机制对于激发他们的学习兴趣作用不大。

3.汉语移动学习软件的学习环境管理问题

在进行汉语移动学习软件的学习环境管理的对比分析之后，笔者发现存在忽视对人机交际环境管理的问题，主要体现为缺乏支持服务系统存在如无系统答疑功能，语言社区管理不完善等问题。

在三款汉语学习软件中，有两款软件通过互联网技术建立了语言社区，在此社区中，“学习者”与“母语者”两种身份存在重合和冲突的现象，学习者使用语言学习软件是为了学习第二语言，而不是运用母语。在语言社区中以“学习者”身份寻求帮助的用户很多，而以“母语者”身份提供帮助的学习者则很少，但语言社区在管理上却存在很多问题，导致不能发挥语言社区应有的作用。

总体来说，学习者实际上获得的帮助与交际机会非常有限。

（二）关于汉语移动学习质量管理的建议与思考

1. 转变汉语移动学习的管理理念

要想实现对汉语移动学习的质量管理，首先要转变管理思维，应从学习者的需求出发，结合移动学习的特点，通过管理活动发挥移动学习的最大优势，提高移动学习的效果。笔者认为管理者应该明确以下几点：

首先，移动学习是学习者从自身兴趣出发的自主式学习行为，因此移动学习的质量管理重点在于为学习者提供支持和服务，而不在于教学和测试。移动学习的质量管理应该注重激发学习者的兴趣，如设计科学合理的学习内容，提供及时的反馈系统和答疑服务，构建真实的交际平台来满足学习者的需求。

其次，移动学习强调的是学习内容的设计而不是教学过程的设计。移动学习者的学习时间是碎片化的，学习内容应该尽量小块化，学习者通过移动学习实现随时随地获取学习资源的自主学习，因此对学习资源的获取效果直接影响移动学习的质量。移动学习的质量管理强调学习内容在表现形式、容量、梯度等方面的实用性。

最后，汉语移动学习的管理方式应考虑到汉语自身的特点，不能照搬其他语言的移动学习管理方式。市面上的许多多语言学习软件，虽然提供多种语言的学习课程，但除了具体的语言知识不同以外，其他方面如出一辙。虽然同样为移动学习，相同的管理方式对不同的语言的管理效果却不一样。汉语移动学习的质量管理还要充分考虑到汉语学习的特点和重难点，比如汉语中特有的声调学习、汉字学习等，这些学习内容需要管理者在表现形式和组织结构上有所创新。

2. 学习内容管理加强实用性

要想提高汉语移动学习的学习效果，必须对学习内容进行管理，学习内容的管理尤其要加强实用性。学习内容的表现形式多种多样，如文本、图片、音频、动画、视频等。但目前汉语移动学习软件在学习内容的表现形式上仍然存在问题，要么是表现形式太过单调，要么是表现形式不适合学习内容。学习内容的表现方式不应该盲目追求多媒体化，一方面在移动设备上呈现不同的表现形式，会提高移动学习软件的开发成本；另一方面，移动学习容易受到网速和信号的影响，在网速质量低的情况下，动画、视频需要更长的加载时间，这会直接导致移动学习的效果下降，影响学习者的积极性。学习内容的表现形式应该加强实用性，即追求语言知识和表现形式之间最优的关系。这个“最优”需要考虑两个方面：成本最优和效果最优。应该根据具体的学习内容选择表现形式，比如可以用静态形式表现的学习内容，首先考虑从文本和静态图片的形式去呈现。如果静态形式呈现得不够直观，则考虑采用动画或视频的方式。

从学习内容的组织结构上来说，移动学习者通过移动设备学习时，学习时间不固定、学习环境复杂，如果一单元的学习容量过大，学习者一次性学完的可能性很小，并且在学习过程中可能会遇到大量不明白的知识，这样会大大降低学习的积极性。因此管理者在安排每一单元的学习内容时，应预估学习者会花费的时间，尽量将学习内容“碎化”。另一方面，也要注意学习内容的梯度管理，学习内容应该前后具有连贯性，由易到难，由旧知识引入新知识。

3.增强学习过程的趣味性

语言学习离不开操练，汉语移动学习过程中很大一部分内容是语言练习活动。因此，增强语言练习活动的趣味性，能够提高学习者的参与度与积极性。语言是一种交际工具，是为了学习者的生活学习而服务的。移动学习的特点是学习行为具有移动性，学习过程具有情景化的特点。从这一特点出发，汉语移动学习的游戏型练习的设计可以与生活情境相结合，学习者可以根据自己当前所处的真实情景，选择相对应的情景化游戏型练习。学习者即学即用，自然学习兴趣也会更浓厚。另一方面，在游戏型练习中可以模拟真实生活情境，设置各种语言交际任务，在完成任务的过程当中，也锻炼了学习者的交际能力。

4.完善移动学习服务系统

移动学习服务系统中不可或缺的两部分是反馈系统和答疑系统。移动学习缺乏教师的引导和监督，而反馈服务可以有效地进行弥补。任何的学习活动都避免不了疑问的产生，语言学习过程尤其如此，如果学习者的错误得不到及时的纠正，就会产生偏误，因此汉语移动学习软件应该提供答疑服务。答疑服务又分为系统自动答疑服务和人工答疑服务。系统自动答疑服务除了包括指导学习者在软件操作上的一些疑问以外，还应该包括回答学习者对语言学习产生的疑问。许多汉语移动学习软件都在刻意地弱化语法的学习，但学习者在练习活动中常常会出现语法错误，这个时候系统只会给出否定反馈和正确答案，却没有任何的讲解。对于常见的汉语偏误，系统给予反馈之后，还应该提供答疑服务，这种答疑服务不一定要是语法知识的机械讲解，但可以为学习者总结出正确的使用方法。也可以设置专门的答疑平台，收集学习者的疑问，对于有代表性的、常见的疑问附上解答，上传到答疑平台，形成问题库。这样可以在一定程度上解决学习者在学习汉语过程中遇到的疑问。除了系统自动答疑服务，还可以提供真人答疑服务，利用视频技术，学习者可以得到专业教师的指导，同时也可以进行真实的交际。

5.建立多样化的学习者管理机制

不同的学习者管理机制拥有不同的优点，汉语移动学习软件如果只采用单一的学习者管理机制，往往无法很好地调动学习者的积极性。笔者认为应该建立多样化的学习者管理机制，优势互补。以Busuu为例，其通过全球语言社区，采用奖励积分和学习互助的管理机制来管理学习者。

结合其他的学习者管理机制，如任务式管理机制。任务也是许多游戏采取的形式，因为完成任务的过程中会调动人的兴趣、好奇、注意力等，任务完成后又会带来成就感。

除此之外，竞争机制也有利于提高学习者的积极性，竞争机制另一个优点就是能够为学习者创造真实交际的机会。最后，为了保持学习者的学习动力，汉语移动学习软件中的奖励积分应该有更实际的作用，而不仅仅是一个数字。

由于本文的研究涉及软件开发和管理学方面的知识，受专业的限制，笔者对这些领域的知识了解得不够深入，难免存在疏漏。笔者研究能力有限，加之研究领域具有一定的创新性，所以当前能够参考的文献资料很有限，因此本研究的理论高度有待提升，研究的结论有待实践检验并进一步完善。

英、汉学习App中的课程设计调查研究（2017）

吴仕畅

摘要：移动学习的特点在于它不仅能够很好地适应融合传统的教学模式，而且还可以利用自身能与先进技术结合的特点对传统的教学模式进行良好的补充；同时移动学习的出现颠覆了学习者以往的学习方式和固有的学习思维。在微时代下，语言教育转型也在悄然发生，各类学习软件应运而生。本研究将选取两款具有代表性的英汉学习软件进行对比研究，旨在分析和探索英语和汉语学习App的设计思路和理念，为以后有关语言学习App研究提供借鉴。

关键词：移动学习；课程设计；汉语教学；App

一、引言

现代社会在经济和科技方面飞速发展，对教育和学习也提出了更高的要求。近些年来，网络学习已从电子学习（E-learning）逐渐过渡到移动学习（M-learning），相继出现了翻转课堂、微课、慕课（Massive Online Open Course）等新兴教学模式和方法。

在微时代下，语言教育转型也在悄然发生，各类学习软件应运而生。对于汉语学习的App来说，课程设计是学习效果的关键所在。本文选取两款具有代表性的英汉学习软件进行对比研究，旨在分析和探索英语和汉语学习App的设计思路和理念，为以后有关语言学习App研究提供借鉴。

二、移动学习课程设计分析的理论基础及框架

（一）移动学习课程

移动学习课程是一种数字化的学习课程，以移动设备和网络为呈现媒介，以数字化移动学习资源为呈现载体。移动学习课程必须具有移动学习的特征，强调教学活动的实施。

在移动学习课程中，教学内容、教学活动的开展和教学过程融为一体，集中体现在移动学习课程设计上。移动学习的课程即移动学习的教材。教学内容、教学活动、教学步骤和教学过程已被预先设置完成，学习者只有按照已被设定好的程序，才能顺利完成学习。

从移动学习课程的数字化属性来看，移动学习课程具有网络课程的开放性，突破时间和空间的限制，课程中包含了图文声像资源，是动态知识资源和静态知识资源的结合。

移动实习课程中，教学活动的中心和主导都是学习者，学习者按照自身实际自主选择学习时间、安排学习进度和速度等。

（二）移动学习课程设计分析框架

1.学习者分析

课程的设计需要分析学习者，根据不同教学对象的不同特点设计教学，使教学活动更适合特定的学习者，达到最佳的学习效果。移动学习课程的设计和开发都必须服务于学习者。

2.学习目标分析

学习目标是教学对象通过学习，在认知、情感和技能方面所期望达到的水平。学习目标是移动学习课程教学设计的基础，学习目标是课程的学习内容和学习过程设计的依据，学习效果的评价也要以是否达到学习目标为标准。

3.课程结构分析

本文将从“编写纲目”和“单元划分”入手，分析App课程的总体设计。

（1）编写大纲

教材编写的纲目主要有以下6种：以语言结构为纲；以交际功能为纲；以交际话题为纲；以交际场景为纲；以课文为纲；以文化为纲。

App的总体课程设计是以某一或多个大纲为线索，进行课程内容的设计。

（2）单元划分

单元划分对课程的学习目标和课时数提供了依据和参考。单元的划分也能体现App课程的系统性和全面性。

4. 课程内容分析

App课程内容的分析可以通过教学内容、语料和话题的选取以及测试与练习的编排这几个角度进行，App课程练习的编排尤为重要。移动学习者注意力集中时间短，课程设计应学练结合，以练为主。练习结果能部分反映出学习者的学习情况，及时给学习者以反馈，具有重要意义。

5. 界面设计

学习App的界面，图标数量应尽量减少，且风格统一、布局简洁。色彩对学生的情绪也有影响作用，和谐的色彩、温柔的配色有助于提高学生注意力，避免不良情绪反应。

三、英语学习App DynEd（戴耐德）课程编排与设计分析

（一）DynEd基本情况简介

DynEd英语多媒体系列课程是由美国DynEd International 公司开发出版发行的语言课程。

1. 戴耐德课程简介

Dyned课程基于一种教学理念，该理念以脑神经功能研究以及社会语言学理论为基础，强调语言框架及基本交流概念框架的重要意义，重视语言交流技能的训练和培养；注重通过大量的、扎实的、合理的反复练习帮助学生获得听、说技能的长效记忆。DynEd英语多媒体系列课程提供了标准的英语语音示范和大量的图像材料，为学习者创造了近似真实的英语语言环境。学习者可以通过使

用“重复”“录音”和“语音识别”等功能，实现“人机”对话。

（1）学习步骤——五步学习法

戴耐德将学习过程设置为五步学习法（Language acquisition path）：预习—理解语言点和框架—综合练习—复习—阶段性复习。其具体过程如下：

A.预习：学习者不看文本，进行范听，理解该课内容大意。

B.理解：熟悉该课内容语言点和框架。

C.综合练习：学习者对每一个句子进行跟读、录音、回听和对比，以此来学习该课内容中的语法、语音和词汇。

D.复习：巩固知识，以达到掌握所学知识的目的。

E.阶段性复习：周期性复习，以对所学知识形成长效记忆。

（2）学习理念

A.语块/意群

学习者可以通过学习语言的意群，同时将这些意群进行排列组合，以扩大学习者自身的句型库。

B.句型练习

只有注重句型的练习，才能解决学习者开口表达时用单词堆砌句子的问题。

C.重复

语言学习需以反复练习为前提，这样才能形成长效记忆，以达到自动输出的效果。

D.平行学习

在其课程设置中，按照技能习得规律，采用线式的高频度练习模式，将符合大脑语言认知与习得规律的交流概念、语言框架和交流主题按照螺旋递进的模式分解在从低到高的各个课程和单元模块，使学习者在掌握了每个单元的内容后能够立即应用到实际生活与工作中。

F.图像学习法

纵观人类学角度观察语言的产生和发展过程，可以发现，声音早于文字出现。在学外语的过程中，学习者过早地接触文字只会对阅读中枢产生刺激，导致阅读理解能力和书写能力过早地比听说理解能力发达，造成语言技能的畸形发展。

G.内化和总结

总结出句型的框架，在不同的场景中，用不同的概念群和单词来进行替代。只有通过这种能力的锻炼，才能够保证学习者真正掌握语言。

（3）戴耐德课程体系介绍

DynEd在课程与级别设置上有如下特点：

（a）多样性和针对性。各级别对应不同的系列课程，为一一对应关系。

（b）一致性。除高级外，其他级别所对应课程皆为同一系列内课程。

（c）新动态英语系列课程覆盖范围较广，包含了准中级、中级，以及高级三个级别。

因此，本研究选取课程新动态英语为个案，对该系列课的多媒体教材的结构编排进行全面分析，以期为汉语学习软件的课程设计提供启示。

A. 课程体系

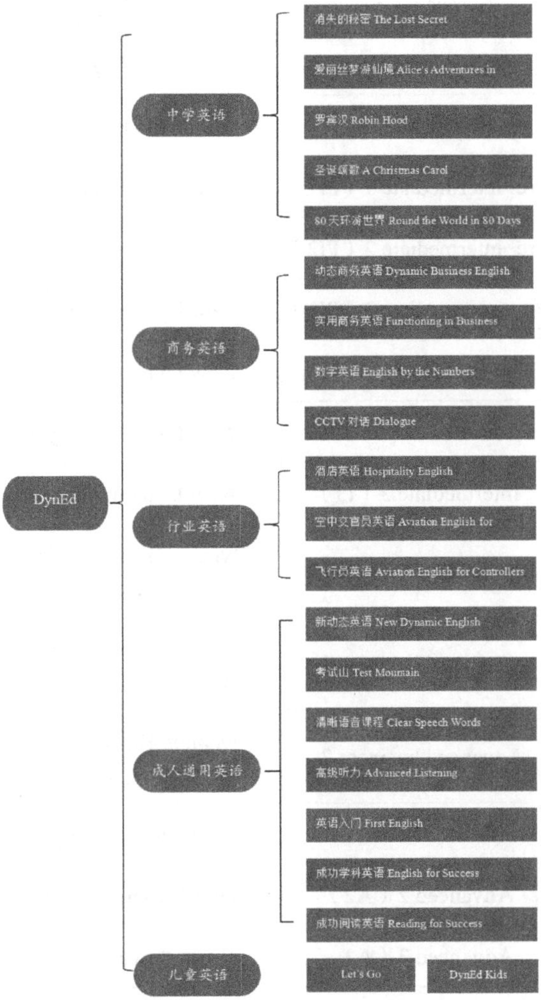

图 3-1　戴耐德课程体系介绍

B.级别与课程

表 3-1 学习者等级与课程匹配

级别	级别	对应课程
初级（零起点）	Starter 1（S1）	First English unit 1/ 2
	Starter 2（S2）	First English unit 3/ 4
	Starter 3（S3）	First English unit 5/ 6
准中级	Pre–intermediate 1（PI1）	New Dynamic English Module 1
	Pre–intermediate 2（PI2）	New Dynamic English Module 2
	Pre–intermediate 3（PI3）	New Dynamic English Module 3
中级	Intermediate 1（I1）	New Dynamic English Module 4
	Intermediate 2（I2）	New Dynamic English Module 5
	Intermediate 3（I3）	New Dynamic English Module 6
中级商务	Intermediate business 3	Dynamic Business English Unit 1/2 Functioning in Business Module 1/2
	Advanced business 1	Dynamic Business English Unit 3/4 Functioning in Business Module 3
	Advanced business 2	Dynamic Business English Unit 5/6 Functioning in Business Module 4
高级	Advanced 1（A1）	New Dynamic English Module 7
	Advanced 2（A2）	New Dynamic English Module 8
	Advanced 3（A3）	Advanced listening

（二）新动态英语课程设计研究

1. 学习者分析

新动态英语课程设置覆盖了从准中级1级（PI1）— 高级2级（A2），共计8个级别的课程。学习者在课程开始学习准中级1级（PI1）时，即学习者的起点能力，是已能够初步掌握建议和邀请的表达，详细谈论日常生活、交通方式、饮食选择，并掌握基本的电话用语，建议和制定简单的日程计划。学习者在开始学习这一系列课程时，词汇量达到1000，能说出5 — 7个单词长度的句子，并能做简短的个人陈述。

根据笔者教学期间观察所得情况，学习NDE课程的学习者多为成人，年龄大都在20 — 40岁之间；学习者职业不一，来自各行各业学习动机不一，以工作交流需要、升学需要、移民需要等为主。以笔者任教期间所教的15名学生为例，年龄在20岁以下的有2人，20 — 30岁有8人，30 — 40岁有2人，40岁以上有2人。以学习动机划分，学习动机为工作需要的有3人，升学需要共4人，以兴趣为出发点的共4人，出于移民需要的共3人。

可以看出，NDE课程覆盖面较广，能满足不同年龄层次学习者需求，同时也能满足学习者多方面的学习需求。

2. 学习目标分析

新动态英语系列课程涵盖了从准中级1级（PI1）— 高级2级（A2）的课程，每一级别有其学习目标，如表所示：

表 3-2 不同等级学习目标

等级描述	学习目标描述
预备中级1级（PI1）	学习者在本级别将深入学习各种代词、拓展动词和形容词词汇、引入动词否定形式、人们的工作家庭以及生活安排的描述、更复杂的时间和数字，巩固主谓一致。 通过本级别的学习，学生开始在语境中认知简单陌生单词和词组，能应答面试的基本问题，并开始讨论日常生活规律、家庭装修、不健康生活习惯、订票、约会以及工作情况等一些常见话题。学生词汇量达到1350，能说出6—7个单词长度的句子，并能做稍微复杂的个人陈述。
预备中级2级（PI2）	学习者在本级别将学习家庭关系、星期表达、时间和地点介词、频率和方式副词、数量表达，拓展有关季节、天气条件、个人喜好与能力、人生阶段、各国食物等各方面的表达与词汇，并初步接触最高级。通过本级别的学习，学员能够自如表达日常生活习惯和自身喜好，能够基本自如地谈论食物、节日、工作、城市风貌、家庭关系以及制定家庭健康计划。学生词汇量达到1700，能说出7—9个单词长度的句子，并能做稍微复杂的个人陈述。
预备中级3级（PI3）	学习者在本级别进一步拓展词汇，介绍较为复杂的时间、地点和空间描述，引入简单定语从句和一般过去时，并开始描述假设情况和表达因果关系。 通过本级别的学习，学员能够用更丰富的词汇来表达过去、现在与将来的日常生活行为，能够谈论环境污染、能源短缺、城市问题等社会问题，能够清楚表达地点信息，谈论工作中的年假、自我提升等问题。学生词汇量达到2000，能说出8—9个单词长度的句子，并能做稍微复杂的个人陈述。

续表

等级描述	学习目标描述
中级1级（I1）	学习者在本级别将学习时间状语、简单条件句、不定式、可数或不可数名词、简单比较级个人喜好表达法，按照时间顺序深化过去式和将来时的描述。通过本级别的学习，学员能够表达将来的旅游计划和关于未来的选择，并解释选择原因，能深入描述喜好的事物并解释原因，并能够有序分阶段地讨论自身和他人的生活经历等，能讨论譬如聚会邀请和准备、食物营养、广告等话题，并能对生活发表评论。学生词汇量达到2500，能说出10个单词左右长度的句子，并能做较复杂的个人陈述。

通过上表可以看出，NDE课程各等级的学习目标之间具有一定的连续性和延续性；学习目标及内容设计工作与生活的各个领域。由此可以看出，NDE 系列课程在学习目标方面的设置具有针对性，对学习者的学习具有指导性。

3.课程总体设计

（1）编写大纲

“交际功能为纲”是戴耐德教材编写的主线。在新动态英语这一系列的课程中，每个模块内部以不同的话题和场景展开，例如模块1中第1单元的主题是自我介绍和介绍别人，第2单元是拓展个人信息以及面试基本问题；模块2中单元1以谈论日常生活设置课文。因此，“话题”和“场景”是教材编写的次要大纲。

（2）单元划分

新动态英语共分为初级1（S1）— 高级2（A2）八个层次，分别对应课程模块1 — 模块8；每个模块内部划分为3个课文单元（Presentation）和2个练习单元（Review Exercises and Video Interaction）；每个课文单元内部包含3篇主题不一的小短文。每篇小短文的内容相对独立和完整，对应不同的语境。

这样的课程设置符合微时代下移动学习的特点，与移动学习课程设计短小精悍的原则相吻合。

4.教学内容设计

（1）内容结构（每一个模块的内部设计）

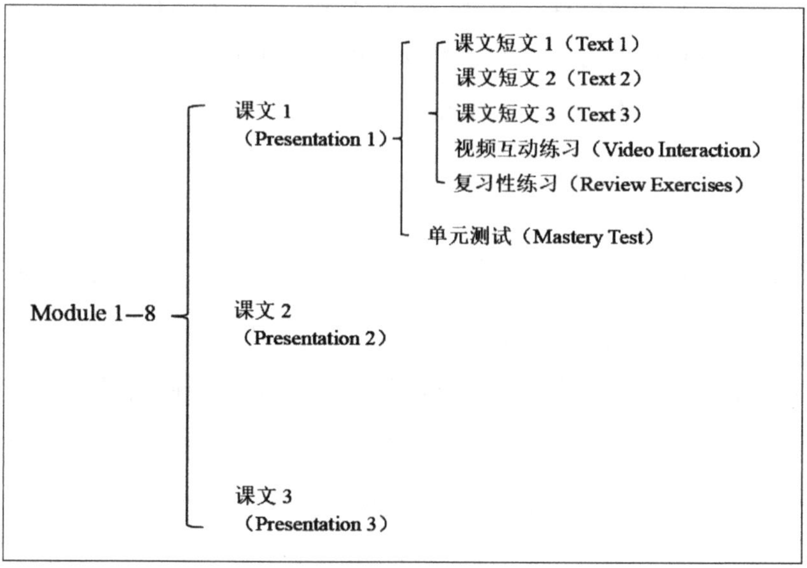

图 3-2　内容结构

DynEd教材中并未单独设置语法、语音讲解，无英文字幕，且全教材无中文注释。教材以围绕某一主题设置的小短文作为教材主线，贯穿教材始终。小短文以音频形式出现，同时屏幕上配有具有提示性意义的图片。

当学习者多次重复仍无法准确掌握短文信息时，按“Aa”键，界面上便会出现英文字幕，但是学习者对字幕键的使用情况将会计入学习数据，且会影响其学习得分。

（2）学习流程

在DynEd课件中，学习过程与练习过程合为一体。学习过程如图所示：

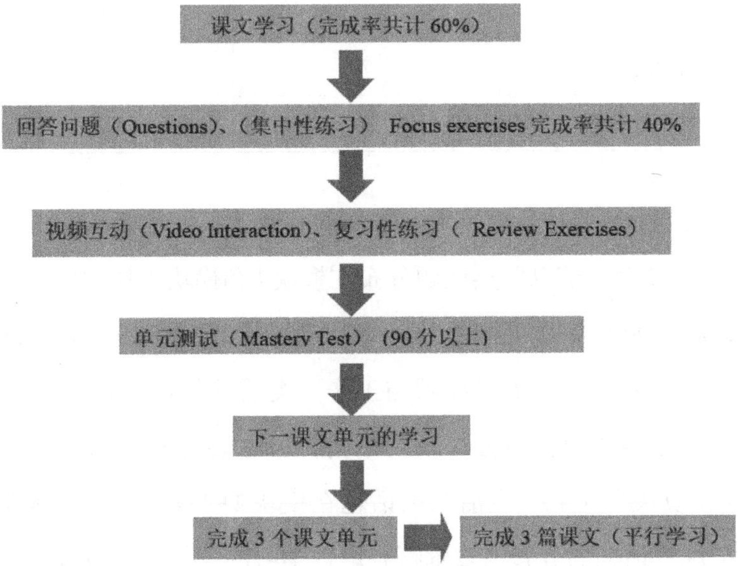

图 3–3　学习流程

（3）话题选取

本文将采用苏新春对话题的分类方法，将话题分为个人信息、生活、人际交往、学习与工作5个大类，进行研究。在新动态英语系列课中，本文将1个模块中每1单元中的1篇小短文作为一个话题单位，共有39个话题。下表是新动态英语系列课中话题的分类：

表3-3　新动态英语系列课话题分类

话题	数量	占比
个人信息	4	10%
生活	15	38%
人际交往	7	18%
学习和生活	7	18%
社会话题	6	16%

从单个话题在各个模块中的分布得出以下几个特点：

（1）“个人信息”类话题分布在模块1和模块2中，“生活”类话题的分布总体呈下降趋势，说明随着课程层次的提高，这两类话题越来越少。（2）“学习与工作”类话题分布较为平均。（3）社会问题类话题整体分布较为平均，但主要分布在高级别的模块7和模块8。（4）“生活”类话题在模块2中数量最多，体现了NDE课程话题的分布与设置符合语言学习的规律与学习者的学习需求。统计数据反映出NDE课程在话题分布方面的特点：

第一，“生活”类话题占绝大多数，共有15个，占所有话题的38%，符合学习者的学习需求。

第二，随着课程级别的上升，有关个人信息和生活的话题有所减少，人际交往、学习与工作、社会话题方面的话题有所增多，符合语言学习由易到难的规律。

第三，各类话题在不同的模块中有复现，话题之间有一定的关联性，体现类话题间的延续及深化。

（4）练习与反馈

A. 随文练习

在每篇小短文的音频文件播放过程中，课件会根据课文内容提出问题，让学习者作出选择，否则音频将不会继续播放。

在图中，音频中的提问为“Where is he going from?”，学习者需要根据之前听到的内容作出选择，上一界面的文本为“Max is going to London from San Francisco”，学习者需要点击代表“San Francisco”的左边的图片，听力文本才得以继续。

如果学习者选择正确，音频中将会给出肯定的反馈“Yes, you are right”，然后将问题及答案用完整的句子复述下来，并继续课文。如若学习者选择错误，音频中会给出反馈“No, that’s not correct”，并复述问题，让学习者再次作出选择；若学习者接连两次给出错误答案，课件将不再重复提问，而是将问题和答案用整句复述后，继续课文的播放；如若学习者超过5秒未作出选择，音频中将会出现提示音“Let’s listen again”或是“Please listen carefully”，之后复述一遍课文；而如果学习者仍然在5秒之内未作出选择，音频中将会出现提示音“Are you there?”来确保学习者是否在进行有效学习。

根据课件要求，课文及随文练习的完成率需要达到60%及以上。这要求学习者对每个单元中的几篇课文进行平行学习，否则将不能达标，无法进行课文后练习。

B.课文后练习

a.复习性练习

b.集中性练习

C.单元测试

在课文及课文练习完成率达到60%及以上、回答问题和集中性练习完成率达到40%及以上时，单元测试才能自动解锁。

每个单元中，每个部分每天的进度最多增长20%，超过这一涨幅后，即使继续学习，进度也将不再增长。如图，当该部分学习时间过长，超过系统设定的时间时，系统将会给出提示。

D.单元性练习

a.视频互动性练习

视频互动性练习通常包含3—5个不同的场景对话小视频，每个小视频大概2分钟。课件要求学习者先听一遍小视频，然后根据视频内容进行语音识别。语音识别即学习者需要根据问题，选出正确答案，并模仿视频中的语音语调，把句子读出来；系统根据学习者读的情况进行语音识别，识别成功将进入下一题。同样，如果学习者在提问重复3次以上还不能选择正确的句子或是语音不能被识别，系统将给出正确选项，然后进入下一题。

b.复习练习

复习练习分为3个部分：听写、填空练习和语音练习。

听写由6篇与课文内容或话题相关的小短文组成，每篇小短文由4—5个句子组成。课件中首先会不间断地读2遍小短文，随后给出单词，让学习者选择单词完成句子。

填空练习要求学习者选词填空完成句子，并进行语音识别，将句子读出。同时界面上会给出相关联的图片作为提示。

语音练习由4个部分组成：句子阅读、回答问题、句子重复、和句子小测验。句子阅读练习中，要求学习者根据课文内容选择正确的句子，并将句子读出进行语音识别；回答问题中要求学习者根据问题，回忆课文内容选择正确答案，并将句子读出进行语音识别；句子重复要求学习者复述音频中给出的句子，进行语音识别；句子小测验中要求学习者根据图片提示，选出正确句子并进行语音识别。

新动态英语课程中练习设置有以下特点：

（a）学中练，练中学。练习部分贯穿了整个学习环节，而所学到的内容又能得到及时的运用和复习。这样的设置符合遗忘规律，提高了学习效率。

（b）类型丰富，形式多样，以听说为主要目的。练习类型以单项选择、正误判断、是非判断、句子填空为主，保证了学习者的开口率，做到了视、听、说的结合。

（c）强调句子结构的操练。在练习中，所有句子都以整句出现，强调句子结构；选词填空的练习，虽没有语法规则的讲解，但是通过对单词顺序的正确排列，便能使学习者在潜移默化中掌握正确的句子结构。

（d）设置环环相扣，保证了学习者的学习效果和练习效果，避免出现练习不会做、张不开嘴的情况。

（e）进度控制合理。各部分的增长率每天不超过20%，避免学习者出现只学某一课或只做某一部分练习的情况，与其短时、高频的学习理念和平行学习理念相吻合，有助于提高学习效率、保证学习效果。

（f）图片辅助学习和练习。图片贯穿了学习的始终，也与其图像学习法相吻合。

（g）练习形式和情景多种多样，避免了枯燥与乏味。且练习中要求学习者进行语音识别，来调动学习者的视觉和听觉，同时要求用语言表达，保证了学习的高效性。

5.课程界面设计与美工

（1）界面内容

DynEd课件中，界面内容主要由两部分组成：学习内容，以及下方的9个功能键。如图3–4：

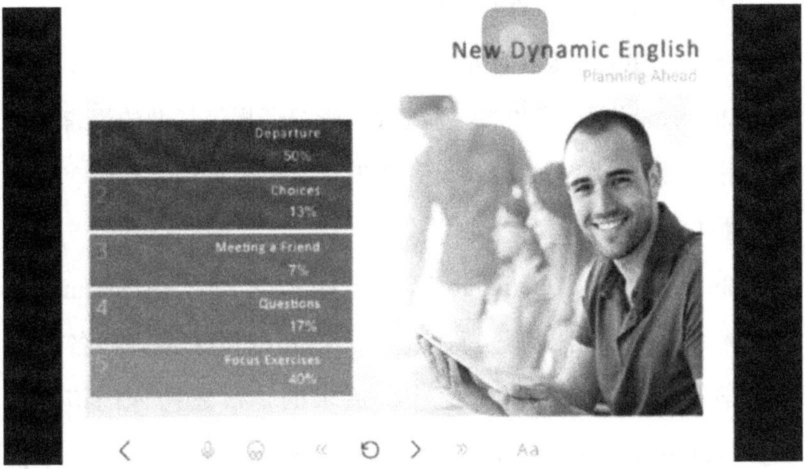

图 3–4　界面内容

教材中图片的选取均以具体直观、生动形象为标准，具有提示性意义；但却不花哨，避免分散学习者的注意力。

（2）美工及构图

在美工画面的色彩方面，色彩对学生的情绪有影响作用，和谐的色彩、温柔的配色有助于提高学生注意力，避免不良情绪反应。

图3–4是戴耐德课件的主界面，以白色为底色，主体内容为蓝色，给学习者清新、自然之感，且这样的配色给人以信任感和安全感；主体内容右侧有其他学习者的照片，丰富了界面内容；9个功能键位于界面的下方，依次排列。整体设计简洁、明了，主次分明，同时也便于学习者的操作。

四、ChineseSkill课程设计分析

（一）ChineseSkill简介

ChineseSkill是一款向零基础汉语学习者提供帮助的语言教育类应用，用闯关游戏的方式设置知识点，里面包括选择题、拼字题、翻译题等。

ChineseSkill与Duolinggo有许多相似之处，在Duolingo的语言体系里，汉语并不是重点。Duolingo的做法是希望各种语言的学习都融入到它的体系中，追求的是浅显的入门级。而ChineseSkill只关注汉语学习这一个垂直领域。Duolingo是一个横向产品，而ChineseSkill是一个纵向的产品；此外，Duolingo采用的是众包模式，这种方式更适合拉丁语系，对象形文字而言比较困难。

（二）ChineseSkill课程设计分析

1.学习者分析

ChineseSkill针对的是以英语为母语的零基础学习者，学习年龄并无限制。学习者有将汉语运用于生活、学习、工作中的学习需求，因此学习动机强烈。

2.学习目标分析

ChineseSkill课程设置以培养学习者的听说技能为主，要求学生掌握77个汉字，111个词，235个句子，以及29个语法结构。通过课程学习，学习者能够应付生活中的情景，例如自我介绍、吃饭、看病、旅游等；同时又能进行简单的人际交往，并能简单

谈论如健康、教育、经济等社会问题类话题。

3. 总体设计

（1）编写大纲

课程的设计和编写充分考虑学习者的零基础这一点，将学习者的需求充分考虑在内，内容选择上从语言的基础知识出发，涵盖生活的各方面，以交际功能和交际话题为纲。

（2）单元划分

主题式划分，以一个主题为一个单元。全部课程分为两大部分：第一部分是常识性知识，如数字、食物、形状等；第二部分以话题划分，包含了学习、生活、工作等各方面知识，如家庭、节日、旅行、教育、经济等。课程一共分为45个小单元，其中包含了3个预备单元、9个基础性知识单元以及33个进阶单元。

4. 课程内容设计

（1）课程结构与设置

主体学习课程：

课程以闯关的游戏模式为基础进行设置，每一小单元依难易程度排序，设置为解锁模式。每一个小单元内部由1—5课组成，每一课的教学内容围绕单元主题进行设置，教学内容由词、句子结构练习、汉字读写、句子翻译练习组成。在进入每一课的学习以前，界面上会将该课所学的生词和语法结构列出。

学习顺序设置：

每一课的学习顺序设置为字—词—汉字—句子—练习

（字、词、句子的英汉互译），其呈现方式分别为：

A.生字（词）

每一课的开始将会介绍生字，通过声音和图片来呈现。课程中用英文给出指令，让学习者选择与指令相符的图片，并进行点击，课件将会给出该字（词）的发音；而每一个选择中，上部分为图片，图片下方有生字（词）的汉字，并配有拼音注释。

根据指令“Select ‘spring’”，学习者需要点击与“spring”相对应的图片；当学习者选择正确选项点击图片时，课件音频会给出“春天”的发音。

当选择正确时，课件会给出反馈“You are correct.”，并进入下一字（词）的学习。

B.汉字

汉字部分包括了笔画示范和构字讲解。首先课件会以Flash的形式展示汉字的笔画顺序，其次要求学习者进行临摹。如图：

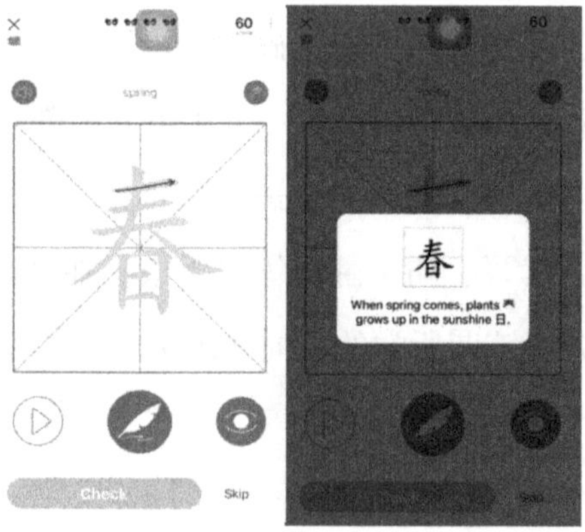

图 4–1　汉字学习界面

当学习者点击左上方“小喇叭”的按键时，课件会给出该汉字的发音；学习者点击汉字右上方的图示，便可看到对汉字构字的英文注释；学习者点击汉字左下方的三角形按键，便可再一次观看汉字笔顺；学习者点击汉字右下方的“眼睛”图示，可以将汉字隐藏，以便记忆；学习者点击汉字正下方的“鸡毛笔”图示，可以在屏幕上进行临摹。汉字的学习并没有强制要求，学习者可以选择跳过（skip）汉字的学习。

C.句子

在句子部分，题型为选词填空和句子翻译；其中句子翻译包含了英译汉和汉译英，既有选择题，也有填空题。每一课中要求学习者掌握的句子的数量3—8句，最多不超过8句。值得注意的是，句子以语素划分。

课件中的句子分成5个部分，“你”“会”“说”“法文”“吗”。

当学习者点击句子前面“小喇叭”的标志时，便可重复听句子；当学习者点击“小蜗牛”形状标识时，音频语速会减慢。

D.练习

课件中的练习围绕本单元要求掌握的句子结构以及生（字）词，以英汉互译以及选词填空的方式呈现，练习的过程也即学习的过程。在每一练习之后，课件将以整句复述答案。

附加课程：

A.生存汉语

生存汉语分为12个部分，介绍了在不同情境下的基本用语，包括基础知识、交际、紧急情况、食物、健康、购物、娱乐、旅游、公共标识、食宿、数字、工具。其呈现方式为文本加音频，其中文本部分中英文对照，拼音注释，方便学习者选择和学习。学习者可以根据自身需要和兴趣选择想学的板块。

B.拼音表

拼音表为学习者提供了所有声母和韵母的组合，以及所有声母和韵母的组合在四个声调下的发音，学习者只要对想要学习的拼音进行点击，课件便会给出正确发音，方便学习者的学习。

C.声调表

声调表为自测式的游戏性练习，一共有67个小游戏，每个小游戏中包含了15个字词。学习者根据课件中给出的字、词、句子以及音频，给每个字标注声调。

D.笔顺练习

笔顺练习是帮助学习者熟悉笔顺的练习，学习者根据示范进行笔画描摹。汉字分类以部首划分。

E.情景对话

情景对话中为学习者展示的是不同情景下的对话。对话分为文本和音频，文本由中文和英文对照构成，没有拼音注释。

（2）学习流程

ChineseSkill学习流程简单，设计更加个性化和人性化。

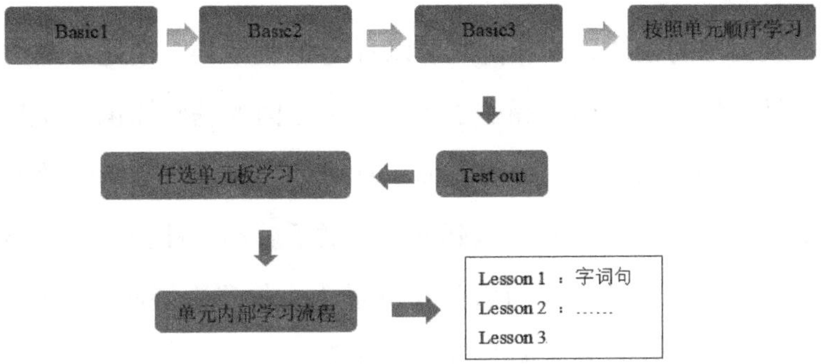

图 4–2　ChineseSkill 学习流程

学习者依照课件中的单元顺序，依次解锁课程。也可在完成3个预备单元的学习后，选择进行“Test Out”测试，测试通过便可以解锁所有课程，学习者可以根据自身兴趣和需求选择相应单元学习。

点击进入课程，选择课—生字（词）学习—汉字及其发音与笔画—句型练习（选词填空／完成句子／句子翻译）。学完该课，也可进入复习模式。复习模式中，既可以选择“Redo”重新学习该课；也可以从“汉字”“词”“句子”“语法”中任选一部分进行复习，这4个部分分别是对该课中出现的汉字、生词、句子、语法知识的总结。

（3）话题选取分析

本文以一个小单元的话题为一个单位，进行统计研究。ChineseSkill大部分的话题属于生活类话题，共有31个单元，包含153课。

从话题的整体分布和占比可以看出，“生活类”话题占绝大多数，且“生活”类话题涵盖了生活各个方面的基础知识，如起居作息、购物、饮食、天气等方面，针对性强，符合零基础学习者的学习特点和学习需求；“人际交往”类话题和“社会问题”类话题也受到重视，符合学习者的交际需求。低层次话题范围较广，符合初级学习者的语言水平和学习需求。

（4）测试、练习与反馈

练习设置：

在ChineseSkill的课程设置中，学习过程与练习过程、测试过程合为一体，学习过程即练习过程。

在每一课中，每个学习者有四次做错的机会，当四次机会全部用完，将需要重学此课；只有通过第一课的学习，才能进入第二课的学习。每一课中的题目数量不一，在15—25题之间。题目类型包含看图选词、选词填空、补全句子、英译汉、汉译英、汉字临摹等。

在做题时，学习者可以根据自身需要，选择“收藏”该题目，也可以添加笔记。

当学生完成此刻任务时，可以选择进行下一课的学习，并可以随时进行复习。在复习中，每一课的内容被归为四类：汉字、词、句、语法。学习者可以根据需要选择要复习的内容，也可以选择重学此课。

反馈设置：

A. 正确反馈

当学习者选择正确的选项时，软件将给出英文反馈“You are correct”，同时，反馈界面中会将问题的答案列出，一目了然。

B. 错误反馈

当学习者选择错误选项时，界面将会给出提示，并将正确答案列出。选择错误，将会失去一只“熊猫”。

C. 学习情况反馈（课后）

在完成每一课的学习后，系统将给出学习者在该课的学习情况反馈，包括：练习正确数、错误数、正确率、学习得分、做题时间以及在所有ChineseSkill学习者中的排名情况。

5. 版式及美工

（1）界面设计

ChineseSkill设计风格活泼可爱，以国宝——熊猫作为该App的标志。在主界面中，45个课程单元依次列出，选用不同的图标和颜色作为标识，简洁明了但又不失生动可爱。

（2）界面色彩搭配

以白色为底色，沉静平和；图表设计方形，不同单元主题采用的是不同的颜色，整体属于暖色系，给人以自然、轻松之感。课件中的图片色彩鲜艳，且直观生动。

五、NDE与ChineseSkill课程设计对比研究及启示

（一）NDE与ChineseSkill课程设计对比研究

1.课程结构设置

新动态英语系列课程有明显的级别划分，对每个级别的学习目标作出了明确规定，一共分为8个级别，而ChineseSkill则未对课程的等级作出明确划分。

这样的差别是由两款软件所面向的学习者不同导致的。新动态英语所面向的是各种年龄层次的学习者，能满足各层次学习者的学习需求。而ChineseSkill所面向的是汉语零基础学习者。

2.教学内容设置

①话题选取

在设置方面，新动态英语和ChineseSkill的话题内容选取以生活类话题为重点，符合学习者的学习需求，将语言运用于生活。教学内容设置也即学习模式采用任务完成式的设置模式，学习者需要按要求完成一定量的学习任务，才能不断学习。这种模式既保证了学习效率，保证学习者活跃度，又能起一定程度上的监督作用。

②课程内容设置

ChineseSkill同样也强调句子结构的学习，但考虑到汉语自身特点，每一单元板块中均有字、词、汉字、语法、句子的内容设置，在复习环节中有对该课所有知识点的总结，便于学习者进行复习。

NDE强调运用图像学习法，采用视频和音频来学习，以听说技能带动读写技能的发展。而ChineseSkill强调听说读写技能的共同训练。

③课文呈现形式

ChineseSkill课程在呈现形式上包含了音频和文本，与汉语自身特点相符合，既强调听说技能的训练，也注重汉语基础知识的积累，并充分考虑学习者的语言水平，将字、词、句子、语法知识、汉字等均以文本形式呈现，作为学习材料。这是两款软件在课文内容呈现方式上最大的不同。

④学习流程设置

新动态英语学习流程在自主选择性和灵活性上不高，但是要求学习者对于各单元内部课文进行平行学习；ChineseSkill学习流程上自主选择性较高，学习者完成3个基础单元的学习后，进行“test out”测试通过以后便可自由选取感兴趣的单元板块进行学习，但实际上其45个单元板块之间有词汇和句型的复现，学习者按单元排列顺序进行学习效果更好。

在新动态英语的学习过程中，系统对各板块的完成率提出要求，学习者只有按照完成率完成各板块的学习，才能顺利完成每一个模块从课文学习到完成练习的过程；而在ChineseSkill中，系统对正确率提出要求，学习者只有达到一定正确率，才能完成每一课的学习。

⑤练习设置

新动态英语在测试与练习部分，有随文练习，也有课后练习；练习题型多样，有图片选择、正误判断、是非判断、选词填空、组词成句、语音识别等练习形式，且练习完成情况也计入学习得分中；ChineseSkill练习过程与学习过程相统一，其课文由练习题型组成，包括单选题、选词填空、汉字临摹、英汉互译等题型，但并无语音识别。

在练习设置方面，新动态英语较ChineseSkill练习类型显得更加丰富，题型显得更加完整。ChineseSkill的练习稍显单一，这是由于NDE 系列课程是一个系统课程，内容更加完备，课程深度也更深，而ChineseSkill面向的只是零基础学习者，课程级别不够高，内容也较浅。

⑥反馈设置

新动态英语在练习中会给出学习者及时反馈，但对于学习者的学习情况则无直接反馈；ChineseSkill每一题后都有正误反馈，且学习者完成每一课后都会获得及时的学习反馈，包括正误数、正确率、学习时间、学习得分以及在所有学习者中的排名情况。

在学习过程中直接的反馈可以给学习者以激励，让学习者保持一定的活跃度与学习激情，并提高注意力。值得借鉴。

⑦版式设计

新动态英语版式设计风格简洁，配色以冷色调为主，给人以平和之感，为学习者创造学习氛围；图片绘制美观、线条简单，体现着较强的功能性。而ChineseSkill版式设计风格为可爱活泼，以熊猫作为软件的标志，富有中国特色；图片搭配色彩鲜明，以暖色调为主，营造温馨、活泼的气氛。

（二）新动态英语与ChineseSkill课程设计对比研究启示

1.课程设置从学习者实际需求出发

对于语言初学者来说，将语言运用于生活中的需求最为迫切，课程编写时应针对这一需求来设计，以交际功能为纲，提升课程的实用性和针对性。

2.课程内容设置强调句型（语块）学习的重要性

于传统的语言学习词汇—语法—句子的学习方式，新型的语言学习应该注重句子结构的学习，强调句型训练。即使语言学习者在学习初期，也能保证有句子的产出。这样的设计既避免了知识性学习的枯燥，又保证了学习效果。

3.课程呈现方式以音频、视频为主导，图片为辅助

作为以训练学习者的听说技能为主的软件，课程呈现方式应以音频为主导，进行综合训练。为了保证学习者能进行自主学习，有必要将课程中的知识性信息（如词汇、句子结构）以文本的方式总结呈现。

4.课程学习过程设置让学生有充分的安全感

课程设计应充分体现“以”学习者为中心，让学生掌握充分的自主选择权，同时，为了保证学习效果，课程内容设计

上应环环相扣，引导学生按照课程设计的理念和计划来进行学习，学习者只有当按照课程标准完成任务时，才得以继续学习。

5.及时给出学习反馈保证学习效果

课程的学习过程中应当将学习效果的反馈设计在内。及时的学习反馈能帮助学习者进行知识的查缺补漏，同时也能让学习者时刻了解自己的学习情况，树立学习的信心。因此，在学习过程与练习过程合为一体的课程设计中，应当将学习者及时的学习反馈纳入设计范围。

六、结语

本研究在此基础上，提出了对汉语学习App的五点启示：（1）课程设置从学习者实际需求出发，课程编写时应针对这一需求来设计，以交际功能为纲，提升课程的实用性和针对性。（2）课程内容设置强调句型学习的重要性。即使语言学习者在学习初期，也要保证学习者有整句的输出。（3）作为以训练学习者的听说技能为主的软件，课程呈现方式应以音频为主导，以听说技能带动读写技能的发展；同时有必要将课程中的知识性信息（如词汇、句子结构）以文本的方式总结呈现，方便学生进行知识的复习、总结和内化。（4）课程学习过程设置要让学生有充分的安全感，移动学习是学生的自主学习，因此课程设计应充分体现“以学习者为中心”，让学生掌握充分的自主选择权。（5）课程的学习过程中应当将学习效果的反馈设计在内，帮助学习者进行知识的查缺补漏，让学习者时刻了解自己的学习情况。

移动端汉语阅读学习软件调查研究（2017）

傅　琴

摘要：近年来，移动学习蓬勃发展，而阅读技能是语言学习所要求掌握的四大技能之一。本文基于交互理论对七个外语阅读学习软件进行了调查分析，总结了其给汉语阅读学习软件带来的启示，并通过82份调查问卷的数据，分析了不同类型学习者的学习需求，探讨了交互理论应用于移动端汉语阅读学习的可行性和实施方案，旨在为汉语移动端阅读学习软件的设计提供参考。

关键词：移动学习；交互理论；软件分析

一、引言

近年来，随着社会的进步，人民的生活水平逐渐提高，经济增长伴随着互联网技术的发展，在技术和经济的推动下移动学习领域的发展也日益加快，关于移动端的语言学习成为学术界研究的热门之一。阅读是人类交换知识，提升自我修养的基本途径之一，阅读技能也是语言学习所要求掌握的四大技能之一。

交互理论重视教师与学生、学生与学生以及学生与教学资源之间的交流互动，移动端的学习环境为交互活动提供了更大的平台、更深层的接触。本文对前人的交互理论与移动学习的理论知识进行了梳理，并分析得出了适合移动端学习的交互模式类型。同时，通过进行问卷调查，以及对三位汉语学习者进行的访谈，本文总结归纳了汉语学习者使用阅读学习软件的可能性，阅读的动机、渴望阅读的材料，阅读中普遍的难点，并从学习者的性别、年龄、学习时间、地点以及水平等不同角度，分析了学习者对移动端阅读学习交互模式的不同需求，旨在为汉语移动端阅读学习软件的设计提供新的思路。

二、外语阅读学习软件的调查分析

（一）七个外语阅读学习软件基本情况

本次调查选取了五个英语阅读学习软件、一个西班牙语阅读学习软件和一个日语阅读学习软件。英语类的学习软件分别是Reading Pro、英语阅读、双语小说、扇贝新闻、英语考级帮；西班牙语的学习软件是现代西班牙语（共三册）；日语的学习软件是新编日语（共四册）。

1.Reading Pro

Reading Pro是基于美国权威的Lexile®测评体系的英文分级阅读平台，专注于为用户提供专业的英文阅读方案。通过Lexile®阅读阶段性测试，用户可以了解自己真实的阅读水平，清晰看见自己的成长路径。平台上不仅有分级读物，还配备了与美国中学生书单同步的经典读物，以及与经典读物配套的在线文学趣读课。Reading Pro的优势有以下几方面：

（1）美国权威的阅读分级Lexile®蓝思测评体系，通过对学生阅读能力的科学评估，制定个性化的专业阅读任务；

（2）通过阶段性的测试，精准评估读者的英文阅读水平，实现阅读水平与读物难度的精准匹配；

（3）与知名的出版商合作，选取优质读物，满足学生不同能力和文化背景的需求；

（4）部分读物提供由中西方一线名师录制的视频阅读赏析课程，帮助用户更自如地欣赏西方文学的精髓以及提高英文阅读理解能力。

2. 英语阅读

英语阅读的优势有：

（1）可以自行设置阅读难度，四六级托福雅思；

（2）每日更新新闻，并分类，让用户可以自行挑选；

（3）内嵌离线词典，可以随时查看单词释义；

（4）系统自动统计阅读量、阅读速度（WPM）、阅读词数、排名，并对阅读话题进行分类；

（5）可以添加私人单词本。

3. 有声双语小说

有声双语小说，内置376部经典英文名著，其优势有：

（1）可选择双语对照或中文、英文三种阅读方式；

（2）高质量语音朗读；

（3）支持金山、有道等第三方软件查词及本地查词。

4. 扇贝新闻

扇贝新闻强调“用英语学”，它每天推送原汁原味的英语短文，同时，用户还可以接触到大量优秀的英文书，让用户用英语进行潜移默化的学习，真正地学以致用。相较于其他同类型的App，扇贝新闻的优势是：

（1）阅读过程中的每个生词都可以及时添加到自己的学习计划中，然后再利用扇贝强大的记忆系统进行学习；

（2）用户可以自行选择四六级、雅思、托付、考研、GRE等考试，系统会高亮文章中考试要求而用户没有学习过的生词，帮助用户发现进步的空间；

（3）记录每天的学习进度，文章数、被激活的单词数通过图表生动展示。

5. 英语考级帮

英语考级帮是专攻英语四六级词汇听力阅读的备考软件，它的优势是：

（1）名师辅导班线上课程；

（2）真题模拟，用户可以随时用手机练习；

（3）核心词汇匹配英文电影片段，让那个词汇学习不再单调；

（4）达人榜单动态更新，用户可以与全国的同学们进行PK，可以激励自己学习。

6. 现代西班牙语（共三册）

现代西班牙语是一个西班牙语的电子化教材，其基本做法就是将教材《现代西班牙语》中的课文发展成有声的电子教材，再配以单词和语法讲解。相对于其他几类英语学习软件，现代西班牙语的优势是：

（1）以名校所编写的教材作为依托；

（2）详细的语法解释。

7. 新编日语（共四册）

新编日语是一个教材辅助类的学习软件，这个软件是参照同名教材《新编日语（修订本）》制作而成。新编日语为日语学习者提供了方便快捷的学习渠道，能够快速强化学习者的听、说、读、写能力。相较于现代西班牙语，这个软件有其独特的优势：

（1）强大的复读功能，用户可以根据自己的需要对每个单词、每句话或者整篇内容进行一遍或者多遍的复读；

（2）原文和单词有中文解释，并且可以自行点击隐藏中文注释；

（3）用户可以自行调整单词顺序以及过滤单词；

（4）除了单词和语法以外，还有丰富的练习题。

（二）外语阅读学习软件的设计分析

表 2-1　五款英语阅读学习软件的基本情况

软件名称	ReadingPro	英语阅读	双语小说	扇贝新闻	英语考级帮
文本内容	英文名著	新闻	英文名著	新闻	四六级考试题目
原文翻译	无	无	有	无	无
有声朗读	有	无	有	无	无
内嵌词典	无	有	有	有	无
词典内容	/	音标、释义	音标、释义	发音、音标、释义、例句	/
练习题	有（选择题）	无	无	无	有（选择题）
分等级阅读	是	是	是	是	分为四级、六级
阶段性测试	初始测试蓝思测试	无	无	无	测试词汇量
趣味性	生动的插图	丰富的话题	/	小游戏（单词接龙）	/
激励机制	阶段性测试	阅读排行榜、积分制	/	会员积分制、贝壳币	显示正确率
交互形式	评论、视频课程	评论、回答、翻译	/	论坛、课程	读后感、课程
费用模式	图书收费	图书+App+微课	图书收费	线上课程、周边产品	线上课程

通过初步的分析，市场上的语言阅读学习软件的学习内容大致可以分为四类：原著类，新闻类，考级类，教材（辅）类。

此外，由于每款软件对自身的定义不同，因此设计的原则和呈现出来的特点也不尽相同。

（1）大部分的阅读软件都有内嵌词典。

（2）原著类的阅读软件开设了原声朗读的功能，使用者可以边听边读，增加了阅读的效率和趣味性。

（3）大部分阅读软件并没有提供原文翻译。

（4）所有软件都以不同的形式标记了阅读材料的难度等级。

（5）部分软件提供练习题目。

（6）大部分软件都注重了趣味性。

（7）几乎所有的软件都设置了不同类型的激励机制。例如阶段性测试、阅读排行榜、积分制、会员制、虚拟货币，显示正确率。

（8）所有的应用都有收费项目。

（9）大部分的应用都不同程度地运用了交互形式。交互形式十分多样化，有人机交互、人人交互，有师生交互和生生交互。

（三）英语阅读学习软件的实施分析

下面，笔者通过网络调查，以及亲身体验，对这五个英语阅读学习软件就实施层面给予了分析。

1.Reading Pro

App Store中共有9份评价，收到的评分是四颗星。对于这款阅读软件的好评比较多，综合笔者自身使用体验。这款软件的优点主要是：界面精美，操作流畅；有严格的分级阅读体系，比较适合自学者。缺点是没有内嵌辞典，大部分的时候需要根据上下文猜测词义，但是一篇文章中的词汇难度等级比较一致，所以大多数的情况下都能大概猜出生词的意思。第二个缺点就是价格过高，根据书的知名度和难易度价格也不一样。其中，免费的书只能满足初、中级英语水平的学习者的需求，需要付费才能阅读更多水平更高的书籍。

2. 英语阅读

英语阅读最吸引用户的地方就是它的微课视频。一般来说，视频的内容都是与阅读材料内容相关，但是并不相同。有的是作为补充资料，解释说明，或者介绍背景。有的是讲解具体某个词汇表达的意义和用法。

3. 有声双语小说

这款有声双语小说的阅读软件收藏颇丰，涵盖了376部经典英文名著，而且提供有声朗读，非常适合文学爱好者，同时也适合高级汉语水平的学习者。

4. 扇贝新闻

扇贝新闻界面十分精美，并采取会员等级制度来吸引用户。为了实现它的广告语——帮你读懂的英语新闻软件，扇贝新闻的内嵌辞典功能十分强大，包括发音、音标、释义、例句。还有像单词接龙这样的小游戏，不但大大提升了软件的趣味性，同时也可以帮助用户复习巩固词汇。

5.英语考级帮

英语考级帮是专门针对英语四六级词汇听力阅读的备考软件，它最大的好处是针对性强，收录了大量的考试真题，并且用户可以根据自身需要练习不同的考试类型、题型。界面清晰，操作简单，比较适合英语考级刷题目的学习者使用。

6.现代西班牙语（共三册）

笔者在此次研究以前用过《现代西班牙语》这本教材，在体验了现代西班牙语的软件之后，觉得最大的好处是电子化的教材有同步录音，这样非常方便在阅读的同时练习听说，而且省时省力。缺点就是界面比较单调，语法部分界面排版不够合理清晰，不能让用户一目了然。

7.新编日语（共四册）

新编日语除了有现代西班牙语中的所有优点之外，还有录音的功能，同时还可以手动调节录音的语速和进度，这样，要是某个句子或者片段没有听清楚，还可以再重新听。用户也可以选择跟读，复读。除了自定义录音播放以外，用户还可以自定义语言显示，用户可以自定义选择是否显示中文翻译。

（四）英语阅读学习软件给汉语阅读学习软件带来的启示

通过对这七个英语阅读学习软件的调查分析，可以总结以下几个方面，为汉语阅读学习软件的设计提供参考：

第一，选择学习内容时应该考虑阅读材料的实用性和趣味性。阅读话题的选择不仅要适合学生实际情况，而且要充分调动学生的阅读兴趣。

第二，适当的人际交互可以促进信息交流，但是现在的学习软件多是以论坛形式为主体，而论坛上多数是以情感交互为主，教学交互效果不明显。

第三，学习者与学习内容的交互，效果最明显，而在移动端的阅读学习内容，首先是设计者的教学理念的产物，其次它与学习者和教师的交互并不是非此即彼的，通过合理设计和开发线上学习内容，无论是以文字、图片、PPT的形式，还是声音、视频的形式，都能实现学习者和教师的有效交互。

三、关于汉语阅读学习软件的需求调查及分析

该调查研究的核心是汉语学习者的移动端阅读学习的话题需求和交互模式，同时针对汉语学习者的汉语学习目标需求和学习需求情况进行调查。调查结果从不同角度进行分析。本章内容从本研究调查问卷的设计、发放与回收、结果和分析三个方面来展开。

（一）调查问卷的设计

1.个人信息部分

在问卷的开头部分，笔者设计了六个和被调查者的个人信息有关的问题。包括被调查者的性别、年龄、学习者的母语、学习地点、学习时间、汉语水平等。

2. 汉语移动阅读学习的整体调查部分

第二部分主要分为两大类：一是关于移动端学习使用情况和频率调查，二是使用阅读学习App的目的和难点调查。

3. 涉及汉语移动端阅读学习中交互模式的调查部分

第三个部分是本问卷调查的核心部分，问卷中除了涉及到阅读前、中、后的交互以外，还涵盖了人人交互和人机交互。若只在交互理论上讨论交互模式的有效性是不够的，同时还要考虑到用户的需求。

（二）调查问卷的发放与回收

1. 问卷的发放

问卷调查的发放形式有两种：一是在课堂内的发放形式，本人在实习的美国某大学的各个年级发放了纸质版的英文问卷调查，二是网络发放，本人通过在“问卷星”网页上编辑问卷调查，然后将链接通过社交媒体发送给留学生和国外的汉语学习者。

2. 问卷的回收

笔者之所以在课堂内采用纸质版的问卷调查，是因为纸质版的问卷回收率高，在本人和其他实习老师的监督下，问卷的完成度和提交率达到近98%。相比之下，尽管网络形式的问卷调查的发放和回收更加快捷，但是其回收率非常低，其中部分原因是笔者未能在更大的社交平台和群体发放问卷。这样可能会导致问卷的结果过于片面化。

（三）调查结果分析

1.调查对象的基本信息分析

本研究从学习者的性别、年龄、学习地点、学习时间和汉语水平等五个维度来分析调查对象的基本信息。

（1）从性别来看，其中男性占52.44%，女性占47.56%。

（2）从年龄来看，调查对象主要集中在18—25岁。

（3）从学习地点来看，有3.66%的被调查者在中国学习汉语，65.85%的被调查者在他们的国家学习汉语，8.54%的被调查者在中国和他们的国家都有学习汉语，21.95%的人选择其他。

（4）从被调查者的学习时间来看，近35.37%的被调查者学习汉语的时间少于一年，30.49%的被调查者学习汉语一到两年，23.17%的被调查者学习汉语三到五年，10.98%的被调查者超过六年。

（5）从被调查者的汉语水平来看，初级占43%，中级占48%，高级占7%，流利仅为2%。

2.调查对象的移动端汉语阅读学习的整体调查分析

考虑到此次问卷调查的样本在年龄和母语上比较单一，部分类别不具有代表性，本小节只是就性别、学习年限和学习水平这三个维度来分析学习者的需求。

（1）从性别的维度来讨论学习者的需求，主要考虑的是性别对学习者使用学习软件的频率、使用新的汉语学习软件的意愿、使用新的汉语阅读学习软件的意愿、阅读的目的和面临的困难的影响。

从性别来看，学习者使用学习软件的频率，由调查数据得出，女性比男性更依赖于软件学习，而且使用频率更高。

从性别来看，学习者是否愿意使用新的汉语学习软件。经调查发现，汉语学习软件还是有很大的市场潜力的，并且潜在的女性用户高于男性用户。这点可以给软件开发商一些启示，比方说在设计软件界面的时候可以更多的考虑女性的感受。

从性别来看，学习者是否有意愿使用新的汉语阅读学习软件。虽然对比使用新的汉语学习软件的意愿，使用阅读软件的意愿有所下降，但是数字仍然很可观，这说明在更强调语言的听说能力的当下，汉语阅读学习软件还是有很大的市场的。

从性别来看，学习者使用阅读学习软件的学习目的。在使用目的上，男性女性没有太大的区别。由此得出结论：扩大词汇量和提高阅读理解能力是学习者最普遍的目的，其次是了解中国文化，准备考试，最后是为了社交，总体来说在性别上的差异不大。

从性别来看，学习者使用阅读学习软件面临的困难。由此项调查数据可以得出结论：汉字是学习者阅读中文时最大的难点，这是由于汉字不是表音文字，从字符的形状并不能推测出它的读音和意义，这给学习者的阅读过程带来了很大的困难，其次是阅读能力带来的困难，由词义和文化带来的困难相对来说比较小。这一结论也给汉语阅读软件的设计带来一些启示：在设计和开发汉语阅读学习软件的时候，软件设计者应该考虑到汉字的问题，可以考虑是否加注拼音，或者根据学生水平嵌入关于汉字教学的小插件，也可以在阅读前显示难度较大的汉字及其注解，这样也可以减小学生阅读的阻力。

（2）从学习年限的维度来讨论，主要考虑的是学习年限对学习者使用新的汉语学习软件的意愿、使用新的汉语阅读学习软件的意愿、阅读的目的和面临的困难的影响。

从学习年限来看，学习者是否愿意使用新的汉语学习软件。愿意使用新的汉语学习软件的人群主要分布在3—5年和0—1年这两个学习年限段，其中，学习时间在3—5年以内的学习者有更强烈的意愿使用新的汉语学习软件。

从学习年限来看，学习者是否愿意使用新的汉语阅读学习软件。愿意使用新的汉语阅读软件的人群主要分布在3—5年和0-1年这两个学习年限段，其中，学习时间在3—5年以内的学习者有更强烈的意愿使用新的汉语阅读学习软件。

从学习年限来看，学习者阅读的目的，这是一道多选题，所以很多选项有重复。由以下数据可以分析出，对不同学习时间段的学习者来说，掌握更多的词汇一直是学习者使用汉语阅读学习软件的主要目的，而且随着学习时间的增加，更多的人把词汇学习当作阅读的重要目的。同时，随着学习时间的增加，越来越多的学习者把考试作为阅读学习的主要目的。相反，学习者对文化内容的学习需求随着学习年限的增加而有所减小。总体来说，将社交当作阅读软件的使用目的的人很少，但是随着学习年限的增加，数量也越来越多。

表 3–1　不同学习年限下的学习者目的

X/Y	Social media	Learn Vocabulary	Learn Chinese Culture	Improve reading comprehension	Prepare for Chinese language tests	小计
Less than 1 year	2（6.90%）	26（89.66%）	15（51.72%）	24（82.76%）	15（51.72%）	29
1 — 2 years	7（28.00%）	23（92.00%）	15（60.00%）	20（80.00%）	11（44.00）	25
3 — 5 years	3（15.79%）	18（94.74%）	10（52.63%）	16（84.21%）	13（68.42%）	19
More than 6 years	2（22.22%）	9（100.00%）	5（55.56%）	7（77.78%）	6（66.67%）	9

从学习年限来看学习者面临的困难，这是一道多选题，所以很多选项有重复。由以下数据可以分析出，学习者的难点主要集中在汉字和阅读理解能力上，无论是在哪个学习时间段内，汉字都是学生遇到的主要困难之一。

表 3–2　不同学习年限下的学习者面临的困难情况

X/Y	Recognizing Chinese characters	Learning the meaning of words	Reading comprehension	Unfamiliar with Chinese culture	小计
Less than 1 year	22（75.86%）	7（24.14%）	12（41.38%）	4（13.79%）	29

续表

X/Y	Recognizing Chinese characters	Learning the meaning of words	Reading comprehension	Unfamiliar with Chinese culture	小计
1—2 years	18（72.00%）	5（20.00%）	15（60.00%）	6（24.00%）	25
3—5 years	16（84.21%）	7（36.84%）	11（57.89%）	4（21.05%）	19
More than 6 years	7（77.78%）	2（22.22%）	3（33.33%）	2（22.22%）	9

（3）本文同时考虑学生的学习时间和汉语水平，是因为这其中任何一个都不是分析的最佳变量，笔者认为只有经权威考试测出的学生汉语水平才能反映学生真实的汉语语言能力，但是这样的数据很难收集到。因此综合了这两项数据的分析结果，然后辩证地分析这两组数据。

从学习水平来看，学习者是否愿意使用新的汉语学习软件。初级、中级、高级、流利四个学习水平段中有意愿使用新的汉语学习软件的人都超过了50%，其中初级和高级水平的人相对来说比较多，分别是62.86%、75%。此外，初级水平的被调查者比高级水平的被调查者的意愿更强烈。

从学习水平来看，学习者是否愿意使用新的汉语阅读学习软件。四个学习水平段中有意愿使用新的汉语阅读软件的人都超过了50%，其中初级和高级水平的人相对来说比较多，分别是60%、61.54%。此外，初级水平的被调查者比高级水平的被调查者的意愿更强烈。相较于使用新的汉语学习软件的数据，愿意使用汉语阅读学习软件的人数在初、中级阶段均有略微的下降，但是幅度不大。这说明，对不同学习水平的学习者来说，阅读学习还是有很大市场潜力的。

从学习水平来看，学习者阅读的目的，这是一道多选题，所以很多选项有重复。在35名初级水平的被调查者中，扩充词汇、提高阅读理解能力、了解中国文化、准备考试、社交这五个目的所占的比例分别是：88.57%，85.71%，60%，45.71%，11.43%；39名中级水平的被调查者中，扩充词汇、提高阅读理解能力、了解中国文化、准备考试、社交这五个目的所占的比例分别是：94.87%，76.92%，53.85%，64.10%，23.08%；6名高级水平的被调查者中，扩充词汇、提高阅读理解能力、了解中国文化、准备考试、社交这五个目的所占的比例分别是：100%，75%，25%，75%，25%；2名汉语流利的被调查者中，扩充词汇和提高阅读理解能力各为100%，学习中国文化50%。

表 3-3　不同水平学习者阅读的目的

X/Y	Social media	Learn Vocabulary	Learn Chinese Culture	Improve reading comprehension	Prepare for Chinese language tests
Elementary	4（11.43%）	31（88.57%）	21（60.00%）	30（85.71%）	16（45.71%）
Intermediate	9（23.08%）	37（94.87%）	21（53.85%）	30（76.92%）	25（64.10%）
Advanced	1（25.00%）	4（100.00%）	1（25.00%）	3（75.00%）	3（75.00%）
Fluent	0（0.00%）	2（100.00%）	1（50.00%）	2（100.00%）	0（0.00%）

从学习水平来看，学习者面临的困难，这是一道多选题，所以很多选项有重复。在35名初级水平的被调查者中，汉字、阅读理解能力、词汇、文化四项因素造成的困难的百分比分别是：77.14%，54.29%，31.43%，31.43%；39名中级水平的被调查者中，汉字、阅读理解能力、词汇、文化四项因素造成的困难的百分比分别是：74.36%，46.15%，23.08%，12.82%；6名高级水平的被调查者中，汉字、阅读理解能力、词汇、文化四项因素造成的困难的百分比分别是：75%，50%，0%，0%；2名汉语流利的被调查者都认为汉字是阅读最大的困难（考虑到很多华人精通汉语口语但是不会书面语）。

表3-4　不同水平学习者面临的困难情况

X/Y	Recognizing Chinese characters.	Meaning of words	Reading comprehension	Unfamiliar with Chinese culture
Elementary	27（77.14%）	11（31.43%）	19（54.29%）	11（31.43%）
Intermediate	29（74.36%）	9（23.08%）	18（46.15%）	5（12.84%）
Advanced	3（75.00%）	0（0.00%）	2（50.00%）	0（0.00%）
Fluent	2（100.00%）	0（0.00%）	0（0.00%）	0（0.00%）

3. 涉及汉语移动端阅读学习中交互模式的调查分析

本节从阅读过程的三个阶段来分析本调查研究的数据：

（1）阅读前

阅读前的交互活动是在阅读活动之前进行的和本次阅读相关的活动，按内容可以分为意义建构、主题思考两部分。形式上有很多种类，比方说：总结内容、拓展背景、激发兴趣等。本部分问卷包括了两个问题：一是学生是否想阅读文章标题，二是其他想提前知道的信息，包括：作者名字、文章背景、专业词汇、相关的文化知识。在82位调查者中，一共有79位选择喜欢阅读文章标题，占总人数的96.34%；只有3位选择不喜欢阅读文章的标题，占总人数的3.66%。

关于其他信息，在82位调查者中，选择作者名字、文章背景、专业词汇、相关的文化知识的比重分别是：17.07%、59.76%、62.2%、37.8%。词汇掌握不够和阅读的理解能力有限是使学习者产生阅读困难的普遍原因。移动端的汉语阅读学习，可以在阅读前充分利用多媒体的平台给学生提供多方面的信息，主要是补充专业词汇和文章背景以及相应的文化知识。

（2）阅读中

此次问卷调查考虑的阅读中的交互是三个方面：阅读材料的主题、词典、插图。

①不同的学习者的阅读需求不一样，笔者通过之前的外语阅读学习软件调查，总结出了比较流行的五大类阅读主题，分别是：小说类、课本类、新闻时事类、专业文章类、考试类。本道题为多选题，所以有重复选项。在82位被调查者中，42位

被调查者选择了中文小说，占总人数的51.22%；58位被调查者选择了中文课文，占总人数的70.73%；44位选择了新闻时事，占总人数的53.66%；21位被调查者选择了专业文章，占总人数的25.61%；39位被调查者选择了中文考试，占总人数的47.56%。

由此数据可以看出，这五类阅读材料都对学习者有很大的吸引力，其中课本类的需求远远大于其他类别，其次是时事类和小说类、最后是专业文章类。笔者分析，由于此次问卷调查的被调查者主要集中在汉语水平为初、中级的汉语学习者中，初、中级的汉语学习者词汇量小、语感相对比较弱，所以无法阅读中文小说、专业文章、新闻等复杂的材料。所以70%以上的被调查者选择中文课文。

②在阅读过程中，学习者常常会因为生词的原因而影响对材料的理解，笔者在对七个外语阅读软件进行分析之后发现，大部分的软件都有内嵌辞典这个功能，但是细节方面有些微差异，比方说有的提供了例句，有的只有释义。但是笔者认为在阅读过程中给学习者提供简单快捷的生词释义功能，是在阅读过程中最有效率的交互活动。此外，不理解词义也是造成阅读困难的主要原因。

从学习者对词语释义的需求来看，在82位被调查者中，共有34位被调查者选择非常愿意在阅读过程中使用电子词典，33被调查者表示愿意，13位表示中立，2位表示不是非常愿意。其中，有意愿在阅读过程中使用电子词典的人数占总人数的81.7%，说明大部分的人还是愿意使用内嵌辞典这个功能的。

③关于插图的问题。在82位被调查者中，26位被调查者选择非常乐意在阅读时使用插图，占总人数的31.71%；31位被调查者表示比较乐意，占总人数的37.8%；14位表示中立，占总人数的17.07%；8位表示不太愿意，占9.76%；3位表示非常不乐意，占总人数的3.66%。由此可以看出来，超过60%的被调查者还是愿意使用插图的，部分被调查者给出的原因是：插图可以帮助理解材料内容，奠定感情基调，帮助猜测词义等。但是极少数的被调查者表示不太愿意使用插图，因为插图会分散注意力。

（3）阅读后

本次调查涉及到的阅读后的交互活动既考虑到了师生交互和生生交互，也考虑到了人机交互的问题。

①关于阅读后的活动，主要是涉及了四个方面：发表评论、阅读理解答题、复习词语、总结语法。本题为多选题，所以有重复选项。在82名被调查者中，18名被调查者选择发表评论，33位被调查者选择阅读理解答题，57位被调查者选择复习词语，45位被调查者选择总结语法。评论、答题、复习词语、总结语法所占的比例分别是：21.95%、40.24%、69.51%、54.88%。

②考虑到学习者之间交互。在82位被调查者中，有4位被调

查者非常愿意和其他学习者进行讨论，占总人数的4.88%；32位被调查者比较愿意，占总人数的39.02%；23被调查者表示中立，占总人数的28.05%；19位被调查者表示不太愿意，占总人数的23.17%；4位表示不愿意，占总人数的4.88%。由此数据看出，有意愿和其他学习者交流讨论的被调查者占40%左右。

③考虑到学生和老师之间的交互。在82位被调查者中，3位被调查者选择非常愿意和线上中文老师学习，占总人数的3.66%；16位被调查者表示比较愿意，占总人数的19.51%，26位被调查者表示中立，占总人数的31.71%；20位被调查者表示不太愿意，占总人数的24.39%；17位表示不愿意，占总人数的20.73%。由数据可以看出，愿意和线上中文老师一起学习的被调查者人数只占20%左右，大部分人保持中立或者不愿意和线上中文老师一起学习。

④被调查者在其他方面也提出了自己的看法，74.39%的被调查者希望提供在线词典；86.59%的被调查者希望提供中英翻译；56.1%的被调查者希望设计阅读材料难度等级；41.46%的被调查者希望提供插图；68.29%的被调查者希望提供建立个人单词库的功能。还有一些被调查者提出希望阅读软件可以提供汉字解析或者汉字教学，也有被调查者提出可以嵌入小游戏来帮助阅读。

4. 小结

不同学习水平段中有意愿使用新的汉语学习软件的人都超过

了50%，其中，高级和中级水平的人数相对来说比较多，虽然初级阶段愿意使用汉语学习软件的总人数不是最多的，但是初级水平的使用意愿最强烈。未来研究的方向可以是关于汉语初级水平学习者使用移动端学习汉语的诉求。

不同学习水平段中有意愿使用新的汉语阅读软件的人都超过了50%，愿意使用汉语阅读学习软件的人数在初、中级阶段均有略微的下降，但是幅度不大。如何强化初、中级阶段学习者的阅读意愿，也是值得探讨的问题。

关于阅读材料的内容选择，课本类的需求量最大（70.73%），其次是时事类（53.66%）、小说类（51.22%）、考试类（47.56%），最后是专业文章类（25.61%）

关于学生与内容的交互活动，复习词语、总结语法、答题、评论四项活动所占的比例分别是：69.51%、54.88%、40.24%、21.95%

关于人际交互活动，愿意和其他中文学习者交流的被调查者人数占40%左右，愿意和线上中文老师一起学习的被调查者人数只占20%左右。

其他学习者感兴趣的交互活动：中英翻译、在线词典、个人词库、难度等级、插图、汉字教学和小游戏等。

（四）个人访谈的情况

1. 三位访谈对象的基本情况

鉴于问卷调查的对象大部分都是在美国学习中文的大学生，

为了扩大本次研究的受众面，使调查的结果不至于太过片面化，同时为了更深入地了解中文学习者。本人在调查问卷的基础上增加了三个个人访谈。这三位受访者的基本情况如下：

首先来介绍一下第一位访谈对象——Jonathan，38岁，新西兰人，是一名计算机工程师。他的中文名字是乔如缤，他的母语是英语，作为一名汉语初学者，学习了两个月的汉语。之所以选择乔如缤是考虑到他已经工作了很多年，而且不是在学校学习中文。相较于大学生来说，没有学业上的压力，同时学习形式和时间也有一定差异。

第二位访谈对象是Max Song，他是在美国出生的二代华裔，祖籍是武汉，从小在英语和汉语的双语环境下长大，英语是母语者的水平，汉语会听会说，可是不会认字。口语有点儿口音，主要表现在平翘舌音不分。他的中文名字是宋明曦，是一名大学生，专业是生物学和计算机技术，目前在中文一年级的课堂中学习。宋同学是美国很大一批汉语学习者的典型代表，即在双语的环境下长大，汉语听说能力接近母语者，但是认读能力为零，听说能力和读写能力呈现严重不平衡的现象；同时，作为中华文化基因的继承者，却没有在本民族文化的环境中长大，这类学习者对于汉语阅读学习的态度如何，也是笔者想要了解的重要方面。

第三位访谈对象叫Brandon，中文名字是洪建豪。他是中外混血，从小在学校和家里都说英语，会和奶奶说一点广东话，但是并不精通。他的专业是生物学，在大学期间，建豪学习了两年左右的汉语，汉语水平在中级。

2.访谈的实施

笔者首先对访谈对象的背景进行了基本调查，在征得他们本人的同意以后，分别对三位访谈对象单独进行个别谈话，时间在15—30分钟之间。访谈的语言为英语，大致内容和流程是：

（1）首先让访谈对象进行简短的自我介绍；

（2）中文学习背景介绍；

（3）手机软件使用情况和频率情况；

（4）中文学习目标，阅读兴趣与目标；

（5）是否愿意使用付费软件，如果愿意，多少价位比较合适？

3.访谈的结果

这三位被访者都谈到了关于汉语阅读软件的内容选择和定价的问题，综合这三位访谈对象提供的信息，笔者总结出下列几点建议：

（1）汉语学习软件的开发需要兼顾性能和成本，也就是在充分考虑到用户的需求和教学的最大效率化的同时，也要最大化地节约成本。这个成本包括软件开发的金钱成本和时间成本，也包括用户耗用的时间成本。

（2）在阅读材料的选择上，除了考虑内容和主题以外，还应该考虑阅读材料的长度。学习者线上阅读的最长时间首先取决于对阅读的内容有没有兴趣，其次取决于阅读材料的难度与自己的语言水平是否相符。

（3）在阅读材料的内容上，有两位访谈者都表示对中文的小说和新闻不是很感兴趣。首先是因为中文阅读起来速度比较慢，还不如直接看英文的文章，其次是因为中国的小说和新闻本身对他们的吸引力不是很大。

（4）关于软件中内嵌辞典的问题，在前面的问卷调查分析中，有将近20%的被调查者没有选择愿意使用内嵌辞典功能。此次的其中一个访谈对象也表示不喜欢查词典，因为有时候可以通过上下文猜测词义，但是这类的学习者属于歧义容忍度高的类型。

四、关于移动端汉语阅读学习软件开发的思考与建议

（一）关于移动端汉语阅读学习软件开发的思考

选择学习内容时应考虑到阅读材料的实用性和趣味性。选择学习者感兴趣的阅读话题。就此次调查分析的结果来看，在美国的大学生中，尤其是在初级阶段，中文课文的阅读需求量还是非常大的，其次是新闻报纸和中文小说。如何提高学生在考试和课文以外的阅读兴趣，是值得我们思考的问题。

本文通过调查发现，部分外语阅读软件人际交互模式丰富多样，但是效率比较低。同时，通过对中文学习者的调查采访也发现，学习者对人际交互的期待值也并不高。适当的人际交互可以

提高信息交流，但是现在的学习软件多是以论坛形式为主体，而论坛上多数是以情感交互为主，教学交互效果不明显。无论是情感交互还是教学交互，最终都是为了概念交互服务。如何在节约移动软件的成本的同时，提高人际交互的效果，同时强化概念交互的效率，是移动端教学交互首要解决的问题。

学习者与学习内容的交互，效果是最明显的，而在移动端的阅读学习内容，首先是设计者的教学理念的产物，其次它与学习者和教师的交互并不是非此即彼的，通过合理设计和开发线上学习内容，无论是以文字、图片、PPT的形式还是声音、视频的形式，都能实现学习者和教师的有效交互。如何充分利用移动平台建立学习者与学习内容之间的交互，也是移动学习开发需要解决的问题之一。

（二）关于移动端汉语阅读学习软件开发的建议

汉语阅读软件开发者在设计内容时，应考虑到材料主题和内容的多元化，同时在设计内容时应该考虑到目标用户人群的年龄、学历、学习水平、国别等原因。本文在阅读材料内容方面的建议是：以某个主流的汉语教材为主要的内容依托，以时事新闻或中文原著为阅读辅助材料。

关于移动端的交互形式有很多种，虽然教学交互是总体目标，但是软件设计者也可以考虑到用户其他方面比如情感方面的交互需求，可以适当加入情感交互活动，最好是融合情感交互和教学交互活动，比方说论坛、小组讨论等活动。移动端的汉语阅读教学中的交互活动可以分为：阅读前的有效交互（标题、文章背景、摘要等）、阅读中的有效交互（词语释义、插图等）、阅读后的有效交互（讨论、总结生词语法等）。笔者认为只有在阅读前、中、后都设计效率最高的交互活动，才能最大化地提升学习者的阅读效率。

不同汉语水平的学习者对汉语阅读学习软件的需求有所偏重，总体来说，初、中级汉语水平的学习者偏向语言知识的学习，包括词汇和语法学习；高级学习者偏向语言文化内容的学习。若软件的受众初、中级水平的学习者，在收集资料库时可以把重点放在词语释义和语法解析上面；若软件的受众是高级水平的学习者，在资料库收集时应把重点放在如何能够提高学习者的兴趣上面。

发展特色的汉语阅读学习软件，综合先前的外语阅读学习软件的调查情况，好评度高的软件不仅界面简单大方而且操作方便，同时有自己的特色。

移动端汉语教学游戏设计研究（2017）

谷陵、李喆

摘要：移动端的学习基本依靠学习者进行自我监控，因此缩短每一课的时间以适应移动端的需要，提高学习兴趣以及持续保有是对移动端教学需要重点考虑的问题。本文以游戏的定义为切入点，区分游戏、活动、任务和练习，通过归纳课堂教学游戏和在线及移动汉语教学游戏，归纳总结出移动端汉语教学游戏的特点、设计思路和设计原则，并强调在移动端，以游戏的方式练习、理解、巩固汉语知识对学习者和汉语教学的重要性，并将初级汉语学习者作为对象，把语音、汉字、词汇、语法，语言的四要素和教学过程作为划分条件将游戏设计进行分类和说明。

关键词：汉语教学；教学游戏；移动端

一、引言

随着中国国际地位的不断提升和全球化形势下跨文化交流需求的与日俱增，“汉语热”已成为全球语言学习中一种很普遍的现象。与此同时，海外汉语教师的数量却严重不足，这极大地制约了汉语国际传播的发展，但同时也提供了新的机遇，即移动端的汉语教学。这种新型的学习方式不受到时间和空间的限制，只要有网络和移动端设备，便可以随时随地进行学习。鉴于汉语学习者人数的激增，汉语教学的市场十分广阔。

目前，市场现存的汉语教学App有一个共同的问题就是知识性有余而趣味性不足。国内市面上存在的汉语教学App主要可分为以下几种，依托教材，语言要素（包括语音、汉字、词汇、语法）练习，单项语言技能（包括口语、听力、阅读、写作）练习，HSK备考等。这类手机App在目的性、科学性、针对性上日臻完善，受到越来越多海内外汉语学习者的喜爱。但移动端的教学与学习有自己的特点，学习者的学习碎片化且具有自由性。这一问题，可以从课堂中的汉语教学中找到解决方法。有经验的汉语教师总是会在学生疲惫、学习热情不高或者课堂气氛不活跃的情况下，安排一些有教学价值的、趣味性强的课堂汉语游戏，重新调动学生的积极性并吸引学生注意力。

因此，安排合适的教学游戏是解决移动端学生终止学习的一大利器。随着传统汉语课堂中游戏教学与实践的进一步完善，移动平台的汉语学习软件的飞速发展，以及“互联网+”的潮流下，移动端游戏化汉语教学理应应运而生。

二、教学中游戏的理论探讨

（一）相关术语讨论

1.任务

在语言教学中，对“任务”的界定并未有统一的认识，但以下三方面已得到了广泛的认同：（1）任务是关于语言的实际运用，即在真实情境下使用语言去完成任务；（2）任务有其明确的目的性和交际性；（3）在完成任务的过程中，更加注重语言的意义而不是语言形式。这三点，是语言教学中任务的本质精髓。

任务就是在教学过程中，以任务的形式，让学习者运用目标语言进行以理解为目的的交际，从而达到在完成任务的过程中，让学习者潜移默化、自然而然地灵活掌握并熟练运用目的语的目的。

语言教学中的任务具有以下几个特点：（1）不以无意义的机械性操练的语言形式为目的，而是以语言任务——即在真实情境下运用语言完成相应的任务——为中心；（2）注重交际性。任务的最终目的是提高学习者语言交际能力；（3）尽可能地营造出真实的情景，重视有意义的语言输出；（4）让学习者通过自身已习得的语言知识、言语技能和交际策略来解决任务中的实际问题，让学习者以完成任务的形式来体验学习过程。

2.活动

广义上说，语言教学中教师和学习者的所有活动都可以看作是语言教学活动；从狭义上说，语言教学活动则指，在语言教学中，由教师设计的服务于教学内容的活动。

语言教学的课堂活动的特点可以概括为：

（1）目的性。活动是为教学服务的，是针对某个知识点，或强化，或巩固所学知识为目的来进行的。

（2）互动性。在课堂活动过程中达到对知识的构建，则需要知识的输入与输出同步进行，即教师通过活动设计和设置，在课堂中将知识输入给学生，学生随机输出反馈。

（3）交际性。活动过程中的互动过程，实际上也是交际的过程，通过使用真实的语料，营造真实的语境，让学习者有机会在活动中进行最大程度上的真实而有意义的交际，从而使枯燥的语言知识变成实用的言语交际技能。

（4）生活化。课堂教学中的活动必须要与学生的日常生活相关，尽可能地与学生的需要和兴趣有联系，这样的活动内容可以激起学生的共鸣。在App端，实现生活化的方式主要是提供生活化的输入，使用生活化例句要注意其是否符合汉语语法。

3. 练习

课堂练习是课堂教学的重要组成环节，目的是促使学生当堂巩固和掌握所学的知识点。课堂中的练习是学生掌握语言知识，形成言语技能，培养学生运用所学新知识解决问题的有效手段。

课堂练习有以下几个特点：

（1）目标性。练习的目标十分明确，就是当课的某一知识点，练习的设计必须准确结合知识中的重点和难点，练习的目的要明确。

（2）层次性。练习的设计往往是由易到难，由简单到复杂，教师在进行随堂练习的设计同样必须考虑到练习的难度和层次性，即必须适合学生现有情况并兼顾到学生的不同水平；

（3）时效性。练习的时间不可过长或过短。练习的时间要充足以达到充分练习的效果，且不宜过长，避免学生对课堂练习产生消极情绪。

4. 游戏

游戏就是任何能为人们带来快乐且人们能够主动参与的活动。随着游戏理论引入教育，从而引出了教育游戏这一概念，教育游戏也是游戏的一种，但是兼具游戏和教育的特点，是集教育性与娱乐性为一体的游戏。在移动端的汉语教学游戏就属于教育游戏的一种，只是其实现方式是在移动端，但是这样的游戏同样符合游戏的定义和特性。教育游戏被认为是未来发展的十大技术之一，教育游戏的目的是通过充满色彩鲜明动画的计算机屏幕，调动学习者的情绪以吸引和维持他们的注意力。

游戏的构成要素：

（1）道具

指的是参与者在游戏的过程中所使用的物品和所处的场所，这是一切游戏的基础。

（2）规则

即参与者在游戏过程中必须遵守的行为准则，这是一种意识层面的制约，约束着游戏参与者的行为。

（3）目标

是指游戏获胜的条件也包括为了获得胜利而使用的方法和策略等。

（4）进程

指游戏的过程，通常来说，游戏的过程要体现出未知性和趣味性。

（5）竞争

游戏参与者之间要存在竞争的关系，并且在游戏结束时要对游戏参与者进行一个比较明确的评价和奖励。

游戏的共性：

（1）平等性。

游戏规则面前人人平等。

（2）自愿性

游戏参与者必须是自愿而不能是被强迫的。

（3）模拟性

无论游戏的情景设计得多么逼真，但都是对真实场景的一种模拟，需要游戏参与者以一种虚拟的身份代入到游戏中去。

（4）趣味性

游戏的过程必然是充满趣味的，平等的规则、激烈的竞争、紧张而有悬念的过程，都使得游戏应该是富有趣味性和娱乐性的。

在汉语教学中，汉语教学游戏有其特殊性。在汉语教学中，游戏不仅可以检验学习成果，还可以增加学生之间的互动，进而提高学习者运用交际技能进行交际的能力。

汉语教学中游戏的特点：

（1）教学目标明确。教学中的游戏利用游戏的有趣性来带动学生的学习，从而达到教学目标。游戏要为教学服务，立足于教学目标和教学内容。

（2）竞争性与合作性。处在教学游戏中的游戏参与者同时也是学习者，竞争让学习者激起兴趣、提高注意力，合作则可以使得学习者相互帮助。

（3）教学反馈。在移动端，这样的反馈则需要通过设置好的程序来实现。从而引导学习者始终在游戏的体验中学习，极大地改善学习效率并提高学习效果促使其自主地学习。

5. 四者区别及联系

在教学中，练习、游戏和任务都属于课堂教学活动。练习设计起来相对简单，就是结合某一学过的知识重难点进行练习，可以不用考虑趣味性和交际性。任务则与练习不同，从定义中我们就可以看出，任务是要学生运用已经掌握的一定的语言知识来进行真实情境下的交际，并在交际的过程中解决问题，完成任务。因此，任务的设计要最大程度地还原该场景的真实性，控制难度，并保证在整个过程中设置符合学习者水平的交际场景。任务的设计难度比练习大。游戏的内容更加丰富，形式更加多样，本文中所涉及的移动端汉语教学游戏，设计难度根据游戏目的的不同而不同，感知阶段和理解阶段的游戏设计难度相对简单，而巩固阶段和运用阶段的游戏设计相对复杂，通过游戏来巩固和记忆刚学过的知识点，轻松愉快，有吸引力，除了考虑练习的知识性还要通过元素设置增加其趣味性。巩固阶段和运用阶段的游戏由于注重知识点的进一步理解和运用，更加偏重通过真实情景来帮助学习者再现知识点，运用知识点解决实际生活中的问题，因此跟任务的难度相仿但略容易。

（二）课堂教学及在线教学中的游戏

维特根斯坦的学说给人们一种新的视界，语言游戏特征的异质性促进了多元化的“非哲学”运动，语言游戏活动的变易性塑造了多元化的“游戏”精神。

1. 汉语教学中运用游戏的理论依据

（1）建构主义学习理论

通过合理的游戏设置，让课堂或者在线的学习者在游戏过程中成为知识的主动建构者，使得游戏的过程就是一个主动建构的过程，让学习者自主获得学习及游戏体验，自主发现游戏中的知识。

（2）情境认知理论

要考虑到汉语独有的文化内涵，语言是文化的载体，通过不同的汉语游戏，帮助学习者潜移默化地进行文化的转换和学习。

（3）情感过滤假说

该理论主要内容是在学习第二语言的过程中，情感因素对学习者的学习有一定的作用，积极的情感因素会促使学习者主动地学习，消极的情感会阻碍学习的进行，进而使学习者的情绪更加恶化，长期处于这样一种焦虑之中，会使得第二语言学习者产生对学习的抵触。

（4）沉浸理论

沉浸理论是课堂及在线汉语教学中加入游戏的核心理论依据，以游戏的方式进行学习，让学习者得到愉快的学习体验，沉浸在游戏中，让学习者在沉浸中自然而然地习得所需要的知识点。

2.课堂教学与在线教学中游戏的特点

课堂游戏有其特殊性。游戏的发生场所为课堂，游戏发生在课堂中，课堂游戏的参与者受到时间、空间限制。其次，游戏的内容和形式必须与教学目标、教学内容密切相关。课堂游戏为学习者营造一个轻松愉悦的氛围，让学习者潜移默化地练习目标知识点或掌握语言规律和提高交际能力。

综合以上观点和对外汉语课堂教学的特点，课堂教学中的汉语游戏教学有以下特点：

（1）目的性。课堂游戏应该是课堂教学的一种教学方法或手段，而不是单纯的为了娱乐而娱乐，因此课堂游戏一定是从本课的教学计划、教学目标和教学内容出发，目的是帮助理解记忆某语言点或提高语言能力、交际技巧等。

（2）有趣性。在第二语言学习过程中，尤其是对于零起点的学生来说，语言学习是枯燥无趣的。为了保证游戏的趣味性，应当注意以下三点：①游戏的容量不宜过大②游戏的规则不宜复杂③游戏时间不宜过短或过长

（3）竞争性与合作性。游戏的竞争性与合作性是与学习者的学习动力相联系的。

（4）交际性。在游戏的过程中，无论是教师对学生进行的游戏规则的讲解，还是学生之间的竞争与合作，都需要通过语言交流才能实现。

（5）相对强制性。教学内容大部分发生在教室里，有固定的时间，带有一定的强制性。

在线汉语教学游戏，是指基于互联网，以汉语教学为目的的游戏。

在线汉语教学游戏具有以下特点：

（1）知识性

在线汉语教学游戏同样需要从本课的教学计划、教学目标和教学内容出发，游戏的目的是帮助理解记忆某语言点或提高语言能力、交际技巧等。

（2）个性化

在线课堂面对的是数以万计的学习者，针对不同国别、不同学习阶段、不同类型学习者制定个性化的游戏十分必要。

（3）趣味性

在线教育游戏要高度重视趣味性和知识性的有机结合。游戏的容量可以相对变大，在线教学平台可以提供更多的教学资源和教学服务，这样可以支持内容稍多的游戏。过于复杂的游戏规则会让学习者失去进行游戏的兴趣。

（4）促进学习者主体发展

在游戏的过程中，学习者拥有绝对的主动权，能够不受各方面的限制和约束来自主选择游戏，能够自主进行游戏，这种自主性还体现在活动的内容、方式和方法上，对环境的主动探索和经验的主动建构等各个方面。

3.课堂教学游戏与在线教学游戏的区别

无论是课堂汉语教学游戏还是在线汉语教学游戏，都符合游戏的共性，即平等性、自愿性、模拟性，趣味性。同时这样性质的游戏都是为汉语教学服务的，因此必须是以教学为目的的游戏，这是二者共同的地方。

二者不同的地方主要体现在以下几点：

（1）教学游戏场所。课堂汉语教学的教学地点一般设在教室中，而在线汉语教学则需要电脑连接网络。

（2）教师的参与度。在课堂汉语教学的游戏过程中，教师可以根据学生的表现情况或学生的水平，及时作出调整。

（3）学习者之间的互动。首先，在课堂的教学游戏中，学生可以进行互动，从而帮助其完成游戏；但在网络端，受制于技术因素，很难进行互动。其次，课堂的教学游戏中，学习者和学习者的数量是固定的，学习者之间的互动是逐渐深入的。

三、移动端初级汉语教学中的游戏设计

（一）移动端汉语教学中游戏的特点分析

本文所总结的移动端汉语教学游戏并不是目前市场中已存在的游戏的特点，而是将移动端与汉语教学以及游戏理论相结合，总结分析出来的笔者所认为的移动端汉语教学游戏应当具备的特点

1. 碎片化

在课堂教学和在线课堂中，真正能保证高效率的教学也仅在这十分钟里。时间的碎片化既有优势又有劣势。时间是随意的，也是可以随时中断的。

2. 自由性

课堂教学中的游戏带有强制性。移动端的汉语游戏教学可以随时随地开始，几分钟就可以完成一个游戏，有很强的自由性。

3. 游戏设计简单直接

简单直接的游戏设计是能否留住学习者的一个重要因素

4. 交互性

语言学习的根本目的是进行交际，而在交互性游戏中，就是让学习者使用新掌握的知识点进行交际，这既能高效地帮助学习者迅速掌握并内化知识点，又可以极大地提高学习者的热情和

动力。

（二）移动端汉语教学游戏的设计理念

1. 移动学习的特点

移动学习作为一种新型的学习方式，有许多鲜明的特征：

（1）学习的可移动性。学习的场所，各种教学资源，学习工具，包括学习者在内都是可以动的。

（2）学习的自由性。学习者在任何时间、任何地点都可以通过将移动设备连接网络来获取学习信息。

（3）学习的碎片化。移动学习的时间不连贯以及每次学习的时间相对较短。从学习行为上来看，以零散的知识积累为主。

（4）学习的交互性。一是通过网络通信技术和移动计算基数，使得教学服务和教学资源可以进行交互。二是学习者之间的交互，避免长时间让学习者面对屏幕，人机交互远不如人人交互的互动性。

（5）灵活性。在移动端可以随时更新教学资源，改进教学服务，从这一角度来看，移动学习具有其他学习方式无法媲美的灵活性。

2. 移动学习的优势

（1）学习的自由性，学习者能在任何时间、任何地点以任何方式学习所需要的内容。

（2）充分利用碎片时间。学习者利用零碎时间学习和移动学习的碎片化教学是相辅相成的。

（3）个性化学习。学生可以选择适合自己的方式进行学习，在这样一个交互的平台上，有利于培养学习者的交流沟通能力，激发学习者的学习热情和学习动力。

（4）消除心理负担。移动学习有相对的封闭性，可以避免学习者面对面学习中遇到的一些尴尬，可以去除交流时的胆怯心理，轻松地学习和交流。

3.移动学习的劣势

（1）复杂的学习环境

移动学习利用碎片化的时间在移动设备上进行学习，干扰因素除了移动设备上本身，还有学习环境。

（2）教学的局限性

移动端面对的是成千上万的具有不同特点的学习者，面对这种基数的学习者，不能保证每个学习者都能得到符合预期的优质教育。目前市场中的汉语教学App种类繁多，汉语教学App的准入门槛过低。

（3）技术问题

网络不稳定或者是没有网络，学习无法进行。移动设备处理信息的能力相对个人电脑较差，信息需要筛选。很多在移动端的设计理念，在实际操作起来运营成本过高，不得不牺牲一部分形式来保证App的正常运行和发展。

（4）交互问题

即使越来越多的App加入人人交互活动，但是大部分的学习时间，依然是以人机对话为主。学习者因为缺乏情感交流而降低学习热情和学习动力。

（三）移动端汉语教学游戏的设计原则与思路

借鉴对国内“西游声调训练”和国外“鹦鹉学舌”的两个App中的游戏，在此基础上提出了设计的分析，本文移动端汉语教学游戏的设计原则和思路。

1. 两款App中的游戏分析

（1）“西游声调训练”App的游戏设计分析

这是一项专门针对初级汉语学习者的声调进行专项训练的一款应用。

该App中游戏的优势在于结合了中国文化，将美猴王孙悟空结合到该游戏中，游戏有背景音乐，让学习者在这种机械练习的情况下不至于很快进入精神的疲劳，符合游戏设计原则中的趣味性和文化性，从而达到教学目的，即帮助学习者掌握汉语拼音的声调。

该游戏自身也存在一些问题，这样的声调训练是无意义的，机械性的，非常容易让学习者感到枯燥，而且声调是只用韵母练习声调而不是一个完整的有意义的音节。而且最大的问题是，该软件为了达到练习声调的目的，加入了一些在汉语中没有的字音，对学习者会造成误导。

该游戏设置了两种增加难度的方法，第一种是上文中提到的增加词的数量，让学习者必须集中精力记忆词的顺序；第二种是，当进入第三关的时候，软件中会有提示，将不显示问题中的词的汉字、拼音和翻译。

该游戏可以说从头到尾只有一种游戏模式。教学内容不成系统，并且同样存在发音不标准的情况。App风格适合儿童。

（2）“鹦鹉学舌” App的游戏设计分析

该App的游戏设置了两种增加难度的方法，第一种是上文中提到的增加词的数量，让学习者必须集中精力记忆词的顺序；第二种是，当进入第三关的时候，软件中会有提示，将不显示问题中的词的汉字、拼音和翻译。

该App中的游戏从头到尾只有一种游戏模式，而且每个板块给出的词十分有限。教学内容不成系统，并且同样存在发音不标准的情况。整个App的设计风格较为适宜儿童。

2. 移动端汉语教学的设计原则

在设计游戏时，要将移动端自身的特点和教育游戏的特点相结合，从而最大限度地挖掘移动端汉语游戏教学的潜力。

（1）适配性

本研究从语音、汉字、词汇和语法四大语言要素和听说读写技能出发，结合教育过程理论，来设计移动端的汉语教学游戏。除了少数特殊的如文化教学的App等，其他大部分的汉语教学的App都可以将本研究的游戏加入到教学过程中。

（2）互动性

设计互动游戏，在互动游戏中引入人际交流、合作与竞争等元素，接近真实情景的交际，激发学习者的学习动力。

（3）教学性

游戏的趣味性应以教学性为前提。

（4）趣味性

汉语游戏也是游戏的一种，因此必须要有趣味性。在游戏设计时要充分考虑如何让该汉语游戏在移动端充满趣味性。

（5）易操作性

易操作性有两方面的要求，游戏的规则就不能过于繁琐或复杂。游戏的操作不应太复杂，而应该简洁大方。

（6）短周期性

学习者在一个教学游戏停留的时间过长会引起厌烦和无聊的情绪，从而使得该游戏失去应有的价值。建议单个游戏的时间为3—5分钟。

（7）文化性

要将中国优秀传统和现代文化以合理的方式传播出去，让世界认识现在的中国。因此在游戏设计的过程中，在可以操作的前提下，应考虑加入文化的要素。

3. 移动端汉语教学的设计思路

移动端汉语教学游戏是具有教学性的游戏。移动端的教学游戏也是利用游戏的趣味性为特定的教育目的服务。本研究进行的游戏研究是与每课教学紧密结合的，将当堂的汉语知识或语法自然地引入到游戏之中，实现真正意义上的“寓教于乐”游戏学习。

除此之外，还应注意到初级汉语水平学习者的特点，游戏设计要考虑到初级汉语水平的内容特点，同时要注意游戏的形式和规则不宜过难。在游戏设计的过程中，从三个方面来把握：

（1）游戏内容

符合初级学习者的语言水平，语音方面，重视声韵的拼合，三声的变调，“一”“不”的变调等等；汉字方面，注意将正确的笔顺和笔画通过游戏的方式让学习者熟练掌握；词汇上把握好形音义的结合；语法方面，尽可能把初级的常用的汉语语法都设计出游戏，让学习者能够熟练掌握每一个初级语法。

（2）游戏形式

注重趣味性与教学性的结合，游戏形式均以小游戏的形式进行，不需要设计大型游戏或操作复杂的游戏。移动端的学习以碎片化为主，3—5分钟是比较理想的；

（3）游戏系统

本研究设计的游戏属于即插即用，只要进行语音、汉字、词汇、语法的学习，只要符合感知、理解、巩固、应用的教学过程，都可以加入本研究中的游戏。

交互的设备应是全触屏的移动设备，交互方式主要通过以下四种方式来实现，即按钮、手指滑动、页面提示和语音或文字输入。

完成教学后，点击按钮即可进入游戏页面，游戏过程中则需要学习者通过手指滑动，语音或文字输入来完成游戏，学习者在游戏的开始阶段主要通过页面提示语来了解游戏。

游戏针对初级的成人汉语学习者，本文的游戏设计可以根据不同的教学内容和教学目标，灵活地将特定游戏镶嵌于适用的App，整体流程如下。

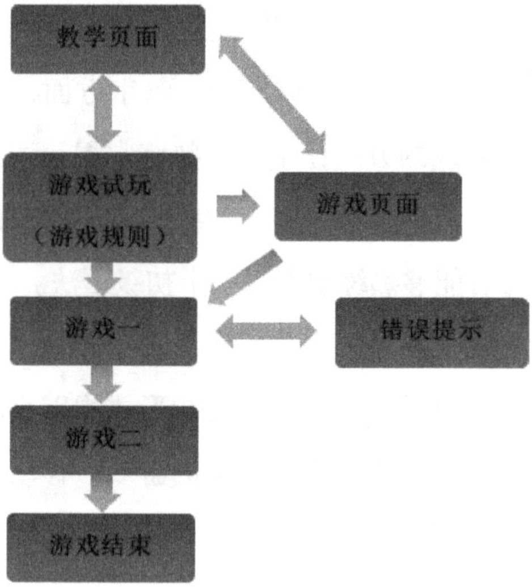

图 3–1　游戏流程

四、初级汉语学习者的移动端汉语教学游戏设计案例

（一）语音类汉语教学游戏

在初级阶段就通过声母、韵母和声调的各种游戏帮助学习者夯实语音基础，避免学生出现“洋腔洋调”。

1. 声母韵母贴贴贴

图 4-1　声母韵母贴贴贴界面

游戏说明：

在零基础阶段，无法回避单韵母，通过听辨的练习，帮助学生掌握声母和韵母的发音。

游戏介绍：

在此阶段通过该游戏，帮助初级水平的学生掌握汉语单韵母和声母的音和形。

左上方的播放按钮点击可发出图中单韵母读音，在倒计时内，学习者将心形的图案拖拽到相应的拼音字母上即为完成一次游戏。

2. 拼音站队

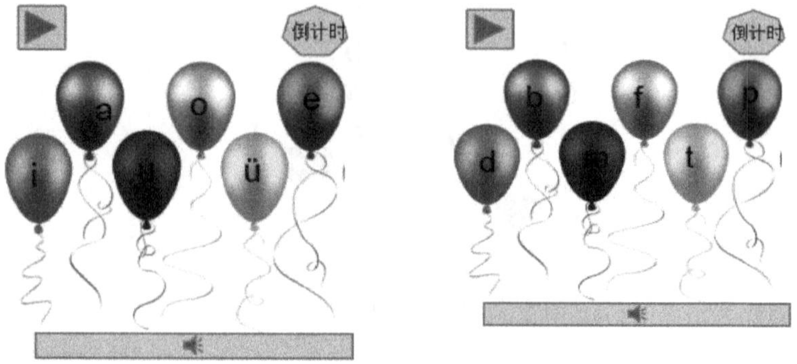

图 4–2　拼音站队界面

游戏说明：

在学习者学完6个单韵母和部分声母时，可通过听辨反应练习的游戏，帮助其熟练掌握单韵母和声母的音和形。

3. 复韵母“在哪儿”

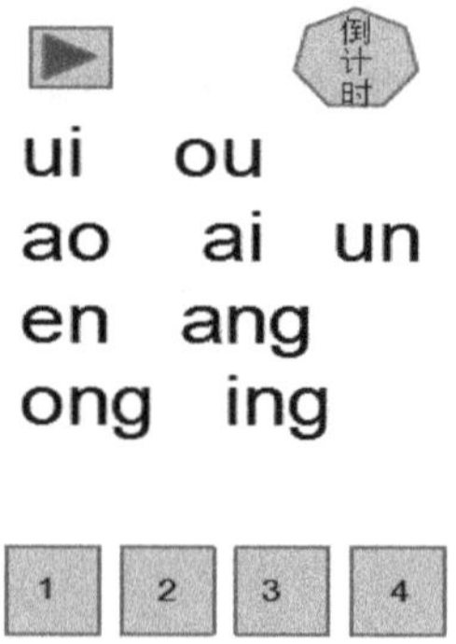

图 4–3　复韵母“在哪儿”界面

游戏说明：

学完单韵母之后，进行复韵母的学习，此游戏，通过听力听辨反应练习，帮助学习者熟练掌握复韵母。

游戏介绍：

单人游戏。点击左上角的播放键，一次性放出本课学习的复韵母，学生要按照录音的顺序，将正确的复韵母拖入到相应的序号上。学生可根据难度调整倒计时的时间。

4. 找朋友

图 4–4　找朋友界面

游戏说明：

对大部分汉语作为第二语言的学习者来说，掌握单个拼音字母后，拼音的拼合成为另一个难题。此游戏旨在帮助学生迅速熟练掌握拼读规则。

游戏介绍：

单人游戏，也可作为人人互动游戏。单人游戏时，每次点击小蜜蜂都可翻出一个声母，下边的花朵则带有已掌握的单韵母和复韵母，在进行游戏时，将认为可以与蜜蜂上声母相拼读的韵母拖到小蜜蜂上，若正确则+1分，若不正确，则显示不正确，直到所有都正确，方可翻出新的声母进行练习。人人互动游戏适合2~4人进行，蜜蜂（声母）和花朵（韵母）在中间，系统自动翻出声母，所有的韵母都显示在花朵上，在一定时间内，拖入更多韵母，即赢。

5. 声调变变变

	都	还	也	再
~听	dōu tīng 1+1	hái tīng 2+1	yě tīng 3+1	zài tīng 4+1
~读	dōu dú 1+2	hái dú 2+2	yě dú 3+2	zài dú 4+2
~写	dōu xiě 1+3	hái xiě 2+3	yě xiě 3+3	zài xiě 4+3
~看	dōu kàn 1+4	hái kàn 2+4	yě kàn 3+4	zài kàn 4+4

图 4-5　声调变变变界面

游戏说明：

该游戏旨在用简单常用的音节帮助学习者建立一个双音节的声调变化参照体系，以促进学生对声调的掌握。

游戏介绍：

此游戏是单人练习的游戏，左上角是播放键，点击后发出的声音为“一声二声”或者“三声二声”，学习者在听到指令后，按住下方的小喇叭，进行语音输入，说出相对应的音节。当学生熟练掌握变调的规律后，该表格去掉，直接进行听然后说的环节。

6. 拼音扑克

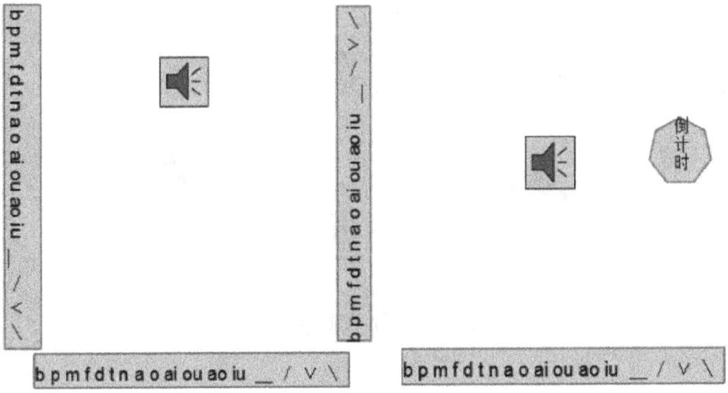

图 4-6　拼音扑克界面

游戏说明：

在该游戏前并未加入单独的声调游戏，因为声调应放在单词及语流中去练习和记忆。

游戏介绍：

此游戏可作为人人练习，也可单人训练。作为互动练习的游戏，需要2~4名学习者，系统会自动播放一个音节，在听到该音节后要选出该音节声母，韵母和声调的扑克，最先打出正确答案的，即赢。作为单人练习时，加入倒计时。

7.拼音接龙

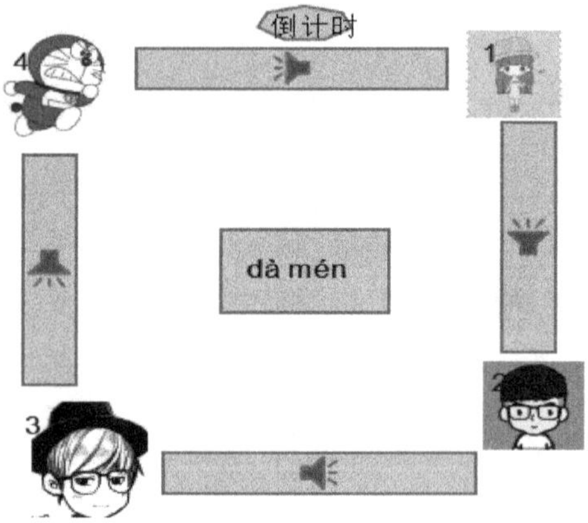

图 4-7　拼音接龙界面

游戏说明：

此游戏建立在学习者熟练掌握汉语拼音规律，并掌握一定量汉语词汇之后，该游戏只需要发音，再加上同音字可替代，既降低了游戏的难度，又提高了趣味性，且可帮助学习者复习拼音及词汇，提高联想能力以及对词汇学习的热情。

（二）汉字类汉语教学游戏

汉字教学以汉字形、音、义的构成特点和规律为教学内容，帮助学习者获得认读和书写汉字的书写能力。汉字被认为是汉语学习最大的难点。

1. 照葫芦画瓢

游戏说明：

通过这样隔空画汉字，帮助学生记忆汉字的笔画和笔顺。

游戏介绍：

单人游戏。要求学生在下方蓝色输入框中用手写输入法写出上方笔画的汉字，输入正确点击下一个按钮进入下一个汉字的学习。每次汉字的输入根据学生的水平进行时间的限制，对于零起点和初级的学生来说15s左右。

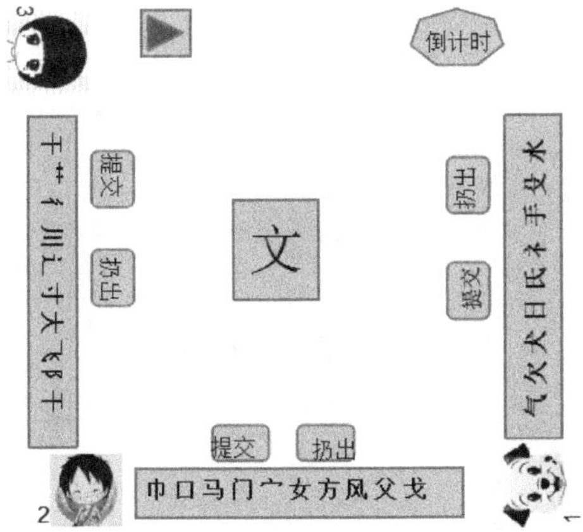

图 4-8 照葫芦画瓢界面

2. 偏旁部首交朋友

游戏说明：

通过该游戏，既能帮助学生加深对字形的认识，又能激发学生的想象力。

游戏介绍：进入该游戏页面之后，点击中间的纸牌，可以翻出一个新的独体字或一个偏旁，按照顺序，第一个学习者手里有可以和这个偏旁部首或独体字组成一个汉字的，就拖拽到自己的牌面上，然后再选中可以与这样牌组字的偏旁，最后提交出去即可，组成一个字以后，还要再扔一个字，以此类推。先完成手里的牌算为赢家。

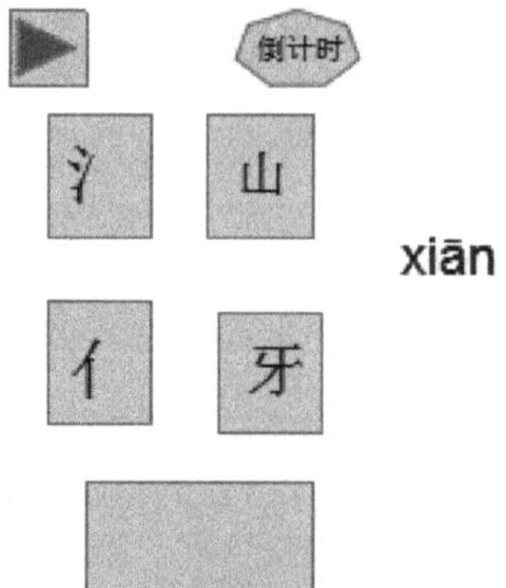

图 4–9　偏旁部首交朋友界面

3. 部首排序

游戏说明：该游戏可放在汉字学习之后，可用来帮助学生熟悉汉字的结构。

游戏介绍：该游戏为单人游戏，进入页面之后，左上角为播放键，点击开始。点播放，这时候会发出来和右边拼音一样的音，然后将可以组成这个汉字的部首拖入下方方框中，该游戏可以重复。

4. 音形打地鼠

游戏说明：该游戏放在学习完该汉字的字音和字形后，帮助学生巩固并强化汉字的语音和字形的联系。

游戏介绍：单人游戏。进入页面后，左上角为播放键，点击开始。点击播放键之后，会发出一个语音，下边的地鼠会跳出来停留5秒到10秒，点到头顶对的汉字的地鼠就可以进入下一个汉字的游戏，若点错也同样进入下一个，并在该游戏的最后重新出现之前做错的练习。

5. 部件拼字

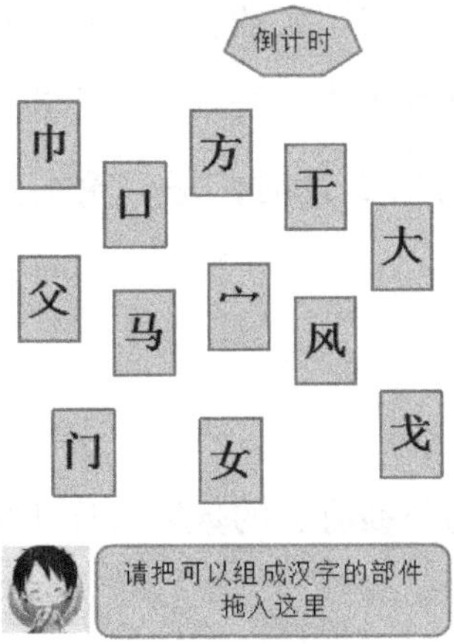

图 4–10　部件拼字界面

游戏说明：通过将部件组成本课学过的汉字，帮助学生加强对汉字部件的认知。

游戏介绍：进入该游戏页面后，屏幕中央会出现乱序的一些偏旁部首，学习者要在限定的时间内将本课学习过的汉字的部件拼出来，拼对则进入下一个字的部件拼字，错误的话也进入下一个，但在该游戏环节的最后需要再次出现该字。

（三）词汇类汉语教学游戏

1.数字拍卖会

游戏说明：

在学习数字的时候，由于大量的数字记忆起来比较枯燥，用这样的方式来练习数字可以帮助学习者练习小额的价钱。

游戏介绍：

该游戏适合2~4个学习者进行，中间点一下可以翻出不同的图片，每个图片都是即将拍卖的物品，拍卖的物品上方有一个价格范围，系统自动翻牌出来，按顺序逐个进行叫价，猜对价格即为游戏胜利。右上方有倒计时，每一轮拍卖，若超过规定的时间，则进入下一轮。

2.数字憋7

游戏说明：

与第一组进行的与钱有关的数字有序不同，该游戏旨在帮助学生练习数数。

游戏介绍：

该游戏适合2~4名学习者进行。中间的图只是该游戏的背景，游戏开始时中间的图片会显示游戏开始，然后按顺序说出数字，第一个说出数字的学习者可以任意选择一个数。然后继续下去，当数字到7 或者7的倍数的时候，不说数字，要说“汉语容易”来代替那个数字。说错的人则为失败者，一旦有学习者说错以后，则开始新的一轮，新的一轮由上次说错的人先说一个数字。

3. “如此不同”

游戏说明：

此游戏可放在每一课词汇学习的时候进行，每学完一组词汇，便可用这样的方式帮助学生串联式背单词。例如：此处的“旗袍、漂亮、定做、合身、现成”的内在联系是通过课文内容串起来的，即用“旗袍一般都很漂亮，其中定做的往往很合身，现成的有时候可能不太合身”这样的方式。

4. 组词扑克

图 4–11　组词扑克界面

游戏说明：

学习者在学习完一单元的单词后，可使用该游戏用于单元复习课中复习本单元生词来使用，可用来提高学习者学过的单词的熟练度。底牌有若干副，每幅16张，一副牌中不能有重复的汉字，但是不同副的扑克间可以有相同的汉字。

5. 词语接龙

游戏说明：

当初级汉语学习者有一定的词汇储备之后，可以进行此游戏，建议在期中或期末复习时进行，旨在增强词汇复习的趣味性。

游戏介绍：

此游戏适合2至4名学习者进行。进入该页面后，系统自动翻出一张牌，学习者按顺序，在规定时间内说出符合规则的词，即用给出词的第二个字，造一个新的双音节词，后面以此类推。可根据学习者的现有语言等级来使之进入不同难度的游戏页面，从而达到更好的练习效果和复习效果。

6. 卡片配对

游戏说明：

此游戏可用于几乎所有的单词预习复习环节，可加强学生对汉字形音义的联系。

游戏介绍：

作为单人游戏时，要将卡片减少到8张，即4个词左右，卡片太多会使得该游戏难度过大，减少其可玩性和操作性。8个卡片，4个词，在规定时间内，将能够搭配的两个卡片同时翻开，则翻开的卡片得以保持翻开的状态，否则两张搭配的卡片翻开后重新显示背面。搭配指的可以是单词和其相对应的图片，可以是词和该词的拼音或翻译。将所有的配对的卡片都翻开即为获胜。作为人人互动游戏，首先要增加卡片的数量，最好是16~20张卡片，适合2~4个学习者进行该游戏。学习者可按顺序翻开两张牌，若两张卡片是搭配的，则保留翻开状态，并且该名学习者继续翻牌，但如果翻开的两张牌不能对应，则轮到下一个人，在规定时间内，翻开的牌多的人，即为获胜。

7. 填格子

糖			电脑	
		苹果		
	香蕉	吃	饺子	
	牛奶		蛋糕	

图 4–12　填格子界面

游戏说明：

此游戏旨在帮助学生熟练掌握动词和名词的动宾搭配和语序。

游戏介绍：

第一关游戏开始界面随机显示8个词语。学习者可在空格处填入动词或名词。动词与右侧或下方格中名词形成正确的动宾搭配关系，则提示成功并消除原有词语，并随机刷新。填入的名词与左侧或上方格中的动词搭配正确亦然。限时消除8次后进入下一关。词汇难度及消除次数逐关递增。

（四）语法类汉语教学游戏

1. 红绿灯

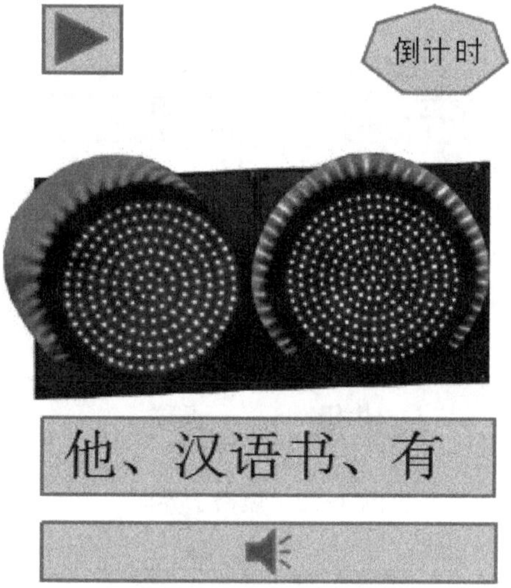

图 4–13　红绿灯界面

游戏说明：

该游戏为初级学习者练习肯定句和否定句准备，可以用此游戏来练习肯定句和否定句。

游戏介绍：

根据红绿灯图标下方给出的词汇造句，并将肯定句转换为否定句后点击左上方录音，限时完成。倒计时由系统根据句子长度和难度提前设定。倒计时结束，自动跳转到正确答案。点击界面下方的喇叭按钮可听取正确答案。

2. 句型呼啦圈

游戏说明：该游戏用在学完比较句，即A比B+adj后，学完这个结构之后用这个游戏来练习这个比较句。

游戏介绍：除去“开始”的按钮和倒计时以外，屏幕中有三个部分，中间的图片部分、带有呼啦圈的句子部分，还有下边的卡片。图片中会展示出比较的内容，给出这个比较句的实际意义，学习者从下边的卡片中选择出恰当的词来拖到中间的呼啦圈中，以完成这个句子。

3. “ta”在哪儿

游戏说明：该游戏用在学完方位词以及表示方位的句型后，A在B上面/下面/里面/旁边等，学完这个结构之后用这个游戏来练习这个表示方位的词和句型。

游戏介绍：触碰“开始”按钮，即可以显示出该页面，此页面停留5至10秒后，图中物品消失，然后乱序摆在移动设备的右侧，学习者将正确的物品摆放在正确地方，当物品放在了正确地方，页面会弹出对话框，要求学习者语音输入该句型，并用此次课学习的方位词和语法点回答问题。词汇设置使用的物品最好是学生学过的。

五、结语

随着互联网技术的发展和移动设备的普及，移动学习已经成为越来越多学习者的选择。然而移动端的学习完全依靠学习者的自我监控，因此提高学习兴趣、保持注意力是移动学习软件设计的关键问题之一。汉语教学游戏与移动学习软件相结合，以游戏的方式进行大量重复练习，从而理解、巩固汉语知识，提高熟练度，既能突破传统课堂和在线课堂在学习场所上的限制，又能在一定程度上解决移动端学习者由于缺乏监控、注意力分散或学习动力不足而终止学习的问题。本文从游戏的定义出发，通过梳理汉语课堂和在线实时教学游戏，以及对汉语学习软件游戏的分析，归纳了移动端汉语教学游戏的特点、设计思路和设计原则，并以初级汉语学习者为例，尝试设计了教学过程不同环节中一系列的语音、汉字、词汇、语法游戏。本研究尚有许多不足之处，对移动端汉语教学中的游戏设计理论论述不够深入，游戏设计仍停留在设想阶段，希望可为未来汉语移动学习软件设计和移动端线上汉语教学的研究及实践抛砖引玉。

数字化故事辅助国际汉语教学的应用研究（2017）

尚伟光

摘要： 由于世界范围内对国际汉语教学的需求增加，汉语在传播中的矛盾日益突出。移动学习的兴起，大大提高了汉语在世界范围内广泛传播的可能性。本文试图利用数字化故事这种可视化学习的工具，促进汉语学习者的学习兴趣和反思能力，于2016年通过设计数字化故事在移动端汉语教学中应用的活动方案，探索了数字化故事和移动学习的结合，促进汉语学习者在学习兴趣方面的有效性。

关键词： 数字化故事；移动学习；应用策略；汉语学习者；学习兴趣

一、引言

近年来，随着中国的政治、经济、文化等方面的国际影响力显著提升，综合国力越来越强，越来越多的外国人因为经济、文化等原因，热衷学习汉语。更需要提及的是，在大数据时代，教学方式越来越多样化，不再只是单一的限制在教室。国际中文教育的主战场是海外的汉语教学，而不仅是国内的对外汉语教学。因此，空间对于国际汉语教学事业发展的阻碍就尤为明显。

随着移动通信技术与计算技术的融合，一种新型的学习技术与方式——移动学习出现了。此后，利用移动通信设备展开的学习活动研究兴起了，并逐步成为人们研究的热点。移动学习具有便捷性、教学个性化、交互丰富性、情境相关性等特点。汉语想要走出去，不但要打破时间、空间和教室的界限，甚至要突破国界线的障碍。因此，想要更好地将汉语传播出去，对外汉语教师，甚至是每个会说汉语的中国人，再加上两个工具——手机和互联网，就可以帮助我们实现。

“移动学习”从1999年开始出现相关研究，2014年出现高峰，截至2016年底，共有3559篇相关论文。其中，关于移动设备的研究关联性最多，其次是移动学习对于学生的影响，有关于数字化学习的相关研究相对较少。许多设计汉语移动学习软件的研究者都关注到利用移动学习的优势，例如：能够增强学习的便捷性，能够提供个性化学习，能够提供及时的交流和反馈，能够使教学内容碎片化，能够真正实现终身学习等等。但是，国内对移动端汉语学习的研究，主要集中在设计原则、教学平台的构建、移动学习资源的设计以及同成熟的移动端英语学习软件的对比等方面。这些研究领域更倾向于从开发者的角度，回答如何实现、丰富移动端的汉语教学的问题，而没有从学习者的角度出发，回答如何提高有效性和趣味性的问题。此外，笔者注意到，仅有少量的研究者是从具体的教学方法出发，设计移动端汉语学习产品，并且纵观线上的汉语移动学习产品，少有教学方法的指导，只关注游戏性和交际性，这就等同于缺乏理论指导的实践，是走不长远的。

数字化故事是一种促进学生反思的非常有效的方法，它能够让学生充分发挥创意，这种机会对习惯使用新技术和广泛媒体的人有强烈的吸引力，因此在某种程度上对学生很有吸引力。

在国际汉语教学领域，传统的“满堂灌”的教学方法是行不通的，这样会让学生逐渐丧失学习汉语的兴趣。尤其是在讲述中国传统文化、中国概况、中国的习俗等故事性强的教学内容中，更应该利用数字化故事教学。因为这些教学内容本身不同于语法点的教学，需要教师的介绍，但由于语言的不通再加上文字量大，外国学生不仅听不懂还会觉得枯燥乏味。反之，这些教学内容本身就具有故事性强的特点，适合运用数字化故事教学。将这些教学内容精心设计，加上图片、音频、视频、转换效果、注释、旁白等等，制作成数字化故事，不仅是对学生多重感官的冲击，还能够引起学生的学习兴趣并帮助他们理解教学内容。我们还可以鼓励学生发挥自己的想象力和创造力，由教师指导，自己动手制作数字化故事，学生可以根据自己的理解表达出来，教师也可以通过这次机会检验教学效果，一举两得。同时，我们还可以建立自己的数字化故事资源库，将优秀的作品整理收集，反复使用。

本文将以国内外数字化故事研究为基础，结合移动端学习理论及其他相关研究，设计数字化故事在移动端国际汉语教学中的应用。根据问卷调查的结果，进行理论上的探讨和思考。之所以将数字化故事应用在移动端中，是因为移动学习是一种个性化的、碎片化的学习，它的便捷性、可携带性能够让学者在任何时间、任何地点学习。如果能和国际汉语教学结合，也就能够突破时间和空间对国际汉语教学发展的阻碍。同时，运用数字化故事教学法，能够提高教学的趣味性，培养学生的想象力和创造力，促进学生反思自己的学习过程。因此，如何将数字化故事与移动端的汉语教学相结合，是一个值得研究的课题。

二、利用数字化故事提高汉语学习兴趣调查分析

为了更好地研究外国留学生使用手机学习汉语的情况、对数字化故事的了解情况，同时掌握学生对制作数字化故事的感兴趣程度和对数字化故事在移动端上应用的需求，笔者拟定了“利用数字化故事提高汉语学习兴趣调查表”（调查表见附表A）。笔者不分地域、不分国籍，对正在学习或学习过汉语的外国学生进行了调查。他们之中大部分来自美国，其次是韩国，也有来自世界其他地区的学生，年龄平均在23岁左右。为保护学生的真实想法和感受，笔者采用不记名调查的方法展开研究。调查问卷包含了单选题、多选题和填空题，共13道单选题、1道多选题和2道填

空题。所有题目不记录成绩。填空题主要针对调查对象的年龄和国籍，选择题主要研究：使用手机学习汉语情况、对数字化故事了解程度、对数字化故事在移动端应用的感兴趣度及需求。

（一）对学生使用手机学习汉语情况的分析

1. 问题“你会使用手机学习汉语吗?”调查结果

在笔者的调查对象中有51.61%的学生总是使用手机学习汉语，19.35%的学生经常使用手机学习汉语，只有四分之一左右的学生不太使用手机学习汉语。可见，学生对使用手机学习汉语表现出正向态度，这在一定程度上说明了学生对使用手机学习汉语的肯定。

2. 问题“你认为手机对你学习汉语的帮助大吗?”调查结果

在笔者的调查对象中有48.39%的学生都认为手机对学习汉语的帮助很大，有25.81%的学生认为手机对学习汉语比较有帮助。只有一小部分的学生认为手机对学习汉语的帮助一般或者很小。令笔者感到兴奋的是，在笔者的调查对象中，竟没有人认为手机对学习汉语没有帮助。这在一定程度上，说明了手机日后将成为学习汉语有力的工具。

（二）对学生使用汉语学习App情况的分析

1. 问题“你认为什么类型的汉语学习App最能吸引你?”调查结果

在笔者的调查对象中有35.48%的学生对互动社交类的汉语

学习App感兴趣，依次是字典类、汉字记忆类、阅读类，最后是游戏类。可见，学生对交互类的App还是最为感兴趣的，这也为日后开发汉语学习App提供了很好的借鉴。如今，有关汉语学习App在市场上日益增多，日常竞争也越来越大。如若能根据学生的需求及兴趣开发手机App，不仅能够在市场竞争中独树一帜，也能够真正帮助到留学生学习汉语。

2. 问题“你经常使用什么类型的汉语App”调查结果

在笔者的调查对象中绝大部分的外国留学生最常使用的还是字典类App的，这从侧面反映了两个问题。首先，说明了字典类App对留学生的重要性，因此不论在任何汉语学习类的App中都应该适当增加一些字义查询的辅助功能；其次，说明目前市面上还并未出现形式新颖、结构成熟的互动社交类App，不能令使用者满意。同时，这也为日后开发此类产品提供了借鉴。

3. 问题“你认为什么样的汉语学习App能够提高你对汉语学习的兴趣?”调查结果

笔者对什么类型的汉语学习App能够提高自己对学习汉语的兴趣做了调查。在笔者的调查对象中，结果显示选择阅读类App的学生占总数的58.06%，其次是互动社交类，再次是字典类。由此，笔者可以从中得出一个结论，则是学生既希望能够通过阅读获得知识，又希望同其他人互动，从而增添学习的趣味性。这也从侧面验证了笔者的实验结果，将数字化故事在移动端汉语教学中应用，学生能够通过制作和观看他人的数字化故事获得知识，同时也通过这种方式与他人互动，结识更多志同道合的朋友，增添学习的趣味性。

（三）对学生目前汉语学习情况的分析

1.问题“什么是你目前学习汉语最大的困难?”调查结果

在笔者的调查对象中学习汉语最大的困难是不会成段表达，其次是没有练习或交流的机会。此外，有些学生认为学习日常用语很难，还有些认为自己的词汇量不够丰富。可见，外国留学生学习汉语的主要问题还是缺乏交际。这也正是笔者进行实验的主要目的，通过将数字化故事在移动端汉语教学中的应用，提高汉语学习的交际性，培养学生成段表达的能力。同时，由于数字化故事更加贴近生活，学生可以在观看他人的数字化故事的同时，学习更加生活化的语言。

（四）学生对于数字化故事了解情况的分析

1.问题“你听说过数字化故事吗?”调查结果

学生对于数字化故事的熟悉程度不高，在笔者的调查对象中仅有29.03%的学生对数字化故事有一定的了解，但是48.39%的学生从来没听过数字化故事。可见，若想将数字化故事在移动端汉语教学中应用，应对数字化故事进行普及。

2.问题“你对制作数字化故事有兴趣吗?”调查结果

在笔者的调查对象中有45.16%的学生对制作数字化故事比较感兴趣，有16.13%的学生对制作数字化故事非常感兴趣，仅有12.9%的学生对制作数字化故事不太感兴趣。可见，学生对制作数字化故事表现出正向态度，这在一定程度上说明了学生对数字化故事的肯定。

3. 问题“你认为制作数字化故事是否有利于熟悉理解你学习过的内容?”调查结果

在笔者的调查对象中有54.84%的学生都认为制作数字化有利于他们熟悉理解学习过的内容，只有6.45%的学生认为帮助不大，没有学生认为制作数字化故事对熟悉理解学习过的内容完全没有帮助。

可见，多数学生还是认为制作数字化故事对于他们的汉语学习是很有帮助的。

虽然，仍然有29.03%的学生认为数字化故事对提高他们学习汉语的兴趣效果一般，但是笔者认为，只要对数字化故事进行适当的讲解与效果展示，还是会让这一部分学生感受到数字化故事对提高学习汉语的兴趣的有效性的。

4. 问题“完成制作属于你自己的数字化故事是否能给你带来成就感?”调查结果

在笔者的调查对象中认为制作属于自己的数字化故事非常有成就感和比较有成就感的学生人数相同，均为25.81%。总体来看，调查“制作数字化故事是否能给学生带来成就感”的结果比较乐观。虽然仍然有45.16%认为制作数字化故事给他们带来的成就感一般，但是不排除在这些学生中有人只是通过自己的想象，并没有真正制作过数字化故事，因此无法体会制作数字化故事给他们带来的成就感。这也跟之前调查学生是否了解数字化故事有一定的关系，因此，笔者认为还是要对数字化故事进行一定介绍，对制作数字化故事进行一定的指导。

（五）学生对将数字化故事在移动端汉语教学中应用的意向及需求情况的分析

1. 问题“如果有一款社交App，可以让世界范围内学习汉语的学生通过数字化故事的方法讲述自己在中国的所学、所想、所看，你会想使用吗?”调查结果

在笔者的调查对象中有51.61%的学生比较愿意使用，有19.35%的学生很愿意使用，仅有不到四分之一学生对这类App的使用意愿不高。

可见，大多数学生对这类App表示出积极的态度，这也达到了笔者预期的目标。

2. 问题“你觉得什么样的设计会让这个App的使用更方便?”调查结果

在笔者的调查对象中有70.97%的学生认为应该将视频、图片、文字和声音等多种元素相结合。可见，要制作出一个吸引人的数字化故事，丰富的元素是必不可少的。

（六）调查问卷小结

根据笔者对学生对制作数字化故事的感兴趣程度和对数字化故事在移动端上应用的需求的初步调查，可以初步得出以下结论：

首先，大多数学生会使用手机学习汉语，可见移动学习已经被大部分人接受，日后定会成为主要的学习方式之一，也将会成为汉语学习与传播最有力的工具；其次，大多数学生对于数字化故事这种新型的学习方式还是很感兴趣的，并认为制作数字化故事对学习汉语是有帮助的，并且对使用这样的方法学习汉语表现出积极的态度；最后，学生对数字化故事在移动端汉语教学中的应用表现出正向的态度，认为制作和分享数字化故事有助于加强对学习内容的理解和提高学习汉语的兴趣。

三、数字化故事在移动端汉语教学中的应用

随着移动技术的进步，国际汉语教学也应当顺应时代，改变现有的教育理念和学习模式。在本文中，笔者提倡通过制作数字化故事，让学习者将第二语言内化并有效输出，并同他人分享，不仅能够提高学习者汉语运用的综合能力，也能够提升汉语学习的成就感以及学习兴趣。再将其应用到移动端，不仅使用方便，而且不受时间和空间的限制，这样就能将世界范围内的汉语学习者形成一个大的网络社区，互相分享，共同进步。

由于现阶段移动开发技术尚未成熟，目前市场上并没有一款结合视频、音频、图片等多种媒体的社交软件。因此，为实现数字化故事在移动端上的应用，笔者利用QR码，结合国外最大的视频网站YouTube，能够基本满足数字化故事在移动端上应用。

QR码为快速响应矩阵码，是二维码的一种。如今，QR码的

流行大大方便了人们的生活。QR码的灵活性很强，因为只有简短的内容才会被编码到URL中去。在团队工作中，通过QR码可以交流意见，只需几秒钟，就可以邀请众人参与进来，这让工作变得更灵活、更高效。

在构思本文的时候，笔者有意想设计一款面向世界范围内汉语学习者的数字化故事分享的社交软件。但由于移动产品开发较为复杂，在移动学习中将声音、视频及文字同时制作还有一定的困难。因此，笔者利用QR码，让使用者通过手机扫描QR码，就可以观看他人分享的数字化故事。

笔者在设计时，还是将移动学习本身的特点考虑在内。笔者在前面章节中也提到，移动学习是具有个性化的、碎片化的学习，它的便捷性、可携带性能够让学者在任何时间、任何地点学习。然而高度的碎片化的内容和不完善的技术，可能会使使用者体验感较差，从而放弃这种学习方法。因此，在设计本实验的时候，笔者充分考虑到移动学习的缺点，并发挥其优点，提出以下几个原则：

1.贴近生活原则

由于实验对象都是学习中文的外国学生，中文水平参差不齐，因此，太过于抽象或者远离生活的话题既难懂、晦涩又缺乏趣味性。并且，之所以要将数字化故事这种形式的新型学习方式应用到移动端的汉语学习，并不是为讲解知识设计的，而是为了让同学们自发的分享生活中的所见所闻设计的，并且这些发布的素材本身就是可以用来互相学习。

2. 适度性原则

由于本设计是在移动设备上进行的，为避免高度片状化或冗长的内容让使用者厌烦，内容要遵循适度原则。未来设计的软件要把握作品时间和大小。时间过长的作品往往内存过大，可能会给用户的观看产生大量的流量费用和占用大量的缓存空间，也给后台服务器的运行带来困难，从而给运营商增加额外的维护费用。本文所提出的适度性原则主要指的是时间适度和内容适度。时间适度指的是数字化的时间不宜过长，否则会让观看者视觉疲劳；内容适度指的是一个精美的数字化故事的内容不宜太复杂，否则会让观看者抓不住重点。

3. 学生为主体性原则

数字化故事的制作主体是学生，观看的主体大部分是学生。教师应该尊重学生的兴趣爱好，鼓励学生积极参与，强化学生自主探究和自主学习的能力。教师也可提供必要的指点，但不能替学生完成。学生自己的数字化故事作品应该展示学生自己的想法，这样才能体现制作数字化故事的意义。

（一）实验案例介绍及方案设计

本文笔者挑选了三名学生制作的三种不同类型的数字化故事，一种是利用常见的PPT；一种是学生自己使用GoPro拍摄，并进行后期剪辑制作出来的数字化故事；一种是学生和老师一起合作，先进行拍摄，后期利用Corel（即绘声绘影，一款剪辑视频的软件）进行剪辑最后合成的数字化故事。本实验的总体步骤介绍如下：笔者将这三种类型的数字化故事上传到视频网站（中国为Youku视频网站；美国为YouTube视频网站），再经由QR Generator制作成二维码。用户可以通过手机软件（WeChat或者QR Reader）扫描成功生成的二维码，就可以在手机上观看数字化故事。具体案例展示和步骤介绍如下：

1. 案例展示

案例一：

该数字化故事为一名来自泰国的学生小青（化名）制作的数字化故事。在学习完博雅汉语中级冲刺篇《朋友四型》这篇课文后，该班老师要求同学们以朋友为主题，制作一个自己的数字化故事。在小青的数字化故事中，主要讲述了她跟两个好朋友的故事。故事讲述了她们从同事慢慢变成了很好的朋友，除了一起工作，还经常一起玩，她们甚至一起去了日本和韩国。可是，有一天小青的其中一个朋友结婚了，并且跟她的丈夫去美国生活了；小青也去了中国，学习中文；只剩下最后一个朋友留在泰国工作。虽然三个人相隔万里，各奔东西，但是她们永远是好朋友。作品中，包含了文字讲解、大量的图片和背景音乐，让人看了又开心、又难过、又感动，笔者认为是一个十分成功的数字化故事。

在笔者采访小青时，她说道："我当时只会PowerPoint的基本功能，刚开始的时候不知道怎么完成这份作业。后来，我用百度搜索了PowerPoint 其他的功能，一步一步地操作，最后把我跟好朋友的回忆制作成了这份作业。做好了之后，我发现原来PowerPoint还有这么好的功能。”她后来也表示以后也会用PowerPoint制作简单的视频。

案例二：

该数字化故事为一名来自美国的华裔学生娜娜（化名）自己制作的。在北京学习中文的两个月中，她利用GoPro拍摄了她在北京的所见所闻，回到美国以后自己整理剪辑制作了这个数字化故事。在娜娜的数字化故事中，记录了她在北京两个月中和朋友所经历的点点滴滴。包括和朋友们一起逛北京的街道；和老师、同学们一起参加活动；和同学们一起吃北京的美食，去参观北京的有名旅游景点，如长城、故宫；和朋友们一起去内蒙古旅行等等。娜娜的数字化故事选用的都是视频片段，所以非常生动，再加上合适的配乐和简单的文字说明，让观看者看过之后，确实能体会到娜娜在北京和老师、同学们度过了非常愉快的日子，也能感觉到她在学习之后的不舍。

通过这样一个数字化故事，娜娜用自己的视角，讲述了她的留学生活，表达了对北京的热爱，对留学生活的留恋，对老师和同学们的思念。娜娜说：“我很高兴自己能来到北京留学两个月，我也很庆幸自己拿我的GoPro拍了这么多。这样，以后我就能好好回忆我在北京和朋友们在一起的生活！”

案例三：

该数字化故事为一名来自越南的语言生小陈（化名）和他的

老师一起制作的。由于小陈在舞蹈方面非常有才华，得到了老师和其他同学们的关注。老师在和他的聊天中才了解到，他正是深受中国舞蹈的吸引，才决定来到中国学习。于是，在老师的鼓励和帮助下，他将自己来北京求学的故事制作成了一个非常精美、完整的数字化故事。故事讲述了他为什么决定来北京学习中文，在北京的留学生活，以及他在关于舞蹈方面的心路历程。之所以说这是一个非常完整的数字化故事，是因为每一段视频都是由小陈亲自出演和编排，并在老师的协助下拍摄的。作品中还包括小陈的配音和字幕，以及恰当的背景音乐，最后在老师的指导下利用Corel将视频剪辑、整理最后合成。小陈的数字化故事，包含了一个优秀的数字化故事应有的所有元素，因此说这是一个非常完整的数字化故事。

在笔者对小陈的采访中，他说："这次制作数字化故事，不仅让我的中文有进步，还让我学习到了如何剪辑视频。虽然制作这样的数字化故事很麻烦、很复杂，但是我很高兴能从中学习到其他的东西，这让我觉得值得。"

2. 实验步骤

（1）实验说明

由于地区的限制和网络安全的问题，在中国大陆地区无法在YouTube上观看视频。因此，在中国大陆地区，笔者将利用Youku视频网站作为平台，进行数字化故事在移动端汉语教学中的实验研究。笔者将会介绍三种QR码的生成方式：一种是在

YouTube视频网站上的上传方式，并生成QR码，以娜娜的数字化故事为例；一种是在Youku视频网站上的上传方式，并生成QR码，以小陈的数字化故事为例；一种是以PDF为扩展名的数字化故事的QR码生成方式，以小青的数字化故事为例。

①以YouTube视频网站为平台的实验步骤描述

a.上传视频

首先，需要将娜娜的数字化故事上传到YouTube视频网站上。打开YouTube视频网站，登录之后在网站的右上角会看到一个向上的箭头（如图2–1红圈内所示），该箭头的位置就是上传视频的位置，点击进入就可以转到上传视频的页面。

图 2–1　YouTube 视频网站主页

点击进入上传视频页面，就如图2–2所示。上传者可以将需要上传的视频进行拖拽上传，或者点击选择要上传的文件。

图 2–2　拖拽上传界面

将视频上传后，就可以看到如图2–3所示。等到进度条完成到100%时，就可以点击旁边的“发布”（如红圈内所示）将视频发布。进度条下方（如红色方框所示）可以命名和描述视频，同时可以给将要发布的视频添加标签，这样可以方便他人准确地搜索到上传者上传的视频。为了保护隐私，上传者也可以选择公开、不公开或是私享视频。

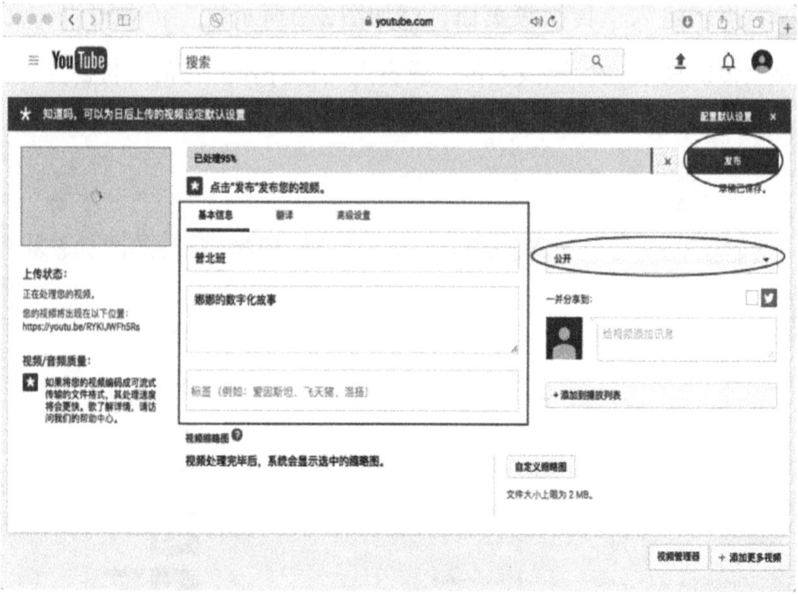

图 2–3　视频发布界面

视频成功发布后，就可以到如图2–4所示的页面。视频发布后上传者可以得到一个网址，这个网址就是上传者所上传视频的链接，如红色方框所示。上传者也可以选择分享到自己的脸书、Twitter等等。

图 2-4　视频链接界面

b.生成QR码

首先利用谷歌搜索，输入QR Generator关键词就可以搜索到各种QR码生成的网站。利用这类网站生成QR码非常简单方便，熟练以后不到1分钟就可以轻松生成QR码。此外，用户不仅可以选择将视频链接生成QR码，其他类型如PDF、名片、图片（.jpg格式等图片格式文件）、脸书链接、App、MP3等文件都可以生成QR码。

进入网站时，点击登录就可以看到如图2-5，进入网站就可以看到用户生成QR码的历史记录。若想生成新的QR码，点击最上方的CREAT QR CODE（如红色方框内所示）就可以生成新的QR码。

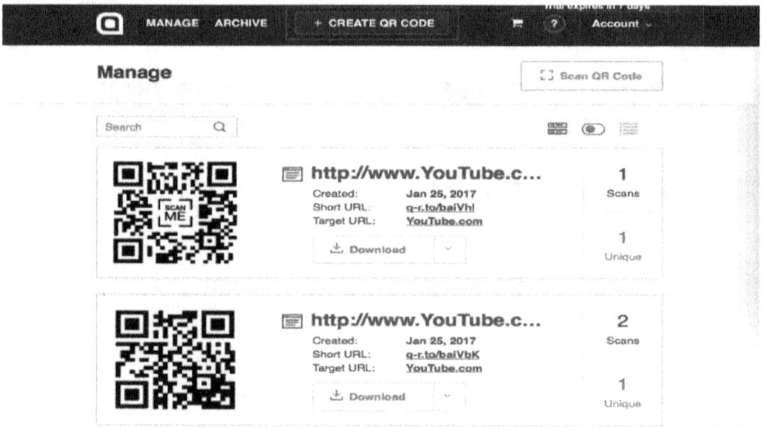

图 2-5　生成 QR 码

点击进入CREAT QR CODE，就可以看到如图2-6所示的页面。根据不同属性的文件生成不同类型的QR码，然后点击进入下一步。

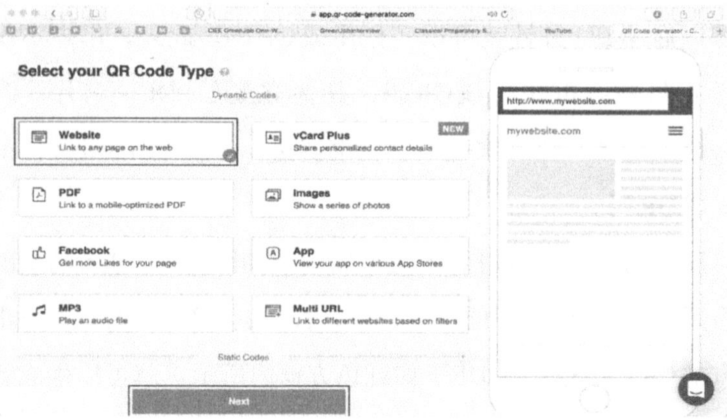

图 2-6　不同类型的 QR 码

点击进入下一步，可以看到如图2–7所示。将在YouTube上传视频的链接粘贴到指定的地方（如红色方框所示），然后点击下一步。

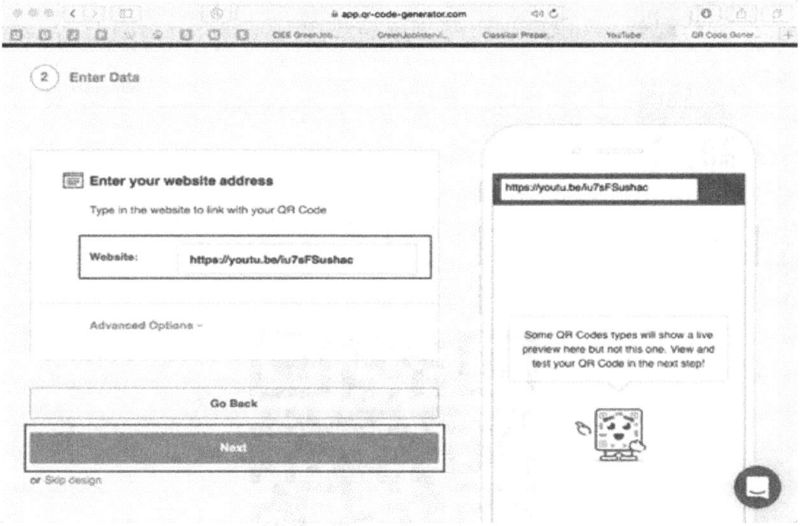

图 2–7　粘贴链接

点击下一步就会看到如图2–8所示的页面，最上方就是生成的QR码如红色方框内所示，点击“download”就可以下载生成的QR码（如图2–8所示）。

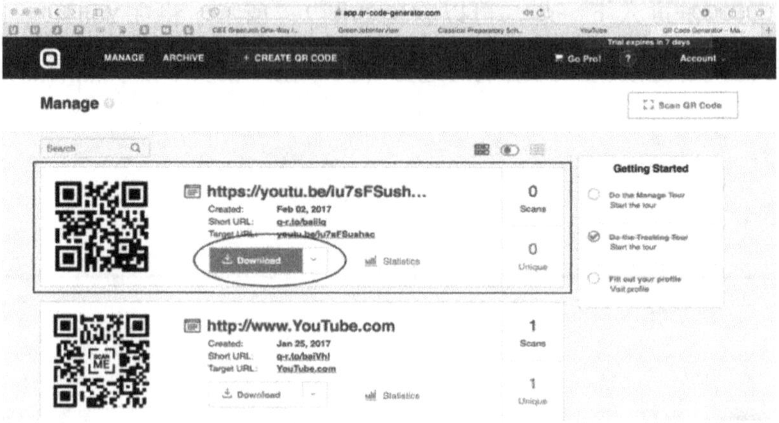

图 2-8　下载生成的 QR 码

图 2-9　已生成的 QR 码

②以 Youku 视频网站为平台的实验步骤描述

首先，将小陈制作的数字化故事上传至Youku视频网站上，步骤同上传到YouTube的步骤基本一致。打开Youku视频网站，可以看到如图2-10所示的页面。同样点击网站上方的箭头，就可以进入上传视频的页面。

图 2-10　Youku 视频网站主页

进入到上传视频页面，就可以看到如图2-11所示的页面。点击上传视频，选择用户想上传的视频就可以进入如图2-12的页面。

图 2-11　上传视频界面

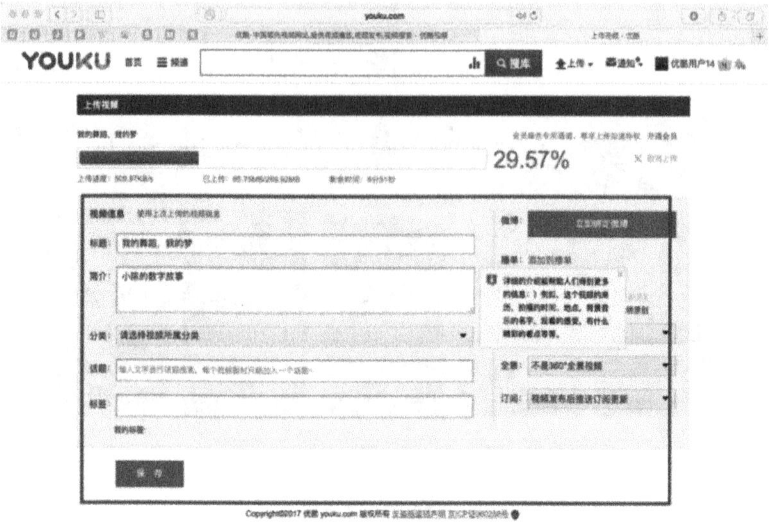

图 2–12　视频信息

接下来可以根据进度条判断视频的上传进度，在进度条的下方可以对上传的数字化故事进行描述，待视频上传成功后点击保存视频就上传成功了（如图 2–13 所示）。Youku 视频为保护隐私，也可以选在公开、私享或者通过密码查看视频。视频上传成功后，可以点击“创作中心”查看和管理上传的视频。

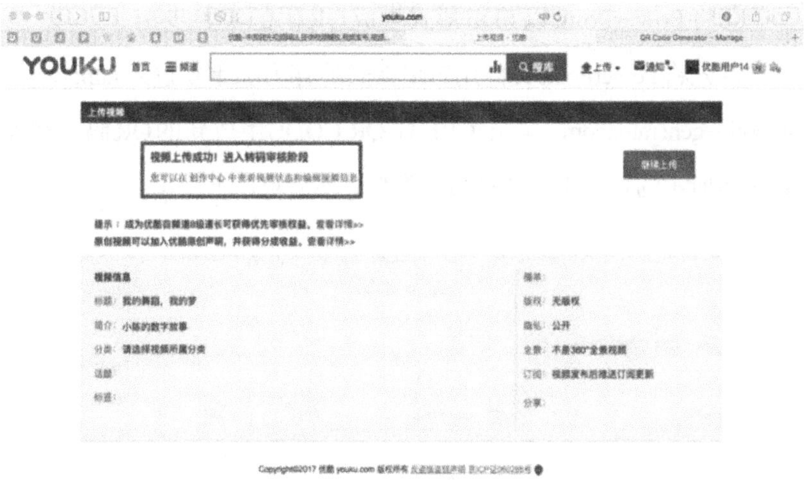

图 2-13　视频上传进度

生成QR码的步骤跟前面所提到的完全一致，因此这里不过多介绍。生成的QR码如图2-14所示。

图 2-14　已生成的 QR 码

③将PowerPoint以PDF形式生成QR码的实验步骤

首先将PowerPoint文件用PDF格式另存为。重新进入http://www.qr-code-generator.com，点击CREAT QR CODE生成新的QR码。在如图2-15所示的页面中，选择PDF类型，然后点击下一步。

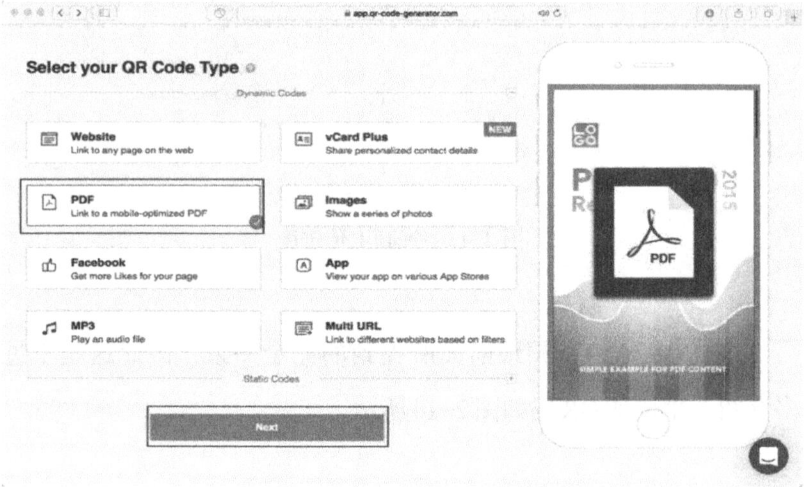

图 2-15　QR 码类型选择界面

进入下一个页面如图2-16所示，点击“UPLOAD”上传之前保存的PDF文件。在旁边的窗口，可以预览上传的文件，如图右侧红色方框内所示。点击下一步，就成功生成QR码了。

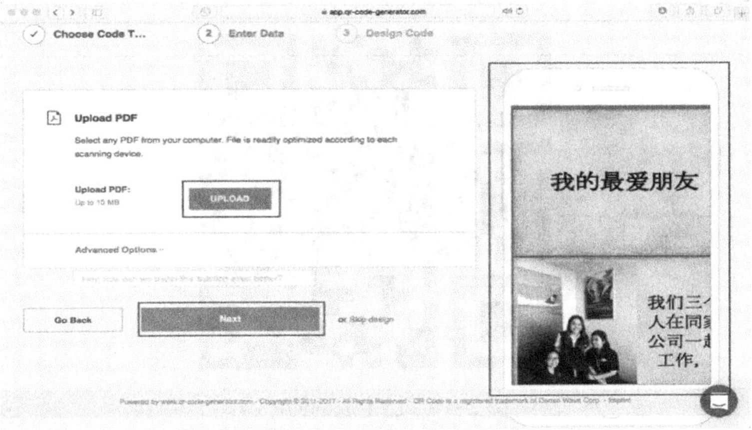

图 2–16　上传 PDF 界面

点击下一步后，就跳转到如图2–17所示的页面，历史记录中第一个就是最新生成的QR码（如红色方框内所示）。点击DOWNLOAD，就可以下载生成的QR码（如图2–17所示）。下载的QR码如图2–18所示。

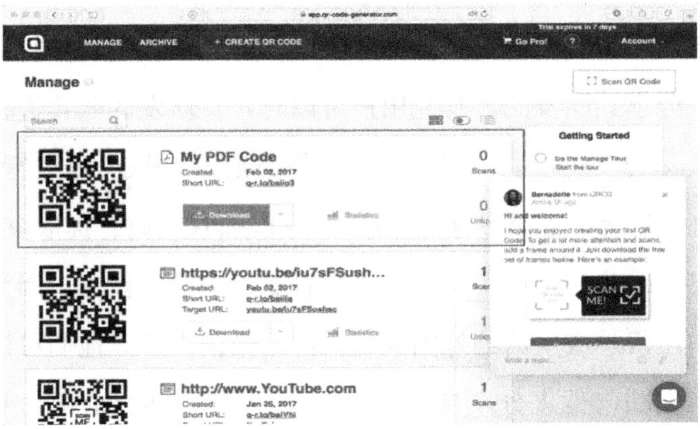

图 2–17　QR 码下载界面

图 2-18　已生成的 QR 码

（2）使用说明

如果按照上述步骤正确操作，就可以成功生成用户所需要的QR码，其他用户通过手机扫描就可以在自己的手机上查看。如今，市面上各种各样的手机App在各个方面满足了人们不同的需求，尤其值得一提的是微信的出现大大方便了人们的生活。微信不仅支持发送语音、短信、视频、图片（包括表情）和文字，还支持通过朋友圈发布文字和图片，同时可通过其他软件将文章或者音乐分享到朋友圈。其他用户可以对好友新发的照片进行“评论”或“赞”。同时，人们也可以利用微信扫描QR码进行支付、添加好友等等，也可以通过提取他人分享的QR码，提取QR码中的信息。因此，在本实验中微信起着非常关键的作用，因为大部分在中国留学或生活的外国人都会使用微信，所以他们可以通过发布朋友圈与他人分享自己制作的数字化故事的QR码，其他人可以通过微信自带的扫描和提取QR码的功能，观看别人分享的数字化故事。这样，在App商店没有相关应用App的大前提下，利用微信可以完全实现数字化故事在移动端汉语教学上的应用。但是，笔者要说明的是，由于微信本身的功能设定，还是有一些QR码无法识别，因此无法在微信上直接观看。比如，小青的数字化故事（PDF文件）就无法使用微信识别。这时笔者建议使用者在App商店下载专门提取QR码的App，这样各种各样的QR码就可以被成功提取了。

（二）实验效果分析

笔者再次通过调查问卷的方法，对实验效果进行了后测。在得到调查结果之前，笔者先对调查结果进行了假设：

首先，在笔者的调查对象中，会有更多的外国留学生喜欢小陈的数字化故事。原因是小陈的数字化故事有很多不同元素，视觉效果会更强；

其次，小青的数字化故事相对来说最不受欢迎，因为形式过于单一；

再次，对于学生喜欢的数字化故事的类型，笔者设想学生们会更加喜欢生活化的数字化故事；

最后，笔者设想外国留学生对数字化故事在移动端汉语教学呈现出正向的态度。

1. 实验调查问卷分析

为了解外国留学生对哪种数字化故事的呈现方式更为喜爱，

以及对数字化故事在移动端汉语教学中应用的态度及需求，笔者不分地域、不分国籍，对外国留学生通过调查问卷进行了调查。本次调查问卷通过“问卷星”平台，共发放问卷40余份，共回收40份，其中有6份无效问卷，有效问卷共计34份。在调查问卷中，笔者要求填写人需在观看完三种不同类型的数字化故事后，依照自己的喜好进行填写，随后汇总了所有数据。本调查问卷从三个方面进行了调查：第一，学生对笔者提供的三类数字化故事的喜好情况分析；第二，学生对数字化故事类型喜好及要求的情况分析；第三，学生对数字化故事在移动端汉语教学中应用的态度调查分析。对每一部分的调查结果的具体分析如下：

（1）对学生对哪种类型的数字化故事更为喜爱的调查分析

a.问题“以上三个数字化故事你最喜欢哪一个？”调查结果。

在笔者的调查对象中有44.12%的学生喜爱娜娜制作的数字化故事，也就是自己利用拍摄工具，自己剪辑、制作的，更为生活化的数字化故事。有些学生评论娜娜的数字化故事，说道：“故事中有各种各样的人，他们看起来很开心。视频也记录了各种各样的活动，和不同的地方，看起来很丰富。”

b.问题“你喜欢这个数字化故事的原因？”调查结果。

在笔者的调查对象中有67.65%的学生喜欢自己选择的数字化故事，是因为觉得这个数字化故事很特别，故事的内容很吸引人。其次，是认为数字化故事的制作效果很好。可见，要制作优秀的数字化故事，故事内容的选取最为关键。

c.问题“以上三个数字化故事你最不喜欢的是哪一个”调查结果。

在笔者的调查对象中有41.18%的学生不喜欢小青制作的数字化故事，也就是利用PowerPoint，添加照片、文字和背景音乐的数字化故事。大部分学生认为，用ppt制作数字化故事观看起来让人不是那么的激动，制作出来的效果也没有那么夺人眼球。可见，学生对数字化故事带给他们的视觉效果也是抱有一定的期待。

但是令笔者意外的是，作为在笔者调查对象中最受欢迎的娜娜的数字化故事，同样也是最不受欢迎的。该数字化故事有贴近生活的优点，同时，由于故事里只有极其少量的文字，也存在教学性不强的缺点。可见，娜娜制作的数字化故事还是十分有争议的。

d.问题“你不喜欢这个数字化故事的原因?”调查结果。

在笔者的调查对象中有38.24%的学生不喜欢该数字化故事的原因，是认为视频制作的效果不好。也有一些学生填写了其他理由，比如：背景音乐声音太大让人注意力分散或是根本没有背景音乐，故事的信息太少等等。可见，一个优秀的数字化故事，不仅要内容丰富，而且各个要素（如音乐、旁白、文字等等）之间要相互协调，才能达到一定的效果。

（2）对学生对数字化故事类型喜好及要求的调查分析

a.问题“你觉得什么样类型的数字化故事能吸引你?”调查结果。

在笔者的调查对象中有58.82%的学生认为以“个人生活”为主题的数字化故事更为吸引人，其次是旅行、学习经历等等。对此，笔者设想：学生偏向观看更加生活化的数字化故事，这也从侧面说明他们也会倾向于制作生活化的数字化故事。这也为今后开发移动学习软件提供了有价值的借鉴。

b.问题“你觉得什么样的视频效果最吸引你?”调查结果。

在笔者的调查对象中有64.71%的学生认为，数字化故事要有像微电影一样的效果，包括字幕、背景音乐和旁白等等；也有50%的学生认为只有视频片段、文字描述和背景音乐即可。可见，学生对于观看其他人的数字化故事的期待值还是很高的，他们希望观看视频效果极佳的数字化故事。

c.问题“你觉得时间多长的数字化故事是最合适的?”调查结果。

在笔者的调查对象中有85.29%的学生认为时长在1分钟到5分钟之间的数字化故事是最为合适的。

（3）对学生对数字化故事在移动端汉语教学中应用的态度调查分析

a.问题“在观看完上面的三个数字化故事以后，你对制作你自己的数字化故事有兴趣吗?”调查结果。

在笔者的调查对象中有58.52%的学生，对制作自己的数字化故事都表示较为感兴趣甚至非常感兴趣。可见，学生对数字化故事这种新型学习方式表现出正向态度，这在一定程度上说明了大部分学生对这种学习方式还是比较接受的。

b.问题“你觉得通过制作数字化故事并于他人分享，对提高你学习汉语的兴趣是否有帮助?”调查结果。

在笔者的调查对象中有82.36%的学生认为这样的方式对提高自己学习汉语的兴趣比较有帮助甚至非常有帮助，可见大多数的学生认可了数字化故事的有效性，并且普遍认为它是有助于提高学习汉语的兴趣的。

c.问题“如果有一款社交App，可以让世界上学习汉语的学生通过数字化故事的方法讲述自己在中国的所学、所想、所看，你会想要使用?”调查结果。

在笔者的调查对象中有67.64%的学生会想要使用甚至非常想使用这样的手机社交App。从调查结果中不难看出，学生对使用这类手机App的态度是正向的，可见开发这类移动学习产品，为外国留学生提供一定的交流平台是必要的。

2.问卷调查小结

首先，从学生喜欢的数字化故事类型来看，更加倾向于生活化，并且内容丰富的数字化故事更加受欢迎。他们认为这样的故事观看起来更加有意思，也愿意同别人分享自己的故事；

其次，从数字化故事制作的效果来看，学生虽然喜欢视觉效果好的数字化故事，但是又不希望制作的效果太刻意。一个数字化故事中，有视频片段、背景音乐、字幕等等元素固然很新颖，可如果这些元素叠加起来不协调，让人感到眼花缭乱，却会事倍功半。因此，在制作数字化故事时，既要注意元素的丰富性，给人带来震撼的效果；又要注意协调性，让人赏心悦目；

最后，从学生对数字化故事在移动端汉语教学中应用的态度来看，学生本身对于这类移动学习产品的出现是有一定期待的。虽然目前市场上没有类似的产品，但是从笔者调查问卷的结果可以看出，学生对这样的学习方式是接受的，并且这种学习加社交的方式更能增添学习的趣味性。因此，也可以从侧面反映出开发此类移动学习产品，为广大外国留学生提供学习交流平台的必要性。

（三）对数字化故事在移动端汉语教学中应用的设想

根据前后两次调查的结果，笔者对数字化故事在移动端汉语教学中应用有以下几点建议：

第一，数字化故事在移动端汉语教学中，应将制作及分享数字化故事融为一体。为顾及使用者在制作时的多种需求，并且给使用者在游览数字化故事时带来震撼的视觉效果，开发者应提供图片、视频片段、文字、音频等多功能编辑的选项供使用者使用；

第二，为满足使用者在制作数字化故事的便捷性，在设计和分配各个功能时应条理清晰。如果操作不方便，可能会令使用者在制作时产生挫败感和厌烦感，从而对这种学习方式失去兴趣。并且，要掌握学生作品的时长，这样既不会让观看者产生视觉疲劳，也不会因为过长的作品给后台服务器的运行带来压力；

第三，为确保数字化故事在移动端汉语教学的成功应用，交友功能也是必不可少的。如果学生不想总是公开自己的数字化故事，那么也可以私信给一个或多个好友，与他们随时随地分享自己的故事。这样的数字化故事可以是简单的视频配文字，甚至是图片配文字，虽然构成简单，但其特点在于实时性，可以给使用者带来新鲜感。

移动端中高级汉语词语释义方式调查研究（2018）

厉静静

摘要：本文首先根据文献资料的整理和实习经验，设计了《中高级汉语词语释义App》调查问卷，通过线上发放后共收回91份有效问卷，利用SPSS对调查数据进行了统计分析，整理得出中高级汉语学习者对常见的几种词语释义方式的喜好程度排名和其他有关词语释义App的建议；然后选取了Pleco汉语词典和《商务馆学汉语词典》，进行个案分析，为设计提供参考；最后，从学习者角度出发用软件“墨刀”简要设计出了中高级汉语词语释义版块，希望为汉语词汇学习类App的设计提供词语释义版块的结构和功能参考。

关键词：词语释义；汉语学习；App；中高级

一、引言

语言学习类App超越了时间和空间的束缚，满足了学习者即时学习语言的需求，深受学习者的喜爱。词语释义是指展示词语的音和形、解释词语的词典义和文化内涵、展示词语的功能和用法。

移动学习时代的汉语词语释义指利用网络时代的优势，依据汉语的特点，通过多种方式来较为全面地展示汉语词语的读音、字形、意义、功能和用法，并对包含有特殊文化内涵的词语进行准确的展示。中高级阶段是汉语学习的重要阶段，处于中高级阶段的汉语学习者面临着进一步提高汉语水平和克服畏难心理等问题，但是目前关于中高级汉语词语释义的研究还停留在传统的纸质词典层面，在中高级汉语词语释义App方面的研究还不足；而且，在以往的词语释义研究中，从学习者角度出发的研究不多，以至于我们不了解中高级汉语学习者的学习特点和喜好，无法更好地满足他们的需求。

本文认为中高级汉语词语释义App不仅要提供全面的词语释义内容、灵活的词语释义方式、高效的学习效率、完备的个性化设置功能，还应该通过互动、检测等其他方式帮助汉语学习者继续保持汉语学习的热情，不断提高汉语水平。

二、关于中高级汉语词语释义App的调查问卷

（一）调查问卷的设计

1.调查研究的目的

本次调查的重点是按中高级汉语学习者的喜爱程度排列出常

见的八种词语释义方式。问卷中还设置了其他三大部分，一是调查对象背景信息部分；二是调查对象对学习汉语词汇App的态度和汉语词汇学习的状况，以进一步发现调查对象的喜好特点；三是除了释义方式之外的其他问题，用来完善汉语词语释义App的其他功能。

2. 调查对象的选取

本次调查的调查对象，主要包括普北班（Princeton in Beijing）项目、孔子学院总部大使班、克莱姆森大学（Clemson University）项目、中央民族大学中亚班、中央民族大学汉语本科生等。调查对象来自世界各地，其中以欧美学生、中亚学生居多，调查问卷设置了中文版和英文版。调查对象年龄普遍在20岁左右。

3. 调查问卷的内容

调查内容主要有四个大部分，第一部分是背景信息部分，包括调查对象的性别、年龄、母语、学习汉语的环境、学习汉语的时长、HSK等级，以推断出调查者的汉语水平和个体特点；第二部分是调查对象对学习汉语词汇App的态度和他们词汇学习的状况，包括对汉语词汇App的态度、学习词汇的难点和目的、喜欢的词汇展示方式；第三部分是本调查问卷的重点内容，即对所提供的八种释义方式的喜好程度；第四部分除了释义方式之外的其他问题，包括喜欢的词汇检测方式、词汇最佳记忆次数、汉语词语释义App需包含的其他功能、对词语释义App的其他建议等问题。

4.调查问卷的试行与调整

为保障调查结果的质量，笔者先试行发放了15份调查问卷，在数据整理分析之后，根据出现的问题做出了相关调整，保障问卷的有效性。

在15位被调查者中仅有三名调查对象选择用中文填写，其余十二名都选择了英文版；其中有大约90%的留学生选择填写线上的调查问卷。

在试行问卷中出现的问题主要有学生汉语等级无法确定、存在个别无关研究的题目、个别题目的逻辑顺序混乱、英文版问卷的翻译不自然等。试行问卷的具体分析和修改如下：

（1）背景信息部分

问卷初稿中将“HSK等级”设置为选做题是考虑到有些学生不清楚自己的等级，但是，在试行之后发现如果被调查者不填写就无法确定他的等级，所以需要将“国籍”转变成“母语”，另增加“学习汉语时长”和“学习地点”来辅助确认学生的汉语水平。

（2）调查对象对学习汉语词汇App的态度和他们词汇学习的状况部分

①“学习汉语词汇的主要原因”题目中，“交流”和“喜欢汉语”旗鼓相当，可见汉语自身的魅力正在不断提高，所以，在选择例句和图片的时候可以多介绍中国优秀的文化；此外，例句的选取、词语的检查环节和练习环节都要方便交际；

②“学习汉语的难点”这道题目是多选题，其中占比例最大的三项是“忘得快”“发音问题”和“不会使用词语”，这就指明了一个新的、能够被学习者接受的汉语词汇学习App需要解决的问题就要包括有效的复习、发音和词语使用的练习；

③“喜欢的词语展示方式”也是多选题目，其中最受欢迎的是“在例句中展示”选项，可见例句的选取非常重要；此外还有“词语的读音展示”“汉字动图”也较为受欢迎，可见汉字越来越受到大家的关注了；

④“过去常用的词语释义方式”，这道题目对问卷的调查结果没有什么影响，所以选择删掉。

（3）词语释义方式部分

根据试行问卷，“例句释义”最受学生欢迎，全部的被调查者都选择喜欢，其中有八人选择“非常喜欢”。

（4）除了释义方式之外的其他问题部分

①“一个词语会记忆多少次”这道题目中，超过一半的人选择了“更多次”，可见选项的设计有问题，在之后的问卷中会扩大次数；

②“如果一个词语总是记不住你会怎么办?”这道题目中有11/15的人选择“换一种方式”，有一人选择继续用这种方式，还有3人选择“几天后再尝试”，可见词语释义方式不应过于单调，而且应该由学习者自主选择适合自己的方式；

③“选择你觉得汉语词语释义App应该包含的词语释义方式”

这道题目在某些方面和“词语释义方式”部分的题目重合，所以会删掉；

总的来看，在调查问卷的试行中出现的问题不大，主要就是背景信息部分增加了两题，其他部分减少了两题，总体题量变化不大；此外，考虑到调查问卷的整体逻辑还调整了个别题目的顺序；最后，笔者又请美国学生对英文版调查问卷的语言进行了修改，希望问卷用语更加自然准确。

（二）调查结果的分析

1. 背景信息部分

（1）性别分布

在91位调查对象中，有43位男性，48位女性，男女性别比例比较均衡，但是女性偏多一点。

（2）年龄

调查对象的年龄集中分布在20岁左右，约占调查总人数的76.92%，此年龄段的汉语学习者接受能力和学习能力都比较强，是支持移动学习的主流。

（3）母语

表3-1　调查对象的母语分布

语种	人数	语种	人数	语种	人数
英语	39	蒙语	2	高棉语	1
西班牙语	10	意大利语	2	波斯语	1

续表

语种	人数	语种	人数	语种	人数
俄语	6	法语	2	阿拉伯语	1
韩语	5	哈萨克语	2	丹麦语	1
泰语	5	帕米尔语	1	匈牙利语	1
汉语	3	朝鲜语	1	僧伽罗语	1
乌兹别克语	3	塔吉克语	1		
日语	2	吉尔吉斯语	1		

值得注意的是，参与此次调查的还有3名母语为汉语的留学生，他们从小生活在美国，但是父母双方有一方是中国人，所以母语也算是汉语，虽然他们能听懂简单的汉语对话，但是几乎没有读认汉字的能力，词汇量也较少，所以仍然可以参与此次调查问卷。

（4）学习汉语的环境

表 3-2 汉语学习环境

汉语学习环境	人数占比
中国	24.47%
我的国家	18.68%
中国和我的国家	53.85%
其他国家	0%

调查对象一般都是先在高中或大学选修、主修汉语课，然后跟随留学项目来到中国学习汉语；另有18.68%的调查对象是在自己的国家学习汉语，在他们的学习环境中和中国人交流的机会较少，所以App的推广将更有利于这部分人汉语水平的提高。

（5）学习汉语的时长

汉语学习时长在3—5年之间的人数占46.15%，几乎占据了总体人数的一半；汉语学习时长在1—2年之间的人数占36.26%；6年以上的占总体人数的14.29%；一年以内的仅有3.3%。

（6）HSK等级

考虑到可能会有调查对象不知道自己的HSK等级，于是把这道题目设置为选填题，笔者将收回的问卷进行了统计，发现共有61位调查对象准确地知道自己的HSK等级，但是还有30位调查对象没有参加过HSK考试，于是笔者结合他们的年龄、学习汉语的环境和时长，根据HSK各个等级的考试对象标准——“一级主要面向按每周2—3课时进度学习汉语半学年的考生；二级主要面向按每周2—3课时进度学习汉语一学年的考生；三级主要面向按每周2—3课时进度学习汉语一个半学年的考生；四级主要面向按每周2—4课时进度学习汉语两个学年的考生；五级主要面向按每周2—4课时进度学习汉语两年以上的考生；六级主要面向学习时长更长的考生”，来大体推测出剩余调查对象的HSK等级，整理数据后得出：HSK5级的人数是最多的，占调查对象总数的35%；其次是HSK6级和HSK3级的人数，都占总体的19%；HSK4级人数占14%；HSK1级和HSK2级人数占13%，本该剔除该部分调查数据，但是经笔者进一步了解，这部分人大都是在一年前参加的HSK考试，所以经过一年的汉语学习，现在基本已达到中级水平，所以，仍符合本次调查的要求。

2. 调查对象对汉语词汇App的态度和词汇学习情况

（1）对汉语词汇App的态度

非常喜欢用App学习汉语词汇的有34.07%；喜欢的有36.26%；认为一般的有18.68%；不喜欢的仅有10.99%，非常不喜欢的是0%，可见超过70%的调查对象都喜欢用App来学习汉语词汇。

（2）对新的汉语词汇App的接受程度

大约80%的调查对象都愿意尝试一个新的汉语词汇App，其中有21.98%的调查对象表示非常愿意尝试，有16.48%的调查对象比较中立，还有3.3%的调查对象不愿意尝试。绝大多数调查对象愿意尝试一个新的汉语词汇学习App，这一方面说明现在市面上的汉语词汇类App的质量和数量都还有待提高；另一方面也说明，调查对象乃至许多汉语学习者都很愿意尝试新生事物，而且对汉语词汇类App有美好的期待。

笔者将对汉语词汇App的态度和对新的汉语词汇App的态度进行交叉分析，具体如下：

表 3-3　交叉分析结果

态度	愿意	非常愿意	一般	不愿意	非常不愿意
喜欢	63.64%	18.18%	15.15%	3.03%	0%
非常喜欢	54.84%	45.16%	0%	0%	0%
一般	58.82%	0%	41.18%	0%	0%
不喜欢	50%	0%	30%	20%	0%
非常不喜欢	0%	0%	0%	0%	0%

通过分析可见，越喜欢用App来学习汉语词汇的调查者越愿意尝试一个新的App，这就表明当前的汉语词汇类App还有很大的提升空间来满足用户的期待。

（3）学习汉语词汇的原因

有54.95%的调查者学习汉语词汇是为了和中国人交流；有27.47%的调查者是因为喜欢汉语；有9.89%的是为了考试；有6.59%的是为了阅读；仅有1.1%的是为了写作。随着中国国际地位的提高，越来越多的汉语学习者是为了和中国人交流而学习汉语词汇的，他们有的是为了进一步了解中国，有的是为了在中国生活、学习、工作，所以，汉语词语释义App的设计应该满足交流的需求，这可以体现在例句的展示、词语的释义方式、App的功能设置等方面。另有27.47%的调查者是因为喜欢汉语而学习汉语词汇，这启示我们在汉语词语释义App中要多展示汉语和中国文化的魅力，这可以体现在词语释义的方式上，如视频释义中视频的选取、图片释义中图片的选择和例句释义中例句的展示上。

（4）学习汉语词汇的难点

这道题目是多选题，“不会使用词语”的选中率最高，是58.24%；其次是“很快就会忘记”，是53.85%；再次是“不明白词语的意思”，是35.16%。这就表明在汉语词语释义App的设计中，应该增加对词语使用方面的提示和练习，这是词语释义和词语使用的重中之重；然后，应该重视词语的复习和重现，以增强记忆效果，减少遗忘；由于汉语词语释义有对外性，不能按照中国人的思维方式来解释词语，释义时要简单明了，多种释义方式搭配；对于“不想主动学习”的学习者，软件可以设置提示学习功能，督促完成词汇学习任务；对于“没有足够时间”的学习者，软件应提供更加碎片化的学习模式。

（5）词语的展示方式

在多项选择中，“在例句中展示”被选择的几率最高，是72.53%；“读音录音”被选中的几率是42.86%，接下来依次是“相关图片”32.97%、“汉字笔画动图”28.57%、“汉字的演变”21.98%。调查对象更倾向于“在例句中”认识一个汉语词语，因为例句不仅能提供该词语的搭配情况、词语的感情色彩，而且还能展示一定的情景，让学习者在不知道该词语意思的情况下，运用上下文的逻辑和语境来推测词义，所以对词语意义的印象会更深，更能让学习者在今后的交际中套用类似的例句，所以绝大多数学习者都喜欢这样的词语展示方式。

此外，结合笔者的实习经历，汉语学习者在学习汉语时最大的问题不是语法，而是发音问题，这也是最表面、最明显的问题。在给汉语学习者纠音的过程中，最多的问题是声调的问题，经过了解，他们的声调出错并不是因为拼音标注的不准确，而是即使他们知道词语声调的调值，也读不准，这就迫切需要标准的“读音录音”让学习者有机会去模仿发音，改正洋腔洋调，做到字正腔圆。所以，调查对象也十分重视“读音录音”的展示方法。

3. 对所提供的八种释义方式的喜好程度

为了得出调查对象对这八种释义方式喜好程度的排名，笔者先将各组数据量化，进行数据的对比分析，再用SPSS进行进一步的描述性分析，确保分析的准确性。具体的展示如下：

（1）百分比展示

为方便八组数据的对比，笔者将收集来的数据制成如下表格：

表 3-4　八种释义方式总体比较

	非常喜欢	喜欢	一般	不喜欢	非常不喜欢
图片释义	19.78%	47.25%	29.67%	2.2%	1.1%
故事释义	18.68%	43.96%	32.97%	4.4%	0.0%
母语翻译	30.77%	39.56%	20.88%	6.59%	2.2%
中文释义	15.38%	45.05%	29.67%	8.79%	1.1%
例句释义	53.85%	36.36%	8.79%	1.1%	0.0%
漫画释义	18.68%	40.66%	29.67%	10.99%	0.0%

（2）描述性统计分析

表 3-5　描述性统计分析报告（N=91）

排序	释义方式	极小值	极大值	均值	标准差
1	例句释义	2	5	4.43	0.701
2	母语翻译	1	5	3.90	0.989
3	图片释义	1	5	3.82	0.811
4	语块释义	2	5	3.79	0.823
5	故事释义	2	5	3.77	0.804
6	漫画释义	2	5	3.67	0.907
7	视频释义	1	5	3.66	0.922
8	中文释义	1	5	3.65	0.887

综上，汉语学习者对这八种释义方式的喜好排名为：例句释义、母语翻译、图片释义、语块释义、故事释义、漫画释义、视频释义、中文释义。

在做调查之前，笔者一直以为“漫画释义”和“视频释义”作为比较直观、生动、有趣的释义方式，应该最受学习者的喜爱，但事实证明，对于中高级汉语学习者来说，简明高效的词语释义方式远比生动有趣的释义方式重要。

排列在最后的是“中文释义”，这也不难以解释，就像我们学习英文时不愿意翻看英译英词典那样，这是二语学习者的通病，但不可否认的是“中文释义”对中高级汉语学习者提高汉语水平有很大的帮助。所以在中高级阶段的词语释义中，可以将中文释义设置为备选释义方式，鼓励学习者尝试使用。

4.除了释义方式之外的其他问题

（1）词语的检测方式

最受调查对象喜欢的词语检测方式有“母语翻译选择”“造句练习”和“中文解释选择”，它们的选中率分别是56.04%、54.95%和48.35%。可见，中高级阶段的汉语学习者更倾向于有挑战性、实用性的检测办法。特别是“造句练习”，这是检测他们已学词语最全面的方式，也是体现了“和中国人交流”的学习目的。中高级阶段的汉语学习者更倾向于有挑战性、实用性的检测办法。特别是“造句练习”，这是检测他们已学词语最全面的方式，也是体现了“和中国人交流”的学习目的。

为了证明这一点，笔者将“学习汉语词汇的原因”和“词语的检测方式”做了交叉分析，发现在选择“造句练习”这种检测方式的50位调查者中，有27人选择了“和中国人交流”，占比高达54%。这就启示我们在设计“造句练习”题目的时候，要更加注重交际性、实用性等方面，如用提示词语补充对话、特定场景下完成句子等题目形式。

（2）记忆次数

表 3-6　记忆次数选择率

选项	小计	比例
1–5次	17	18.68%
6–10次	31	34.07%
11–15次	19	20.88%
16–20次	4	4.4%
更多	20	21.98%
本题有效填写人数	91	100%

根据心理学的相关知识，学习者在记忆一个词汇连续失败多次的情况下可能会产生畏难心理，但是由于每个人的性格、学习经验、学习态度等方面的不同，每个人的最佳记忆次数也不同，为了为中高级汉语学习者和汉语词语释义App提供一个词语最佳重现次数的参考，更好地了解中高级汉语学习者的记忆特点，笔者设计了这道调查题目。

（3）多次记忆失败后的策略

有63.74%的调查对象选择了“换一种词语释义方式”；有18.68%的调查对象选择了“过几天再记”；有14.29%的调查对象选择了“接着用这种方式”；仅有3.3%的调查对象选择了“放弃”。中高级阶段的汉语学习者对学习汉语都有一定的韧性，不再轻言放弃，而是学会了变通，选择换一种方式或者过几天再试试。这启示中高级词语释义App的设计应该提供多种释义方式供使用者选择，特别是在他们记忆一个词汇失败多次之后；也应该满足使用者过几天再去记忆这个词汇的需要。

表3-7 “记忆次数”和“多次失败后的策略”的交叉分析

X/Y	换一种词语释义方式	接着用这种方式	放弃	过几天再记	小计
1-5次	10（58.82%）	3（17.65%）	0（0.00%）	4（23.53%）	17
6-10次	23（74.19%）	2（6.45%）	2（6.45%）	4（12.90%）	31
11-15次	12（63.16%）	4（21.05%）	0（0.00%）	3（25.00%）	19
16-20次	1（25.00%）	2（50.00%）	0（0.00%）	1（25.00%）	4
更多	12（60.00%）	2（10.00%）	1（5.00%）	5（25.00%）	20

“换一种词语释义方式”对学习者来说有两个好处：一是增强记忆效果；二是减轻疲倦和畏难心理。所以，在使用者多次记忆一个词汇失败时，汉语词语释义App应该提供其他释义方式供其选择。

（4）对于汉语词语释义App的其他功能期待

在限定选择三个选项的条件下，调查对象对汉语词语释义App的其他功能期待最高的是“搜索词语功能”，占比52.75%；其次是“互动功能”，占比42.86%；再次是“提醒学习功能”，占比40.66%；还有“检测学习效果功能”，占比38.46%；“扫描词语功能”，占比36.26%。

（5）其他建议

1）有四位调查对象的建议涉及到了“例句”。

“希望多多展示例句”，还有一位学习者也表达了差不多同样的建议——“多展示例句”，还有两位调查对象提出了对例句具体的建议——“举的例子应该是日常生活中能用的句子”“多练习正式的例句”。

2）有三位调查对象的建议涉及到了“发音”。

“声调很难，要多重视发音”“多提供口语的用法和发音”，声调问题确实是当下许多汉语学习者的通病。还有一位调查对象提出了具体的解决办法——“如果发音能打分或者能提供纠正办法就更好了”，笔者觉得非常可取，应该添加到汉语词语释义App的设计当中。

3）有两位调查对象的建议涉及到了“词语”。

“词语的感情色彩很重要，如贬义、褒义还是中性词”“对我来说，同义词或者相似词语的用法比较难。所以觉得根据词语的差别或根据例句学词语的方法很有用。”

4）有两位调查对象的建议涉及到了“语法”。

汉语语法比较繁琐，除了固定搭配以外，还可以通过例句、词语辨析和其他提示的方式来学习语法。

5）有两位调查对象的建议涉及到了搜索词语的问题。

“提供相关词语或提供相同字的词语”“需要设计一个部分来展示与要查的字意思相同或有相同部首的字”，这一点应该是受到了pleco搜索页面的影响。

还有一位调查对象直接表示“看看pleco，可以向它学习”，可见pleco很受汉语学习者的喜爱。

6）其他建议。

有一位来自日本的调查对象提出汉字方面的建议，“我是日本人，所以在汉字方面几乎没问题。但是对其他国家的人来说，我觉得学习各个汉字的由来，对记住汉字有好处。”

有一位来自柬埔寨的调查对象说“目前还没有一个靠谱的汉语 — 高棉语的词典App，对我们柬埔寨人来说特别不方便，所以在学习上了遇到很多障碍。”

同样，还有一位调查对象表示希望汉语词语释义App能够支持多种语言。一款汉语词语释义App能够支持数以千计的语言是不可能的，这也是笔者比较支持中高级汉语学习者去尝试“汉语解释汉语”这种释义方式的原因。

有一位调查对象很有新意，提出“可以运用中国流行音乐来学习汉语，但是汉语不像英语，汉语是有声调和语流音变的，而且不同的句子有不同的句调和语调，但是歌曲有自己的旋律，这样一来，原本的声调、语流音变、句调以及语调就都被弱化，甚至改变了。

还有一位调查对象表示“如果可以不用网络学习，这样最好。这样我就可以提前下载这个App需要的信息，即使是在没有网络的地方也可以放心使用了。”离线使用功能确实很方便，汉语词语释义App的设计应该体现出来。

（三）调查问卷结果的总结和建议

1. 调查问卷结果的总结

在这些调查对象中，大多数人都喜欢使用汉语词汇App，他们也很愿意接受一款新的汉语词汇App，这和他们喜欢用汉语词汇App学习汉语有一定的关系；大部分调查对象学习汉语词汇的原因是想和中国人交流，在学习汉语词汇中遇到的最多的问题是不会使用词语、很快会忘记词语以及读音问题；大部分调查对象喜欢的词语展示方式是在例句中展示和读音录音展示。

在对八种词语释义方式的调查结果分析之后，综合整理，得出了从汉语学习者角度出发的、对汉语词语释义方式喜好程度的排名——例句释义、母语翻译、图片释义、语块释义、故事释义、漫画释义、视频释义、中文释义，以供参考。

大多数调查对象喜欢的词语检测方式是母语翻译、造句练习和中文翻译，大多数调查对象的最佳记忆词汇的次数在6—10次之间，绝大多数调查对象在多次记忆失败之后都会换一种词语释义方式，还有的选择过几天之后再记；调查对象的最佳记忆次数跟多次记忆失败后的策略是有一定关系，经分析得知，换一种词语释义方式的策略对汉语词汇学习者来说很有好处。

在其他功能方面，大多数学习者更偏向于搜索词语的功能、互动功能和提醒学习功能。

2. 对中高级汉语词语释义App的建议

（1）提供碎片化的学习模式和个性化的设置

建议汉语词语释义App具备充分利用碎片化时间的模式，这个环节应当包括词语的展示、词语释义和词语检测。

（2）重视读音

提供读音录音展示，设置跟读练习模式，并根据跟读情况打分，激励学习者多加练习；还需要提供可靠的发音提示，有些学习者可能无法做到自己纠正发音的不足，但是如果给出发音提示，他们就能更容易做到了。

（3）释义要注重实用和效率

在中高级阶段的词语释义方式中，应该多提供一些实用的、高效率的方式，对于一些用时较长的释义方式要看情况提供给学习者，如一个文化内涵丰富的词，学习者理解起来有些困难，这时候可以提供视频释义、故事释义等方式供其选择。

（4）各个环节都要注重交际化

交流成为汉语学习的主要原因，所以在词语释义环节，要注重展示实用性和交际性的例句；在词语检测环节，检测方式要体现互动性和创造性，如补充对话、情景对话等方式。

（5）提倡中文释义

母语释义比中文释义更受学习者的喜爱，但是一款App不可能涉及世界上所有的语言，所以到了中高级阶段应该提倡使用中文释义。

（6）语言与文化相互交融也要体现在释义上

对于中高级阶段出现的一些成语、习俗、寓言故事等方面，可以通过简单的故事释义等方式将词语释义与文化相结合。

（7）词语检测方式也要体现交际性

中高级汉语学习者比较喜欢有一定挑战性的词语检测方式，如造句练习，也比较适合实际交流的需要。

（8）提供多种释义方式供学习者选择

对于中高级汉语学习者来说，一个词语的重现学习次数可以达到6—15次，但是在多次记忆失败的情况下要给出其他释义方式供学习者选择，也可以等过几天之后再次学习，以减轻学习者的畏难心理。

（9）其他功能

学习者期待提供的其他功能：搜索词语、提醒学习、检测学习效果、扫描词语等功能、离线功能等。

三、汉语词语学习App和汉语词典的个案分析

（一）个案的选取

1.Pleco 汉语词典

不论是在中国地区的1940个汉语词典软件中，还是在美国地区的971个汉语词典软件中，Pleco汉语词典都是排名第一的软件，为确保这不是偶然现象，笔者变换了其他几个国家，发现排名第一的仍然还是 Pleco 汉语词典，而且根据实习经验，汉语学习者

对 Pleco 的印象都非常好，所以就确定第一个个案为 Pleco汉语词典。

2.《商务馆学汉语词典》

中高级阶段汉语词汇的巩固和积累非常重要，合适的、专业的词语释义能够帮助中高级学习者形成良好的词语记忆习惯，为以后的听说读写服务；而且，在中高级阶段还要注重培养学习者的汉语思维能力，其中最重要的培养汉语思维的词语释义方式就是用汉语解释汉语；为了进一步推进汉语在世界各地的传播，用汉语来解释汉语词在中高级阶段十分必要。

《商务馆学汉语词典》就是用汉语解释汉语词、为中高级汉语学习者编写的汉语词典。

这部词典是迄今为止我国第一部专门为具有中级汉语水平的外国人编的汉语原文词典，主编和编写者都是具有长期汉语教学实践经验的教师。于是选定《商务馆学汉语词典》作为本文的第二个个案分析对象。

（二）个案一：Pleco 汉语词典的分析

1.Pleco 汉语词典的界面和相关功能设计的分析

打开Pleco，就进入到了软件的主页面，页面简洁明朗，功能明确，方便汉语学习者快速查找词汇。

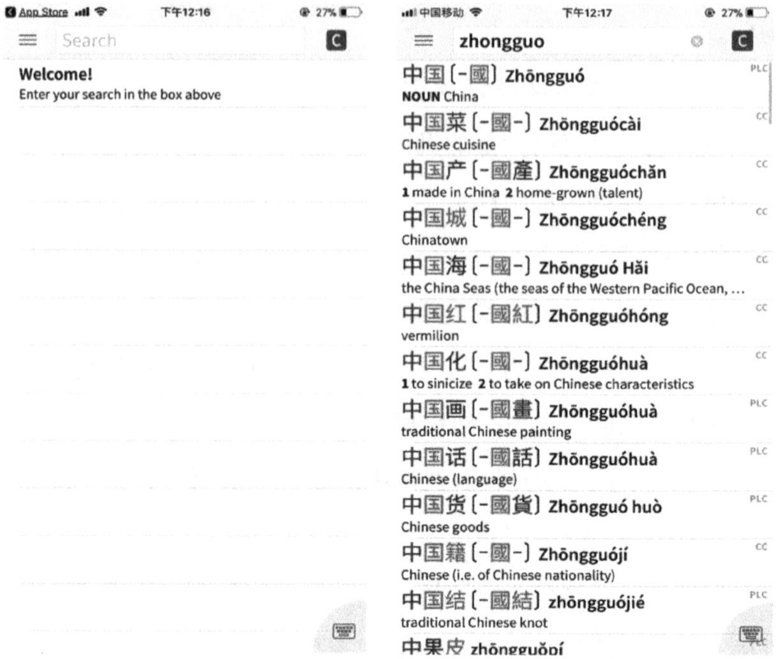

图 4-1　Pleco 汉语词典的界面

Pleco 主页面的最上方即为搜索栏，学习者在知道汉语词汇读音的情况下，可以采用拼音输入，即中文输入，了解词汇意思和相关用法；在遇到要将英文词汇翻译成中文词汇时，可以采取英文输入，查看词汇的读音和其他相关用法。此外，还设置了手写输入、笔画输入，新版 Pleco 还设置有“小话筒”标志，学习者可以通过中英语音输入来查找词汇，更加加快了查找词汇的速度，节约了学习者的时间。

图 4–2　Pleco 汉语词典的界面

在搜索栏下方出现了备选汉字和词语，点击即可进入该词语的专属页面，在词语释义页面，在字或词语的下方分为五个不同子页面，依次是“Dictionary”“Stroke”“Characters”“Words”“Senten-ces”。其中“Dictionary”又分为词语展示、读音展示、英文释义等部分，其中在词语展示部分，还包括了繁体字的展示，这是考虑到了世界上还有不少地方习惯使用繁体汉字；在读音展示部分有书面的拼音展示和语音录音展示两部分，方便在非目的语国家学习汉语的学习者快速模仿词语的读音，此外，词语、短语、例句等都附有英文释义。

“Stroke”部分为字的笔顺展示部分，使用者可以根据自己的需要播放笔顺，规范地书写汉字。汉字是汉语的书面载体，汉语学习者到了中高级阶段会更加重视汉字的书写。Pleco为学习者提供了汉字书写的正确顺序，方便汉语学习者规范地书写。

在“Characters”部分又分为三小部分，即组成字的偏旁部首的英文解释、部件的英文解释和以此字为基础组成的复合字的展示和解释。如果说上一部分的词语释义和例句展示是以使用为中心，那这一部分就是以“字”为中心，注重汉字的相关知识，如形声字的形旁和声旁的解释。

图 4-3　Pleco 汉语词典的界面

“Words”部分即为固定搭配部分，包括常见短语、谚语、成语等方面的展示，能够让学习者了解到更地道的表达方式。另外，每个短语都附有拼音、读音录音和英文释义。

图 4–4　Pleco 汉语词典的界面

“Sentences”里包含了该字词的例句，也都带有拼音、录音和英文释义，选取的例句也比较常见，有一定的代表性。值得一提的是，不管是在固定搭配里，还是在例句展示里，所有的字词都可以点击，点击后就是该字或词的专属释义框，也附有读音、英文释义等方面，这就帮助学生全面地认识句子里的每一个字词。

2.Pleco 汉语词典的优缺点

（1）Pleco 汉语词典的优点

1）输入方式多样

Pleco支持多种输入方式，包括拼音输入、笔画部件输入、语音输入、手写输入，还有OCR（光学字符识别）等输入方式，满足学生在不同情况下查询汉语字词的需求。其中OCR输入很受学习者喜欢，遇到不认识的字或词，学习者只需打开移动设备的摄像头扫描汉字即可查询词语的读音、意思；Pleco的手写模式支持全屏手写，让学生既有练习写汉字的机会，又在查询词语的时候增加了乐趣。

2）语言多样，词库、例句丰富

Pleco主要的翻译用语是英语，目的语是汉语，还支持其他多种语言，Pleco在每个字或词之后都标有繁体字，方便习惯使用繁体字的用户确定词语。笔者在普北班实习的时候就常见学生使用Pleco查询生词，而且课下的词语预习也都是学生自己完成的，一般都依靠Pleco来查漏补缺，其提供词语的准确性和地道性也值得肯定。

3）功能多样，个性化设置多样

在拓展功能里，有Flashcard（词卡）功能，将学习者查询过的词语制作成词卡，供学习者在碎片化的学习时间里浏览复习；笔顺展示功能，这个功能充分体现了Pleco的开发者重视汉字的观点，对高年级的汉语学习者，形成良好的书写习惯非常重要；OCR技术帮助学习者节约了打字输入词语的时间，成为学习者付费也愿意购买使用的功能项目。

4）短语、例句多样

输入搜索字词后，Pleco会提供大量相关短语的展示，方便学习者快速选择自己需要的短语，而且在词语展示页面也会提供相关的谚语、成语、惯用语的展示，帮助学习者更地道地表达需要表达的意思；Pleco所给出的例句也十分丰富，例句大体上比较常用，可以供学习者模仿。

5）重视汉字，以字为中心，以词为单位

Pleco重视解释字的意思，也重视以字为基础的词、短语和句子的展示及解释；而且，Pleco还遵循由字到词，再由词到句子的排列规则，由易到难地为学习者展示有关内容。

6）支持离线使用

离线使用功能使学习者在无法连接网络或者没有网络的情况下也能正常查询词汇，真正实现了随时随地学习的移动学习理念。

7）重视用户反馈，更新周期短

接受用户的意见，不断体现到新版App中来，是Pleco大受欢迎的一个重要原因，用户的需求和建议就是Pleco不断发展的动力。

（2）Pleco汉语词典的缺点

1）释义方式单调，过度依靠英文翻译

从Pleco的释义方式来看，几乎全部都是英文释义，辅助固定搭配和例句展示。在后方法时代，语法翻译法已经不能满足全面掌握一门语言的需求，近年来，因为网络和移动学习技术的发展，学习者对于词语的释义方式也提出了新的要求，如增加图片释义、视频释义等更直观的释义方式。

2）发音录音生硬，不准确

大多数学习者都希望汉语词语释义App提供读音录音，这能帮助汉语学习者在非目的语环境或者是没有教师指导的情况下快速模仿发音，方便学习和交际。但是，Pleco的发音有些生硬。

建议在发音问题上，要多提供地道、正确的录音。为方便学习者模仿，语速可以稍微慢一些，但是语流音变不可以出错，否则就会误导学生。

3）丰富的词条增加了选择的不确定性，容易误导

Pleco提供的词条非常丰富，但是并没有注明彼此之间的区别以及常用性和难度等级。

建议在每个词语或短语后面都标注一下难度等级，具体等级安排可以参考HSK的等级划分；此外，Pleco可以增加一些汉语教师的在线答疑功能。

4）句子实用性、常用性较低

Pleco的例句没有一个限定的语境，对学习者造成一定程度

上的误导。例句的选择还应该遵循实用性、常用性和典型性等原则，帮助学习者了解词语最常见的用法。此外，词语也缺少语法及用法方面的提示，学习者又无法从繁杂的例句中得到用法提示，所以在词语的使用上也存在问题。

5）缺少近义词、易混淆词语的辨析

汉语词汇量大，同义词多，而且有的同义词和近义词差别小。所以，提供近义词、易混淆词语的辨析十分必要。当然，另一方面也可以利用难度等级低的同义词和近义词来解释难度等级高的词语，帮助学习者发散思维，复习旧词汇，不再依赖母语翻译，逐渐形成汉语思维。

6）互动少，缺少检测练习

Pleco除了词卡的分享，其他功能涉及到的互动比较少，在这个信息共享化的时代，人机互动、人人互动都十分重要。人机互动可以包括一些词语学习的检测环节；在人人互动里，除了上述汉语教师的答疑互动，还可以增加一些学习者之间的互动游戏，此外，还可以设置学习者相互解答问题的环节，学习者往往有开发者意想不到的好的学习方法，可以相互学习，提高效率。

3.Pleco 汉语词典对App设计的启发

Pleco作为一款广受学习者喜爱的汉语词汇类软件，为今后的国际汉语词语释义App提供了一个很好的范例，也为本文汉语词语释义App原型的设计提供了许多线索。

（1）页面设计简洁明朗、功能突出。

（2）注意划分词汇等级和类别。

（3）以词为单位，兼顾“字本位”。

（4）词语释义方式多样，多利用移动学习的优势。

（5）例句的选取要注意典型性、实用性、情境化和交际化。

（6）语言和文化相结合。

（7）重视交互功能。

（8）多种输入方式，兼顾多种语言。

（9）重视反馈，及时更新。

（10）重视发音的准确性和自然性。

（三）个案二:《商务馆学汉语词典》的分析

个案的研究是为第五章汉语词语释义App原型设计服务的，本节将着重对《商务馆学汉语词典》（以下简称《学汉》）的词语释义进行优劣分析，对于本词典的其他方面不做过多讨论。

1.《学汉》词典的介绍

《商务馆学汉语词典》是一部以学习汉语的外国人为对象的学习词典，根据外国人学汉语的实际需要，在释词上摆脱母语词典的影响，努力自主创新，释义通俗易懂，用法说明全面细致，成功地显示了外向型词典的个性。

“《学汉》的编者确立了‘易懂、易查、易学’的目标，并以此来制定一系列的编写原则，以求真正实现目标。”成为了国内第一部受对外汉语专家推崇的学汉语词典。

2.《学汉》释义的优点和缺点

（1）《学汉》释义的优点

释义是词典的核心。作为汉语学习词典，释义达到易懂、易学两大目标才是关键。“《学汉》的释义大致有四种情况：一是显性释义，即对字条、词条的解释；二是隐性释义，由示例显示词义，或对显性释义作补充；三是提示性释义，用‘注意’提示词的用法、语体、色彩、文化内涵等；四是图解释义，用插图加强直观性，以省去某些难以达意的描述性释义。《学汉》释义的原则是：可读性、熟知性、提示性、区别性。”

1）插图释义是一大特色

A.插图数量多，释义直观。

《学汉》插图多，不仅涉及名词和名词词组，还涉及动词和动词词组。词典的插图采用彩色形式，插图旁标注词语或短语，图片释义提高了学习者查阅词典的兴趣；而且对于一些用语言无法描述清楚的文化含义丰富的词汇来说，帮助学习者理解，更有利于记忆。

B.图文配合，既展现了词语的意义，又展现了词语的用法。

和名词不一样的是动词在现实中没有对应的实体，而是与实体有关的动作，所以，要想用图片进行动词释义，就必须依靠其他搭配词语。“动词的插图名称更好地体现出了词语的语法搭配。

2）释义全面、专业。

释义包括用汉语释义、插图释义、标注词性、固定搭配、展示结构和用法、展示例句、近义词辨析等多种释义方式，其中用汉语释义里又注意区别词的本义和比喻义、词和语素；例句比较丰富，能够体现一定的语境和词语的用法，例句的选取较为贴近学习者的实际生活，方便在交际中使用；有些词语和短语还标注了结构形式。

3）重视词典对外的特点。

作为一部供外国人学习汉语使用的词典，《学汉》在部分词语释义后还设计了“注意”部分，用来提示词语的使用场合、搭配关系、使用对象、特殊用法、文化内涵、色彩意义等，以强调学习该词语时的重点和特殊信息；而且，部分词语释义后还有相关的近义词辨析，避免了学习者因混淆近义词而导致错误运用词语的问题；此外，在词典的最后还附带了10个附录，包括汉语亲属称谓表、现代汉语语法要点、中文标点符号用法等，方便学习者查询。以上足见其对外性明显，适合汉语学习者使用。

4）语言与文化相融合。

一些文化内涵丰富的词，在释义时注意体现中华民族的文化，特别是插图的使用，让那些中华民族特有的事物，直观地展示在学习者面前。

（2）《学汉》释义的缺点

1）词语释义用语应避免超纲或不常见的字眼。

《学汉》中部分词语的释义用词太难，超出了学习者所查词汇的难度等级，这样，用汉语解释汉语词的弊端就显露了出来，这一点特别体现在利用同义词或近义词释义的方法上面。如果利用了一个更难的词语来解释新词，就免不了需要进行二次查询，使学习者产生畏难心理，提高情感过滤，不利于词汇学习。

在用汉语给汉语词释义的时候，应该使用更低等级的词汇来解释较高等级的词汇，方便学习者的理解和记忆。

此外，《学汉》中还有一些词语的释义用到了不常见的古语和方言词，也会引起学习者的疑惑，应该更换成常用的、标准的汉语词语。

2）插图释义存在的问题。

A. 部分插图过分强调古代文化。

在《学汉》里有些有一定文化内涵的词语，如“婚礼”，其插图过分强调了中国古代的婚礼场景，但是汉语学习者最需要了解的应该是中国当代的、主流的语言和文化，所以婚礼的插图可以用当代的结婚场景。如果想让学习者了解中国婚礼的发展和变化，不妨在词语释义之后增加一个“文化常识”部分，用来介绍“婚礼”从古到今的发展变化，以及中国各个地区不同的婚礼特色。

B. 插图色彩单调。

色彩的限制在一定程度上降低了插图释义的准确性。如果增加线上词典或软件就可以很好地解决这个问题。

C. 插图风格影响了释义的准确性。

《学汉》中的插图全部来自绘画，这就导致有些插图与实物差别较大，学习者不好辨认。对于一些事物名词和容易在现实中找到对应物的词语或短语的插图，可以尝试使用真实照片，以增加释义的准确性；对于那些抽象词语或者不能在现实中找到对应物的词语仍可以用会意类插图。

A.部分词语释义不够简洁。

对于母语是英语的学习者来说，一些在英文中有对应释义的汉语词语，如“跑”，与其解释为“腿和脚很快地向前运动”，不如增加或直接用“run”来释义，符合母语正迁移理论，既简洁又准确。

B.有些词语的内涵意义揭示不足。

有内涵意义和比喻意义的词语要格外注意，在释义时要特别强调，否则学习者在使用该词语的时候就会出现错误。

C.词典的释义网络没有完全闭环。

用来解释词语的词也应该作为词目收录在这部词典中，这样，学习者在释义用词中遇到不认识的词语时，也可以翻阅这部词典来查阅学习，而不用再用其他的词典来辅助理解。

D.缺少相关俗语的收录。

大多数中级以上的留学生在选择使用词语的时候都会优先考虑四字词语、成语等，以展示自己的汉语水平，另外，他们对谚语、惯用语也十分感兴趣。

3.《学汉》词典对中高级汉语词语释义的启发

（1）图片释义注意事项。

A.图片释义与文字配合。

B.图片的真实性。

C.图片尽量采用彩色的。

（2）不同类别的词语选用不同的释义方式。

A.图片释义适用于实物名词、动词短语等。

B.母语翻译适用于在母语中有直接对应的词语。

（3）标注词语、短语的结构形式，辅助理解。

（4）注意解释词语的内涵意义和相关用法。

（5）合理使用近义词、反义词释义。

（6）用汉语解释汉语词时，用词的难度等级应低于所需解释的词语。

（7）整个词典应形成一个闭环。

（8）可以收录一些与词语相关的具有中国特色的故事和俗语。

四、中高级汉语词语释义版块的App原型设计

根据本文的上述研究，笔者使用软件“墨刀”简要地设计出了从学习者角度出发的、较为合理的中高级词语释义App原型。其中，着重展示词语释义环节，对原型的其他部分只做文字描述。

（一）首页和词语释义环节

1.首页

首页设计一定要简单明了。为了能让首次使用的用户快速地熟

悉操作步骤，笔者建议首页设置成两个简单的板块：第一个是搜索词语板块，方便用户打开软件就能查询想要查询的词语；第二个是词语学习板块，方便用户随时随地利用碎片化的时间学习词汇。

图 4–5　首页展示

在搜索词语板块，允许中英文输入、手写输入、语音输入、拍照输入等输入方式，方便快速查阅。在提供的选择性词条里，遵循由字到词到短语、由简到难、由常见到次常见的排列顺序，并注意提供成语、惯用语、谚语、歇后语等熟语。

在词语学习板块下，为首次使用的用户设置了汉语水平等级考察板块，帮助他们了解自己的汉语水平等级，方便明确学习词汇的难易程度。另设置了学习时间和学习目的两个板块，了解用户此次的学习时长，以便根据设置的时长合理安排此次学习词汇的数量，完成词语学习和词语检测的完整闭合；了解学习目的是为了词语释义环节和检测环节有所侧重地展示例句、检测能力。最后是学习主题板块、汉语水平等级词汇板块和电子词典导入板块，供用户选择学习内容。

2. 词语释义环节

根据问卷调查分析的结果，中高级汉语学习者喜欢在例句中展示词语，也喜欢用例句释义，所以例句的选取非常重要。例句除了要根据前一个板块中用户选择的学习目的和学习主题来选定之外，还要常用、简洁，此外，能展示词语的常用用法，方便用户模仿造句。词语和例句都要配有标准的读音、拼音和母语翻译，对于汉语水平较高的用户，也需要提供中文释义，帮助他们形成汉语思维。

为了更加重视读音问题，建议设置词语和例句的跟读打分模式，对比较标准的读音进行鼓励，为发音较差的用户提供重读机会和纠音提示。

图 4–6 “美德”释义展示

图 4–7 “打击”释义展示

除了主要的例句释义、母语翻译和中文释义之外，其他的辅助释义方式应当按词语的类别出现。笔者暂将汉语词汇分为实词和虚词，再将实词分为常用词和熟语。对于虚词，最适合的就是用语块释义，通过固定的搭配来记忆虚词的使用方法；对于常用词大多可以使用例句释义、图片释义，有的也可以使用漫画释义；对于熟语和一些文化内涵丰富的词可以提供故事释义和视频释义，但是故事要简洁，用词不能超出用户的词汇等级，如有不得已超纲的词汇要附有母语翻译；视频一定要有中英文字幕。

在中高级阶段，同义词辨析、近义词辨析非常重要，可以在相关词语页面设置辨析环节。

另外为词汇提供笔顺动图和汉字演变，供用户选择，满足中高级汉语学习者逐渐重视汉字的需求。

（二）词语检测环节和个性功能设置

1.词语检测环节

根据调查问卷，母语翻译选择和造句练习是中高级汉语学习者最喜欢的两种词语检测方式，另外，互动检测方式能够使用户之间相互激励，提高学习汉语词汇的兴趣。

（1）词语快闪

词语快闪是快速检测词语学习成果的方法，检测页面只展示母语翻译，页面最下面有两个选项，“记得”和“不记得”。开始之后，如果用户记得这个词语就点击“记得”，系统会自动跳到下一个词的检测；如果点击“不记得”，会出现“查看释义页面”和“加入笔记本”两个选项。

对于较难的词汇，在学习者记忆6—10次之后依然记忆失败的情况下可以让用户选择是换一种释义方式还是过几天再记忆，并根据艾宾浩斯遗忘曲线和人类的记忆周期提醒用户及时复习，巩固词语学习成果。

（2）造句检测

考虑到越来越多的汉语学习者学习汉语是为了交际，所以，在造句检测环节中，设置对话性、情境性的造句练习，包括口语造句练习和书面造句练习。

（3）用户互动

可以设置互动任务，如自动匹配用户合作完成关于某个词语的情景对话；也可以进行词汇量的PK等互动游戏。

2. 个性化设置

（1）常规设置

常规设置包括字体、汉字繁简体、语音音色、反馈意见、离线功能、提醒学习功能等方面。

（2）付费功能

付费功能和广告一样，不宜过多。但是，在中高级阶段经常会遇到一些词语使用上的问题，有的时候仅仅依靠App是无法解决的，这个时候，可以开通付费服务渠道，通过向系统缴纳会员费来享受母语者或汉语教师在线或留言解决问题的待遇。

基于词汇可视化的移动端汉语词汇学习课程调查研究（2018）

赵振晓

摘要：本文针对已开发出来的国际汉语移动学习软件进行全面调查，并且对较为成功的词汇学习课程进行了个案分析，以得出不同级别词汇的可视化方式和课程设计思路；结合移动课程设计的模式和前期需求调查的分析，设计出不同级别的词汇移动课程的应用方案，对同一批调查者进行指导学习，并且设计出相应的评价问卷，利用问卷收集反馈数据；同时通过访谈展开讨论，弥补问卷调查的不足，进行词汇可视化应用方案的总结与分析，对研究结果进行反思，并对词汇可视化在国际汉语移动课程中的应用提出建议。

关键词：词汇可视化；移动课程；国际汉语；应用方案

一、引言

信息化时代的到来让教育与学习方面都有了更高的要求，各类国际汉语移动学习软件不断兴起。凭借着其高效性、便携性及碎片化等优点成为了二语学习者想在课外学习之余还能满足随时随地学习与共享知识等需求的最佳选择。

我们正处于一个充满视觉文化的时代，视觉化的表达不仅更节约时间也可以更有效地获得信息，而如今这样高效便捷的特点被广泛应用到各个领域且丰富着人们的学习与生活。不仅是在应用研究方面，与教育领域的结合应用也相当广泛。但这些未应用到国际汉语领域，也未与移动课堂结合。将国际汉语词汇可视化与移动课堂的有效结合是现当代的背景要求，不仅能提高国际汉语词汇教学的效率，促使学习者在大脑中形成知识体系，更能整体把握汉语词汇。

本文通过选取两款具有代表性且分别适用于不同级别的词汇学习软件进行个案研究，探索设计思路。对ChineseSkill 进行初级学习软件的个案研究，由于国际汉语词汇学习软件缺乏中高级词汇学习软件，故对百词斩进行个案研究。通过系统分析法、问卷调查法和访谈法对移动学习软件进行调查研究与分析。

由于不同级别的词汇有不同的特点与掌握要求，在教学设计和教学方法上也各有侧重。对于国际汉语词汇移动学习方面的研究目前较少，而英语词汇移动学习的研究较为丰富，可以看出国际汉语词汇在关注适应新时代的新理论方面存在一定的滞后性，对国际汉语词汇移动学习的研究提出了更为迫切的要求。

二、词汇可视化

（一）词汇可视化的内涵

词汇可视化的本质是一种“知识表征”，是承载词汇知识的图解手段。词汇可视化的目的在于促进词汇知识的获取、传播和应用。

（二）词汇可视化的方法

关于可视化的方法学者们有不同见解，笔者从实用性的角度依次对可视化的方法进行了归类分析。

1. 直观类可视化方法

这类知识视觉表征法，通常适合于表现那些范围的、空间的、形象具体的知识，通常既可以表达知识本身，也可以表达知识之间关系。

如直观图片法、符号法及黑板圈点法。

2. 关系类可视化方法

（1）语义网络图

语义网络图是一种用节点代表概念、连线表示概念间关系的图示法，突出了知识体系的层次结构，而且还对知识体系结构进行了清晰的表达。

（2）思维导图

思维导图是按照发散思维的特征，将放射性思考具体化的过程，思维导图可以管理混乱的思维，让思维能够看得见，形成流程化和清晰化的思维。

（3）思维地图

思维地图是以基本的认知技巧为基础的，包括对比、归类和因果推理等思维过程，用以帮助提高理解能力、解决问题的能力。

3.视像类可视化方法

视像类的可视化方法包括使用知识动画、视频、虚拟现实及模型等。

视像类可视化手段可以创设虚拟的语言情境，调动各种感官参与，激发学习者的兴趣，对语言知识的习得和文化意识的培养有着潜移默化的影响。

三、国际汉语词汇学习App调查研究

（一）国际汉语词汇软件的基本情况

表3-1　六款词汇学习App的基本情况

应用软件名称	制作人	开发时间	开发公司所在地	最后更新时间	收费情况	学习者评价（满分5分）
Memerise	Memerise	2015年	英国	2016年5月	部分免费	4.8分
ChineseSkill	ChineseSkill Co，Lid.	2014年	中国	2017年5月	全部免费	4.7分
Trainchinese	Molatra	2010年	中国香港	2016年9月	全部免费	4.7分
Skritter	Inkren LLC	2008年	美国	2015年12月	仅一周免费	4.5分

续表

应用软件名称	制作人	开发时间	开发公司所在地	最后更新时间	收费情况	学习者评价（满分5分）
Drops	Planb Labs Ou	2014年	欧洲	2017年9月	部分免费	4.7分
HelloChinese	Technology Co.Ltd	2013年	中国	2018年2月	全部免费	4.8分

通过学习者的评分可以发现，学习者对由美国开发的Memerise和由中国开发的HelloChinese具有较大的认可度。

（二）词汇学习App中的汉语课程对比

笔者选择了对六款词汇软件的以下内容进行对比：

表3-2　六款词汇学习App的汉语课程设计对比

软件名称	水平	应用区域	课程目标	课程内容	测试与练习
Memerise	初级	10个国家	通过单元词汇的学习，掌握单词的基本发音和词义	单词的发音以及释义	通过与目的语的互译以及与线上机器人聊天得到练习
ChineseSkill	初级	说英语的国家	分单元掌握主题词汇，掌握词汇的音和义	词汇的发音、释义和图片	通过图片选择的方式将练习和测试结合
Trainchinese	初级	3个国家	掌握单词的音形义以及相关例句	单词的音、义、书写、例句	通过与游戏的结合提升练习的趣味性

续表

软件名称	水平	应用区域	课程目标	课程内容	测试与练习
Skritter	初级	说英语的国家	掌握基本汉字的书写	单词的音和义，重点部分是书写部分	动手书写汉字
Drops	初级	16个国家	分类掌握单元词汇，掌握基本音和义	单词的发音、释义以及简单的符号	将测试和练习结合，练习方式有趣味性
HelloChinese	初级	说英语的国家	分单元掌握主题词汇，掌握词汇的音形义以及语法，能够进行简单的应用	单词的音、义、书写以及图片	测试与练习结合，测试方式多样化

表 3-3　六款词汇学习 App 的设计对比分析

应用软件名称	反馈方式	复习内容及方式	界面设计	词汇可视化的应用
Memerise	对错号提醒	通过测试语义进行复习	风格现代，容易操作	几乎没有
ChineseSkill	对错号以及正确的答案	分为字词句模块，可以分别复习	充满趣味性，适合儿童学习	较少的图片释义
Trainchinese	游戏的成功与失败	学习者自己选择需要复习的单词	界面复杂	几乎没有
Skritter	颜色反馈以及正确答案的反馈	学习者自己选择	风格普通，没有创新性	几乎没有

续表

应用软件名称	反馈方式	复习内容及方式	界面设计	词汇可视化的应用
Drops	对错号提醒	分单元复习，学习者可以自主选择	简约直观，色彩突出，趣味性强	简单的图片释义
HelloChinese	醒目的颜色，英文提示语，以及正确的答案	分单元、分字词句进行复习，以及设计了专门的复习词卡	界面有趣，色彩突出，具有创新性	直观的图片释义

通过对比，可以看出大部分软件将练习与测试融为一体，复习方式各有不同，由于初级水平居多，多采用分块分组进行复习。

四、移动词汇课程的个案研究

依据综合评分的高低，本文选择HelloChinese作为个案进行研究。由于现有汉语的词汇学习课程大多以初级学习者为主，缺乏成功的中高级词汇学习软件，所以笔者在手机应用的移动商店里以“英语”为关键词进行搜索，综合评估后选择的应用是百词斩。

（一）初级词汇移动课程HelloChinese的个案分析

1.前期分析

HelloChinese针对的是零基础的学习者，以培养学习者的听说技能为目标。 HelloChinese共有46个主题单元，每个单元里包含三个小课时，每课的词汇都是对大单元主题的拆分。笔者按照苏新春对话题的归类，通过数据统计，得出下列表格：

表 4-1　不同话题数量及占比

话题	数量	占比
生活类	23	50%
个人信息	5	10%
人际交往	4	8%
学习和工作	4	8%
社会问题	0	0%

此外，该话题还涉及8个语法知识单元，通过简单的词汇组成的例句让学习者了解汉语的语法以便进行成句表达提高词汇应用能力与交际能力。

由此可知，HelloChinese话题多用于生活类，但是对于社会问题的话题为零，说明话题涉及范围不够广。

2.课程设计

在HelloChinese的课程设计中，学习者可以依照单元的呈现方式依次解锁课程进行学习。在前8个大的基础单元学习完后，会有一个单元针对以上基础做一个回顾以反馈学习情况。

每节课程学习内容大致相同，先是词汇的导入，其次是学习内容，再就是学习。

在HelloChinese的课程当中，将学习与测试融为一体。测试的难度会跟随学习者的词汇水平有所加大，在学习并积累了一定的词汇量之后，会进行成句表达的练习。

HelloChinese的教学反馈主要是通过提示语和醒目的颜色构成。

图 4-1　HelloChinese 反馈对比图

学习完该课程也可以随时进行复习，可以重新开始该课程的学习，也可以按照字、词和语法各个部分进行针对性复习。

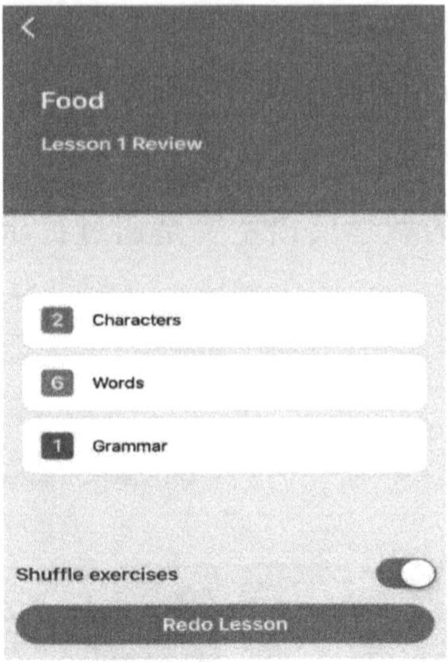

图 4-2　HelloChinese 复习界面

3.研究启示

对于初级阶段的学习者来说，容易受到母语的影响，学习与运用汉语的能力较弱。从学习内容上看，初级阶段的学习者多使用日常生活所需要的词汇以满足日常生活需求。

（二）中高级词汇移动课程百词斩的个案分析

1.前期分析

百词斩主要针对的是中高级英语学习者，主要采用图片呈现法来帮助记忆和快速巩固词汇，以培养学习者的听辨词汇和快速匹配词义的能力，达到积累词汇量一级备考的目标。百词斩词汇教学内容较为广泛，几乎覆盖国内重大英语考试和较为流行的教材。

2. 课程设计

先让学习者根据需求选择词库，再据实际情况制定相应计划。开始背诵单词之后，根据给出的英文释义看图选择，不管选择正确与否下一步都会进入单词的学习。此外还有单词电台来复现学习者今天所学的词汇。

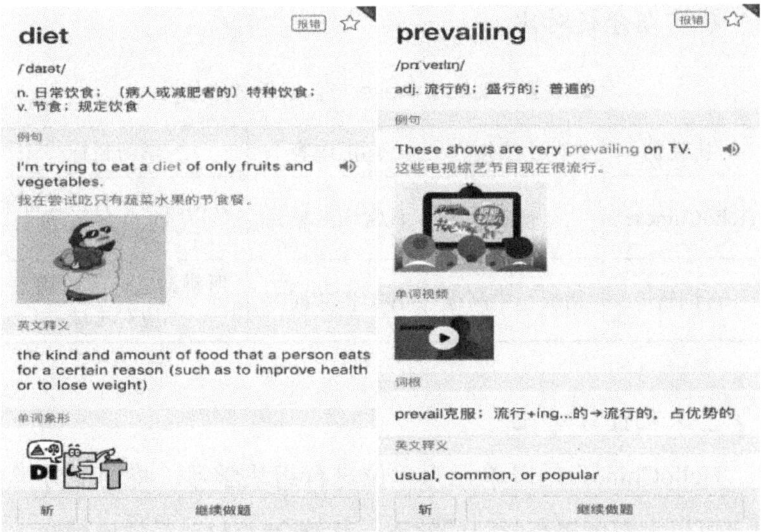

图 4–3　百词斩学习界面

百词斩的测试与练习是合二为一的，主要形式是词图匹配，练习形式较为单一。会根据学习者的选择给出对错号，系统会自动记录学习者的错误次数，只有错误率降到一定程度才算完成任务。复习的形式为测试——看图选词，通过测试达到复习效果，没有专门的复习板块。

3. 启示

中高级阶段的词汇量和难度不断增大，对词汇的掌握广度和深度都有了新要求。同时，中高级学习者能够逐渐摆脱母语的负迁移。

（三）移动课程对比分析

1. 前期分析对比

表 4-2　HelloChinese 与百词斩对比分析

对比类别	学习者水平	词汇内容	学习目标
HelloChinese	初级	日常词汇单元	听说读写，日常交际能力的培养
百词斩	初级、中高级	各类备考词库	听辨词汇，读写能力，应对考试

2. 课程设计对比

HelloChinese是以单元为单位进行组块学习，将词汇分类打包，可以大幅度提高学习的效率，其符合“i+1”教学原则，主要为常用基础词汇学习，学习对象是初级水平学习者；而百词斩，以单个词为单位进行背诵，以学习者制定的日计划量为上限进行学习，效率不及以词汇为单元的效率高，其学习内容不仅涉及音形义，还有词汇应用及相关拓展等。对词汇掌握要求更高，学习对象是中高级水平学习者。两者都将测试、练习过程和学习过程融为一体。但百词斩有两点不同于HelloChinese，其一是百词斩在测试后会在选词后将该词的内容再次呈现，以加强学习者的记忆，其二是HelloChinese是在几个小的单元后有单元测试，而百词斩是将旧的词穿插在新词的学习过程中，按照测试的正确率进行复现。

HelloChinese通过对话框颜色区别对错并将正确答案再次显现在对话框里，而百词斩只会给出提示，错误后直接弹出该词学习页面，容易导致学习者记不清该词释义不利于巩固。

HelloChinese可以根据学习者的需求主动进行复习，百词斩由于是将旧词混入新词中，因此学习者无法主动复习。

（四）词汇可视化应用分析

1. 中英词汇可视化方法分析

HelloChinese和百词斩都用图片呈现文字，更好地有效辅助表达单词意思，让学习者印象更加深刻。

而两者的不同点在于，百词斩通过象形法联系单词与词义。在利用象形法进行可视化方面，HelloChinese不及百词斩。

图 4-4　百词斩单词象图

2. 不同水平词汇可视化分析

HelloChinese以日常生活教学为主，图片多为具体图片，概念性可视化符号较少；百词斩可视化方式多样，会为学习者创设应用背景，但在区分目标词及其近义词、反义词、形似词中可视化理论应用不够充分。

3. 小结

通过对比两者，不难发现两者都只涉及直观图片释义，利用视像可视化以及使用象形法与词语融合记忆。没有尝试黑板圈点法、思维导图、思维地图等方法。

五、国际汉语移动课程中的词汇可视化设计

（一）国际汉语词汇移动课程需求调查

1.调查目的

第一是想了解当前的学习者手机的使用情况以及对移动学习的态度和看法；第二是学习者词汇的掌握情况，词汇学习最主要的需求，以及想通过移动课程学习什么样的词汇知识、解决什么样的问题；第三是对词汇可视化的了解情况和感兴趣程度。

2.调查对象和内容

本调查借助问卷星发放网络问卷，对中央民族大学研究生实习项目中的留学生进行了问卷调查，主要以美国大学生为主。其中相同的内容分别设计了英文调查问卷和中文调查问卷，分别针对初级学习者和中高级学习者进行调查，在调查中针对学习者的语言水平进行区别投放，并进行一定的填写指导。最后共收回有效问卷64份，英文问卷调查33份，中文问卷调查31份。

3.调查结果

（1）学生使用手机学习汉语词汇的情况

A.学生使用手机学习汉语频次

初级问卷调查数据显示，经常使用手机学习汉语的人数为51.52%，总是使用手机学习的占比为27.27%，有时使用和从不使用占比共计21.21%。目前将近八成的学习者会采用手机学习汉语。

中高级问卷调查数据显示，经常使用手机学习汉语的人数为

58.06%，总是使用手机学习的占比为25.81%，有时使用和从不使用占比共计16.13%。与初级学习者相比，经常使用手机学习的占比有所增加，经常使用手机和总是使用手机的占比总和将近84%，占据八成以上。

B.手机辅助学习汉语的作用

30.30%的使用者都觉得手机对于汉语学习非常有帮助，48.48%认为比较有帮助，6.06%觉得作用一般，认为帮助小甚至没有帮助的仅占到9.09%。90%以上的学习者认为手机辅助汉语学习的效果还是比较显著的。

在中高级问卷调查中可以看出，32.26%的学习者认为手机对汉语学习非常有帮助，较初级的比例略有上升，而41.94%的使用者认为比较有帮助，没有帮助的仅占到3.23%。在中高级学习者中认为手机对汉语学习有帮助的比例略有上升。

C.移动课程影响学习的因素

在初级调查结果中可知，影响学习的主要因素是课程缺乏趣味性，其次是注意力容易被分散，再次是内容缺乏系统性和自己学习能力不强，最后是课程时间太长。当然还有6.06%的其他因素，笔者发现其他问题有网络不稳定、屏幕太小影响视觉等等。

在中高级问卷调查当中，影响学习的首要因素是内容缺乏系统性，其次是注意力的问题，再次是课程的趣味性和时间长短的问题，最后是自学能力。其他因素也占到19.35%，值得关注，笔者观察到有以下原因：耗费流量问题、网络稳定问题以及交流互动性不强等等。

D.移动课程最佳学习时长

由于移动学习是利用碎片化的松散时间，因此对课程的时长把控有限制。不管是对初级学习者还是中高级学习者的调查，超过半数的同学认为10—15分钟是每课最佳的学习时长。

（2）对学习者特征的分析

在初级问卷调查中，一共回收有效问卷33份，其中美国人占22个，所占比例为66%以上；年龄集中在19—25岁的大学生；词汇量为150—300。

中高级问卷调查中，有效问卷共计31份，美国国籍为19人，比例为61%；年龄为19—25岁的大学生；词汇量大概在3000—5000。

（3）移动学习者的学习需求分析

A.学习词汇的要求

表5-1　初级学习者问卷调查结果

A.能听懂	B.能认识	C.会说	D.会写	E.会用
78.79%	48.48%	81.82%	72.73%	69.7%

表5-2　中高级学习者问卷调查结果

A.能听懂	B.能认识	C.会说	D.会写	E.会用
87.1%	77.42%	83.97%	41.94%	67.74%

在初级学习者的问卷调查中可以看出，最主要的需求是会说，其次是听懂，再次是会写，接着是会用，最后是能认识。而在中高级学习者的问卷结果中，对于词汇最主要的需求是听懂，其次是会说，再次是能认识，接着是会用，最后是会写。

B.词汇主题的选择

在初级学习者问卷调查中，针对“在移动词汇学习中，你最想学习哪个主题的词汇?”的问题，回答结果统计显示，初级学习者较为偏向日常生活词汇的学习，其次是个人信息和人际交往，再次是工作学习。这是符合初级学习者的词汇学习规律。

初级学习者较为偏向日常生活词汇的学习，其次是个人信息和人际交往，再次是工作学习。

中高级学习者不再满足于日常和人际交往等主题词汇，更多地倾向于专业词汇和社会问题，其次对于中国文化也表现出浓厚的兴趣。

C.目前词汇学习的困难

表 5-3　初级学习者问卷调查结果

A.词汇量少	B.理解不了词汇	C.记不住	D.汉字书写难	E.近义词分辨不清楚	F.词汇不会应用	G.有点词意思太多	F.词汇的文化含义
66.67%	78.79%	90.91%	60.61%	15.15%	51.52%	24.24%	15.15%

表 5-4 中高级学习者问卷调查结果

A. 词汇量少	B. 理解不了词汇	C. 记不住	D. 汉字书写难	E. 近义词分辨不清楚	F. 词汇不会应用	G. 有点词意思太多	H. 词汇的文化含义	I. 其他
67.74%	35.48%	54.84%	22.58%	77.42%	54.84%	67.74%	48.39%	0%

针对问卷进行分析，初级学习者在移动词汇学习中的主要困难集中在记忆困难、词义理解不透彻、词汇量太小和汉字书写难这几个问题上；而中高级学习者的困难集中在近义词的辨析、词的义项太多、应用和记忆词汇、扩展词汇以及理解词汇的文化含义方面。

（4）关于移动词汇课程设计的建议

A. 词汇学习的内容

表 5-5 初级学习者问卷调查结果

拼音	笔顺	词义	搭配	有联系的其他词汇	例句	文化	其他
96.97%	81.82%	90.91%	69.7%	60.61%	72.73%	30.3%	0%

表 5-6 中高级学习者问卷调查结果

拼音	笔顺	词义	搭配	有联系的其他词汇	例句	文化	其他
96.77%	32.26%	96.77%	61.29%	70.97%	64.52%	32.26%	3.23%

根据以上两图可以看出初级学习者与中高级学习者对学习内容根据占比排列其重要程度是不一样的。

B.词汇的展示方式

在移动词汇学习的展示上，初级学习者和中高级学习者一致认为图文是最佳方式。对于重点突出的展示也有近一半的支持者，在使用视频教学方面二者有不一样的意见，初级学习者中有81.82%倾向于增加视频教学，而中高级学习者仅有29.03%倾向于视频教学。

C.测试方式

在移动词汇课程的测试方式选择方面，初级学习者和中高级学习者认为最佳的测试方式是图片选择，其他测试方式占比各有不同：初级由于母语思维的影响，对于英汉互译方式的倾向度也比较高，在词汇应用方面，选择了较为简单的选词补充句子；中高级倾向于连词成句这样难度系数更大的测试方式，其他的测试建议出现了判断对错这样的建议。

D.反馈形式

在反馈形式方面，初级和中高级学习者一致认为正确的答案必须要反馈；而初级学习者认为鼓励的语言和醒目的颜色比对错号更重要，中高级学习者认为对错号更加重要，其次是鼓励的语言，最后是鼓励的语言，其他方面有些中高级学习者认为可以给出必要的解释。可见，反馈形式虽有相似之处，但也各有侧重。初级移动课程的设计要顾及学习者的学习动力，中高级课程反馈侧重于答案和掌握情况。

E.复习方式

在“在移动课程中，是否希望把词汇、汉字、语法分开复习”这一问题中，初级学习者和中高级学习者的选择大不相同，初级学习者希望分开，可见难以将词汇、汉字、语法同时掌握；而中高级学习者则希望将三者融为一体进行复习。

（5）学生对词汇可视化的了解

A.了解程度

在调查对词汇可视化的了解程度上，初级和中高级学习者中非常了解的为零，不太了解的约占三分之一，从没听说过的占比近一半。可见，初级和中高级学习者对词汇可视化都不太了解。

B.感兴趣程度

表 5-7 初级学习者问卷调查结果

A.非常感兴趣	B.比较感兴趣	C.一般	D.不感兴趣
51.52%	36.36%	9.09%%	3.03%

表 5-8 中高级学习者问卷调查结果

A.非常感兴趣	B.比较感兴趣	C.一般	D.不感兴趣
58.06%	29.03%	9.68%	3.23%

在所有调查的移动学习者中，有八成左右的使用者对词汇可视化感兴趣。

4.调查结论

目前将近八成的学习者会采用手机学习汉语。在初级学习者的课程设计中，主要任务应该增加趣味性、系统性。在中高级移动课程设计，首要任务是加强课程的设计感和系统性。最佳时长为10—15分钟。

初级词汇学习者侧重于从听说读写全面掌握基本词汇和偏向日常生活词汇的学习；中高级学习者更加偏重词汇量的扩展和语感的感知以及倾向于专业词汇和社会问题。

多以图文方式展现词汇，多以图片选择来测试。面向初级学习者的软件应多用视频教学，以选词补充句子来测试，多用鼓励的语言与醒目的颜色来代替对错号，尽可能将词汇、汉字、语法分开复习；而面向中高级学习者的软件可采用连词成句这类难度系数较高的测试方式，要有明显的对错号来反馈，尽可能将词汇、汉字、语法合起复习。

初级和中高级学习者中对词汇可视化了解的人极少，在移动课程学习方面的应用也几乎为零。

（二）国际汉语词汇移动课程的设计案例

1.初级词汇移动课程设计案例

（1）初级词汇移动课程的前期分析

表 5-9　初级词汇移动课程的前期分析

学习者特征分析	学习需求分析	总体教学目标	总体教学内容
这次移动词汇课程设计主要针对以美国为主的大学生，母语以英语为主，词汇量较少，自主学习汉语的能力略差。	初级词汇学习者侧重于从听说读写全面掌握基本词汇；词汇主题偏向日常生活；对课程趣味性要求较高；移动词汇学习中的主要困难集中在记忆困难、词义理解不透彻、词汇量太小和汉字书写难这几个问题。	针对初级学习者需求，本次课程设计希望学习者能轻松记忆所有词汇、对词义理解到位、扩展基本词汇量，能从听说读写掌握所有词汇，同时激发学习汉语词汇的兴趣。	本次课程选择以日常生活为主题进行课程设计。

（2）初级词汇移动课程课程设计

本次初级案例的课程设计选择的是《新的中国》第7课《我想去邮局》，话题为日常生活类。

表 5-10　初级词汇移动课程课程设计过程

拆分教学目标	拆分教学内容	单课教学内容	练习、测试与反馈	复习
掌握第7课《我想去邮局》课程中所有词语的音形义，会使用词汇进行简单的交流，扩展基本词汇量。	选自《新的中国》第7课《我想去邮局》，由于单课最佳学习时间为10—15分钟，因此选取“邮局、邮件、邮递员、邮票、附近、往、寄、填表”8个词进行教学设计。	词汇学习内容主要包括：拼音、词义、笔顺、例句、搭配、有联系的词汇以及适当的文化。主要采用图文释义、重点突出和视频教学。	测试和练习融为一体，以图片选择为主，辅之以英汉互译和选词补充句子；反馈的设计要包括正确的答案、鼓励的语言和醒目的颜色。	将词汇、汉字、语法分开复习，学完一课之后立马呈现复习模块，同时一天之后需要提醒学习者进行复习。

（3）初级移动词汇课程案例

表 5-11　初级词汇移动课程的设计说明

环节	教学展示	说明
进入界面		采用直观的图片给出所学词汇的情景和主题。
第一部分词汇测试		采用测试的方式将相关主题词汇放在一起学习。

续表

环节	教学展示	说明
单词学习界面		根据学习者的选择弹出相应的词语学习界面。
笔顺学习界面		对于常见重点字的笔顺用动画呈现。
复习环节	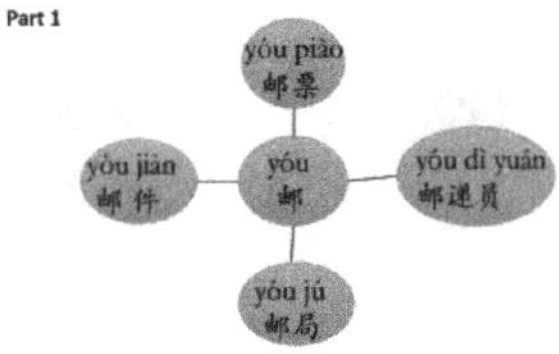	在第一部分词汇测试完之后，会以思维导图的方式再次给出所有词汇，以加强复习，加深记忆效果。
第二部分词汇学习	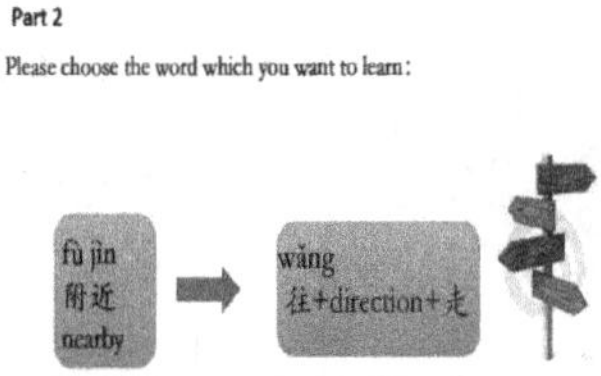	将有联系的采用语义图的可视化形式放在一起学习。
新词学习	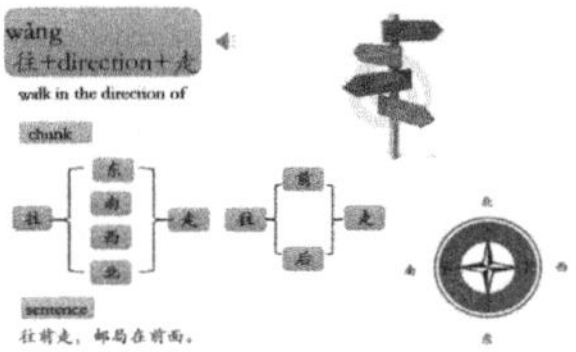	根据词汇的特点增加了对常见搭配的学习。

续表

环节	教学展示	说明
练习环节	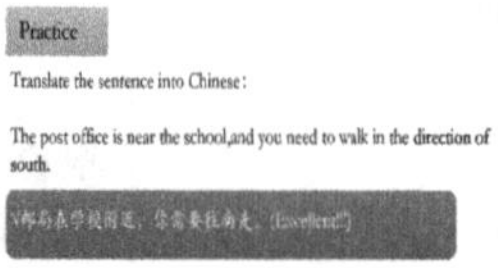	第二部分采用英汉互译的练习方式来检测学习者的学习成果。
第三部分词汇学习	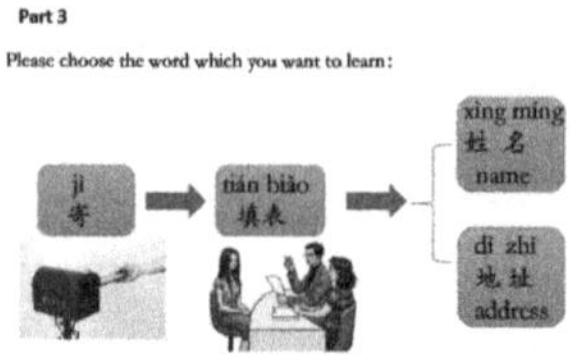	第三部分的词汇同样采用流程图进行可视化呈现，学习者自己选择相关词汇学习。
新词学习	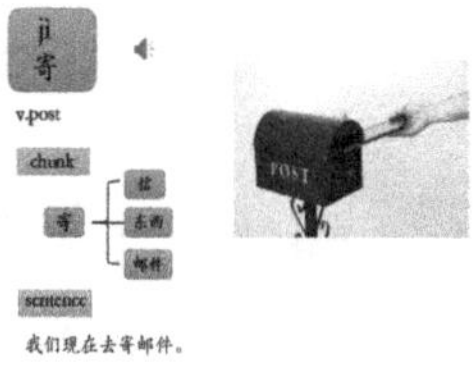	根据学习者的选择弹出相应的词语学习界面。
总复习		将该部分词汇进行集中展示，并且选择了黑板圈点法的词汇可视化方式。

2. 中高级移动词汇课程设计案例

（1）中高级词汇移动课程的前期分析

表 5-11 中高级词汇移动课程的前期分析

学习者特征分析	学习需求分析	总体教学目标	总体教学内容
这次移动词汇课程设计主要针对以美国为主的大学生，母语以英语为主，词汇量在3000—5000。	词汇学习偏重词汇量的扩展、词汇义项扩展、辨析以及语感的感知；词汇主题选择前三名为社会问题、专业词汇和中国文化；词汇学习；困难集中在近义词的辨析、词的义项太多、应用和记忆词汇、扩展词汇以及理解词汇的文化含义方面。	针对中高级学习者需求，本次课程设计希望能扩展学习者的词汇量、梳理词汇的常见义项、增强对相近词汇的辨析以及加强对词汇文化含义的理解，深入地把握所学词汇。	本次课程选择以社会问题为主题进行课程设计。

（2）中高级词汇移动课程课程设计

本次中高级案例的课程设计选择的是中高级教材《无所不谈》中第22课《请为女大学生就业铺路》，话题为社会问题主题当中关注度较高的就业问题。

表 5-12　中高级词汇移动课程课程设计

拆分教学目标	拆分教学内容	单课教学内容	练习、测试与反馈	复习
要求领会式地掌握中高级教材《无所不谈》中第22课《请为女大学生就业铺路》的相关词汇，大量扩展词汇量，提高词语辨析能力对多个词义的理解、词汇文化含义的挖掘和运用词汇进行交际的能力。	教学内容为中高级教材《无所不谈》中第22课《请　为女大学生就业铺路》的相关词汇，由于单课最佳时间为10—15分钟，因此选择“就业、求职、招聘、签约、占、相当、同等、优先、差距”这9个词进行教学设计。	词汇学习内容主要包括：拼音、词义、有联系的词汇、例句、搭配、文化。主要采用图文释义、重点突出，必要时使用视频教学。	测试和练习融为一体，以图片选择为主，辅之以英汉互译和填词成句；反馈的设计要包括正确的答案、对错号提示、鼓励的语言和必要的解释。	将词汇、汉字、语法融合在一起复习，学完一课之后立马呈现复习模块，同时一天之后需要提醒学习者进行复习。

（3）中高级词汇移动课程案例展示

表 5-12　中高级词汇移动课程的设计说明

环节	教学展示	说明
进入界面		采用直观的图片给出所学词汇的情景和主题。

续表

<table>
<tr><th>环节</th><th>教学展示</th><th>说明</th></tr>
<tr><td>第一部分词汇展示</td><td>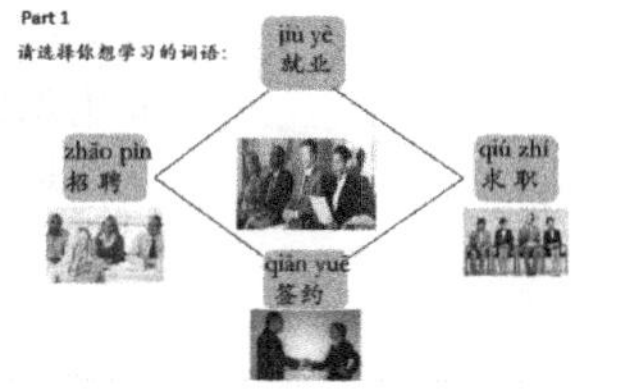
</td><td>将有联系的采用语义图的可视化形式放在一起学习，使用者可以根据自己的喜好选择想要学习的词汇。</td></tr>
<tr><td>单词学习界面</td><td>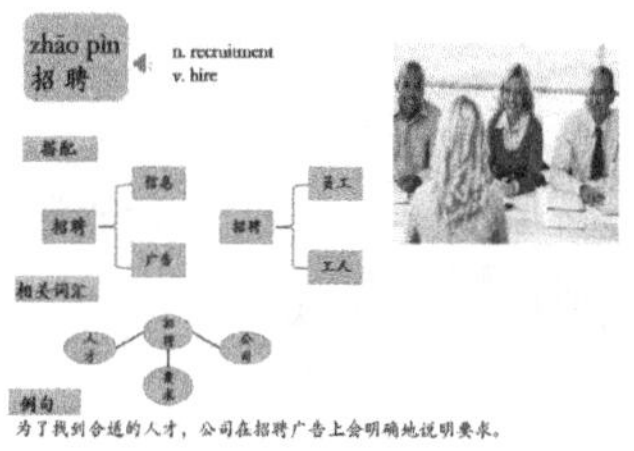
</td><td>根据学习者的选择弹出相应的词语学习界面。</td></tr>
<tr><td>复习环节</td><td>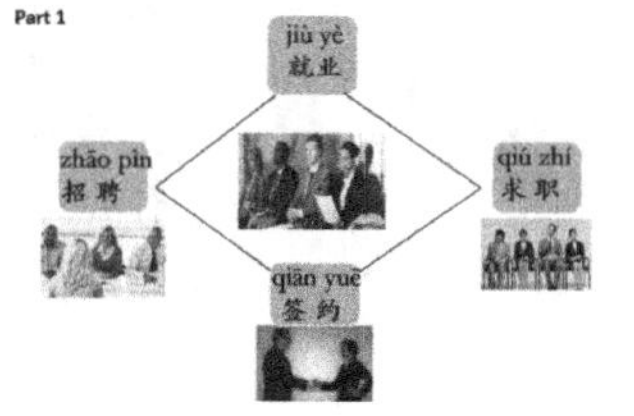
</td><td>在第一部分词汇测试完之后，会再次通过语义网络图给出所有词汇，以加强复习，加深记忆效果。</td></tr>
<tr><td>第二部分词汇展示</td><td>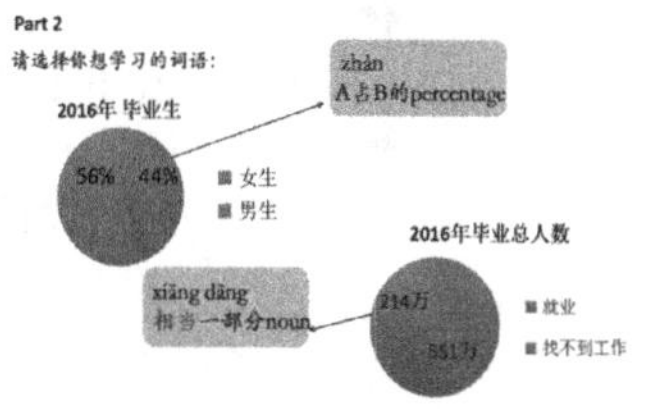
</td><td>第二部分词汇结合词语的特点采用了饼状图，学习者可以对相关词义一目了然。</td></tr>
<tr><td>新词学习</td><td>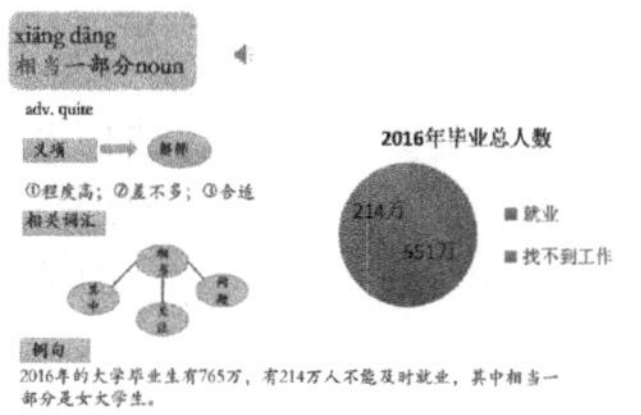
</td><td>该词的学习内容展示和之前略有不同，由于常见意思有多个，因此增加了对义项的学习。</td></tr>
</table>

续表

<table>
<tr><th>环节</th><th>教学展示</th><th>说明</th></tr>
<tr><td>词义展示</td><td>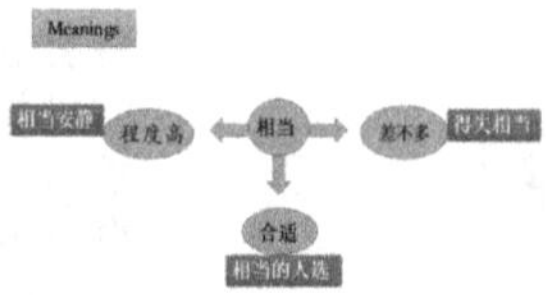
</td><td>采用思维导图的可视化方式进行多个词义的说明，并且进行了举例。</td></tr>
<tr><td>练习环节</td><td>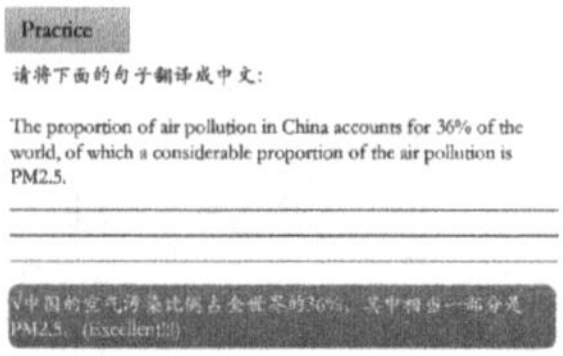
</td><td>第二部分采用英汉互译的练习方式来检测学习者的学习成果。</td></tr>
<tr><td>第三部分词汇展示</td><td>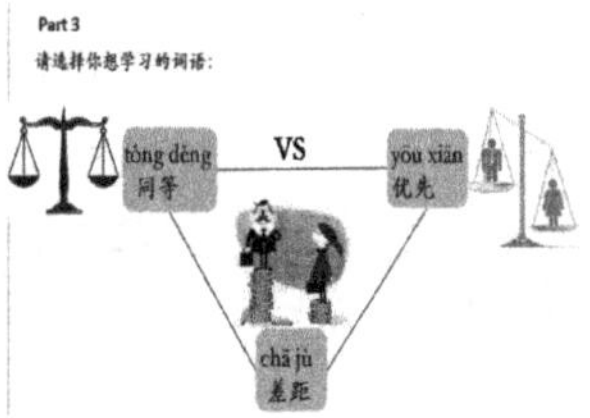
</td><td>第三部分的词汇同样采用语义网络图进行可视化呈现，学习者自己选择相关词汇学习。</td></tr>
<tr><td>新词学习</td><td>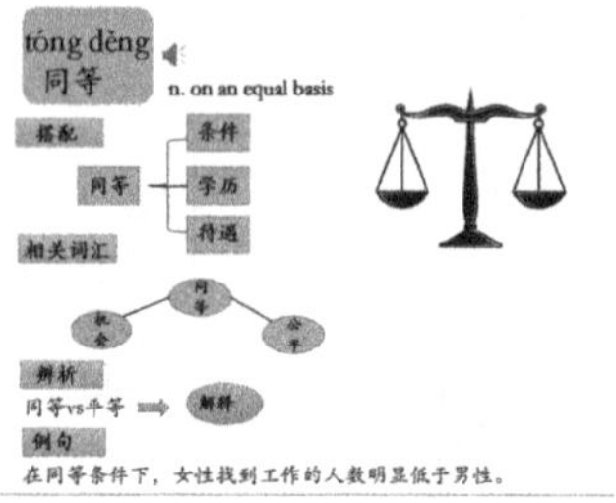
</td><td>由于不同词汇的特点不同，在教学设计中可以灵活设计。</td></tr>
<tr><td>词语辨析</td><td>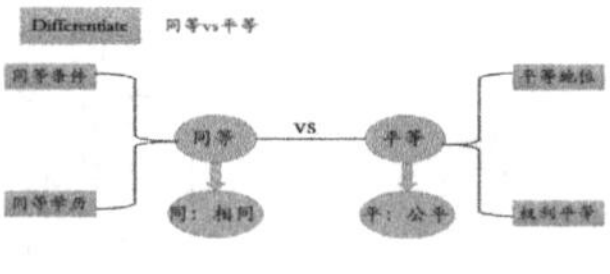
</td><td>该环节采用了思维地图中的气泡图和相关语义图的结合进行讲解。</td></tr>
</table>

续表

环节	教学展示	说明
练习环节	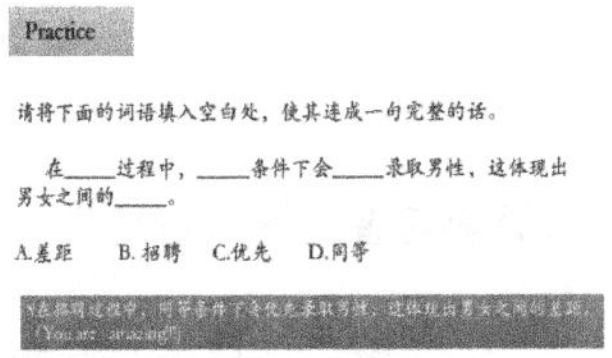	第三部分的练习环节采用了选词填空，不同的练习方式减少了枯燥。
总复习环节	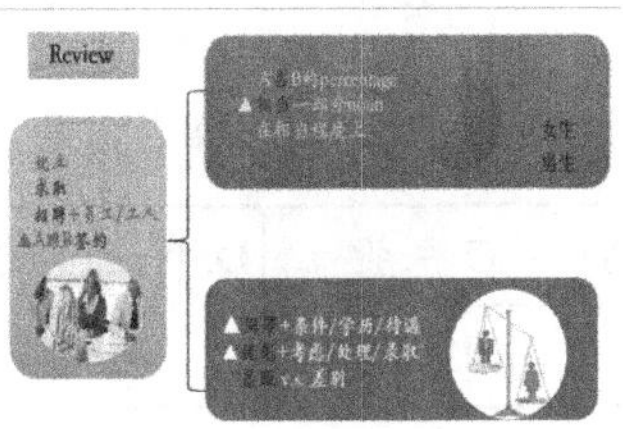	将该部分词汇进行集中展示，并且选择了黑板圈点法和语义网络结合的词汇可视化方式。

六、对国际汉语词汇移动课程的评价

（一）问卷调查

1.调查目的

想了解词汇可视化在不同级别的移动课程中的作用以及在哪一方面的作用比较明显。

2.调查对象和内容

本调查借助问卷星发放网络问卷，对之前参与问卷前期调查的留学生进行了再次调查，分别设计了英文调查问卷和中文调查问卷，分别针对初级学习者和中高级学习者进行调查。最终共收回有效问卷64份，英文问卷调查33份，中文问卷调查31份。

3. 调查结果

（1）不同词汇可视化方法：

A. 直观图片法

表 6-1　初级学习者问卷调查结果

A. 非常有帮助	B. 比较有帮助	C. 一般	D. 有一点帮助	E. 完全没帮忙
36.36%	42.42%	12.12%	6.06%	3.03%

表 6-2　中高级学习者问卷调查结果

A. 非常有帮助	B. 比较有帮助	C. 一般	D. 有一点帮助	E. 完全没帮忙
54.84%	22.58%	9.68%	6.45%	6.45%

从调查结果反馈来看，图片释义得到了将近八成使用者的认可。

B. 语义网络图 / 思维导图

表 6-3　初级学习者问卷调查结果

A. 非常有帮助	B. 比较有帮助	C. 一般	D. 有一点帮助	E. 完全没帮忙
33.33%	48.48%	12.12%	3.03%	3.03%

表 6-4　中高级学习者问卷调查结果

A. 非常有帮助	B. 比较有帮助	C. 一般	D. 有一点帮助	E. 完全没帮忙
58.06%	16.13%	12.9%	9.68%	3.23%

结果表明，中高级学习者比初级学习者更认为语义网络图和思维导图对复习词汇非常有帮助，笔者认为这和中高级词汇量

大，可以联系记忆的词汇比较多有密切关系。

C.黑板圈点法

表 6–5　初级学习者问卷调查结果

A.非常有帮助	B.比较有帮助	C.一般	D.有一点帮助	E.完全没帮忙
12.12%	33.33%	39.39%	9.09%	6.06%

表 6–6　中高级学习者问卷调查结果

A.非常有帮助	B.比较有帮助	C.一般	D.有一点帮助	E.完全没帮忙
35.48%	32.26%	9.68%	6.45%	3.23%

在“用突出重要词语的方式可以帮助你更好地理解和记忆吗?”这一问题中，初级学习者仅有45.45%认为有帮助；中高级学习者有67.74%认为有帮助。

（2）词汇可视化的具体作用

A.区分相近词

表 6–7　中高级学习者问卷调查结果

A.非常有帮助	B.比较有帮助	C.一般	D.有一点帮助	E.完全没帮忙
16.13%	58.06%	16.13%	3.23%	6.45%

因为只有中高级课程涉及到了近义词的区分，所以在问卷中仅对中高级学习者进行了调查。结果显示采用气泡图来区别近义词是得到较多认可的，只是设计者在进行对比时一定要对二者的

区别非常了解。

B. 梳理词语的义项

表 6-8　中高级学习者问卷调查结果

A. 非常有帮助	B. 比较有帮助	C. 一般	D. 有一点帮助	E. 完全没帮忙
12.9%	29.03%	45.16%	6.45%	6.45%

由于只有中高级课程涉及到了词义的梳理，所以在问卷中仅对中高级学习者进行了调查。有将近一半的人认为一般，笔者认为应该是在使用思维导图进行设计时，对图和词义没有做到很好的结合。

C. 提高词汇量

表 6-9　初级学习者问卷调查结果

A. 非常有帮助	B. 比较有帮助	C. 一般	D. 有一点帮助	E. 完全没帮忙
9.09%	9.09%	45.45%	30.3%	6.06%

表 6-10　中高级学习者问卷调查结果

A. 非常有帮助	B. 比较有帮助	C. 一般	D. 有一点帮助	E. 完全没帮忙
51.61%	16.13%	19.35%	9.68%	3.23%

针对词汇可视化的应用是否能够帮助学习者提高词汇量这一问题，不同级别的数据差距较大。笔者进行思考发现，这和不同级别词汇的掌握要求有关系。

D.帮助复习

表 6-11　初级学习者问卷调查结果

A.非常有帮助	B.比较有帮助	C.一般	D.有一点帮助	E.完全没帮忙
9.09%	39.39%	27.27%	18.18%	6.06%

表 6-12　初级学习者问卷调查结果

A.非常有帮助	B.比较有帮助	C.一般	D.有一点帮助	E.完全没帮忙
45.16%	22.58%	12.9%	12.9%	6.45%

初级和中高级课程中都采用了每学完一部分词汇就进行词汇的复现，以及在所有词汇学习完之后进行总复习。复习方式主要采用语义网络图进行整合。

E.提升学习者兴趣

表 6-13　初级学习者问卷调查结果

A.非常有帮助	B.比较有帮助	C.一般	D.有一点帮助	E.完全没帮忙
24.24%	45.45%	15.15%	9.09%	6.06%

表 6-14　中高级学习者问卷调查结果

A.非常有帮助	B.比较有帮助	C.一般	D.有一点帮助	E.完全没帮忙
41.94%	25.81%	9.68%	12.9%	9.68%

可见，词汇可视化在中高级学习者中的受欢迎程度比较高。

4. 调查结论

通过对调查的结果进行分析，对于词汇可视化在移动课程中的应用有以下结论：

（1）词汇可视化的方法

针对移动课程中主要应用的四种词汇可视化方法，直观图片法、黑板圈点法、语义网络图和思维导图和气泡图。

（2）词汇可视化的作用

词汇可视化在帮助学习者理解词汇、复习词汇以及提升学习词汇的兴趣方面都有较为显著的效果。

（二）访谈分析

1. 访谈目的

由于问卷调查只能大概地了解使用者对于本次移动课程的评价，因此本节将会从问卷调查的参与者中抽取五位学习者进行访谈，以便获取具体的评价反馈以及相关建议。

2. 访谈的对象和内容

访谈对象一共五位，两位初级学习者和三位中高级学习者，对此通过微信进行了远程访谈。内容包括以下四个方面：第一，了解学习者学习完本次词汇移动课程之后的效果；第二，了解本次词汇移动课程的优点与不足；第三，了解学习者对于词汇可视化应用效果的具体态度；第四，了解学习者对本次移动课程的改进建议。

3. 访谈结果

（1）请你对自己的学习效果做一个评价。

初级学习者：

A：基本掌握了八个词语的意思，记忆起来比较方便，但是对词的用法还不是太了解。

B：我了解了八个词语，记忆起来比较轻松！

中高级学习者：

C：我不仅学到了八个词，还记起了很多相关的词语。

D：词语的意思都能明白，有的多个意思也了解了一下，就是觉得意思多了记起来很难。

E：对就业问题的词汇有了一点儿了解，对表达不平等的词语也知道怎么说了。

（2）你认为该课程有什么优点和缺点？

初级学习者：

A：课程内容较少，适合利用手机进行短时间学习，比较方便。缺点就是，如果是在手机上学习，在没有网络的时候会浪费很多流量。

B：有一定的趣味性，图片能够帮助理解。缺点我觉得是那个最后的复习有点儿词太多了，我一下子反应不过来！

中高级学习者：

C：课程很有意思，但是我不太喜欢那个很长的英文翻译，写得我很累。

D：课程里的例句都有点儿联系，让我对就业问题有了语言情景。缺点就是练得有点少。

E：优点就是记词很快；缺点是有的图片和词的意思不是很一样，那个优先和天秤的图片让我很困惑。

（3）你对词汇可视化的应用有什么看法？

初级学习者：

A：我喜欢那个“邮”的很多词汇放在一起的圆圈图，帮助我记忆。但是最后那个很多词语让我有点儿乱！

B：笔顺书写那个我比较喜欢！我也学到了怎么寄东西，那个图讲得很明白。

中高级学习者：

C：复习那个设计得不错，我知道自己应该重点掌握哪些，因为可以一眼看得出来。我对有些图不是很理解，需要看很长时间。

D：把有关的词语放在一起来学习让我记得很清楚，我还学到了怎么区分一些近义词，我可以用到其他的词语上；对于那个词有很多意思的图，我觉得记不住，还是很难。

E：总的来说还不错，只是我对“优先”和那个图片的解释不是很满意。

（4）你觉得有哪些地方需要改进？

初级学习者：

A：可以增加一个情景，让我们更有兴趣。

B：练习可以用闯关游戏，复习的话可以用别的方式。

中高级学习者：

C：如果要设计就业的其他课程，希望和这个课程有关系；这样有系统性。

D：没有网络的时候可以提供下载缓存，让学习者提前下载好！

E：有老师或者同学监督和交流就更好了。

4.访谈结论

首先，采用图片释义法使得初级学习者和中高级学习者对词语的意思都有了准确的理解和把握，但在访谈中发现在多义词的词义扩展中要注意数量。其次，要科学把握学习时间，词汇可视化的应用让课程变得系统且有趣，值得反思的是设计者要考虑到学习者在没有网络的情况下如何学习。再次，虽然使用者正面反馈居多，但还是有些问题需要注意例如利用图片进行释义时，要选择更加准确的图片，在利用气泡图梳理词义时，要注意条理性和扩展性等。

本次课程设计得符合学习者的认知过程，词汇可视化的应用更是减轻了学习者的记忆负担，短小精悍的内容设计也切合移动学习的方式，体现了一定的科学性；通过词汇可视化方式让课程的设计模式充满趣味且有新意。

七、结语

不同级别的课程对词汇可视化方法的选择有所不同，而词汇可视化在词汇教学中也起到了较大的作用，也要针对词汇可视化的不同方法作出适当调整同时应当加强对学习者视觉素养的培养和锻炼。

通过设计词汇可视化理论的应用案例及参考了相关的课程意见反馈后提出以下的应用建议，在初级词汇可视化课程中多采用具体直接的图片示意，将象形法与汉字进行融合，进行简单的词汇集合教学以及要增强学习词汇的兴趣。对于中高级词汇，可视化中要突出重点词汇的教学，词汇的讲解要注重语速分析。尽可能地帮助学生构建词汇网络。

基于反馈理论的美国高中汉语沉浸式项目移动端混合式教学设计（2018）

夏 勤

摘要：美国的中文沉浸式项目，截止至今已发展数十年，逐步迈向成熟，规模不断壮大。但是与此同时，越来越多的教学问题也逐渐凸显出来。由于班级容量大，大学升学学习负担重，学习者学习分级明显等问题导致高中阶段的中文沉浸式教学项目面临着严峻的挑战。移动端教学应用随着科技的发展在传统课堂中起着越来越重要的作用。服务学生，丰富课堂，解放教师都是移动端应用给传统课堂带来的好处。为了使科技可以更好地为传统课堂提供服务满足学生的学习需要，本文以教学反馈理论为切入点，通过教学反馈理论的支持，将移动端反馈应用的特点作为研究支点，借由学生即使用者的问卷调查了解学习需求，对当下可行的移动端应用为出发点进行整合分析确定了移动端混合式教学的设计理念和原则，在此基础上进行了以“春节”为例的教学设计。并希望借此设计可以为之后的软件设计提供一条连接计算机技术和教学技术的桥梁，实现技术服务现实，学生为中心，服务教学的理念。

关键词： 中文沉浸式；美国传统课堂；移动端技术；反馈教学对外汉语教学

一、引言

目前，学生的语病只能由有经验的老师来判断。但教师日常教学任务繁重，将精力用于评分判分，此举是否有效，如何追踪学生的持续性学习？

社会移动学习是教育信息化发展的重要趋势。当前，移动设备广泛应用，以衔接正式和非正式环境下的学习。在近年新媒体联盟（NMC：New Media Consortium）发布的地平线报告中，移动技术每年均被列为教育领域具有发展潜力的技术。近两年，移动技术教育应用的关注重点已从硬件设备转为如何通过移动设备更好地进行教育应用的研究（王萍，2013）。人工智能技术的快速发展，尤其在语言的语音录入、语言分析和识别方面进展显著，在本土中小学生的作文审阅中尤其突显。这都预示着，移动端应用将会为传统教学提供巨大支持，同时移动教学技术使得学生为中心的教学和解放教师这两大教学主题变得更具操作性和可行性。

二、反馈在教学中的理论基础和原则

1920年，反馈的概念首次出现在贝尔电话实验室哈德罗·布朗克的文献中，随后在机器的控制和电子技术中得到广泛运用，后逐渐推广于生物、心理、工程和其它社会科学的领域。

行为主义者将反馈视为刺激和反应的强化联系物，反馈能够在学生没有主动意识的情况下引出他们正确的反应，这种强化试图纠正和指导行为；而认知主义者认为反馈只是提供给学习者信息：学习者主动解释信息，并使用它产生反应，反馈给学习者提供关于反应正确性的信息。

反馈始现于机械系统理论，其定义和研究略显狭义，对于教学系统来说，内部影响因素过多，所以教学中的反馈又有其独特的理论需求。目前并无一个权威的教育学反馈的定义，尤其是从对外汉语教学角度。Kulhay（1977）认为任何可以指导反映学习者对错的行为都可以称为反馈。笔者认为，学生发出的对所有教学因素的评价和建议也是教学反馈的一部分。所以，笔者将从教学系统中的学业知识角度的反馈——作业形式，和教学系统中情感角度的反馈——生成性建议评价，展开研究和讨论。

但是在此需要指出的是，作业反馈和情感反馈两大部分的反馈形式，在时间机制中，由于教学的特殊性和移动端反馈产品作为辅助教学工具的服务性，本文中的反馈概念并不同于传统的反馈。在本文中的反馈，贯穿于整个教学活动。此教学反馈是学生与教师之间的双向反馈。教师通过学生的教学反馈再次调整教学计划做出反馈，完成反馈循环。

所以在本教学产品中设计的教学反馈，均为存在于教学活动中，无终止地反映调整教学目标，实现教学活动的生成性或支持性的建议或模拟活动。

移动端在本文中指通过手机，平板和电脑等通过链接互联网获取信息资源的设备。

混合式在本文中强调用来完成案例设计的原型无法完全替代教师的角色，或脱离教师完成教学，一切教学活动是配合教师的教学设计的。

（一）传统教学反馈在教学中的作用及分类

在语言学中，Carroll 把语言输入分成两类：一类输入（TYPE 1 Input）和二类输入（TYPE 2 Input）。前者指学习者从周围环境中获得的正确的目的语言输入；后者则指包括清楚的或含蓄的反馈在内的否定输入，主要是对学习者有关语言学习的假设进行修正的输入。清楚的反馈可以明白无误地指出学习者错误；含蓄的反馈可以是进一步澄清的话语、不理解，或者要求说明的请求等方式。积极反馈指的是用肯定用语对学生的表现表示赞赏、肯定；消极反馈有三个方面：（1）忽视，即学生回答正确时教师采取沉默的回应方式；（2）批评，分为直接批评和间接批评；（3）急于纠正学生出现的错误，打断学生的思维和表达。

在教学中，不同的作用可以分为以下几类：

1. 正反馈和负反馈

反馈教学的作用分为正反馈和负反馈。正反馈即老师对学生信任期待的眼光、口头或物质的表扬或鼓励等。负反馈即老师皱眉，不信任的眼神、批评或惩罚等。一般来说正反馈对学生有激励向上的作用，可以不断增强学生的学习自信心和兴趣。不可否认负反馈可以指出学生学习上的知识盲区，以便督促学生及时改正。正反馈和负反馈配合使用，使教学效果的性能更优，使教学过程始终处于和谐运行之中（盛树东、邓峰、张欣，2010）。

笔者认为，并不是所有的负反馈对学习都起阻碍作用，区别是该反馈是教师情绪还是教师的专业性意见指导，专业性指导的负反馈也可以促进学习，同样过多的正反馈对于学习亦有阻碍作用。

2. 及时反馈和延时反馈

及时反馈指与信息传递同时发生的反馈，延时反馈是指信息的传递滞后于反馈。延迟评价原理认为：新颖有创造性的构思往往出现在思维过程的后半阶段，过早的评价可能阻碍思维深入。给学生时间去思考，把握时间，寻找及时反馈和延时反馈的平衡点至关重要。

笔者认为，在课堂上，教师的及时性反馈比较容易发生，但是很难记录，延时性反馈容易追踪却需要学生高度集中的自我学习督促。

3. 直接反馈和间接反馈

通过学生的表情、动作、神态、课堂提问、讨论、作业和考卷等方式收集的信息就是直接反馈。通过同学和其他老师的评价、家长的访谈、以前的老师的评语等形式获取的信息是间接反馈。

美国教学注重为群体学习提供积极良好的学习环境。群体学习可以让学习者与学习者之间，教师与教师之间拥有良好的直接反馈，促成间接反馈对学习的正向影响。

4. 预备性反馈，即时性反馈和适时性反馈

预备性反馈是指在新课文、新单元开始前进行的反馈，了解学生自学的情况，在学生预习的基础上确定教学难点和教学重点。即时性反馈是指在正常的教学程序中临时兴起穿插的反馈，而这样的反馈产生了新的课堂，大大提高了课堂的有效性。适时性反馈是课外或课后进行的反馈，通过一个阶段比较全面的知识测试，了解学生一段时间以来的学习成果。

在本项目结合任务和评估，设有一定比重的assessment。预备性反馈在课堂中比较少，缺乏量化的监督和指导。一节课中会有大量的即时性反馈，但均化在每个学习者的学习过程中。比较注重适时性反馈，但多为任务完成式的语言能力检测，且无固定分数，采取百分制记录方式。

5. 语言反馈、非语言反馈和操作反馈

根据反馈信息传递符号的不同，反馈分为语言反馈、非语言

反馈和操作反馈三类。

在多元反馈研究中，反馈应具备以下六个条件：

（1）反馈过程，教学过程和学习过程应通过“评价标准”紧密联系，反馈是教学活动的延伸，教学反过来围绕“评价标准”强化反馈内容，以便达到预期的教学效果；

（2）为不断强化学生的“标准意识”，标准贯穿各个教学过程、反馈过程和学习过程；

（3）学生通过互评和自评反思积极参与反馈，深刻理解并参与实践“评价标准”；

（4）师生通过各种技术支持共同参与的多种互动对话模式完成反馈过程；

（5）为激发学生的主观能动性，多种反馈主体介入能够促进其反思和自发修改；

（6）自我反思贯穿全过程，学生掌控自己的全部学习过程。

在元分析学习流派中，Hattie教授（2012）认为反馈分为三个层次：

（1）任务反馈

这个级别的反馈描述了学生如何执行给定的任务，如区分正确答案和不正确答案，获取特定信息，或建立表面知识。

（2）过程反馈

这个级别的反馈描述了与任务相关的信息或相关的过程，如学生可能使用的策略来发现错误或学习错误，寻找信息的线索，抑或建立想法之间关系的方法。

（3）自我反馈

这种水平的反馈描述了学习者如何监控、指导和管理他们的学习行为。但是在这个过程中需注意，当老师把表扬和其他反馈信息结合在一起时，学生通常只听到表扬。

笔者将以Hattie的分类为主要分层依据，以传统的教学反馈分类为补充进行研究。从任务反馈的角度进行家庭作业形式的探讨，以情感反馈进行过程反馈的探讨，并引入其他世界语的教学的自我评估，并进行简要分析。

（二）传统教学反馈的原则

传统的教学反馈原则有：

1. 互动原则

教学是一个复杂的大系统过程，它是由各个具有确切功能的要素（包括老师、学生、本、辅助性的现代化设备等多种因素）相互影响，相互作用的可控制系统。

2. 情感原则

传统教学中信息传输的对象不是机器而是具有丰富情感的人。老师的谈吐、言行在潜移默化中影响着学生。学生心扉的开闭与学生对反馈到的信息领悟是有关系的。成功的教师不仅要有扎实的基本功，而且要走进学生的内心。

3. 评价原则

反馈的衍生是评价。学生学习基础不同，对老师输出的信息吸收、加工、整合、运用和储存的能力是不同的。反馈教学的评价采用具体评价的方式，在具体薄弱知识点上给予矫正，情感上予以安慰和鼓舞，重视微小的进步。

4. 时间原则

人在接受外部传输过来的信息时，对不同的外部信息的反应时间是不同的。学生在一边学习的同时一边要保持好，但事实上保持和遗忘总是同时发生的。在教学中的反馈要留足一定的时间，讲练要有序地开展，使老师和学生都有思考、巩固、回味和消化的时间。

反馈教学要充分遵循四个原则，并因地制宜地运用于教学实践，提高学习者学习意愿，使教学效益最大化。

综合多方分析，笔者初步归结有效反馈应符合以下几个原则：

1. 针对当前

讨论当前的表现和如何改进的意见，从当下学生角度出发，维持教师专业性建议的即时性。

2. 少即是多

不探讨无效细节，避免不必要的迷惑，实事求是，专注确定的思考。

3. 注重提问

通过提问来促进更高程度的思考，培养批判性思维和质疑性思维，分化学习难度，锻炼学生的自测能力。

4.任务不变

专注能力的增减而不是当下任务完成的好坏，即使有再次重新完成的现象，也是为培养另外一种技能，而不是对之前学习的一种过失的补救。

5.从学生出发

以学习者为中心，以学习者的学习状态和学习特点为出发点，进行思考，弥补训练思维短板。

6.自我评价能力养成

培养学生的自我评价能力，并指导学生可以使用自身生成性评价来指导自身行为。自测是反馈学习的最高标准，也是培养成功的学习者的必要条件，同样也是反馈学习中最难完成的，这是一个持续性的动态的学习过程，一次成功的自测远远不足，如何自测，采用什么客观方式进行比对，如何进行客观分析，而不是自我情感折磨或自我放弃，都是更为深层的研究与探讨。

（三）移动端反馈的特点与设计原则

在移动学习环境下，学习者不再被限制于电脑桌前，而是可以根据自己的学习需求随时随地地进行不同方式和不同目的的学习，极大地满足了学习者个性化学习的需求。

表 2-1　Elias（2011）等所提出的八条通用教学设计（UID）原则

UID原则	移动学习设计
公平的原则	以尽可能简洁的形式传递学习内容；使用云计算文件存储分享平台。

续表

UID原则	移动学习设计
使用的灵活性	将内容分小段呈现；鼓励非传统的作业提交方式；由学习者自己上传案例，解读课程。
使用的简单直观	用简单实用的代码；应用开源网站和软件。
信息明确无误	搭建脚手架，支持情境学习。
容许错误	NA
操作省力，技术门槛低	使用短信阅读软件和其他移动设备特定的辅助技术。
学习者共同体的学习支持	鼓励多种移动通讯工具并用；根据学习介入方式和喜好分组学习。
教学氛围	向学习者发送定期提醒，要求，测验和问题；加入学习者发布的内容。

笔者在后期模板设计时会根据Elias的设计原则，达到简易可行，易于跟踪，反馈有效的目的。

在多元反馈程序研究中，教师课堂讲解任务要求和“评价标准”后，学生完成初稿，首先提交在线评估软件，根据反馈修改后，再由同组同学互评，修改后再接受教师反馈，再修改后定稿，成自我反思报告。教师反馈根据写作任务评价标准，鼓励学生的写作强项后指出其弱项，帮助其明确课程任务“期待表现”和个人“当下表现”间距并提供可行性修改建议。在此过程中得到了超出任务之外的教学意义:（1）多元反馈促使学生积极思考，反复修改，实现过程化多稿写作，改善了学生的写作。（2）教师反馈围绕写作任务“评价标准”进行，终稿利用率较高；同学反馈终稿利用率最低，这一点与缺乏持续性“同伴互评训练”有关。阅读同学的文章时，学生能实践“评价标准”，体会自己文章的问题。机器反馈便捷性提高终稿字面吸收率。（3）多元反馈激发了学生的主体性，在同学和在线机器反馈软件的帮助下，可自主完成70%的修改，其中自发修改比例较高且主要侧重内容方面。

笔者认为，人工智能的发展使得对外汉语可以在国内作文评分的依托下，独立进行文章难度评判，降低难度设置，提升语意包容性，从而使人工智能可以很好地为对外汉语服务。所以，笔者将把人工智能作为模板设计的条件之一，并根据反馈的原则和移动应用的设计原则进行相应的调整，使其更加符合使用需要。

三、调查与分析

（一）存在的问题

1. 学生学习特点

学生互相熟识，课堂管理难度大。此项目中的学生自幼儿园起就在中文沉浸式项目中彼此熟悉，所以教师需要用大量时间维护和组织课堂纪律。班级水平参差不齐，教学任务设计难度大。满足不同程度的学习者需求，同时学生增加中文的输出，是本班进行教学最主要面对的难题。

学生学习疲惫性大。本项目中的学生已进行了长达10年左右的中文学习，初中毕业时，基本水平处于ACLFT（American Council on the Teaching of Foreign Languages）即可以用简单的句子回答问题，进行基本信息交换，评估水平的IL（Intermediate Low）水平。但是在高中四年的学习过程中，在晋升到AL（Advanced Low）这个过程中，学生出现很大的学习疲惫状态。在中文项目中时间长，但语言利用率不高。

2. 学校与公立学区的困境

公立学校管理，课堂难度对于教师来说难度大，公立学校因为资金不足和学生数量变化大，本身处境艰难，还需满足每个高中生进行至少两门外语课程的学习。根据美国法律，普通高中班级人数不能超过40人，学校会尽量压缩班级。学习效果的不理想导致学中文的人数减少，人数减少又造成了合班，形成恶性循环。教师工作压力大的情况下，无法满足全部学生需要的局面。

班级水平分化严重，教学内容制定难度大。以H高中9/10年级沉浸式项目合班为例，在70个学生中，已经通过AP（Advanced Placement test）考试的学生为7人，占据10%，约为ACLFT评估标准IH（Intermediate High）水平，达到ACFLT评估标准IL水平的人数为30人，约43%，其他低于Intermediate水平的同学约为30人，约为43%。还有3名同学处于要退出的边界，这个班级分化极其严重。

班级容量大，教学难度大。最严谨的两个班级教师比例为33：1和37：1，整体呈现出教学难度大，学生无法得到及时有效的反馈，容易导致学生学习的东西无法及时复现，而且对教师的体力和教学管理都是很大的挑战。

学生语言输出不充分，学习兴趣递减。课堂时间有限，无法给予每个学生足够的语言输出环境，小组学习的方式无法保证学生有足够的口语输出，再加上项目的特殊性，同辈评价对于语言学习收益小，高中生学习习惯不成熟，使得课堂教学的有效性受到干扰。

（二）问卷调查分析

为进一步明确本中文项目班级特点，对项目所有班级进行了电子问卷调查。本次问卷除去样本班级以外，共收获93份试卷。本试卷采用5度量表和开放性回答相结合的方式。

前测数据异常数据分析如下：

1.基本信息方面

对于本项目的高中生来说，手机应用普及率很高，手机使用流程熟悉，所以在原型设计中，使用不会对学习者造成影响。学习者对学习软件接受度较高，有日常使用学习软件的习惯。

2.作业反馈方面

对于本项目的学生来说，家庭作业的量普遍认为不是负担，只有27%的学生认为比较重，但是与此同时学生普遍可以认识到家庭作业的重要性，但是认可度只勉强高于平均线（54%），他们可以认识到家庭作业对于自身知识的巩固的重要性（47%），而且作业对于其课堂以外的时间来说是很重要的学习资源（35%），但是随着互联网发展，学生可以认识到课堂外也有很多的学习资源，但是这些资源是否可以达到汉语学习的目的，学习效果如何，本问卷中没有提及，这确实是本问卷中的问题之一。对于作业的效果而言，学生认为作业侧重于重复（49%）且严重侧重于读写（70%），而且觉得对于自身的学习来说的目的性远远不够（54%），而且家长无法给予汉语作业的帮助（72%），但是学生们对于作业的可能性选择持观望态度（45%）。对于家庭作业的功能性来说，学生们希望家庭作业可以在多方面对其进行帮助。

3.情感信息反馈方面

大部分学生认为老师无暇顾及每个人（57%），大部分学生认为老师模糊性的评价对其既没有好处也没有坏处（57%），学生认为老师上课时应对其问题进行及时性的反馈（81%）指出问题所在，而且即使是错误，绝大部分的学生也希望老师可以客观的点出错误（72%），而且大部分学生希望可以得到课堂中公开性表扬（54%），但是又有很少的学生（24%）希望老师在公众网页上对其进行表扬，大部分学生对老师的反馈形式没有呈现出极大的偏好（52%），绝大部分的学生希望得到更多的细节性反馈（83%），而且学生认为他们跟老师没有时间进行更多的交流（56%），且学生希望可以跟老师进行规律性的交流。

4.学生自测反馈方面

大部分学生可以上课注意听讲（47%），但是仍有部分学生无法集中注意力（23%），大部分的学生可以用语言对老师进行回应，但是只有少部分学生会主动询问老师，理解老师的意思，一半以下的学生觉得自己可以使用新知识来挑战自己，贡献课堂积极参与到课堂中去。

（三）访谈结构分析

经过前测大面积数据采集后，基于学生没有过移动端学习的经验，于是笔者在实验班级让学生使用Memrise进行了为期两周的词汇复习和巩固，之后随机挑选了10名样本数据进行第二次结构访问作为中测数据，问题及数据分析如下：

Q1，你喜欢用应用学习汉语吗？

在收集的10个数据中，8个学生喜欢，1个中立，还有1个反对。反对的学生程度比较好，学习动机强，自我学习意识强烈，觉得试用的学习应用对于自身的程度来说比较低，不适用。这也体现了实验班级学生程度分化严重。

Q2，你觉得通过应用可以更好地帮助你理解课堂吗？

8个学生觉得可以，2个学生觉得不可以。8个学生中有一个程度起步比较低的学生，在上课过程中，笔者观察到，该生对于新词的反应程度明显好于其他学生，笔者给予了该生极大的自信。所以在本单元的学习中，该生的成绩有很大程度上的提升。

Q3，如果老师可以通过应用采取数据支持你的下一步学习，你觉得怎么样？

4个学生觉得数据的支撑会对学习产生积极的作用，4个学生表现出极大的担忧，对数据的可靠性产生了怀疑，还有2个学生没有什么明显的看法。这说明采用数据支撑学习，对学习者来说，仍然是比较新的学习方式，而且之前没有案例经验，学习者产生出了疑惑。

Q4，你觉得一款理想的学习汉语的应用是什么样子的？

2个学生提及关键字“multiple skills”，4个学生提及“competition”和“game”，2个学生提及关键字“home”“short time”，2个学生表示没什么想法。这组数据说明学生对移动端应用学习的关注高频点为：（1）听说读写的多技能；（2）移动端学习的趣味性，竞赛性；（3）对移动端的快捷便利性的要求。

Q5，跟你的监护人分享你的学习数据，你觉得怎么样？

8个学习者对这一问题持反对意见，其中有1个学生认为没必要，因为其家长或监护人不懂中文，其余7人表示不希望数据分享。还有2人表示没有想法，觉得数据共享或不共享没有什么影响。

Q6，长期的学习记录留存对你的学习会有益吗？

7个学生认为有积极影响，2位学生没有什么看法，1位学生认为不会有什么效果，对数据保存的可能性提出了质疑，认为如果不能坚持下去，那么有没有帮助并没有什么意义。

Q7，你有其他的软件推荐吗？

有2个学生提及了上课时常用的Quizlet，表示很好用，1位学生提及了Crossword和Word Searches，其他7位学生表示没有想法或者暂时想不到。

数据表明，学生对于移动端对汉语学习的帮助认可度比较高，如果可以培养良好的使用习惯，那么学生的接受度和留存度就会比较高，学生作为高中生，普遍反对与家长或监护人进行学习成绩的共享，这符合学习者自身心理的特点——开始逐渐独立的人格和亲同辈性的学习习惯。所以在设计原型时会设定分享权限交由学生，学生自己选定分享或不分享，满足学生独立学习的心理需要。在此访谈中，学生普遍表现出对于数据支撑的反馈的质疑性，表明原型设计对学习者来说需要时间来接受，但是如果能保证反馈的准确性，长期性学习者将会更认可这一学习模式。

（四）教学软件分析

表 3-1　Elias（2011）等所提出的八条通用教学设计（UID）原则

产品名称	优点	缺点	使用目的	可实现效果
Duolingo	句子再认，听力输入，视觉辅助。	学习外语是否需要本身母语的介入，在沉浸式项目里学习的争议比较大，多邻国在目前各种学习软件中是为数不多注重翻译的学习软件；话题级别解锁，灵活度和选择性都很低。	话题学习	货梯手机，群组互动，分化学习难度。

续表

产品名称	优点	缺点	使用目的	可实现效果
Hello Chinese	简单易上手，讲解清楚，图片支持，便于视觉学习者，听说读写均可练习。	话题解锁部分，学习者无法选择当前急需的，或者自己喜欢的话题；对于沉浸式项目的学生来说，翻译的形式加深了学习的难度。	话题学习	丰富话题，分化学习难度。
TCB	真正意义做到了分级阅读，过程中有生词和语法支持，时效性非常强。	需付费使用，面向HSK考生，但是在美国大部分主流学习侧重IB成绩，使其受益范围比较局限，无听力文本的支撑；生词和语法的学习依靠翻译，对于沉浸式项目的学生来说，不是很适用。	提升阅读能力	文章阅读。
Memrise	词汇精准，复习形式多样，数据可追踪。	交互型语言需要付费。	词汇学习	读词、认词。
Classdojo	直观反馈，课堂秩序管理，家长可参与。	对于高中学生来说，对于是否向家长共享数据，意见分歧比较大；页面设置对于部分高中生来说略显幼稚。	课程管理	小组活动，自律课堂表现。
Socrative	提升教学节奏，可以满足多等级的学习者不同的学习进度，数据条例清楚，反馈及时有效。	教师对于问题选择的灵活度需要调整，无法提供语音素材的使用和回收。	课堂反馈形式	及时性反馈。

续表

产品名称	优点	缺点	使用目的	可实现效果
Seesaw	可以下达语音指令；可以录音，解决了学生课堂上读课文耗时长的问题；可以很好地检测学生发音情况；保留学生学习档案，便于进行多项学习数据对比。	作业多局限于视频的形式，不利于读写的练习。	作业反馈形式	反馈形式的多样化。

四、移动端混合式教学案例设计

（一）总体设计概念

基于前文可得出基于反馈理论的课堂移动端辅助教学产品应有以下三种特点：（1）以学生为中心，关注个体发展，定制语言学习。（2）通过移动设备和电脑算法以及人工智能的配合，尽可能的解放教师，降低人耗，将教师心智和精力解放出来，把占据60%的教学后续工作的时间腾空，放入教学设计过程中去，从而可以更好地满足学生的学习需要，并促进学生的深入探索学习。（3）科技结合，数据采集更好地进行教学追踪，促进可持续性学习。

（二）反馈原则的确定

根据反馈理论，在混合式教学设计之前对于教学反馈的预测如下：

1. 任务反馈

学生需要大量的细节补充，且需要教师进行各方面的指导，所以在原型设计时，会考虑引入人工智能技术，帮助教师对学生做好前测，便于下一阶段的反馈。

2. 过程反馈

学生在一教学目的达到之前，需要教师进行持续性过程反馈，且在不同教学过程中，如果有前后印证过程，反馈效果会加大。需注意复习形式，避免重复机械复习，但仍需要有一定的重复性。

3. 正反馈和负反馈

负反馈对于语言学习有其积极意义，但负反馈有其最低限度，目的语环境受试者的负反馈接受程度高于非目的语环境受试者。负反馈对于学习者来说接受度很高，非目的语环境的学习者对负反馈的信息接受度远远高于目的语环境的学习者，但是设计原型时应注意负反馈的表现形式。

4. 及时反馈和延时反馈

学生对于延时反馈的接受度很低，学生极大程度偏向及时反馈。在设计原型时，应注意避免延时反馈，注重及时反馈。

5. 直接反馈和间接反馈

公开化的间接反馈接受度很低，学生比较偏向公开化的及时性反馈，而且公开是小范围公开，程度不扩大。

但是根据前文调查问卷，结构性访谈以及其他原型分析论证反思，确定在反馈理论下，移动端混合式教学的移动端应用原型设计原则如下：

1. 家庭作业的设置

原型仍然会保留家庭作业，这是重要的学习资源之一，在原型设计时，仍然会注重进行家庭作业的设计。

2. 任务型设定为主

要重信息整合运用，少机械重复。多用任务型教学法，完成一个可以整合听说读写的各种技能的作业。

3. 作业定制化

根据学生的程度进行相同话题，但是难度有别的作业设定。同时根据作业的反馈，进行进一步的知识巩固的练习，但是要会注意量，重质轻量。

4. 听说读写四项技能兼顾

实现多技能的同页面化，满足前测和中测中学习者不断提及的技能要求。

5. 注重反馈的实效性、及时性

通过系统设定与人工智能的设定，满足学生马上想要得到反馈的学习要求。

6. 支持性反馈

给予学生过程中的支持性反馈，而不是单一结果性反馈。学生结果错误之后，给予一次进行改正的机会，如果再次错误，进行语块的补充理解，或者例句的理解，这将大大降低学习者对于犯错的焦虑性，培养学习的安全感，进而鼓励学生勇敢尝试。

7. 直面负反馈

不惧怕给予学生负反馈，可以采取直接的负反馈，但同时注意形式。错误就是错误，不用过多的信息进行掩盖，直接，且先说错误再进行积极反馈的补充，或者完成错误后再进行积极反馈的补充，调动学生修改的积极性。

8. 注重自测的能量

学生自测对于再次提醒学生学习目标来说有着积极的作用，所以原型中仍然考虑使用Exit ticket的方法，加深学习印象，提升学习能力。

（三）案例设计样案分析

本文中的教学案例设计的移动端应用是基于High School的中文沉浸式项目的学习需求进行设计的，所以笔者将该移动端应用命名为“ForH”。

基于前文所述移动端软件的特点，前文根据分析数据得出的原型特点，以及结合对其他软件的分析评估，初步设计原型成型陈述如下：

此产品分为教师版和学生版两个版本。

1. 教师端

上课功能：

（1）知识检查——及时反馈/检测反馈

（2）知识应用——及时反馈/支持性反馈

（3）真实语料应用--任务型反馈

（4）小组讨论--任务型反馈

（5）目标强化/学习目标再次固定--及时反馈

作业功能：尽可能地帮助学生定制作业。

作业区主要包括的功能有：词汇，篇章，上课评估与知识检查。词汇不仅单单以词汇的方式进行呈现，亦或者是语块形式的语料，这个部分的设立将作为上课检测反馈的主要根据，上课教学目标是否完成最直观的反馈，同时可以帮助学生自行进行学习记录，完成学生端反馈。篇章作为任务型反馈，综合性的检查学习任务的新转移，而且可以脱离只读写的特定限制，可以让学生有说的输入，通过人工智能的记录，进行色彩的评估，完成学生在自己的语言表达中的二次修改。而且可以根据简单的问句合成，完成简单的人机对话，由语言操练的单一输出项变为双项输出与信息的回应。上课评估，教师可以根据学生上课的表现的曲线进行情感反馈，提出批判性反馈、积极反馈，和当下建议与长期建议。在一段时间后，可以对建议进行横向对比，观测学生是否完成学习任务，来帮助学生培养更为长久的学习打算和准备。知识检查，每个单元教师可以设置3到5个跟学习话题有关的问题，来让学生通过自测反馈进行自我评估，提升学习意识。

注意：人际（Interpersonal）交流模式，内化交（Interpretive）流模式，展示（Presentational）交流模式贯穿在每一节课，每节课都将直接作用于学习者的语言学习能力搭建，而且在每个循环中都可以完成听说读写四个技能，确保学习者在自己原有的学习基础上可以进一步巩固和深化。且在整个过程中可以完成成绩追踪，无论是正确率还是正确答案数量的收集，既可以帮助教师准确察觉教学短板，及时进行任务调整，又有利于学习者进行内省和自测，帮助家长了解学生的学习曲线。

2. 学生端

课堂辅助：课堂辅助功能与教师端练习很紧密，采用Socrative设计理念，教师发起活动，学生端接受活动，参与活动，进行语言的学习，固化，检查和深化，完成对学生的及时性反馈。而且通过课堂辅助功能，更好地帮助学生参与小组互动，比如可以使用ClassDojo的学生分配活动进行随机分配，帮助学生可以更多地接触不同的学习伙伴。而且在学习过程中，可以随时看到不同生词和语块语法点支持，完成对学生的应用性和支持性反馈。在所有上课的过程中，学生一直都在进行语言的输出活动，通过展示性反馈来刺激学生的学习积极性。

当日作业：在作业功能区，词汇部分将学生连接到Memrise或Quizlet等适合不同的学生的新界面。听读任务语篇任务将学生连接到类似于Seasaw的应用中，收集学生的语言，视频抑或别的语言应用的形式，而且提交后，后台会进行数据分析，生成诊断报告。

自我检测：自我检测分为两部分，一是问题型检测，主要考察本单元学习的语言知识的固化，二是自我行为检测，两周完成一次，学生对自己在课堂的表现进行检测，达到自测自控的目的。同样学习报告，学生可以检测自己在每个活动的正确率和完成率，每日、每月的检测帮助学生清楚地看到自己的成长曲线，并且在成绩受到波动时可以明确影响的因素，帮助自己加强不熟悉的语言知识。

注意点：在整个软件设计的理念中，学生端一直在注意的是，方便而精短，每个板块的设计和说明尽量使用列点或者精短的语言进行描述，来满足高中生阅读兴趣停留短暂的问题。学生端任务设计，跟教师的活动相匹配的，可以每天完成听说读写四项技能的锻炼。根据时间划分的追踪分类，满足了学生对自我学习的关注。而且老师可以通过学生在课堂上的表现，调整分数，来奖励学生，同时也不会干预到根据语言水平评分的外语课堂宗旨。老师标记不同，每个学生后台在每个功能区都会有略有不同，比如程度低的学生会有视觉辅助，程度高的同学会有地道资源的网站链接，满足不同程度的学生对同一话题的学习需要，使定制理念为学生的语言学习更好地提供服务。一些公式化的标记也使得这一应用更加具有实用性和多样性。

3.教师后台网站数据

教师端的设计更加倾向于上课的方便性，但是对于学生的数据宏观读取和分析将决定了教师是否可以选择更适合学生的学习话题，设置更符合学生学习兴趣的学习任务。为了数据的快速读取和整理，教师端将与网页版配套，便于教师设计活动，添减和排版素材。同时将采取Socrative的数据报告形式，便于教师数据读取。以单元为周期报告，通过检测每个单元每个活动数据来帮助教师进行及时的调整。如果平均分数很高，那说明该活动设置得过于简单，需要加深难度；如果分数过低，说明该活动超越了学习者现有的水平，需要降低难度满足学习需要。

五、几点思考

1.反馈理论与学习者的独特性

目前对于不同学习者有着较为明显的学习风格的区分，但是不同的风格需要哪种具体的反馈呢？是否有明确的指标呢？如果可以将反馈理论联系学习风格进行元素分析，进行算法配比，这对于学习者的细化诊断和学习建议的提出将会更有意义。

2.混合式教学与沉浸式教学的进一步结合

在师资紧张的高中阶段，混合式教学是否可以帮助任课老师，完成一个教学辅助老师任务呢？或者帮助起点比较低的学生，弥补语言之间的差距顺利完成当前阶段的语言学习呢？移动端设备永远无法代替老师，因为教学有无穷的创造力，但是是否可以设计出一种合适的移动端设备应用满足教师的各种教学需要，通过混合式教学在加大课堂的便利性的同时，仍然将人性化教学贯彻实施呢？当下虽然人工智能技术多有成熟且具有很强的生命力，但是将人工智能和电脑算法结合辅助课堂教学仍然有很长的路要走。

汉语作为二语的汉字移动学习软件调查与设计研究（2019）

马玉佩

摘要： 随着对外汉语教育事业的发展壮大以及互联网在各个行业的推广和运用，汉语学习的形式也趋于多样化，移动学习逐渐成为人们学习汉语的重要形式之一。本文试图通过分析汉字教学的理论，结合相关访谈结果，设计出一款汉字移动学习软件的原型，希望能够解决学习者在汉字学习过程中遇到的相关问题。本文通过对五款受学习者欢迎的汉字学习App的分析总结及对六位一线国际汉语教师的访谈，了解教师在汉字教学过程中遇到的困难、学生学习汉字的问题以及对汉字移动学习软件的功能需求，在此基础上设计了一款汉语作为二语的汉字移动学习软件原型，并通过实例给出教学示范。

关键词： 汉字学习；App；原型设计

一、引言

“汉字教学”主要针对对外汉语教师教学时和学习者在学习汉字时的难点和重点进行分析和讨论，包括字音、字形、笔顺、字义、搭配以及运用操练等。

移动学习软件就是安装在可移动电子设备上，通过无线移动网络技术获得学习资源，与他人交流、学习，实现交互式教学活动的学习工具。

本文的思路即在对外汉语汉字教学的相关理论基础的指导下，分析国内应用市场中具有一定代表性的汉字教学软件的优势和弊端，以智能移动设备为运行载体，在墨刀软件平台上设计出对外汉语汉字学习的软件原型，展示出它的模型和框架，使人比较直观地了解它的基本模块、相关功能和运行机制。

利用原型设计，具有以下优势：

首先可以使设计的汉字学习软件能够在制作之前就进行模拟测试，使开发者了解它的运行性能，并以此进行问题和故障的排除；

其次，相对于直接变成制作一个软件，然后再进行测试和修改，原型设计可以更好地节约时间和控制开发成本；

最后，利用原型设计能够使设计团队的成员更加方便地进行交流，从而更加方便快捷地进行合作，同时，汉字学习软件在设计出来之前，利用原型就可以向使用者进行展示，并收集他们意见进行改进，达到双赢的目的。

二、五款汉字移动学习App的个案分析

（一）五款汉字移动学习App的选择依据

笔者选取的五款汉字学习App为“Enjoy Learning Chinese Characters”“轻松汉字”“Art of Chinese Characters”“麦田认字”和“悟空识字”。

选择依据如下：

第一，教学环节相对比较完善，要尽可能地包括汉字字音、字形、字义、书写、搭配等方面的教学及练习。

第二，能够在把握汉字的特点的同时凸显特色，简言之，即最好能够具备一定的创新性。

第三，具备游戏操练意识，能够体现一定的趣味性，注重用户体验。

根据以上三个原则，笔者在为数不多且质量参差不齐的汉字二语移动学习App中，选择了以上三款针对汉语作为第二语言学习者研发设计，适用对象以成人为主的汉字学习App，即“Enjoy Learning Chinese Characters”“轻松汉字”和“Art of Chinese Characters”。

选择“麦田认字”和“悟空识字”两款App进行个案分析的原因主要是：适用于母语学习者的汉字移动学习App无论在数量上还是质量上相较于汉字二语移动学习App都更加成熟，在汉字教学内容的安排和设计上依然有很多值得借鉴的地方，以期能够给本文汉字二语移动学习软件原型的设计以启发。

（二）五款汉字移动学习App的个案分析

表2-1　五款汉字移动学习App基本情况

序号	名称	图标	适用对象	开发者	适用年龄	适用对象	教学语言	价格
1	Enjoy Learning Chinese Characters		国外学习者	Y factory	4岁以上	成人为主	英语	30元
2	轻松学汉字			铭仁教育	4岁以上	儿童、成人	中文、英语	12元
3	Art of Chinese Characters		国外学习者	Taiwan knowledge bank	4岁以上	成人为主	英语	30元
4	麦田认字		国内学习者	Shanghai MYTIAN information technology Co., Ltd	针对6—8岁设计	儿童	中文	30元
5	悟空识字			Qidian Education	针对6—9岁设计	儿童	中文	198元

1.“Enjoy Learning Chinese Characters”的个案分析

（1）“Enjoy Learning Chinese Characters”基本情况

表 2-2 “Enjoy Learning Chinese Characters”基本情况介绍表

教学对象	收录汉字	教学内容	学习环节	教学语言
四岁以上的外国学习者，英语国家成人学习者为主。	50个熟知的词根文字，1162个汉语中最常见的文字（HSK 1—3级），共计1412个汉字。	对1162个汉字的发音、释义、组词、书写等方面进行教学。	学习者选择想要学习的词根文字；选择与其组合的其他部件，拼合成一个新的汉字；了解该汉字的发音、释义、搭配；根据提示练习书写汉字。	使用英语对汉字进行教学。

（2）教学环节

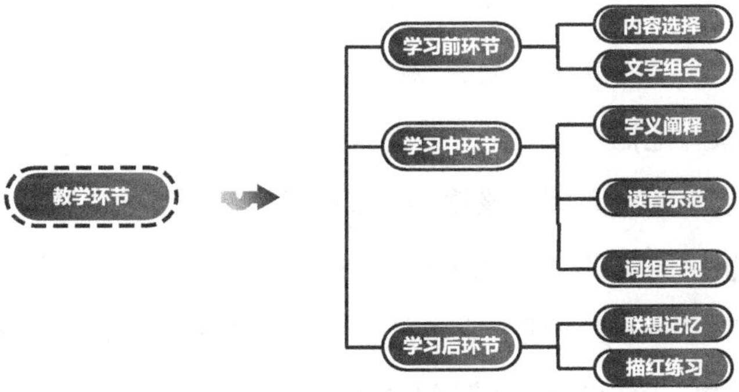

图 2-1 “Enjoy Learning Chinese Characters”学习环节图

（3）教学形式

A.收听标准发音

在字音的学习上，该款App除了呈现生字拼音，还采用了播放录音的方式教授生字的正确发音，让学生随时随地都能得到“老师”发音示范。

B.描红练习

在字形的练习上，学习者可在手机或平板电脑打开该款App，在屏幕上反复手写练习，以达到正确书写的目的，如图：

图 2–2　生字“样”的描红练习示意图

C.联想记忆

在字义阐释方面，该款App采用了联想记忆的方式帮助学习者掌握生字的含义。同样以生字“样”为例，“样”由“木”（tree）和“羊”（sheep）组成，它的其中一个含义为“形状”（shape），利用联想记忆法通过例句“Carve the roadways for sheep on a wooden plate（在木板上给羊雕刻道路的形状）”来帮助学习者理解、记忆“样”的字义。

D. 字词结合

每一个生字出现的同时连带一个以上的生词，通过学习字与字的组合，让学习者在学会每一个汉字的同时，也了解了汉语词汇的组合规律和语义的聚合群。在汉字学习的过程中，该款App没有将字与词分离，而是由字到词，字词共进。

E. 英语教学

该款App在学习语言的选择上只有“英语”这一唯一选项，适用于汉语作为第二语言的英语国家学习者，对于一些第一语言非英语的国家，借助英语理解汉语可能并非易事。另外，随着学习者汉语水平的提高，对母语和中介语依赖程度逐渐降低，最终还是会选择利用目的语进行学习，因此汉字学习App在设计上应该充分考虑学习者的语言背景，在学习语言的选择上更加个性化、人性化。

F. 繁简体共同学习

虽然以简体字学习为主，但该款App还是介绍了汉字的繁体形式。在一些国家和地区的汉语课堂上，教师所教授的汉字并非都为简体字。尽管简体字在一定程度上减轻了学生的记忆负担和学习难度，但不可否认的是，了解、掌握汉字的繁体书写形式有助于丰富汉字学习的文化内涵。

（4）教学内容

A.字量的选择

“Enjoy Learning Chinese Characters”这款汉字学习App共收录汉字1412个。据设计者介绍，该款App涵盖了250个熟知的词根文字和1162个汉语中最常见的文字。远超《汉语国际教育用音节汉字词汇等级划分》一级900字为总的字量标准，同时还覆盖了HSK1至3级的汉字表，基本可以满足大部分初、中级汉语学习者的需求。

B.字序的编排

在字序的编排上，该款App采用了部首法，即按照部首编排汉字。设计者根据部首的意义类属将1162个常见汉字分别归入“PEOPLE”“LIFE”和“NATURE”三大模块之中，在部首的“引导”之下学习生字。如表模块“PEOPLE — BODY”字序编排情况介绍表：

表2-3　模块“PEOPLE—BODY”字序编排情况介绍表

主模块	子模块	部首	生字
PEOPLE	BODY	身	躺、射、谢
		心	必、息、想、忘、思
		忄	快、性、慢、忙
		骨	体、滑
		歹	列、死

（5）该款汉字App的优点

A.利用母语解释字义

沉浸式教学法的确给学习者创造了一个相对真实的汉语学习环境。但对于本身汉语知识就不够丰富的初级汉语学习者来说并不是有效的学习方式，适当的母语解释会大大提升学习者的学习效率。正如在课堂上，教师与其绞尽脑汁用各种汉语词汇再加上肢体动作、面部表情来解释某一个汉字的字义，倒不如直接告诉学生其对应的英文释义。

B.利用词根串联法学习汉字

此处提到的词根串联法指的是以词根文字为出发点，与不同的部件组合，拼合成不同的汉字，然后对组合后的汉字进行逐一学习的方法。因大部分词根文字笔画简单，意义单一，学习、记忆起来都相对容易，而以其为部件的汉字在发音、结构乃至意义上都与其有关，所以学习者若从某一词根文字出发，有利于提高汉字学习的效率。

（6）该款App的缺点

A.未检验学习效果

无论是在学习完字形后，还是字音、字义后，该款App都未及时地检验学生的学习效果。

B.未明确教学对象

该款汉字学习App未对教学对象做详细而准确的说明。是适用于零基础汉语学习者，还是初级汉语学习者？是适用于HSK

考生，还是汉语兴趣爱好者？是适用于教师，还是适用于学生？是适用于国内留学生，还是适用于海外汉语课堂？不得而知。教学对象是教学的主体，任何一个汉字学习软件都要有明确的客户群。

2.“轻松汉字”的个案分析

（1）“轻松汉字”基本情况

表 2-4 “轻松汉字”基本情况介绍表

教学对象	收录汉字	教学内容	学习环节	教学语言
四岁以上外国学习者。	50个熟知的词根文950个	对950个汉字的发音、释义、搭配、结构等方面进行教学。	学习该汉字的发音；学习该汉字的书写；掌握该汉字的字义；了解该汉字的搭配；通过“听音辨字”游戏练习、巩固新学习的内容。	使用英语对汉字进行教学，提供英文释义。

（2）教学环节

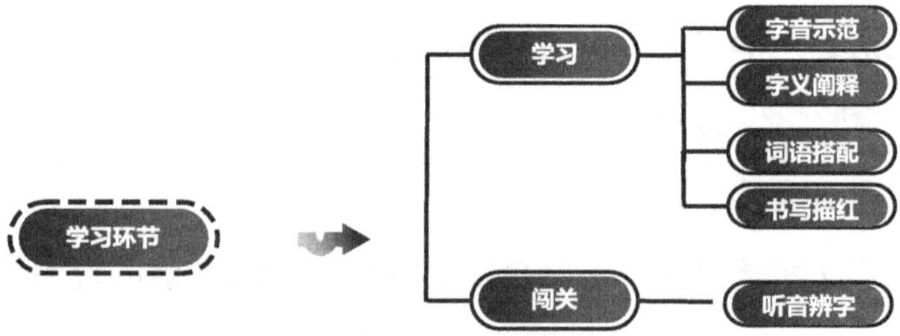

图 2-3 “轻松汉字”学习环节图

（3）教学形式

A.字词结合

该款App同样没有把汉字的教学和词语的教学分开，由于汉字本身所具有的特殊性，汉语中很多汉字并不单独使用，只有在组合成词后才能解释其含义，因此，字词结合有利于帮助学习者理解汉字的字义。

B.字音示范

学习者可获取每一个生字、生词的正确发音和拼音形式，采用视觉、听觉相结合的学习方式帮助学习者掌握生字、生词的发音情况。

C.描红

通过描红学习汉字书写结构的方式，可以让学生在实际操练中记忆汉字的笔画笔顺，在学习的过程中也得到了有效的练习。

D.游戏练习

该款App通过游戏对生字的字音、字形进行练习。主要的游戏形式是“听音辨字”，学习者在学习完生字的结构、字音、释义及搭配之后，通过闯关小游戏中的字音提示找出相对应的汉字，对所学内容进行巩固，并对答对的学习者给予口头上的表扬。

（4）教学内容

A.字量的选择

“轻松汉字”这款汉字学习App共收录汉字950个。超过《汉语国际教育用音节汉字词汇等级划分》一级900字为总的字量标准，基本可以满足大部分初级汉语学习者的需求。

B.字序的编排

在字序的编排上，该款App主要以教材中的课文为依据，根据课文内容选择要学习的汉字，然后进行编排。如“轻松汉字”字序编排图所示，该单元的汉字就是选自古诗《静夜思》。

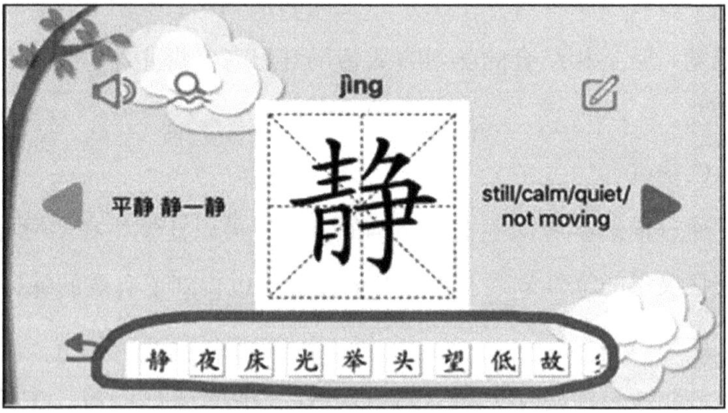

图 2–4 “轻松汉字”字序编排图

（5）该款汉字App的优点

A.利用游戏巩固汉字

汉字数量庞大，笔画复杂，枯燥的学习过程，让学生难以保持汉字学习的热情。如果通过一些闯关小游戏练习汉字，则可以在很大程度上缓解这一问题。

B.使用简单、操作便捷

从用户体验的角度来说。该款软件界面简单，环节清晰，操作便捷，在一定程度上提高了汉字学习的效率。

C.利用母语解释字义

从用户体验的角度来分析，该款软件考虑了汉语知识不够丰富的初级汉语学习者的学习特点，适当的母语解释有助于避免学习者产生对汉字学习的畏难情绪。

（6）该款汉字App的缺点

该款App的主要缺点是缺少对汉字用法的讲解。从汉字的特点来看，在我们日常的交际中，汉字独立使用的情况还比较少见，基本上是与词、句搭配使用，而该款软件并未将“字”扩展到“句”。

3.“Art of Chinese Characters”的个案分析

（1）“Art of Chinese Characters”基本情况

表 2-5 “Art of Chinese Characters”基本情况介绍表

教学对象	收录汉字	教学内容	学习环节	教学语言
四岁以上外国学习者。	85个，以象形字为主。	了解汉字字源，对85个汉字形、音、义、搭配等方面进行教学。	可归纳为“看图识字”“了解字源”“读音示范”“字义阐释”“字形描写”“词组呈现”和“练习环节”。	英文教学。

（2）教学环节

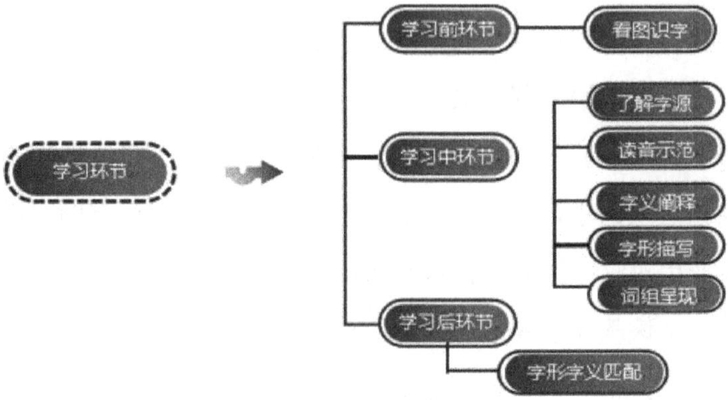

图 2–5 “Art of Chinese Characters”学习环节图

（3）教学形式

A. 字源介绍

该款App以动画的形式展示汉字从古至今的演变过程有利于帮助学生了解汉字的字源，追寻汉字本来含义及结构，发现汉字背后的文化意义。

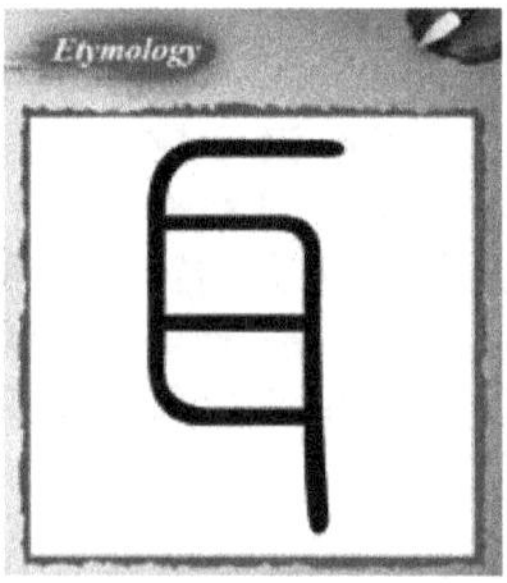

图 2–6 关于汉字“耳”的字源介绍图

B. 图片释义

该款App学习形式的主要特点之一就是依据“六书”理论，将形象的图片与汉字的字形和意义结合，更有趣、更生动、更高效地解释汉字的意义、记忆汉字的字形。如图：

图 2–7　汉字“首”字义阐释图

（4）教学内容

A. 字量的选择

“Art of Chinese Characters”共收录汉字85个，以象形字为主。在整个汉字体系中，象形字是最为基础的汉字，所以尽管该款App选字并不是很多，但如果将这85个汉字全部掌握了，那相信学习其他的汉字也就无师自通了。

B.字序的编排

表 2-6 “Art of Chinese Characters”汉字编排情况表

序号	类别名称	所属类别	汉字
1	Face	面部	口、耳、自、目、眉、首、面
2	Sun and Moon	星系	日、月、星
3	Thunder and lighting	天气	雨、云、雷、电、虹
4	Mountains	地理	山、水、川、洲、回
5	River	江河	大、夫、网、鱼、贝、龟、沙
6	Fields	田野	田、草、力、番
7	Crops	庄稼	米、禾、来、麦、黍
8	Forest	森林	木、林、森、刀、片、床
9	Bird	禽鸟	鸟、乌、羽、飞
10	Treetops	丛林	末、果、巢、集、枭
11	Flowers and Bugs	蜂花	虫、蜂、蜗、华、万、蕊
12	Animals	动物	象、兔、鹿、羊、牛、马
13	Cave	搏斗	犬、穴、鼠、窜、弓、矢
14	Body	人体	骨、心、胃、手、足
15	Numbers	数字	一、二、三、四、五、六、七、八、九、十

（5）该款App的优点

A.追述了汉字的起源

该款App从汉字的特点出发，以动画的形式展示汉字从古至今的演变过程，了解汉字的起源，有利于帮助学生发现汉字的原始意义和结构，为后续的汉字学习做铺垫。

B.利用母语教学

对于本身汉语知识就不够丰富的初级汉语学习者来说，“沉浸式教学法”可能会产生适得其反的学习效果，适当的母语解释有时候会大大提升学习者的学习效率。

C.利用图片解释字义

利用生动形象的图片能够让学习者更加直观地理解汉字的字义，学习效果会事半功倍。

（6）该款App的缺点

该款App的设计相对来说比较完善，美中不足的是学习内容偏少，整款软件仅收录汉字85个，笔者认为这对创意如此新颖，设计如此精心、环节如此完备的汉字软件来说无不失为一种资源的浪费。

4.“麦田认字”的个案分析

（1）“麦田认字”基本情况

表 2-7 “麦田识字”基本情况介绍表

教学对象	收录汉字	教学内容	学习环节	教学语言
6至8岁中国学习者。	1500个。	了解汉字字源，对对1500个汉字的发音、释义、组词、书写等方面进行教学，同时还教授800个词语，36首儿歌，260个书写，24篇阅读等。	“认识汉字”环节；“辨字辨音”环节；“组词填空”环节；“句子匹配”环节；“儿歌”环节。	中文。

（2）教学环节

表 2-8 “麦田识字”1 至 36 单元学习环节设置情况介绍表

单元	学习环节设置
1	“认识汉字”“辨字辨音”“组词填空”“句子匹配”“儿歌”
2	“认识汉字”“辨字辨音”“组词填空”“句子匹配”“儿歌”
3	“认识汉字”“辨字辨音”“组词填空”“句子匹配”“儿歌”
4	“升降机”“吹气球”“甜品站”“海盗船”“儿歌”
5	“认识汉字”“保卫战”“句子匹配”“儿歌”
6	“认识汉字”“旋转木马”“捕鱼能手”“过山车”“儿歌”
7	“整理果园”“植物构造”“采摘果实”“儿歌”
8	“盥洗室”“停车场”“公园”“儿歌”

续表

单元	学习环节设置
9	“四季馆”“装扮四季”“气象馆”“选择物品”“儿歌”
10	“幸福一家”“拼拼乐”“萝卜蹲”“消消乐”“儿歌”
11	“连连看”“儿歌”“蔬菜变身”“蔬菜涂色”
12	“寻找色彩”“色彩王国”“重建城堡”“闯关回家”“儿歌”
13	“听故事”“汉字讲堂”“汉字描红”“知识巩固”“儿歌”
14	“听故事”“汉字讲堂”“汉字描红”“知识巩固”“儿歌”
15	“听故事”“汉字讲堂”“汉字描红”“知识巩固”“儿歌”
16	“听故事”“汉字讲堂”“汉字描红”“知识巩固”“儿歌”
17	“听故事”“汉字讲堂”“汉字描红”“知识巩固”“儿歌”
18	“听故事”“汉字讲堂”“汉字描红”“知识巩固”“儿歌”
19	“听故事”“汉字讲堂”“汉字描红”“知识巩固”“儿歌”
20	“听故事”“汉字讲堂”“汉字描红”“知识巩固”“儿歌”
21	“听故事”“汉字讲堂”“汉字描红”“知识巩固”“儿歌”
22	“听故事”“汉字讲堂”“汉字描红”“知识巩固”“儿歌”
23	“听故事”“汉字讲堂”“汉字描红”“知识巩固”“儿歌”
24	“听故事”“汉字讲堂”“汉字描红”“知识巩固”“儿歌”
25	“听故事”“汉字讲堂”“汉字描红”“知识巩固”“儿歌”
26	“听故事”“汉字讲堂”“汉字描红”“知识巩固”“儿歌”
27	“听故事”“汉字讲堂”“汉字描红”“知识巩固”“儿歌”
28	“听故事”“汉字讲堂”“汉字描红”“知识巩固”“儿歌”

续表

单元	学习环节设置
29	“听故事”“汉字讲堂”“汉字描红”“知识巩固”“儿歌”
30	“听故事”“汉字讲堂”“汉字描红”“知识巩固”“儿歌”
31	“听故事”“汉字讲堂”“汉字描红”“知识巩固”“儿歌”
32	“听故事”“汉字讲堂”“汉字描红”“知识巩固”“儿歌”
33	“听故事”“汉字讲堂”“汉字描红”“知识巩固”“儿歌”
34	“听故事”“汉字讲堂”“汉字描红”“知识巩固”“儿歌”
35	“听故事”“汉字讲堂”“汉字描红”“知识巩固”“儿歌”
36	“听故事”“汉字讲堂”“汉字描红”“知识巩固”“儿歌”

（3）教学形式

A.故事导入

在每单元的汉字学习开始之前，先以动画故事的形式将学习者带入生活化的情景之中，由此引出本单元需要学习的生字，是该款App的一大特点。有助于吸引学习者的学习兴趣，尤其是少儿学习者的，为接下来的生字学习做铺垫。

B.游戏学习

通过游戏学习汉字是该款App的主要学习形式之一。游戏学习法有助于激发学生的学习热情。

C.儿歌复习

考虑到学习者的年龄特点，该款App以备受儿童欢迎的“儿歌”为主要形式对已学生字进行巩固，不仅完成了学习目标，也充分调动了学习者对汉字的学习兴趣。

D.图片释义

通过图片学习字义是该款App的主要学习形式之一。无论是用学习者母语还是用目的语对字义进行阐释，都会有一个对释义进行理解的过程，图片的运用则在很大程度上减少了理解释义所需要的时间，降低理解的难度，提升了学习的效率。

E.字词句结合

该款App基本遵循了“字—词—句”这一学习顺序，由字到词，由词到句，字词句同步学习。这种学习形式有助于帮助学生了解汉字的搭配及使用情况，更好地理解、掌握汉字的字义。

（4）教学内容

A.字量的选择

“麦田认字”共收录汉字1500个，词语800个，儿歌36首，书写260个，阅读24篇。将教学内容分为不同的主题，共36个单元，176个课时，从生字的形、音、义及常见搭配等方面教授汉字，通过不同的情境游戏练习生字。

B.字序的编排

表2-9 “麦田认字”1至12单元字词表

单元	章节	类别	字词
1	认识大自然	汉字	云、日、月、山、水、火
		词语	白云、落日、月亮、大山、河水、火把

续表

单元	章节	类别	字词
2	野外游玩	汉字	木、土、石、田、禾、天、瓜
		词语	木头、泥土、石头、农田、禾苗、天空、西瓜
3	麦田农场	汉字	虫、牛、鸟、鱼、马、羊、兔
		词语	虫子、黄牛、小鸟、金鱼、白马、绵阳、兔子
4	欢乐游乐场	汉字	上、下、大、小、高、低、多、少
		词语	
5	动物医院	汉字	耳、口、牙、手、目、心、头、足
		词语	
6	数字游乐场	汉字	一、二、三、四、五、六、七、八、九、十
		词语	
7	麦田果园	汉字	草、种、子、苗、根、茎、叶、花、果、苹、桃、桔
		词语	杂草、种子、树苗、苹果、桃子、桔子
8	公园	汉字	开、关、门、车、出、入、飞、走、坐
		词语	开门、关门、出口、入口
9	四季体验馆	汉字	春、夏、秋、冬、雷、电、风、雨、晴、雪
		词语	
10	家人	汉字	爸、妈、爷、奶、哥、姐、弟、妹、叔、阿、姨、外、公、婆
		词语	

续表

单元	章节	类别	字词
11	蔬菜	汉字	青、菜、茄、西、红、柿、黄、胡、萝、卜、洋、葱、豆、南、土
		词语	青菜、茄子、西红柿、黄瓜、胡萝卜、洋葱、土豆、南瓜
12	色彩王国	汉字	黑、白、灰、粉、绿、蓝、紫、橙、棕、色
		词语	黑色、白色、灰色、粉色、绿色、蓝色、紫色、红色、黄色、橙色、棕色

（5）该款汉字App的优点

A.利用游戏学习、巩固汉字

该款App采用了游戏法对汉字进行学习、巩固练习。通过一些通关小游戏练习汉字，则可以在很大程度上调动学生学习汉字的积极性。

B.利用图片解释字义

利用生动有趣的图片解释汉字字义在一定程度上将汉字的字义形象化，这种更加直观的方式，可以省略对释义进行讲解和理解的过程，大大提高了汉字学习的效率，降低了学习者理解汉字的难度。

C.利用儿歌记忆汉字

该款App充分考虑了学习对象的认知特点，采用受儿童学习者喜爱的儿歌形式对所学汉字进行巩固、记忆。将汉字编入儿歌之中，学习者在跟读、传唱的过程中自然而然地记住了汉字，在很大程度上激发了学习者的学习兴趣。

（6）该款汉字App的缺点

该款软件省略掉了学习环节，直接进入游戏练习环节。笔者认为，在练习环节开始之前，应该加入对汉字讲解的环节，使整个学习环节保持完整。

5.“悟空识字”的个案分析

（1）基本情况

表 2–10 “悟空识字”基本情况介绍表

教学对象	收录汉字	教学内容	学习环节	教学语言
6至8岁正在读幼儿园、一年级的中国学习者。	1200个。	对1200个最常用汉字，5000多个词语的形、音、义及常见搭配等方面进行教学。	“初识汉字”环节；“快速巩固”环节；“跟读汉字”环节；“听音辨字”环节；“认字辨音”环节；“组词填空”环节。	中文。

（2）教学环节

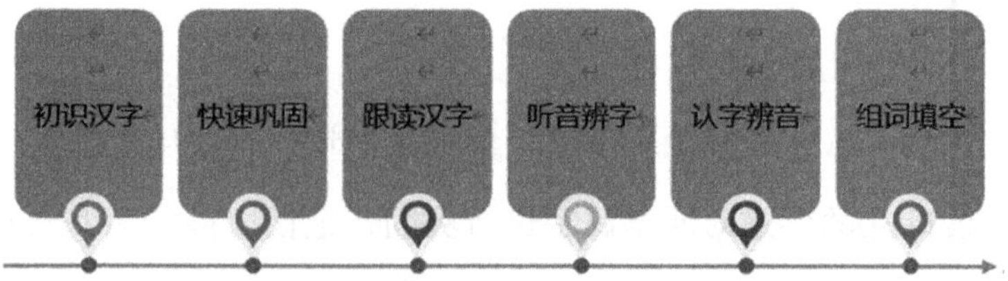

图 2–8 “悟空识字”学习环节流程图

（3）教学形式

A.随讲随练

与前文提到的几款汉字学习App不同，“悟空识字”将“讲”与“练”结合得十分紧密。从教学环节来看，“初识汉字”环节之后就是“快速巩固”环节，这种随讲随练的原则让学习者抓住记忆的最好时机及时复习，有助于提升汉字学习的效率。

B.动画释义

与其余五款汉字学习App不同，该款App完全利用Flash动画解释字义，有利于帮助学习者了解汉字的演变和汉字背后所包含的文化意义。通过生动有趣的动画教学，让孩子快乐地学习汉字，达到高效记忆的效果。

C.字词句结合

字构成词，词组成句，该款App同样采用了字词句相结合的教学形式。

D.游戏练习

该款App同样采用游戏练习法对已学生字的字音、字形、字义等进行巩固，强调在“玩”中学的原则。

（4）教学内容

A.字量的选择

“悟空识字”共收录汉字1200个，词语5000多个，识字量覆盖常用书面语的百分之九十。

B. 字序的编排

通过对“悟空识字”生字表进行整理分析，笔者发现该款App并没有十分明确的编排顺序，既没有根据音序排列，也没有按照笔画数量的多少编排，如果说是按照义序法编排，虽说有迹可循，但也并不完全正确。

（5）该款汉字App的优点

A. 利用动画讲解汉字

汉字学习App“悟空识字”就利用了动画技术将汉字动态化，形象化。在展示汉字演变的过程中，也解释了汉字的字义。

B. 遵循了随讲随练的原则

该款App讲练结合十分紧密。这种随讲随练的原则可以让学习者抓住记忆的最好时机及时复习，这样做有助于提升学习者汉字学习的效率。

（6）该款汉字App的缺点

从用户体验的角度来说，该款汉字移动学习App在使用上略显繁琐，如果说在使用过程中慢慢熟练以后这一问题会逐渐克服，那另外一个问题能否解决可能不是学习者可以决定的——价格。

（三）五款汉字 App 的对比分析

图 2-9　五款汉字 App 对比基准

表 2-11　五款 App 对比情况一览表

对比基准	项目	对比对象				
		Enjoy Learning Chinese Characters	轻松汉字	Art of Chinese Characters	麦田认字	悟空识字
认知特征	偏难				√	
	偏易		√			
	符合	√		√		√
汉字特点	字义	√	√	√	√	√
	字音	√	√	√	√	√
	笔画	√	√	√	√	√
	笔顺	√	√	√	√	√

续表

对比基准	项目	对比对象				
		Enjoy Learning Chinese Characters	轻松汉字	Art of Chinese Characters	麦田认字	悟空识字
汉字特点	书写	√	√	√		
	字源			√		
	组词	√	√	√	√	√
	造句				√	√
用户体验	价格偏贵					√
用户体验	操作繁琐				√	
	趣味性强			√	√	√

（四）对国际汉语汉字移动教学的启示

1.教学形式应丰富、互动性强

在对外汉字教学设计还是汉字移动学习软件的设计，必须考虑到在其中添加足够丰富的教学方式。

首先，要有丰富的教学媒介；其次，要有足够的互动方式，通过发音输入输出、书写练习反馈等模块来巩固学习，纠正错误；第三，要有丰富的汉字学习资源来吸引学生的注意力，提高学生对汉语的认识。

2.遵循先认读后书写的教学顺序

汉字学习App中的学习流程设计可以采取先认读再书写的教学顺序，先逐步进行字形结构的可视化输入，形成汉字意识，然后再通过如字形、图片（字义）、字音的连线、拖拽等匹配练习，形成汉字认读能力。在此基础上，再设计相应的版块对学生的书写汉字能力进行培养。

三、关于汉字移动学习软件的访谈分析

（一）访谈对象及形式

1.访谈对象

表3-1 受访教师基本情况介绍表

教师	国籍	工作地点	从教时间	教学对象	汉语水平
教师A	中国	保加利亚	1年	保加利亚成人学生	初级
教师B	中国	美国	4年	美国留学生、周边社区成人学生	中级
教师C	中国	北京	1年半	韩国小学生、初中生	初中级
教师D	中国	韩国	4年	韩国高中生	中级
教师E	中国	坦桑尼亚	2年	坦桑尼亚初中生、高中生	零基础、初级
教师F	中国	英国北爱尔兰	2年	北爱尔兰小学生、初中生	初中级

（2）访谈形式

为保证整个访谈过程的真实性，笔者对访谈过程进行了录音，之后转写成文字材料。

（二）访谈问题设计

1.关于汉字在对外汉语课堂教学所占比重的调查

笔者对汉字教学所占比重进行访谈主要是想进一步了解不同汉语水平班级的汉字教学时长以及汉字教学受重视程度，发现当前汉字教学所存在的一些客观问题及出现这种现象的原因，为汉字移动学习软件原型设计提供思路。

2.关于如何开展汉字教学的调查

就如何开展汉字教学问题对教师进行访谈，有助于了解传统汉语课堂中汉字教学的形式，发现学习者的学习习惯，给下文汉字移动学习软件教学环节的设计以启迪。

3.关于汉字教学的辅助工具调查

通过对汉字教学辅助工具的访谈调查，可以了解教师在教授汉字时所运用的教具，同时可以发现哪些教具深受学习者喜爱；哪些是学习效果比较好的；哪些教具是无法调动学习者兴趣的；哪些是传统课堂没有但值得一用的等，从而了解学习者理想中的汉字学习形式。比如在采访中有教师提到，学生对Flash动画解释字义比较感兴趣，那么在移动汉字学习软件的设计上，就可以利用动画对字义进行解释。

4. 关于汉字教学的难点调查

对汉字教学难点进行访谈，有助于发现学习者在汉字学习过程中遇到的问题以及教师在教学过程中遇到的困难，并以此为突破点尝试通过移动学习手段解决。比如在访谈中，有教师提到在传统课堂上，汉字练习的形式过于单一，因此在移动学习软件的设计上，就应该考虑到更具趣味性、创新性的汉字练习形式。

5. 对使用汉字移动学习软件进行汉字教学的态度调查

通过调查教师对使用汉字移动学习软件进行汉字教学的态度，可以发现汉字移动学习软件的前景与市场，在访谈过程中，也可以了解到教师和学生对汉字移动学习软件的实际需求。

6. 对汉字移动学习软件的功能需求调查

该部分的访谈对汉字移动学习软件的设计提供了很多的灵感，比如有教师提到的“扫一扫查汉字”“动画解释字义”“字词句结合教学”等都对于完善汉字移动学习软件具有指导意义。

（三）访谈结果分析

表 3-2　访谈结果归纳总结一览表

访谈问题	教师	访谈结果
汉字在对外汉语课堂教学所占用的比重	A	一般在一堂课的最后五分钟进行汉字教学。
	B	以听说为主，汉字教学所占比重较小。
	C	较高汉语水平的班级，对于汉字教学的比重并不是很高，较低水平的班级汉字教学所占的比重较高，一般占到整个课堂的二分之一。

续表

访谈问题	教师	访谈结果
汉字在对外汉语课堂教学所占用的比重	D	所占比例不大。
	E	占整节课的百分之二三十左右，不太多。
	F	以听说为主，汉字教学所占比重较小。
汉字教学形式	A	从汉字的笔画、偏旁入手，根据汉字六种类型的分类进行教学，以象形、形声字为主。
	B	从书写结构入手。
	C	从音形义入手。
	D	主要方法有阐释字义，领读记字音，笔画分解，描红练习，识字卡片（活跃课堂气氛）。
	E	从笔画入手，教师示范，学生跟写。
	F	强调笔顺的练习，会布置作业督促学生巩固。
汉字教学的辅助工具	A	词卡、实物。
	B	PPT、图片、白板。
	C	田字格纸、汉字动态笔画网站。
	D	PPT、卡片。
	E	字卡。
	F	YouTube和上面的汉字教学资源、自己设计打印的笔顺图等。
汉字教学的难点	A	部分字义不易解释。
	B	汉字教学时间短，汉字结构记忆难。

续表

访谈问题	教师	访谈结果
汉字教学的难点	C	汉字有形音义三个方面，学生很难将音形义三个方面都结合起来，即看到一个汉字能够联想到它的音和义，或者听到一个汉字能够想到它的意义和怎么书写这样子。也就是汉字记忆难的问题。
	D	笔画教学难；练习方式单一。
	E	没有汉字书写的意识，把写汉字当做画画；为了减轻学生的负担，并未给学生讲每个笔画的专业名称，对笔画教学有一定的影响。
	F	没有汉字书写的意识，把写汉字当做画画；练习方法单一，低年级学生容易产生抵触心理。
对使用汉字二语移动学习软件进行汉字教学的看法	A	对汉字二语移动学习软件很期待，认为会帮助教师解决一些汉字教学中的问题。
	B	学生可能并不会主动地使用这些资源。
	C	对汉字二语移动学习软件很期待，希望该软件操作方便，要做好软件推广工作，让学生不仅“有所耳闻”，而且能够真正利用它来辅助自己的汉字学习。
	D	认为对汉字二语教学来说是一种很好的辅助工具。
	E	更加直观，更加方便，会在一定程度上减轻教师的负担。
	F	更加直观，更加方便，会在一定程度上减轻教师的负担，如果能增加一些小游戏可能效果会更好。

续表

访谈问题	教师	访谈结果
理想中的汉字二语移动学习软件所具备的功能	A	1.具备拼音检索和结构检索功能； 2.具备“扫一扫”快速查汉字功能； 3.图片释义； 4.字、词、句相结合教学； 5.操作简单，使用方便； 6.生动展示音形义。
	B	1.具备语音功能，可播放生字的标准发音； 2.生动展示汉字笔画、笔顺和意义，帮助学生记忆汉字；
理想中的汉字二语移动学习软件所具备的功能	C	1.清楚明白地呈现汉字的形音义； 2.关注多笔画汉字的教学； 3.设计更加个性化、人性化； 4.能够激发使用者学习兴趣。
	D	1.字义讲解功能，尝试用一些有趣的内容讲解； 2.发音功能，给学生正确的示范，还要能够让学生有练习的机会； 3.笔画动态展示功能，学生书写练习功能，其中包含笔画纠错功能； 4.字词使用练习功能，学以致用； 5.增加用多语言展示的知识扩展板块，把相关的字义小知识介绍一下。
	E	1.笔画演示的时候能够慢一点，最好有暂停键； 2.相似笔画的区分； 3.解释形旁、义旁； 4.音形义； 5.设计更加全面，更加人性化、个性化。
	F	1.解决好使用权限的问题； 2.要针对教学对象的年龄特点进行设计； 3.设计更加全面，增加趣味性，更加人性化、个性化；

四、汉语作为二语的汉字移动学习软件原型设计

（一）设计目标

为了更好地解决汉字学习难、汉字教学时间短和汉字教学形式单一化这一矛盾，设计一款辅助汉字学习、减轻教师负担、高效学习汉字的汉字二语移动学习软件显得极为重要。

（二）设计说明

1.适用对象的限定

该款软件的适用对象主要是汉语作为第二语言的国内外学习者。

2.学习内容的选择

收录国内外主流对外汉语教材中的生字，如《博雅汉语》《新的中国》《中文听说读写》等。

3.汉字编排的顺利

主要按照教材归类，每本教材再根据课文顺序编排字表。在“拼音检索汉字”部分按照音序排列，即根据首字母从A到Z依次排列，方便学生查找汉字。

4.教学语言的选择

考虑到学习者参差不齐的汉语水平以及不同的语言背景，该项设计提供了不同的教学语言。

5.基本功能

为方便学习者随时查找、学习生字，该项设计提供了“拼音检索汉字”和“扫一扫”两大搜索功能。如果学习者知道某一

个汉字的拼音，需要查找其书写形式，则可以使用该功能进行查找。如果学习者只知道某一汉字的结构，并且希望从结构入手，对其进行全方位的了解，则只需将这个汉字放入扫描框内，扫一扫即可得到关于该汉字详细的讲解。

6.汉字教学的形式

语音教学部分提供“标准发音示范”和“学习者发音检测”两个环节，学习者在听完标准发音后，可上传自己的录音，系统会对学习者的发音正确与否进行评价。字义教学部分采用Flash动画对字义进行解释、生动有趣。字形教学部分除了展示生字的笔顺笔画之外，还以屏幕做字帖，通过“动态书写示范 — 有提示描红 — 无提示练习”三个环节帮助学习者记忆汉字结构。除此之外，该项设计还与课文内容相结合，将字、词、句融入到汉字学习的整体设计中。同时还加入了字源的介绍帮助学习者了解汉字背后的文化意义。

7.操练环节的设计

操练环节的设计采用“随讲随练，及时检验学习效果”的原则。另外，每一部分的生字学完之后，该软件还设置了一系列通关游戏对所学内容进行全方面的复习，以期增加汉字学习的趣味性，激发学生的学习热情。

（三）设计原则

1.明确学习对象原则

第二语言学习软件的设计内容会受到学习者母语、文化背景、年龄等因素的影响，因此在设计时必然要明确使用对象，根据影响因素设计出符合他们认知特点、心理因素以及母语的学习软件。

2. 体现汉字特点原则

软件中，要注意利用声音、图片、影像等多媒体技术来展示汉字的形、音、义。具体操作可以以标准的发音音频来教汉字的读音；以动画来展示那些经典的象形字、会意字、形声字等，并传递了声旁和形旁的概念；此外，利用汉字演变等相关flash动画或者母语来解释汉字的意义。

3. 注重体验原则

一款好的学习软件，只有保证拥有一定的趣味性、易操作性和良好的反馈性，才能给使用者带来更好的学习体验，从而提高客户活跃度。

4. 持续性原则

为了更好地督促学习者持续学习，该款软件在设计上采用了“每日汉字打卡”“通关解锁课程”等方式激励学习者坚持学习汉字，从而达到更好的学习效果。

（四）汉字教学界面展示

1. 登录界面

学习者可输入自己的账号和密码登录汉字学习软件，也可使用微信或脸书等社交软件进行登录。

图 4-1　汉字移动学习软件原型的登录界面

2. 语言模式选择界面

考虑到学习者母语不同、汉语水平不同的特点，该款软件提供多种教学语言供学习者挑选。

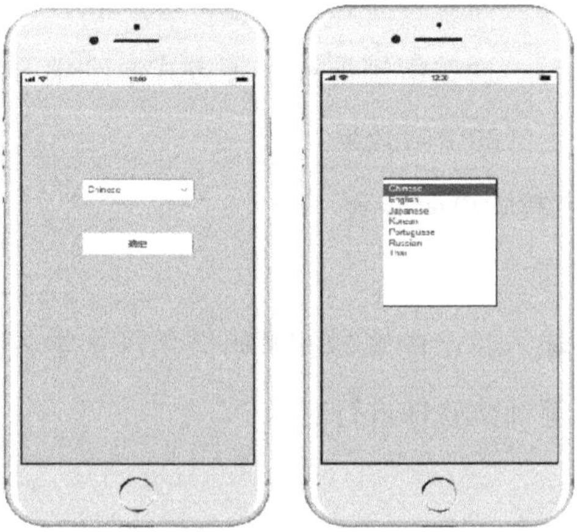

图 4-2　汉字移动学习软件原型的语言选择界面

3. 学习模式选择界面

该款汉字软件的学习模式有两种，一是查找学习，二是与教材同步学习。其中查找学习是指学习者可以通过查找某一个汉字来学习该汉字的音、义、形等，适合在阅读或作业过程中使用，学习者可以通过“拼音检索”和“扫一扫”进行搜索。

4. 汉字教学界面展示

首先，在该界面，学习者不仅可以获取生字的标准发音，同时系统可以对学习者的发音进行评估；其次，学习者可点击播放按钮观看Flash动画了解生字字义、常见搭配及汉字演变的过程；当然，学习者还可点击田字格中的汉字学习汉字的笔画笔顺，观看汉字的动态书写过程，随后也可直接在屏幕上反复书写练习，系统会对书写正确与否给予反馈；最后，当每一单元的汉字学习任务完成之后，学习者可通过参加个人主页上的通关游戏对所学内容进行复习巩固，软件将以匿名的方式根据游戏成绩的高低进行排名，以此激发学生学习汉字的热情。

（五）利用汉字移动学习软件学习汉字——以课文《加微信》为例

1. 选取课文《加微信》的理由

表 4-1　课文《加微信》生字表

序号	生字	笔画数	结构	种类
1	微	13	左中右结构	会意字

续表

序号	生字	笔画数	结构	种类
2	扫	6	左右结构	会意字
3	像	13	左右结构	形声字
4	喜	12	上下结构	会意字
5	影	15	左右结构	形声字
6	休	6	左右结构	会意字
7	息	10	上下结构	会意兼形声
8	改	7	左右结构	会意字
9	田	5	包围结构	象形字
10	包	5	右上包围结构	会意字

（1）笔画有繁有简

本课共有生字10个，笔画数量在5画到15画之间，有繁有简，而不是仅仅局限于难度等级相同的汉字。

（2）结构类型多样

在本课生字表所包括的10个汉字中，包括上下结构、包围结构、左右结构等几种主要的汉字结构类型。

（3）汉字种类覆盖广

本课的10个汉字以整个汉字体系中汉字种类比例高的会意字和形声字为主，同时还包括了象形字。

2. 以课文《加微信》中的十个汉字为例进行教学展示

（1）教学目标

正确掌握生词表中10个汉字的发音、结构、字义，能够运用本课10个生字组词造句，适当了解汉字背后的文化意义。

（2）教学重点与难点

掌握“微”“喜”“像”“影”“扫”等汉字的笔顺笔画；掌握“改”“扫”“影”等汉字的声调；理解并掌握汉字的字义等。

（3）教学对象

18—20岁的美国在华留学生，汉语水平为零基础。

（4）教学展示环节

A. 学生准备环节

学生用手机或者iPad登录个人账号，进入学习界面。

B. 语言选择环节

因为学习者均为零基础的美国大学生，因此可以选择使用母语（英语）进行教学，方便学习者对教学内容的理解。

C. 学习内容的选择

学习者可点击“选择课本”找到当前正在使用的教材，选择第六课《加微信》的生字表开始学习。如图：

图 4–3　第五课《加微信》生字表界面图所示

A. 语音部分的学习

点击播放汉字的标准发音，然后进行模仿，之后上传自己的发音，系统会给出一个评估结果，不需教师逐个提问即可让每个学生有练习的机会。

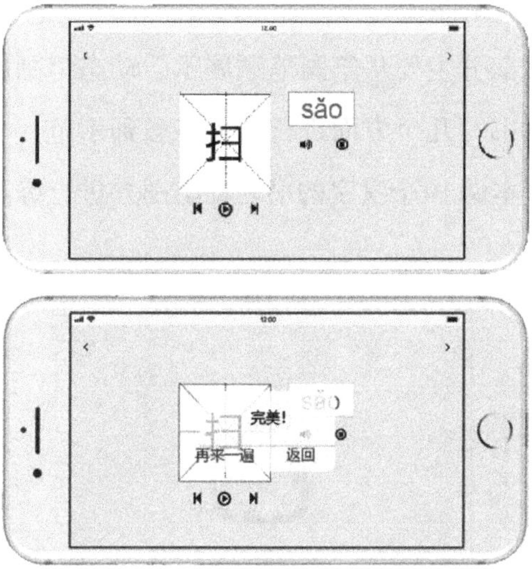

图 4–4　生字“扫”语音学习界面

B.字义部分的学习

字义部分的学习主要通过Flash动画对字义进行展示，学生可点击播放键获取Flash动画了解生字的意义，在减轻了教师教学负担的同时，也大大提升了学生的学习兴趣。

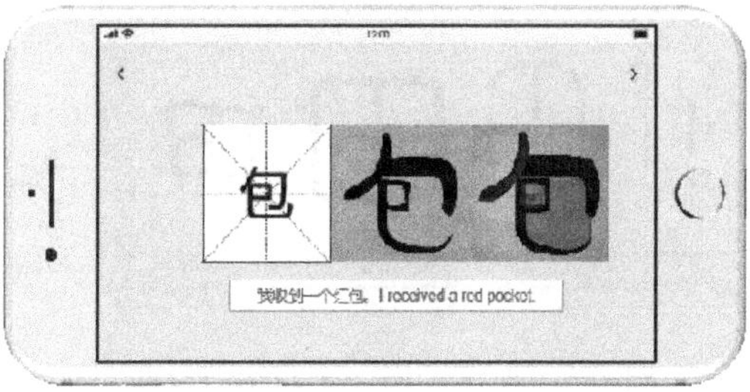

图 4–5　生字“包”字义学习界面图

C.字形部分的学习

字形学习部分主要从笔画笔顺展示、动态笔画展示、有提示描红、无提示书写几个方面进行。无需教师示范，学生可直接在手机屏幕观看本课10个汉字的书写动态图并进行练习。

图 4–6　生字“包”字形学习界面图

D.字源介绍

在学习完十个汉字的音、形、义及组词、造句情况后，学习者可通过“汉字小知识”动画查看汉字的演变，了解汉字的字源。

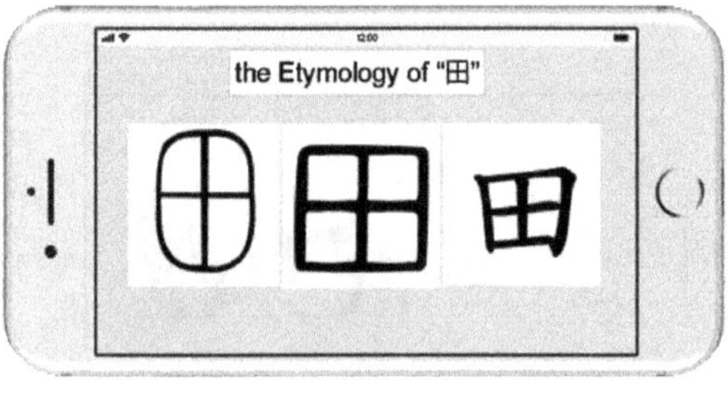

图 4–7　生字“田”字源学习界面图

E.汉字操练

学生在学习完本课10个汉字以后，即可通过游戏打卡复习的方式对所学内容进行巩固，之后软件系统将会解锁下一单元的学习权限，若未完成任务，系统则不会开通下一课的学习权限，学生将无法获取接下来的汉字学习资源。

图 4-8　汉字操练环节界面图

结语

任何一款移动软件的设计都不得不考虑其界面设计、交互设计、用户体验等方面的问题，但由于笔者并非该专业领域人员，本文将汉字移动学习软件原型的设计重点放在了教学环节的安排和教学形式的设计上，而关于移动软件的用户体验、界面设计、交互设计等方面提到的并不是很多。

也因资金、技术等方面的限制，未能应用于真实的留学生课堂中，因此，该款汉字移动学习软件的有效性还有待再做研究。

移动端汉字教学中包含了很多内容和工作，如用于解释字义的Flash动画制作、练习环节的游戏设置、学习效果评估的标准、教材选择的范围、字序的编排等，每一项都需要精心的设计和准备，未来在人工智能技术的辅助下，汉字移动学习软件的设计将更加个性化、人性化，更具创新性。

基于微信公众平台的汉语口语教学微课应用探索（2019）

谷陵、景宇琦

摘要： 本文对国际汉语口语微课的发展现状进行了调查，选取了2个汉语口语微课进行了较为全面而深入的个案分析，对汉语口语微课的特点、优势和不足进行了归纳和阐释。在此基础上，本文就国际汉语口语微课的设计进行了理论探讨，提出了国际汉语口语微课的设计原则，并基于微信公众平台进行了教学生态环境分析，以中央民族大学美国大学生寒假短期汉语课程和汉语口语教学的需求分析，设计了完整的教学模块，以最后的第八课《你家有几口人》为例展示了具体的教学设计，希望能为今后的国际汉语口语微课教学设计提供些许参考。

关键词： 汉语口语教学；微课；微信公众平台

一、引言

随着互联网技术的发展，教育领域也发生了很多喜人的变化，教育教学的形式更为丰富。当前，全球多个国家和地区形成了学习汉语的热潮，但由于时间和空间的限制，汉语教学大部分采取的仍是传统的课堂教学形式，不能很好地满足海内外日益庞大的汉语学习需求，汉语微课的建设和发展成为了必然趋势。

当前基于网络平台的国际汉语微课逐渐增多，但课型大多为综合课，极少有针对口语课型的微课系列课程。微信公众平台，作为汉语学习者中使用最为广泛的社交平台，可成为汉语微课试用、应用及推广的较好媒介，但基于该平台的国际汉语口语系列微课暂时尚未发现，只有零星研究浅尝辄止。

本文以基于微信公众平台的国际汉语口语微课设计为研究对象，对当前国际汉语口语微课教学相关研究进行了梳理，调查并分析了国际汉语微课的发展现状，选取了2个汉语微课进行了较为全面而深入的个案分析，从而总结归纳出汉语微课的特点、优势和不足。在此基础上，本文就国际汉语口语微课的设计进行了理论探讨，提出了国际汉语口语微课的设计原则，并基于微信公众平台进行了需求分析和教学生态环境分析，设计了完整的教学模块，最后以中央民族大学美国大学生寒假短期汉语课程的第八课《你家有几口人》为例展示了具体的教学设计，希望能为今后的国际汉语口语微课教学设计提供些许参考。

二、国际汉语微课的定义及相关理论

（一）国际汉语微课的定义

1. 微课的定义

微课的种类包括讲授式微课、问题解答式微课、讨论式微课、活动性微课、关联式微课、作业式微课。

2. 国际汉语微课的定义

国际汉语微课是在微课的基础上进一步细分得出的微课类别，具备微课短小精悍的特点，教学内容是汉语这门语言，教学范围突破了地区、国界。

笔者在此将国际汉语微课定义为借助多媒体网络手段、在国际范围内进行汉语语言教学的一种教学资源，教学对象是国际上想要进行汉语语言学习的第一语言非汉语的学习者。

（二）国际汉语微课相关理论

1. 移动学习

移动学习具有可移动性和个性化特征。可移动性是指学习者可以借助移动终端实现学习场所灵活选择的特性。个性化特征是指学习者可以按照自己的学习水平和学习需求选择不同的内容来完善自身的知识体系。

2. 构建主义

在以建构主义为理论依据进行教学活动时应遵循三个原则。一是以理论为基础，实践为主体，学习者知识体系的完善是建立在正确的知识理论输入的基础之上的；二是以学生为中心，教师为主导，师生以协作互动的方式共同实现学生对于新知识的意义理解与知识框架更新；三是以课堂为载体，社会为根本，任何知识的课堂输入最终目的都是提升学生的语言能力以进行社会交际活动。

3.情境认知

情境认知理论认为知识本身、知识发生的情境以及如何在情境中运用知识是一个完整系统，并将知识界定为工具。

4.第二语言习得

在语言输入时应考虑学习者的吸收能力进行相应的课堂教学设计。第一，课堂教学的内容要结合学习者语言水平，选择学习者可以理解、学习所需的有意义的教学内容。第二，语言输入不能求进求快，遵循“i+1”的语言输入原则，选择比学习者当前水平高一点的学习内容进行信息的提供教学。第三，教学的学习形式活动应多彩多样，要设计不同的活动，学习者对目的语进行结构观察和应用练习。

三、国际汉语口语微课平台现状调查及个案分析

（一）国际汉语微课平台现状调查

1.微课网平台

微课网平台提供很多视频，视频的画面很清晰，声音传达效果好，但只有小部分可以免费观看，其余都需按照级别和时长收取费用。偏长的微课视频以及不低的课程费用使该平台用户极

少，收费资源无人观看而出现资源浪费现象。

2. 中国大学慕课平台

国内很多知名高校都开设了系列慕课，很多选修课也都以慕课方式进行教学学习，一个系列课程包括很多小节，可以细分知识点进行学习，慕课平台既可以线上观看视频，还可以下载离线视频，还配备了课堂测验和配套练习作业。采用课前签到打卡确保上座率，学生可以在视频学习结束后重复观看学习，提交作业，完成测验，优化教师和学生自由时间。然而另一方面大学微课存在良莠不齐的现象，有些微课因平台资源有限，可能需要采取电脑录屏式教学。

3. 可汗学院平台

可汗学院是海外平台中建设较好、用户较多的平台，录制形式采取录屏软件、手写板、画图工具相结合的样式，省略很多不需要的教学环节，视频直接进入讲解环节，画质优良，逻辑清晰，内容丰富，是质量很高的微课平台。网易公开课设有可汗学院专栏供学习者学习，视频的教学语言为英文，虽然有中英双语字幕，但对于无法使用英语学习的学生来说，这无疑也会占用学生反应时间。

4. 唐风汉语微课大赛平台

此次微课大赛在评审标准上做到了细致规划，从材料完整度、技术规范度、选题价值、教学设计与组织、教学手段、教学语言与教态、目标达成、微课特色八个方面进行评审打分。其中材料完整包含微课视频、教学设计方案、教学课件、配套习题及其他配套教学资源，规定了微课设计需包含的方面。微课教学要完成设定的教学目标，有效解决实际教学问题，促进学生知识运用及专业能力提高。教学效果要体现微课短小精悍的特色，符合网络学习特点，教学形式新颖，教学过程深入浅出，形象生动，趣味性和启发性强，教学氛围的营造有利于提升学生学习的积极主动性。

（二）国际汉语微课个案分析

1.基于微信公众号平台的个案分析

在对比分析此公众号所进行的系列微课后，笔者选用了其词汇教学微课堂的多彩词汇第五课《名量词：个、名》进行个案分析研究。

（1）基本信息

课程主题：名量词

主讲人：宋怡颖

课程时长：10分32秒，符合微课10分钟左右的视频时长

教学对象：母语为非汉语的学习者

教学内容："个"和"名"的辨析

微课包含内容：文字导语、微课视频

（2）文字导语分析

笔者认为这部分的文字导语除了最后号召学习系列微课多彩词汇以外，与本课教学主题"名量词"毫无关联，是一个无关的

导语，不能起到引导作用。导语配备图片为黑白简笔画，色彩暗淡，没有活力，形式和内容都不具有学习价值。

（3）微课视频分析

此次微课视频整体教学设计模块和流程示意图如下：

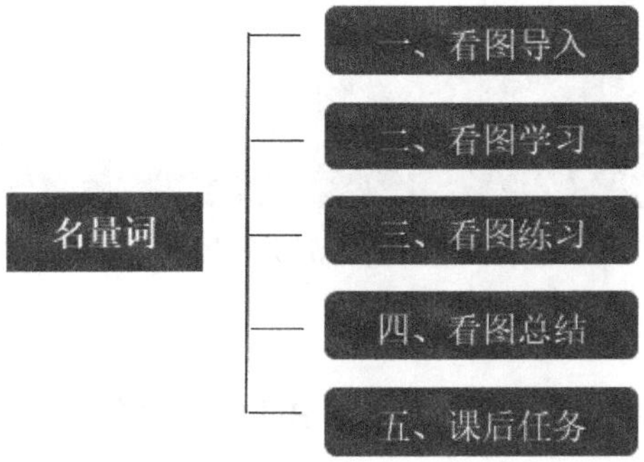

图 3–1　教学设计模块及流程示意图

词语教学微课堂的多彩词汇系列第五课主题为名量词“个”和“名”的讲解，微课视频总时长为10分32秒，共使用13张PPT；页面设计包括标题、图片、文字、色彩区分、小提示等，总体来说色彩活泼，但是不够简洁整齐，图片风格不统一，存在某些字体颜色太淡、提示部分字号过小等问题。

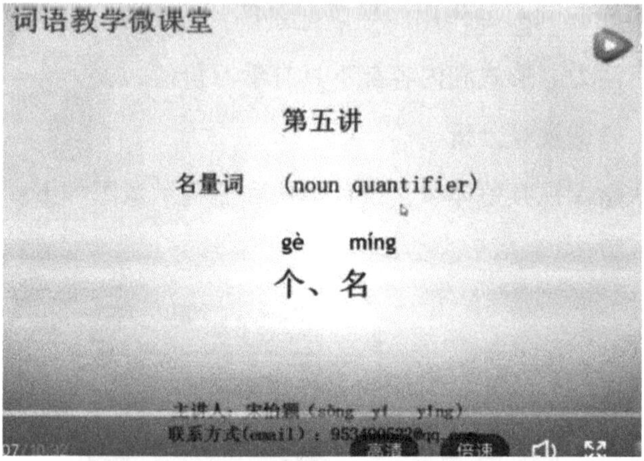

图 3-2 词汇讲解界面

首页表明此次的课程主题、主讲人、联系方式、所属系列、所属课程等信息，选用淡蓝渐变底色，蓝色和黑色字，整体来说偏冷淡系列。

图 3-3 看图导入界面

第一部分看图导入，以图片引出两个句子，一个用“个”，一个用“名”，两个字用红色标出，向学生提出问题，引导大家思考两个句子里“个”和“名”有什么不同。提出问题思考是集中学习者注意力的好办法，但是问题提示选用荧光绿底色，字体颜色选用白色，在视频里出现了模糊不清的问题，这里有待改善。

图 3-4　看图学习界面

第二部分看图学习首先从一个全家福入手，引出例句“两个孩子”“一个姐姐”“一个弟弟”，“个”用红色标出，提示部分用淡红底色，黑色字表明因为“孩子”“姐姐”“弟弟”三个名词是表示人与人关系的，因此不能用“名”，提出“个”和“名”第一个用法的不同。

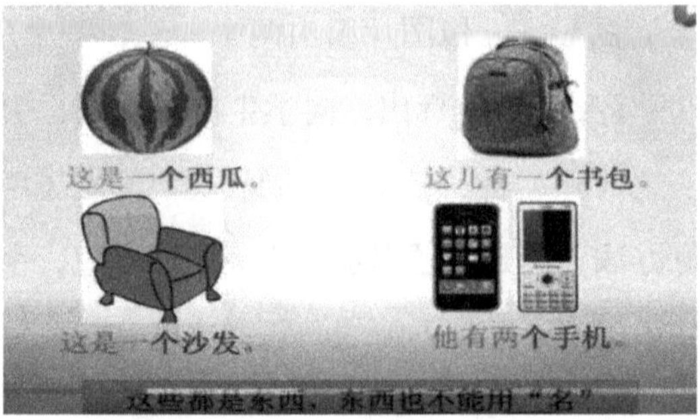

图 3–5　看图学习界面

紧接着看图学习部分展示四张东西图片，红色标出四句全部都用“个”，提示部分解释东西不能用“名”，提出了“个”和“名”的第二个用法不同之处。

图 3–6　看图学习界面

接下来在看图学习部分，教师展示了四个人物，他们分别代表四种职业，并且他们既能用“个”，也能用“名”，提示部分解释人的职业前“个”和“名”都可以使用，提出了“个”和“名”的共同点。

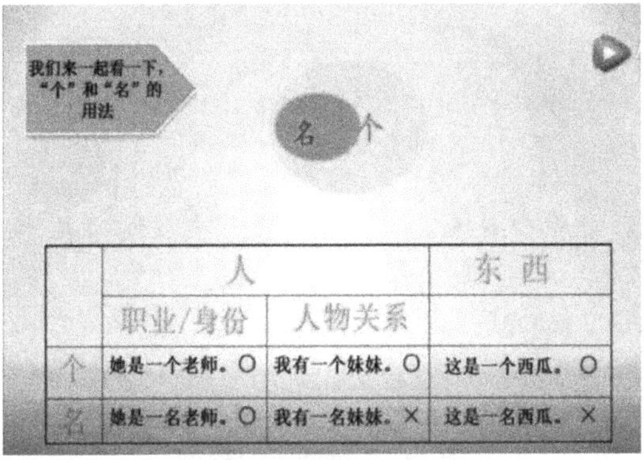

图 3-7　看图学习界面

紧接着看图学习部分展示了一个表格，包括使用“个”和使用“名”的例句，以及句子正确与否的解释，将“个”和“名”的使用范畴再一次以表格的形式直观地呈现在学习者眼前，并得出结论“个”的使用范围比“名”大。

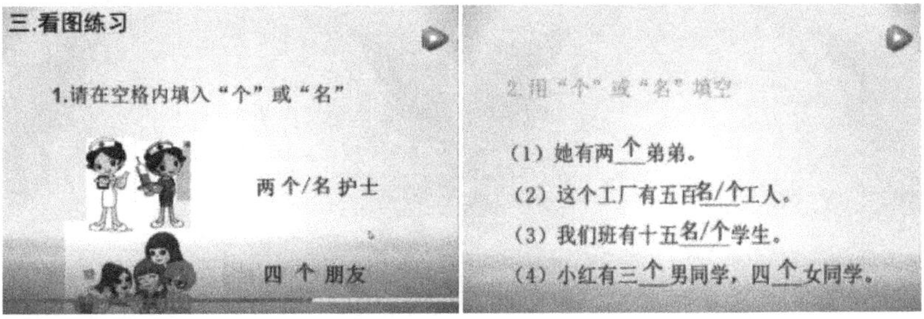

图 3-8　看图练习界面

第三部分看图练习部分，教学者设置了两页的填空练习，让学习者根据图片或者语句选用“个”和“名”进行填空，以帮助学习者在句子中辨析两个名量词的用法。

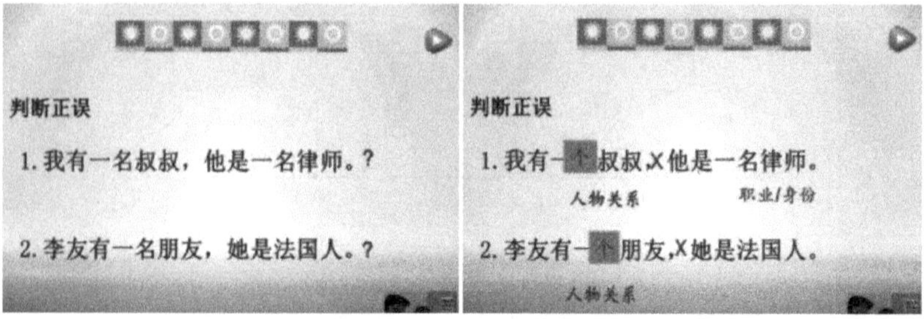

图 3-9　看图练习界面

接下来练习部分还包括句子的判断正误，让学生辨认完整句子的正确性，既要说出错误的句子哪里错了，予以改正，也要说出正确的句子为什么正确，予以肯定，帮助学习者思考理论知识，引导学生真正明白“个”与“名”的不同。

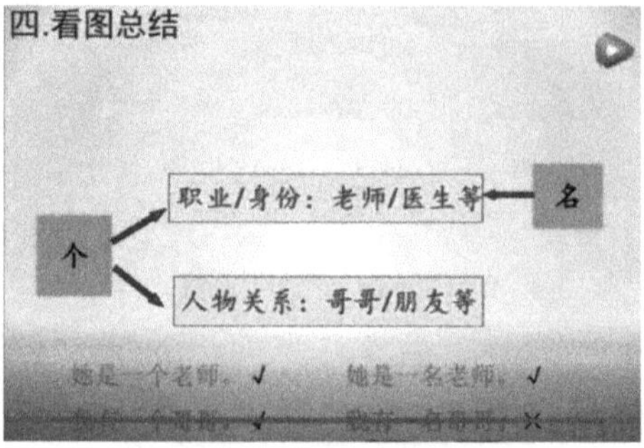

图 3-10　看图总结界面

第四部分看图总结再一次展现了“个”和“名”的使用范围，“个”可以用在职业、身份、人物关系等句子中，而“名”只能用在职业、身份的句子当中，且总结部分提供了一些例句，供学生再次回顾两者用法和区别。

图 3-11　课后任务界面

第五部分课后任务布置了家庭作业，笔者认为这个作业布置的十分具有可行性，家庭里每个人既有职业身份，也有人与人之间的关系，可以很好地考察学生区别运用“个”和“名”两个名量词的理解和应用。

图 3–12　结尾界面

结尾页用英文与同学说再见，笔者认为这个英文设计没有必要，首页已经用了中文，且学生已经到了名量词的辨析应用阶段，完全明白“下课”之类的简单词汇，那么在此基础上加大汉语文字输入对于学生提高汉语水平是有帮助的，应该尽量避免英文输入。

（4）分析总结

《名量词：“个”“名”》整个微课只包含文字导入和微课视频部分，缺乏课后配套练习，严格意义上来说并没有完成微课的整个设计流程，通过对此微课的分析，我们可以得出一些经验和日后改进的部分。

第一，在文字导入环节，应该选用和课程主题相关的语句、图片、视频等进行导入，激发学习者的学习积极性，与主题相关联也可拓展学生的知识面，多选用活泼生动的图片、视频等，引发学习者的学习活力，而不是只为了导入而导入。

第二，关于微课视频，此微课视频总体上来说教学环节是完整的，每个环节基本都配备了相应图片。但是图片风格选用不一致，体现了制作者的态度有待端正；很多环节都有相应的提示本来是帮助学生予以理解的，但是因为背景色、字体颜色、字号大小的选用不当，影响了视频观看效果，使得提示的作用大打折扣，降低了此教学视频的优势。然而，此次教学的设计优点也是不能忽视的，"个"和"名"的使用范围不同通过例句进行了合适的总结，并且设置了操作性强的课程作业。

2. 首届研究生微课大赛的个案分析

（1）基本信息

参赛作品主题：结果补语

参赛选手：北京大学，吴平凡

教学对象：初、中级母语非汉语学习者

教学内容：结果补语的基本用法，肯定式（V+V/adj+了）、否定式（没/，没有+V+V/adj）、疑问式（V+V/adj+了+吗？）。

作品得分：93.70分

微课包含内容：微课视频、教案设计、配套练习

（2）微课视频分析

《结果补语》微课视频时长7分钟，符合微课视频10分钟左右的时间设置；共使用23张PPT，包括首页、课前复习、新课导入、例句展示、结构讲解、课堂练习、知识回顾、课后作业、结

尾页等九部分；页面设计包含标题、图片、视频、字幕、颜色区分等方面，色彩以红白黑三色为主，清晰简洁。

图 3-13　微课视频 PPT 首页

首页表明此次课程主题、参赛名称、参赛者、所属院校信息，设计简洁。

图 3-14　微课视频 PPT“课前复习”

PPT界面左上角为教学环节提示，右上角为所属院校校徽、页面中部为教学内容，由图片引出例句，重点语法由红色标出，教师位于屏幕右侧三分之一处进行讲解，页面底部为字幕提示，避免了学生听不清教师输出语言的问题。由于视频录制原因可能出现色彩较暗，影响学生学习效果，参赛者在视频中专门全页面显示了内容PPT，减少视频人像对学生学习的干扰，这个设计值得点赞。

图 3-15　微课视频 PPT“生活实景”

教师的内容设计包含了真实情景展示教学，媒介不仅包括图片、文字，还包括精心录制的视频，画质清晰，交际情景真实，并且配备相应字幕，大大降低了学习者的观看难度，提高了学习者的学习兴趣，并且可以帮助学习者更好地将所学内容应用在实际交际情景中。

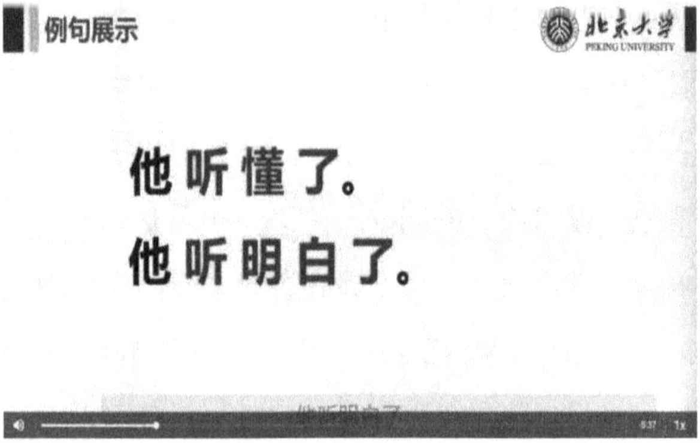

图 3–16　微课视频 PPT“例句展示”

对于教学中出现的例句，教学者用单独的界面突出显示，教学语法内容用红色标出，表明红色部分为教学的结果补语内容。

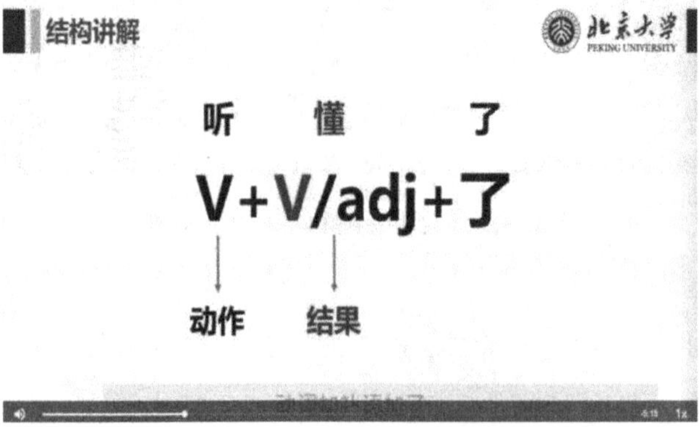

图 3–17　微课视频 PPT“结构讲解”

教师在语法结构分析讲解部分，采用例句与语法结构一一对应的方式，并注意区分不同位置动词所表示的内涵不同。美中不足的是在结果补语肯定式、否定式、疑问式教学时，教师只是口头提示目前所学为何种语法形态，但是没有在PPT标出，可能会出现学习者在学习时将结构弄混的问题，所以如果在结构讲解部分于教学环节处增添提示，会得到更好的教学效果。

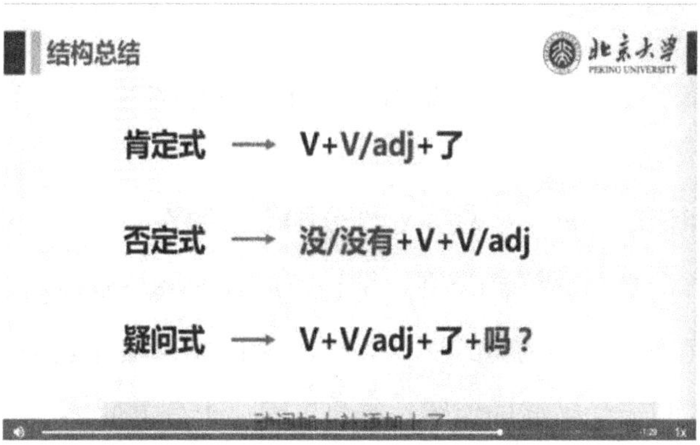

图 3–18　微课视频 PPT“结构总结”

在完成结果补语的肯定式、否定式、疑问式三种形式教学之后，教学者注意将三种形态展现在同一页PPT上进行回顾比较，理清学习者的思路。

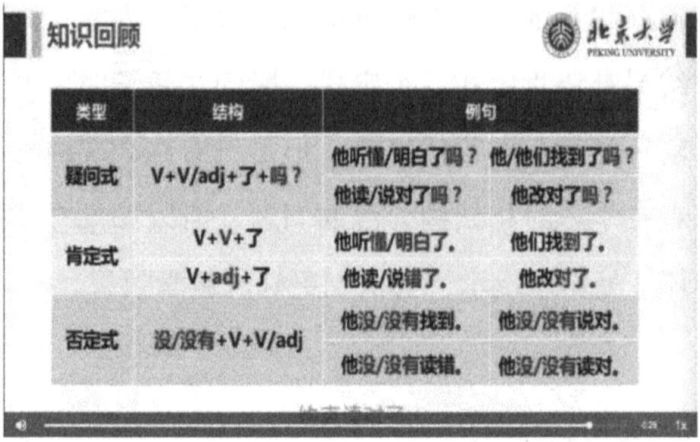

图 3-19　微课视频 PPT“知识回顾”

在知识回顾环节，教学者十分细心地制作了一个表格，表格内容包含今日所学语法类型、结构，以及交际情景展示讲解中出现的例句，以提问的方式引导学生思考回答，填充表格，并且表格的形式利于学生截屏保留，复习巩固，十分方便。

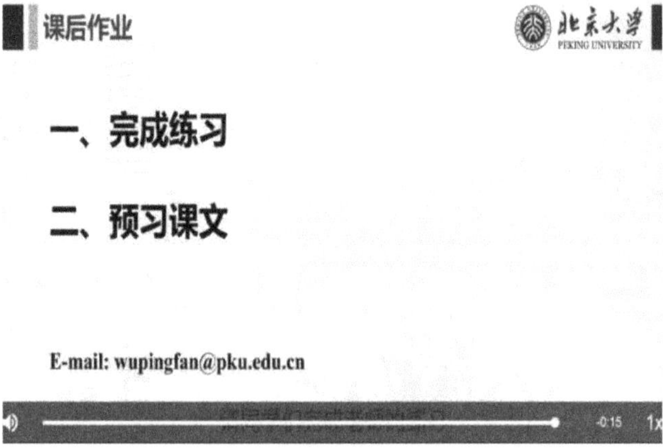

图 3-20　微课视频 PPT“课后作业”

在作业环节，教学者将设计的配套练习作为作业进行布置，对于学生课后进行练习有一定的约束力，并留下邮箱供学生与教师联系沟通，增强了微课的互动性。

图 3–21　微课视频 PPT 结尾页

结尾页再次向学习者提出问候，表明课堂已结束，感谢同学们的学习聆听。

（3）教案设计分析

《结果补语》的微课教案包括教学对象、教学内容、教学目标、教学重点、教学准备、教学步骤六大部分，其中教学步骤包括知识回顾、新课导入、新课学习、知识回顾、布置作业五部分，而当中新课学习是最重要的环节，具体又分为例句展示、肯定结构展示、复习肯定式且导出否定式例句、否定结构展示、结构操练、结构总结等方面。

五、教学准备

课前教师自行设计情景剧，拍摄视频，作为教学辅助素材。

片段一：中国游客小明问路，留学生约克听懂了，他们一起去超市。

片段二：小明和约克去超市，他们找到了。小明发现约克之前把超市的名称读错了。

片段三：小明帮助约克纠正发音，约克读对了。

【播放片段一】引出结果补语"听懂了""听明白了"。

（三）新课学习

1. 例句展示

回顾短片，提出问题：他听懂了吗？给出例句：

他听懂了。

他听明白了。

2. 肯定结构展示

V+补语（V/adj）+了

3. 复习肯定式，导出否定式例句

【播放片段二】

复习肯定式例句：

他们找到了。

他读错了。

图 3–22　教案设计部分

整体教案设计重点难点突出，教学环节环环相扣，提前设计好教学所用情景剧并进行拍摄作为教学辅助素材，红色表明教学语法，黄色提示情景视频播放，提示效果强，对课堂教学行为作出标注，利于课堂顺利进行。

（4）配套练习部分

《结果补语》课后练习共包含三道题目，第一道为根据句意填空，属于机械化练习，能够锻炼学生对于句意和补语位置的理解能力；第二题为句式转换，实现课堂所学肯定式、否定式、疑问句的结构变化练习，属于半机械化练习，能够提高学生对于三种语法结构的熟练运用能力；第三题为复述微课视频中的情景交际场景故事，属于开放式练习，能够锻炼学生的表达和输出能力。

一、用“懂”“明白”“到”“对”“错”“会”填空

1. 小明和小红想去天安门，他们看了北京地图（map），他们找_____了。
2. 这篇课文很简单（simple），他看_____了。
3. 这首歌太难（difficult）了，他没听_____。
4. 结果补语很简单，我学_____了。
5. 他汉语不好，很多字读_____了。
6. 他汉语不好，很多字没有写_____。

二、句式转换

肯定式	否定式	疑问式
他说对了。	________	________
________	小明没有找到。	________
________	________	他听明白了吗？

三、复述“小明和约克找超市”的故事

图 3-23　配套练习部分

此次配套练习设计比较合理，题目数量不多，避免了学生的练习抵触心理，题目难度由易到难，由机械化到开放式，逐步推进，锻炼了学生理解、运用、表达能力，设计合理有效，是对微课视频教学的良好辅助练习。

（5）分析总结

第一，在视频制作时，PPT模版选择要简洁大方清晰，应采取文字、图片、视频等丰富形式相结合的方式，基于真实的交际情景进行教学，用颜色区分教学重点内容，尤其应注意配备字幕，降低学习者信息输入难度，注意学习内容的复现展示。但也应注意在进行多类型句式教学时，避免学生混淆。

第二，在教案设计时，应提前确定好教学对象、教学语言、教学重难点，设计好教学方式与教学行为，提前设计好PPT内容板书、教师语言，控制语言输出不要超出学生的接受能力水平，预设学生回答及可能出现的问题，予以解答。

第三，是在配套练习设计环节，要注意设置不同类型和程度的练习，使得不同水平学习者可以尽全力完成自己可完成的练习部分，保持学习兴趣。综合培养提高学生汉语语言能力和水平。

四、国际汉语口语微课设计的相关理论探讨

（一）国际汉语口语微课的特征

1.口语微课的特点

（1）教学自由

基于微信公众平台的国际汉语口语教学突破了时间和空间的限制，实现了教学自由。

（2）学习自由

基于微信公众平台的汉语口语学习突破了对学习者的限制，学习者可以根据自己的实际情况自由地选择学习地点和学习时间。

（3）交互式学习

在微课教学中，学生可以利用网络与教师进行定期或不定期的交流，既有利于学习者根据自己实际情况进行提问，也有利于教师掌握不同学生的学习特点。

（4）知识内容来源丰富

在微课中，学习者可以根据自身水平在教师讲解基础上查询到更多知识信息，教师也可以针对学生的提问查询相关内容以更好地进行答疑。

2.口语微课的优势

（1）微信具有语言设置功能，使用者可以很方便地根据自己的喜好将操作界面语言设置成自己的母语、目的语等，课程学习一键点击，消息交流一键发送。

（2）消息推送准确及时

根据学习者的不同地域、水平、需求等进行更有针对性的教学内容发送，实现消息推送的准确性。

（3）内容形式丰富活泼

可以通过建立微信群的方式发送文字、语音、图片、音频、视频等，并且建群数量不受限制。

（4）交流互动高效即时

微信公众号上推送的课程、文章等，在发送时可以选择推送群组和消息提醒，实现即时同步的信息推送分享。微信公众平台还设有聊天框，后台可以即时进行回复沟通，此外微信公众号可实现多个小程序的插入。

3. 口语微课的不足

（1）约束力不强

学习者在微信公众平台进行汉语口语学习和练习时，处于一个开放的虚拟环境中，注意力很容易被其他事情吸引，教师对学生的约束力由于其所处的不同时间和空间，对于学生的约束力大大减小，微课教学很容易发挥不了课堂应有的作用。

（2）评价机制不完善

在汉语口语微课中，学习者无法即时获得教师的反馈、提醒、表扬、批评等，针对学习者的学习效果评价目前还没有形成一个完善的评价机制，这会影响到学习者的学习积极性、影响体验感，使得微课学习仅仅成为打发时光的视频播放途径。

（3）信息资源庞杂

当前很多汉语微课教学没有对这些大量的信息进行筛选展现，学习者很难在如此庞杂的信息资源系统中快速有效地寻找到自己所需的资源，自身耗费大量时间和精力识别筛选，影响学习者的学习积极性和学习效果。

（二）国际汉语口语微课的设计原则

1.教学为主，技术为辅

在听说读写四项技能中，口语技能在教学活动中处于核心地位，所以设计的首要原则便是教学为主，技术为辅。要明确信息技术只是辅助工具，优秀的教学设计更重要。工具选择和应用应全方位考虑当前技术产品的设计原理与学习者的需求特点是否匹配，与教学者的教学目的是否契合。

2.知识与技能并重

汉语口语相关理论基础知识的获得能使得学习者更好地理解汉语这门语言，它无法只通过课堂知识讲授便转化为学习者的口语语言能力，需要借助大量技能练习才能转化为口语能力；相应的汉语口语能力的获得除了要建立在不断地练习输出实践所提高的技能上，还应建立在学习者具备良好的汉语知识框架体系的基础上。因此在国际汉语口语教学微课设计中，应当汉语知识的讲授和汉语技能的练习并重，通过操练、模拟等课堂活动，强化学习效果，使学习者更好地掌握口语技能。

3. 注重互动体验

从教学者角度来说，汉语口语学习的最终目的是要运用汉语这项语言从事日常的交际活动，一切教学行为都要围绕教学目的进行，微课教学借助新媒体网络工具，交流活动可以以人人互动、人机互动的方式体现，学习者也获得更多的交流机会。教师也要对学生加以关注，多进行鼓励、提问、反馈交流，让他们逐渐敢于表达自己、参与活动，提高学习效果。

五、国际汉语口语微课设计例示

（一）需求分析

1. 内部需求分析

此次微课设计教材选用中央民族大学美国寒假项目教案，教案共八课，涉及初到中国需了解的基本话题内容。

学习者为18—20岁美国成年大学生，汉语水平为零基础，母语为英语，主要进行短期集中汉语学习，学习动机性强，喜欢独立思考与拓展延伸，乐于分享与交流。学习者在进行此汉语国际微课口语学习之前，已经学习了汉语拼音知识和声调，可以进行拼音拼合和不同声调的发音，对于课堂指令有了解。

2. 外部需求分析

很多外国留学生希望通过学习汉语了解中国，实现沟通和交际。因此短期的汉语进修学习适应了社会发展的快节奏，适应了学习者希望在短暂假期内学会基础汉语且能够进行简单交际的学习需求。

媒介是一个很好的途径。借助互联网移动终端等实现线上学习，突破时间和空间的限制。汉语这门语言作为书面语运用和作为口语运用不论是词汇还是表达都有较大不同。学习者想进行正常的口语日常交际活动，不能仅仅依靠阅读课和综合课所学内容，分技能训练的口语课教学和练习提高能够极大满足学习者的学习需求。

（二）教学生态环境分析

1.教材使用的语言和文化环境

微课教学语言的选择会采用学习者母语英语与目的语汉语相结合的方式进行教学，目的语教学用以培养学习者的汉语语感，适当母语讲解用以帮助学习者理解所学汉语知识，教材根据学习者的需求设计课文内容，选取了留学生初到中国会涉及的基本交际话题进行教学。并且在充分考虑到学习者不同的性格特点的情况下，网络线上微课的教学能够极大缓解学习者的紧张情绪，帮助学习者克服不敢开口的心理压力，设计适合学习者交际的操练环境，帮助学生练习汉语口语表达。

2.教师条件

教师应具有二级甲等以上的汉语普通话水平，英文需满足大学英语CET6水平、专业英语8级水平、雅思6.5及以上、托福80及以上其中任意一项，具有口语教学经验，可熟练操作和运用微信公众平台，关爱学生，热爱教学，能及时与学生沟通交流，教学设计具有趣味性，教学氛围轻松活跃。

3. 教学设备与时间安排

微课教学应基于良好的计算机网络环境和良好的音像设备条件下，网络稳定，画质清晰，声音清晰，光线明亮，可以进行精美的微课视频录制。整体教学时长为寒假两周时间，共八课内容，每周学习4课，每课4课时，整个寒假项目共计32课时。

（三）微课设计《你家有几口人》示例

1. 教学设计模块

（1）“微课视频”模块

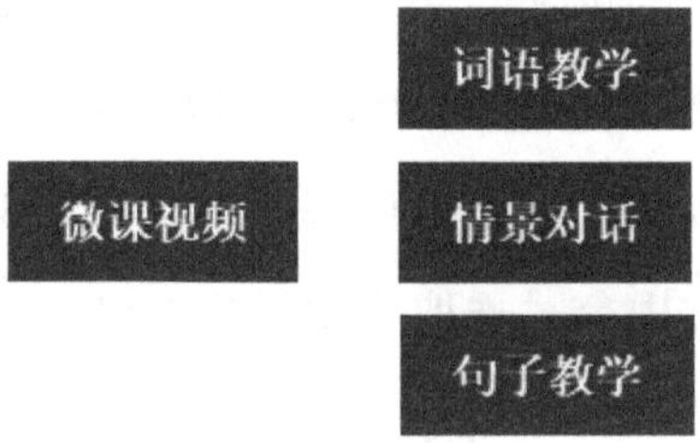

图 4-1 “微课视频”模块

（2）“语法小知识”模块

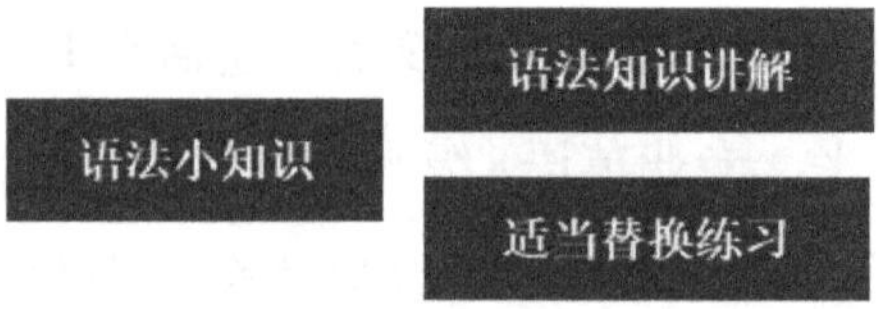

图 4-2 “语法小知识”模块

（3）“练一练”模块

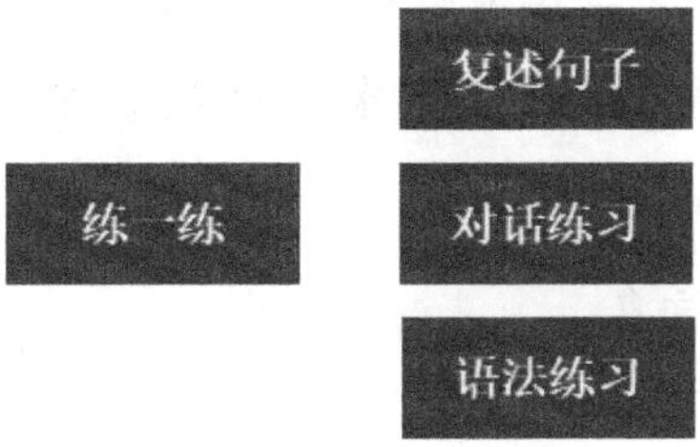

图 4-3 “练一练”模块

（4）“小任务”模块

“小任务”模块的设立依据视频所学内容和主题进行作业的布置，作业基本是以开放话题为主设置的口语表达作业。学生可以在这个模块检验自己进行口语成段表达的能力。

（5）“趣味拓展”模块

“趣味拓展”模块便起到了视频外的拓展作用。

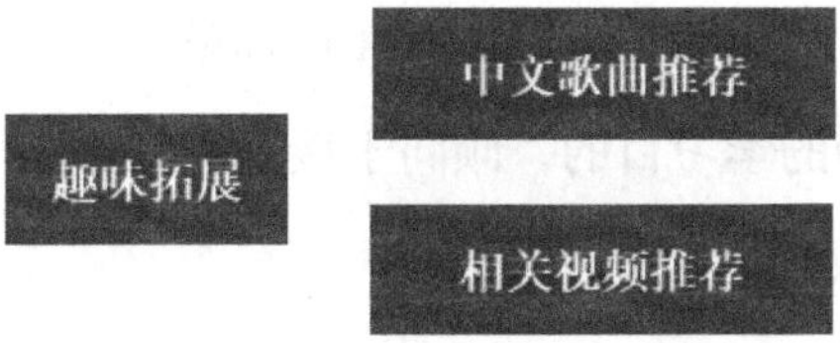

图 4-4 “趣味拓展”模块

（6）“聊天室”模块

教师建立微信群，每节微课后在群里发布话题讨论，鼓励学习者通过语音回复进行交流，教师适当点评发言，增加师生互动、生生互动。

2. 教学基本信息

（1）指导思想

本次汉语口语微课设计遵循翻转课堂的指导思想，将此次设计的系列微课作为课堂教学的辅助课堂进行教学设计。

（2）教学目标

通过此次系列微课的学习，学习者可以扫除基础知识盲点，掌握在中国生存最基本的日常交际用语，能够进行基础的交际情景对话。

（3）教学对象

18—20岁的美国成人大学生，汉语水平为零基础。学习者的母语为英语，具有丰富的实践经验进行语言学习，在以往的学习中掌握了一些学习策略、方法以及元认知策略，可迁移到汉语学习中来，具有明确的学习目的，倾向于接受有意义的学习内容。

（4）教学教材

此次微课设计教材选用中央民族大学美国寒假项目教案，由中央民族大学国际教育学院寒假项目教师根据学生特点共同编写完成。

（5）教学内容

表 4-1 教学内容设计

课程名称	教学目标	教学重点	教学难点	教学生词	教学功能句
《你好》	用汉语简单打招呼；简单地自我介绍（姓名及国籍）；初次见面寒暄语	询问姓名及寒暄语	“吗”“也”“不”	你、您、我、好、叫、什么、高兴、很、不、认识、也、人、中国、美国、是、介绍、自我介绍、贵姓、	你好！我叫……，你叫什么？认识你很高兴。你是美国人吗？自我介绍一下，我是……您贵姓？
《早上好》	日常问候用语；询问姓名及国籍；是非疑问句询问身份（老师、学生）。	询问姓名、国籍、身份	分时间、场合、对象，合适地打招呼	早上、上课、去、我们、你们、一起、吧、食堂、哪、哪国、欢迎、谢谢、不客气	早上好！去上课啊？你是哪国人？欢迎你们！
《去吃饭》	常见食物及饮料的汉语表达；食堂点菜用语；饭店点菜用语，与服务员交流。	点菜用语	“二”和“两”	吃饭、欢迎光临、几位、菜单、这个、那个、点菜、请、要、好的、请客、喝、喝点儿什么、啤酒、可乐、一瓶、一杯咖啡、饿、AA、主食、	欢迎光临！几位？这是菜单，请点菜。我要这个。我请客。我很饿。主食吃什么？服务员，结账！

续表

课程名称	教学目标	教学重点	教学难点	教学生词	教学功能句
《买东西》	常见食物及饮料的汉语表达； 询问东西价格； 买东西及找钱用语。	询问价格用语	价格数量表达。“3块一瓶”	有、钱、块、多少钱、两块一瓶、一共、给、找、买、斤、贵、便宜、点儿	买点儿什么？ 有水吗？ 这个多少钱？ 三块一斤。 太贵了，便宜点儿。
“复习活动”	复习打招呼用语； 复习点菜用语；	前四课重点	前四课难点	前四课教学生词	前四课教学功能句
《加微信》	添加微信用语； 微信聊天表达喜好； 微信聊天邀请别人。	微信聊天用语	邀请别人	微信、加个微信、行吗、扫、头像、喜欢、喝咖啡、看电影、在吗、改天、好好休息、朋友圈、红包	加个微信，行吗？ 我扫你。 我喜欢你的头像。 下午有空儿吗？ 发红包给你。 发朋友圈。
《怎么走》	问路用语； 表达歉意用语； 描述交通方式及距离。	问路用语	描述怎么走	怎么走、左、右、拐、不好意思、我不知道、天安门、地铁、飞机、火车、远、故宫、打的	往前走，左拐，就到了。 不好意思，我不知道。 请问，怎么去天安门？ 哪里哪里。
《你家有几口人》	介绍家人； 回复别人的称赞； 询问家庭成员情况（关系、年龄、职业）	表述家庭情况	“和”的位置	爸爸、妈妈、哥哥、弟弟、姐姐、妹妹、帅、漂亮、哪里哪里、和几口	这是我的哥哥。 他很帅。 哪里哪里。

（6）教学体例

此次微课设计的教学体例希望将结构功能相结合，微课视频由生词讲解到课文情景展示，再到句型讲解，在句型讲解时穿插必要的语法知识展示；除微课视频外，整体微课设计还包括语法知识讲解、练习提高、趣味扩展等方面，共同构成整体微课设计。

3.教学环节与流程

《你家有几口人》是此次微课设计选用教材的第八课，共有三课时。

本节微课选用第八课《你家有几口人》的第一课时进行具体教学设计，教学内容选用课文1，第一课时教学目标、教学重点和教学难点如下：1、教学目标：介绍家人；回复别人的称赞；询问家庭成员情况（关系、年龄、职业）。2、教学重点：表述家庭情况。3、教学难点："很"的用法。

路易：你好！李强。

李强：你好！路易。

路易：我来介绍一下，这是我爸爸，这是我妈妈。

李强：这是你哥哥吗？

路易：不是，这是我弟弟。

李强：他很帅。

路易：哪里哪里。（谢谢！）

图4–5　课文1内容

"微课视频"模块有如下教学环节：（1）课堂导入。教师播放《功夫熊猫》主题曲MV。（2）词汇教学。教师以汉语为主要教学语言，必要时辅以适当的英语语法展示进行课堂教学。（3）对话情景展示。教师展现完整的交际对话情景，以供学生体会完整的对话。（4）对话语句学习。教师将对话情景出现的语句进行细致展现。

“语法小知识”模块有如下教学环节：（1）语法知识讲解：将对话中所涉及的语法知识进行例句展示，教师教学语言为英文。（2）适当替换练习：教师展示可替换的关键词。

“练一练”模块有如下教学环节：（1）复述句子：展示已学过的情景例句，既包括汉字又包括教师正确发音，学生听完正确发音后可点击录入自己的发音，与教师发音进行对比跟读。（2）对话练习：展示已学过的情景例句，但是只有教师正确发音没有汉字展示，学生听完正确发音后可点击录入自己的发音，与教师发音进行对比跟读，进一步帮助学生建立输出句子的完整性，提高听力水平和口语表达水平。（3）语法练习：对于有语法学习兴趣和学习需求的学生，在“语法小知识”模块学到的内容需要进行练习检测，此部分设计简单的选择题供学生练习，巩固已学语法内容，是否进行语法练习可以自由选择，并不是强制内容。“小任务”模块主要进行作业的布置，提高学生通过本节课堂学习后的口语表达能力，根据老师讲解的普遍性问题及时调整自己的输出语言和词汇。“趣味拓展”模块主要进行如下环节：中文歌曲推荐：选择带有汉字歌词展示的中文歌曲，与所学内容和所学主题相关，难度控制在学生水平可接受的程度。“聊天室”模块主要进行口语互动练习，教师提供一些可供讨论的话题，增加师生、生生间的互动，增强口语学习的效果。

4.具体模块展示

（1）“微课视频”模块

①重点词汇讲解

此部分的词汇讲解采用汉字、图片、拼音、英语相结合的方式，进行词汇讲解。本节微课视频讲解涉及词汇如下，共计9个词汇：

“爸爸”（bà ba，father）、“妈妈”（mā ma，mother）、“哥哥”（gē ge, older brother）、“弟弟”（dì di, little brother）、“姐姐”（jiě jie, older sister）、“妹妹”（mèi mei，little sister）、“帅”（shuài，handsome）、“漂亮”（piào liang, beautiful）、“哪里哪里”（nǎ li nǎ li，thank you）

图 4-6　重点词汇讲解

②对话情景展示

此部分的对话情景展示以动画、图片、汉字、拼音、英语相结合的方式，进行本堂课所要进行的对话情景展示，本节微课视频讲解涉及课1，如下所示：

路易：你好！李强。

lù yì ：nǐ hǎo ！lǐ qiáng 。

Louis: Hello! Li Qiang.

李强：你好！路易。

lǐ qiáng ：nǐ hǎo ！lù yì 。

Li Qiang: Hello! Louis.

路易：我来介绍一下，这是我爸爸，这是我妈妈。

lù yì ：wǒ lái jiè shào yí xià ，zhè shì wǒ bà ba ，zhè shì wǒ mā ma 。

Louis: Let me introduce my family to you. This is my father and this is my mother.

李强：这是你哥哥吗？

lǐ qiáng ：zhè shì nǐ gē ge ma ？

Li Qiang: Is this your older brother?

路易：不是，这是我弟弟。

lù yì ：bú shì ，zhè shì wǒ dì di 。

Louis: No, this is my little brother.

李强：他很帅。

lǐ qiáng ：tā hěn shuài 。

Li Qiang: He's very handsome.

路易：哪里哪里。（谢谢！）

lù yì ：nǎ li nǎ li 。（xiè xiè ！）

Louis: Thank you!

图 4–7　对话情景展示

③对话语句学习

此部分的对话语句为情景对话课文中的内容，以图片、汉字、拼音、英语相结合的方式，将对话学习划分为一问一答进行。

路易：你好！李强。

lù yì ：nǐ hǎo ！lǐ qiáng 。

Louis: Hello! Li Qiang.

李强：你好！路易。

lǐ qiáng ：nǐ hǎo ！lù yì 。

Li Qiang: Hello! Louis.

图 4-8　对话语句学习

学生在第一课《你好》中已经学习过相应打招呼方式，因此第一轮会话只用表明两位对话人物为路易和李强即可，没有生词和语法点出现，教师进行正确发音的领读，讲解可一带而过。

路易：我来介绍一下，这是我爸爸，这是我妈妈。

lù yì ：wǒ lái jiè shào yí xià ，zhè shì wǒ bà ba ，zhè shì wǒ mā ma 。

Louis: Let me introduce my family to you. This is my father and this is my mother.

图 4-9　对话语句学习

此句出现本节三个重点词汇，“介绍”“爸爸”“妈妈”需要进行对话练习，教师首先进行正确发音的领读，提示学生注意发音的嘴形并进行跟读。之后教师要对“介绍一下”这个搭配进行讲解，必要时可以使用一定的英语讲解，让学生明白“介绍一下”

是“简单地介绍”的意思。

李强：这是你哥哥吗？

lǐ qiáng ：zhè shì nǐ gē ge ma ？

Li Qiang: Is this your older brother?

路易：不是，这是我弟弟。

lù yì ：bú shì ，zhè shì wǒ dì di 。

Louis: No, this is my little brother.

图 4-10　对话语句学习

这部分对话出现了两个重点词汇“哥哥”和“弟弟”，以提问的方式进行家庭成员的学习。在本文对话中没有出现新的语法，像“这是 …… ”等句型在之前已经学过，所以在本部分对话的学习中不需要做语法部分的讲解，只需要学生理解对话含义即可。

李强：他很帅。

lǐ qiáng ：tā hěn shuài 。

Li Qiang: He's very handsome.

路易：哪里哪里。（谢谢！）

lù yì ：nǎ li nǎ li 。（xiè xiè ！）

Louis: Thank you!

图 4-11　对话语句学习

此部分出现了两个重点词汇“帅”和“哪里哪里”，“帅”这个形容词在词汇讲解部分已经学过，而“哪里哪里”是本轮对话中需重点讲解的词，“哪里”本是一个疑问词，翻译成“where”，而两个“哪里”相连成为“哪里哪里”时，表示的便是对他人赞美的感谢，翻译成“thank you”。

④涉及语法展示

本节微课中，没有特殊句式需要讲解，选择在汉语中使用频率高的程度副词“很”进行语法讲解展示。

（2）“语法小知识”模块

①语法讲解部分

李强：他很帅。

lǐ qiáng ：tā hěn shuài 。

Li Qiang: He's very handsome.

“很”（ hěn，very）is a adverb of degree which restrict, modify verbs, adjectives to express degree, scope, time, etc. such as “很快 very fast”，“很高 very tall”，“很帅 very handsome”. And “very” can be used as complements, such as “这个办法好得很 this method is very good.”

图 4-12 “语法小知识”模块

②替换练习部分

“很”restrict and modify adjectives to express degree, such as “他跑得很快 He runs very fast.” “这棵树很高 This tree is very tall.”。“很” be used as complements, such as “他跑得快的很 He runs very fast.” “这棵树高得很 This tree is very tall.”

图 4-13 替换练习部分

（3）“练一练”模块

①复述句子

展示已学对话内容，既包括汉字，又包括教师正确发音。因文章写作限制，此部分的正确发音音频暂时以拼音形式展现，出现在括号内，正式微课课堂中以音频形式出现，可供学生点击发音跟读。具体复述句子如下：

路易：你好！李强。

（lù yì ：nǐ hǎo ！lǐ qiáng 。）

李强：你好！路易。

（lǐ qiáng ：nǐ hǎo ！lù yì 。）

路易：我来介绍一下，这是我爸爸，这是我妈妈。

（lù yì ：wǒ lái jiè shào yí xià ，zhè shì wǒ bà ba ，zhè shì wǒ mā ma 。）

李强：这是你哥哥吗？

（lǐ qiáng ：zhè shì nǐ gē ge ma ？）

路易：不是，这是我弟弟。

（lù yì ：bú shì ，zhè shì wǒ dì di 。）

李强：他很帅。

（lǐ qiáng ：tā hěn shuài 。）

路易：哪里哪里。（谢谢！）

（lù yì ：nǎ li nǎ li 。（xiè xiè ！））

图 4-14 “练一练”模块

②对话练习

展示已学对话内容，只包含教师正确发音的音频，没有汉字和英文。因文章写作限制，此部分的正确发音音频暂时以拼音形式展现，出现在括号内，正式微课课堂中以音频形式出现，可供学生点击发音跟读。具体练习句子如下：

> （lù yì ：nǐ hǎo ！lǐ qiáng 。）
>
> （lǐ qiáng ：nǐ hǎo ！lù yì 。）
>
> （lù yì ：wǒ lái jiè shào yí xià ，zhè shì wǒ bà ba ，zhè shì wǒ mā ma 。）
>
> （lǐ qiáng ：zhè shì nǐ gē ge ma ？）
>
> （lù yì ：bú shì ，zhè shì wǒ dì di 。）
>
> （lǐ qiáng ：tā hěn shuài 。）
>
> （lù yì ：nǎ li nǎ li 。（xiè xiè ！））

图 4-15　对话练习部分

③语法练习

> 本节微课语法小知识进行了“很”的讲解，因此语法练习部分进行“很”的选择练习。具体练习题目如下：
>
> （1）我很______。
>
> A、开心　B、苹果　C、爸爸
>
> （2）今天天气______好。
>
> A、都　B、是　C、很
>
> （3）学汉语快乐得______。
>
> A、不　B、很　C、好

图 4-16　语法练习部分

④“小任务”模块

本节“小任务”作业部分为“如果给你的中国朋友打电话/视频，你怎么向他/她介绍自己的家庭成员？ How do you introduce your family members to your Chinese friend if you call/videotape him/her?”。学生将作业用语音的形式发给老师，老师将普遍出现的问题进行集中讲解，将优秀作业予以展示。

⑤“趣味拓展”模块

本节微课的趣味拓展内容选择相关话题的中文歌曲推荐，按照学生学习水平和接受水平选用“让爱住我家”，其中包含家庭成员的称谓练习，曲调简单，容易跟唱，可以拓展学生的学习兴趣。歌词如下，展示包含汉字、拼音、英文对照：

“我爱我的家，弟弟爸爸妈妈，爱是不吵架，常常陪我玩耍。”

wǒ ài wǒ de jiā , dì dì bà bà mā mā , ài shì bú chǎo jià , cháng cháng péi wǒ wán shuǎ 。

I love my family, brother, father and mother, love is not quarrelling, often play with me.

“我爱我的家，儿子女儿我的他，爱就是忍耐，家庭所有繁杂。”

wǒ ài wǒ de jiā , ér zǐ nǚ ér wǒ de tā , ài jiù shì rěn nài , jiā tíng suǒ yǒu fán zá 。

I love my family, my son, my daughter and him, love is patience, all the complexity of the family.

“我爱我的家，儿子女儿我亲爱的她，爱就是付出，让家不缺乏。”

wǒ ài wǒ de jiā , ér zǐ nǚ ér wǒ qīn ài de tā , ài jiù shì fù chū , ràng jiā bú quē fá 。

I love my family, my son and daughter, my dear her, love is to give, let the family not lack.

“让爱天天住你家，让爱天天住我家，不分日夜秋冬春夏，全心全意爱我们的家。”

ràng ài tiān tiān zhù nǐ jiā ， ràng ài tiān tiān zhù wǒ jiā ， bú fèn rì yè qiū dōng chūn xià ， quán xīn quán yì ài wǒ men de jiā 。

Let love live in your home every day, let love live in my home every day, day, night, autumn, winter, spring and summer, love our home wholeheartedly.

“让爱天天住你家，让爱天天住我家，充满快乐拥有平安，让爱永远住我们的家。”

ràng ài tiān tiān zhù nǐ jiā ， ràng ài tiān tiān zhù wǒ jiā ， chōng mǎn kuài lè yōng yǒu píng ān ， ràng ài yǒng yuǎn zhù wǒ men de jiā 。

Let love live in your home every day, let love live in my home every day, full of happiness and peace, let love live in our home forever.

图 4-17　语“趣味拓展”模块

⑥“聊天室”模块

本节微课聊天室主要围绕“家庭成员”进行介绍和讨论，学生可以就自己的家庭进行介绍，也可以对其他人的家庭成员进行提问，一方面练习口语提高汉语水平，一方面增进了彼此了解。

面向埃及学生的微信公众号辅助汉语中级听力教学设计研究（2020）

林娇娇

摘要：本文尝试将微信公众平台与非目的语环境下的中级汉语听力教学相结合，以弥补传统汉语听力课堂教学的局限，丰富汉语听力教学形式。本文通过问卷调查和访谈了解埃及科技大学中文系的汉语听力教学现状及问题，对微信公众号《汉语每日听力》进行设计与开发，并将其应用于埃及科技大学汉语中级听力教学中。经过六周的试用，笔者再次对学生进行问卷调查，了解学生对微信公众号辅助汉语听力教学新模式的态度和评价。经过对问卷结果的分析表明，学生积极肯定了微信公众号辅助中级汉语听力教学的作用，并希望可以继续使用；同时，微信公众号辅助中级汉语听力教学对学生的自主学习习惯、学习策略、学习情感等都产生了积极的影响。

关键词：中级汉语听力；微信公众号；辅助教学；埃及

一、引言

随着信息技术的飞速发展，社交媒体、网络资源等信息化平台正在整合融入传统教育，基于社交媒体和网络的教学方式打破了时间、空间的局限，为汉语国际教学与学习提供了更多机遇，更为非目的语环境下的汉语教学提供了更多新的可能性。

本文尝试将微信公众平台与非目的语环境下的中级汉语听力教学相结合，以弥补传统汉语听力课堂教学的局限，丰富汉语听力教学形式。本文通过问卷调查和访谈了解埃及科技大学中文系的汉语听力教学现状及问题，对微信公众号《汉语每日听力》进行设计与开发，并将其应用于埃及科技大学汉语中级听力教学中。经过六周的试用，笔者再次对学生进行问卷调查，了解学生对微信公众号辅助汉语听力教学新模式的态度和评价。经过对问卷结果的分析表明，学生积极肯定了微信公众号辅助中级汉语听力教学的作用，并希望可以继续使用；同时，微信公众号辅助中级汉语听力教学对学生的自主学习习惯、学习策略、学习情感等都产生了积极的影响。

二、微信公众号辅助中级汉语听力教学的现实依据

（一）埃及科技大学汉语听力教学现状

埃及科技大学中文系近几年随着教学质量提升和“汉语热”的出现，报考人数也越来越多。中文系学生整体对到中国学习都抱有积极的态度。中国老师的任期一般为一到两年，相对本土汉

语教师而言，汉语教师更换频繁，也影响了埃及科技大学中文系汉语听力课教学的发展。

当前埃及科技大学中文系的汉语听力课存在诸多问题，笔者结合自身任教经历和对现任汉语教师的访谈，对汉语听力课的教学现状和问题梳理出以下几点：

1. 汉语听力课程设置问题

老师和学生都很难完成汉语听力课的教学与学习任务。汉语听力课的课堂教学时间有限，教学周期相隔时间长，很容易造成学生对一本教材使用疲惫，听力课所学知识衔接性差，汉语听力课获得感差等后果。

2. 汉语听力教材的问题

教材采用的是英文注释而不是阿文注释，对于部分不会英语的学生有挑战。

汉语听力教材话题背景相对老旧，不能满足大学生对听力时效性的需求。统编的汉语听力教材对于埃及特殊的文化背景不具有针对性，与学生的实际生活和需求相隔较远。

3. 学生汉语听力学习问题

埃及科技大学中文系的学生听前、听后学习意识相对薄弱，对听前、听后重视不足。中国老师自身听力教学意识不足，未能给学生布置听前、听后任务并予以监督，没有找到合适的平台与工具去培养学生听前、听后的自主学习习惯。

4. 汉语听力教学设备问题

语音教室的听力设备老旧，很多不能正常使用。听力课堂还主要是以单一的放录音的方式为主，缺少多媒体支持下的“多模态”教学。

（二）微信公众号的特点及其应用于汉语听力教学的优势

微信公众号作为微信平台的功能之一，其信息传播具有精准性、即时性、移动性、交互性、便捷化、人性化、低成本等优势。

微信公众号具有易操作、多功能、强互动的特点。

1. 为学生构建课外汉语听力学习环境

微信平台是中国人使用最多的社交应用，这为汉语学习者提供了一个天然的汉语学习环境；微信公众号因其每天更新的特点，可以提醒学生学习汉语听力。

2. 个性化的定制教学方式

微信公众号信息传播具有精准性，老师可以根据学生所学内容和学习需求，给学生提供定制化、个性化的学习资源。

3. 碎片化时间的合理利用

微信公众号的功能和适用于手机的特点则可以帮助学习者充分利用碎片化时间进行随时随地的学习，一定程度上可以拓展课堂学习，弥补传统听力课堂教学的不足。

三、微信公众号辅助中级汉语听力的教学需求调查

（一）对学生问卷调查与分析

1.问卷调查的设计与说明

本次调查主要是为了了解埃及科技大学中文系四年级学生中级汉语听力课的基本学习情况，了解学生对微信的综合使用情况及对微信公众号平台辅助中级汉语听力教学的态度。

笔者以埃及科技大学中文系四年级51名学生为调查对象。其中女生41人，男生10人，年龄在20到24岁之间。

2.问卷调查结果分析

（1）学生对汉语听力的认知与学习动机

第6题是关于学生的汉语学习动机，此题为多选。学生选择学习汉语的原因是多样化的，其中工作机会多占比最高，为37.78%；其次是因为喜欢中国或者中国文化，占比35.56%；排名第三的原因是中国政府的奖学金政策支持，占比15.56%；还有5.56%的学生是由于家人推荐；在5.56%的其他原因中，共有六次填写，其中三人填写内容为“没有”，两人为“热爱中文”“感觉中文是一门博大精深的语言”，还有一人填写内容为“为了方便到中国学医”。根据兰伯特（W.Lambert）和加德纳（R.Gardner）融合型动机和工具型动机可知，学生学习汉语的工具性动机要高于融合型动机。一般认为，融合型动机更为强烈，取得的学习效果也更大。因此，老师应采取办法不断地激发学生的融合型动机。

第7题是学生对汉语听力学习的认知情况，有84.31%的学生肯定了汉语听力学习的重要性。

第8题是学生对自身听力水平的认知，有44%的学生认为自己听力水平一般，40%的学生认为自己听力水平较好，10%的学生认为自己的听力水平较差，8%的学生认为自己的听力水平非常差，仅有2%也就是一位学生认为自己的听力水平非常好。这说明有超过半数62%的学生对自己的听力水平不太满意。

（2）学生对中级汉语听力课的态度

第11题是学生对汉语听力课的满意度，有11.76%的学生非常满意当前的汉语听力课，有35.29%的学生比较满意，有33.33%的学生觉得汉语听力课一般，7.84%的学生比较不满意，11.76%的学生是不满意。根据数据可知，有超过一半的学生对听力课保持中立或者不满意的态度。

第12题是多选题，了解学生对听力课不满意的原因，练习方式单一占比最高，为33.33%；其次，听力课没意思占比20%，生词多占比17.30%，听力课时间太长占比13.04%，还有7.25%的学生认为听力课没有用，并在其他中填写了“自己练习”更有用。这说明汉语听力课老师通过丰富练习方式、了解学生需求、合理分配听力课中听的时间等能够提升学生对听力课的满意度，激发学生对听力课的积极态度。

第14、15题，是关于听力课的课前、课后的作业。由表3-1可知，大部分学生都支持听力课有听前、听后的作业。

表 3-1　学生对课前课后作业的支持率

	经常有	偶尔有	没有
14.课前作业	27.45%	49.02%	23.53%
15.课后作业	33.33%	49.02%	17.65%

第17到22题，是关于学生对听力课的预习、复习情况和态度，从表3-2可以看出，仅有25.49%的学生会进行听前预习，21.57%的学生会进行听后复习，17.25%的学生会进行相关话题拓展。这说明大部分学生还没有培养成自主积极的学习习惯。

表 3-2　学生对听力课预习、复听的态度

	会	不会
17.听前预习	25.49%	74.51%
19.听后复习	21.57%	78.43%

（3）学生微信使用情况

第23—30题为学生关于微信的使用情况，关于微信的使用频率，有33.33%的学生每天使用微信，31.37%的学生经常使用微信，25.49%的学生偶尔使用微信。虽然超过约90%的学生都使用微信，还是有5个人表示自己不使用微信，占比9.8%。这表明对于非目的语环境中的学生来说，微信还不是其生活交流的必须，通过微信辅导汉语听力教学需要老师做好功课，提前为学生介绍微信在中国社交的重要性和功能性。

第24题，是关于学生使用微信的目的调查，45.65%的学生使用微信是为了和中国朋友保持联系，31.52%的学生是为了学习汉语，还有16.3%的学生是为了关注微信公众号，在其他使用原因中有3.26%的学生填写了使用微信是为了工作和与中国老师交流。这说明当前学生使用微信还主要是社交，使用公众号学习的学生还比较少，有待老师的引导和推广。

第27题是学生是否关注了微信公众号，学生是否关注微信公众号，有76.47%的学生关注了微信公众号，还有23.53%的学生没有关注公众号，这说明已经有相当大一部分学生了解和关注了公众号，但还有小部分同学不知道微信公众号，因此老师需要提前做好功课。

关于是否接受通过微信辅助汉语听力教学，有50%的学生表示非常欢迎，28%的学生比较接受，12%的学生持中立态度，还有4位同学表示不接受，占比8%，这表明大部分学生对微信辅助汉语听力教学和学习持积极态度。

综上所述，作为非目的语环境中的汉语学习者，埃及科技大学中文系四年级的学生大部分都使用微信，说明微信在汉语学习者中使用率高，汉语教师使用微信辅助汉语教学是有发展潜力的。虽然学生使用微信频率高，但是还有相当一部分学生没有关注微信公众号，这表明汉语教师应该注重向学生介绍微信公众号的功能和作用，为学生的汉语学习提供移动学习环境和平台。

（二）对老师的访谈设计与分析

1. 访谈的设计与说明

为更加具体全面地了解汉语教师对汉语听力课的基本认识，课堂教学的教学情况和教学效果，以及微信公众号辅助汉语听力教学的可行性和老师们对微信公众号辅助中级汉语听力教学的建议，笔者对埃及科技大学中文系的两位现任汉语听力教师进行了访谈。

当前埃及科技大学中文系的汉语听力教师有两位，一位是海外志愿者，在埃及科技大学任教已有四年；另一位是刚刚从亚历山大大学中文系调过去的汉语志愿者老师，在埃及科技大学中文系任教半个学期。

本次访谈主要分为三个部分：第一部分主要是了解汉语教师对汉语听力课的认知。第二部分是了解汉语教师在教授汉语听力课时的教学方法，在教学过程中遇到的问题及如何解决；第三部分主要是了解教师在教授汉语听力课时，是否利用过微信平台以及任教老师结合对当前学生的了解对微信公众号辅助汉语听力教学所给的建议。

2. 访谈结果分析

（1）汉语教师对汉语听力课的认知

关于汉语教师对听力课的认知，两位老师都认为听力是很重要的，尤其是在非目的语环境中，学生更需要大量的汉语听力语料的输入。而听力课按照其课程设置而言，相对于综合课、语法课和翻译课，听力课并未占据重要地位。

对于汉语老师在汉语听力课中扮演的角色，教学经验丰富的老师认为自己是学生汉语听力资源的提供者和听力方法的训练者。而对于初到国外任教的新手老师而言，教什么课去哪里教都是临时委派的。尤其在疫情期间，由于师资紧缺，一位老师要担任不同学校的不同课型。因此，任课老师对听力课的认知和教学方法主要来源于自身学习阿拉伯语和英语的经历，按照课本的练习安排上课。笔者自身也曾经历过这个阶段，同时担任三所学校的三种课型，上完一个学校的课就要奔赴去另一个学校，一天下来几乎没有可以喘息的时间。这种情况对于新手教师而言，更多的是保证先上课、上完课，而不是上好课。

基于这种情况，我们可以尝试利用微信平台解决当前的困境，老师可以依托微信公众号发布听力课课前预习，并通过微信小程序布置部分课前作业，让学生自主学习，为课堂的机械知识减负，让老师更有针对性地在有限时间内优化教学资源，充分利用课上时间上好听力课。

（2）汉语听力课老师采用的教学方法和遇到的问题

关于听力教学方法，老师们都采用多种办法如听写、听说、听后回答、听后复述等，效果较好。但老师在听力课中也遇到了诸多问题，尤其是新手老师遇到的问题较多，如听力课堂时间有限、无法在规定时间内完成听力任务、学生水平差异大等。为解决这一问题，老师多采用有选择性的教、留课后作业和分组训练等形式。

（3）汉语听力课老师对微信公众号辅助汉语听力教学的态度

老师们对微信公众号辅助汉语听力教学均持积极和肯定的态度。首先是，绝大部分中文系学生都在使用微信，不用特别推广；其次是微信功能完备，公众号资源丰富，不仅可以帮助学生学习汉语听力，还可以为学生拓展更多的汉语学习资源。除此之外，如果老师能利用微信小程序中的班级管理和作业程序，则更有利于帮助老师拓展听力课堂，监督学生的课下学习。

关于微信公众号辅助汉语听力教学的建议，两位老师提出了以下几点：首先，微信公众号中的视频部分尽量配上字幕，方便学生练习，视频内容贴近话题和真实生活；其次，在微信公众号推送生词时要放例句，并尽量配图辅助释义，生词部分如果可以可设置练习；第三,《汉语听力速成 —— 中级篇》课文二听力录音很长，且多以对话形式出现，在公众号上应将课文分为几组短对话进行发布，并注意剪辑录音；最后，公众号中的课外拓展部分，可以根据学生的兴趣爱好及时调整更新。

四、微信公众号《汉语每日听力》和中级汉语听力教学

（一）微信公众号《汉语每日听力》

1. 微信公众号《汉语每日听力》的设计原则

（1）以学生为中心的原则

微信订阅号《每日汉语听力》的使用主体是学生，因此在老

师为学生创设了汉语学习移动平台，搭建了移动学习情景以后，学生需要在平台和情境中自主学习，主动输入听力语料，结合自身的认知学习，构建新的汉语听力知识，并逐步养成自主学习的能力和习惯。

（2）多模态原则

多模态即几种符号模态的同时使用，多模态强调通过不同的媒介如文字、音频、视频、图片、动画等为学生传递学习内容，改变单一的知识传递模式。

（3）交互性原则

微信作为一种新的学习平台，整合了很多网络资源。汉语学习者不论是在学习汉语听力公众号，还是通过语音或文字向教师发送作业和疑问，整个过程都可以体现交互性。

（4）时效性原则

微信作为一个即时交流应用，其订阅号发布的信息可以实时更新，老师在设计时可以弥补教材的局限，提供跟话题相关的但更新更贴近生活的新的听力语料和视频。

2. 微信公众号《汉语每日听力》的基础模块

图 4-1 微信公众号《汉语每日听力》注册流程

（1）微信公众号《汉语每日听力》注册流程

在成功注册了微信公众号以后就可以通过电脑端登录，对公众号的内容和模块进行设计。

（2）微信公众号《汉语每日听力》基础模块

微信公众号后台包括创作管理、功能、小程序、管理、统计、设置等多个模块。

创作管理模块：

微信公众号的创作模块包括两部分：图文管理和多媒体素材。其中图文管理主要是曾经发布过的微信文章，方便随时编辑取用；多媒体素材管理主要用于图片、音频、视频的管理，在后期编辑时可以直接从多媒体模块中取用，非常便捷。

功能模块：

公众号功能多样，具有自动回复、自定义菜单、号内搜索、话题标签等多种功能。更重要的是，微信公众号平台支持图文消息、文字消息、视频消息、音频消息、图片消息和转载分享的功能。通过微信公众平台，老师可以为学生提供音、视频、图文等多种听力资源。

管理模块：

管理模块主要包括消息模块和用户管理两部分，其中消息管理主要是对学生通过公众号发送的消息进行查看和回复；用户管理可以了解微信公众号的用户群体，并能够对用户修改备注，方便班级管理。

统计模块：

统计模块包括内容较多，主要包括用户分析、内容分析、菜单分析、消息分析、接口分析、网页分析等。下面就《汉语每日听力》涉及到的用户分析和内容分析进行简单介绍。

用户分析可用于了解用户关注人数、用户的性别属性、对常读用户进行分析等。

设置模块：

设置模块主要包括公众号设置和人员设置，其中公众号设置是指对公众号基本信息的设置如公众号名称、简介等的设置；人员设置是主要是登记管理者的基本信息，值得注意的是一个公众号最多可以有24个管理者，这为多人协作打理公众号提供了很大的便利，也为海外孔院或者中文系的老师们合作建立汉语教学微信号提供了一个不错的平台。

3.微信公众号《汉语每日听力》主要版块

笔者根据建构主义学习理论、移动学习论和情感过滤假说，遵循以学生为中心、交互性、多模态、时效性的原则，基于埃及科技大学中文系四年级所用教材《汉语听力速成——中级篇》尝试将《汉语每日听力》公众号分为三个学习版块：课前预习、课后复听、课外拓展。

（1）“课前预习”版块

话题导览：

由于听力教材都是围绕话题编排的，每一个中心话题都涉及中国的文化背景知识，预听能够帮助学生了解听力话题，事半功倍。由此可见，听前的话题背景输入对学生更好地、有目标地进行听力理解具有重要作用。

因此笔者设计了“话题导览”模块，点击话题导览就会出现最新一课的话题内容，每发布六课笔者会通过创作管理功能汇总六课的话题导览再重新集体发布一次，方便学生复习和查找。

话题导览主要是通过音视频、文字、图片的形式，引入话题，简单介绍听力话题背景知识，并提出问题，让学生自主思考，以期学生在课前对要听的话题有一定的输入、准备和预设。

生词：

由于《汉语听力速成——中级篇》平均每课有25个生词，这些生词大多不能通过图片、翻译等直接法解释其意义，因此笔者主要是通过例句设置情景并配上英文注释帮助学生学习和理解生词。每课生词前面附上生词和例句的录音，方便学生边听边学，学生在掌握生词意义以后，还可以只听音频，加强对词语语音的熟悉，把音和义有意义地结合在一起。

（2）“课后复听”版块

由于在听力课堂上，以语音形式出现的语料转瞬即逝，学生不能主动地多次接受语言信号的刺激。另外，由于班级学生多，在播放听力时，在哪儿停，在哪儿重播，重播几次等无法照顾到每个学生。

因此笔者在课后复听模块将其分为课文1和课文2，每六课进行一次汇总，方便学生检索，学生点击即可跳转到相应内容，具体界面参看图4–2。课文1放置听力录音和听力文本，并将可能会影响听力理解的词语加粗，强化学生在语流中对词语发音的听感。关于课文2的设计，由于其听力时长较长，大多在6分钟到8分钟。因此，笔者将听力录音按对话的形式分组剪辑，每组对话在1分钟到2分钟，然后配上相应的文本，方便学生自主复听。按照对话剪辑的录音和文本，不仅可以让学生更方便地找到自己课上未听懂的部分，也可以防止学生由于听力录音过长产生厌倦感。具体示例参看图4–3：

图 4–2　课文复听界面

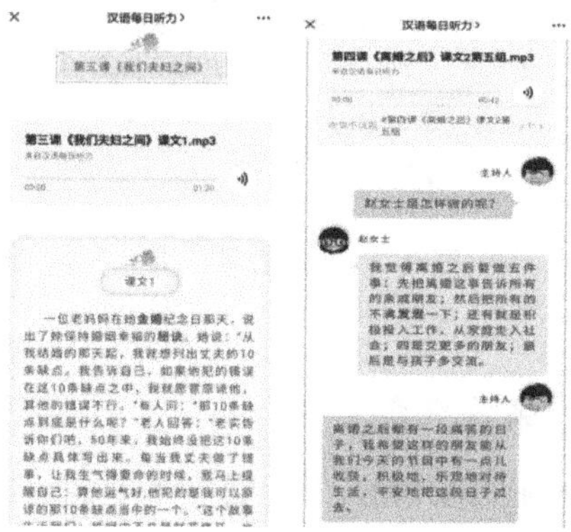

图 4–3　课文 1 与课文 2 界面

（3）课外拓展

为了给学生提供更加真实、多样、多语速的听力，在课外拓展模块，笔者根据每课的中心话题，按照时效性、多模态的原则，搜集和话题相关、贴近当下生活的视频，视频题材涉及新闻、相声、街头采访、歌曲MV、影视片段等。

（二）微信公众号辅助中级汉语听力教学模式

《汉语每日听力》辅助中级汉语听力教学模式如图4-4：

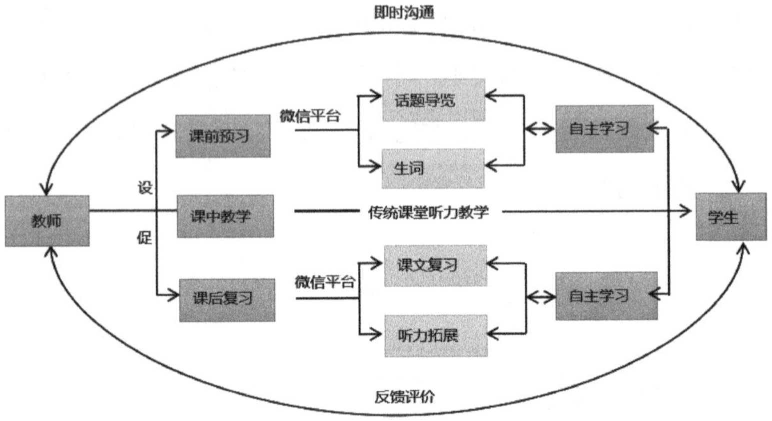

图4-4 《汉语每日听力》辅助汉语听力教学模式

1.课前准备

老师需要提前四天到一星期的时间备好新课，做好整体的教学设计。然后对微信订阅号《汉语每日听力》的课前预习模块进行设计，及时发布相关内容。内容发布后老师应通过班级群或者《汉语每日听力》发布学习任务，如预听新课话题，思考“话题导览”部分的问题，学习新课生词。

2. 课堂教学

首先，为了了解学生的预习情况，可以通过听写或者听说的方式，抽查学生的生词学习情况；通过提问了解学生观看话题导览视频的情况。如果班级学生人数多，不方便一一检查，老师也可以在课前通过微信小程序中的班级管理来检查学生的预习情况。

对于不同的听力类型，其考察的内容也不同，因此，老师应针对不同类型对学生进行听力训练。具体如下：

（1）听后模仿

老师可以结合语境对学生进行训练，提高学生发音准确度和对语音语调语流的敏感性。

（2）听后判断正误

第一遍学生听，第二遍学生做练习，老师统计学生答案并分析错误率高的题；第三遍，学生标注出错误地方，反思错误原因；第四遍，厘清听错或者信息模糊的地方。

（3）听后选择

老师在核对学生答案时，应将重点放在学生为何会选择某个答案上，提醒学生根据题干注意关键词或者关键句。

（4）听后填空和复述

第一遍，可以先让学生听大意，根据上下文推测词句；第二遍，开始填空；第三遍，补全未填部分；第四遍，学生记录关键信息讲述课文大意。

3.课后复听与课外拓展

课后复听，也是课后作业的一部分，学生可以根据自己在课堂上未听懂的部分在课后通过《汉语每日听力》复听，并练习自己喜欢的片段，录音发给老师。老师可以对学生录音中的问题一对一进行纠正和指导。

学生在空余时间可以看看课外拓展部分，课外拓展部分多以短视频为主，方便学生观看；其视频类型也比较丰富，有新闻，有歌曲MV，有街头采访，还有相声、影视剧、自媒体视频等。课外拓展部分，一是为学生提供同类话题的多种角度；二是让学生更多元、真实地了解中国和中国文化；三是为了激发学生兴趣，让学生围绕某一话题再去探索、搜寻更多听力语料，培养学生探究式学习的能力，争取每一个听力话题，学生都能够自主地去探索更多与这个话题相关的信息和听力语料，增加学生的听力理解力。

五、微信公众号辅助中级汉语听力的教学效果反馈

（一）问卷调查的设计与说明

本次问卷调查对象为埃及科技大学中文系四年级的51名学生，其中女生41人，男生10人，年龄在20到24岁之间。

在试用微信公众号《汉语每日听力》辅助汉语听力教学一个月后，笔者对埃及科技大学中文系四年级的学生再次进行问卷调查。本次调查主要是为了了解学生的使用效果、学习习惯及对汉语听力课的情感变化。

（二）问卷调查的结果与分析

1. 学生对《汉语每日听力》的评价和态度

第1题是学生最喜欢的《汉语每日听力》的模块，其中生词占比最高为38%，题导览占比24%，课后复听占比20%，课外拓展占比18%。这说明了学生对听力生词及词汇量的需要和重视；对听前听力话题背景介绍的需要；课后复听占比20%也说明了学生对课后再听、复听课文的需要；最后是听力拓展，由于是辅助汉语听力课堂学习，对学生来讲，最重要的还是掌握课本的听力内容，在听懂课本上的内容之外，进行听力拓展。

第2、3、4是按照五度量表进行设计，主要考查学生认为《汉语每日听力》对他们汉语听力学习的帮助度、学生对《汉语每日听力》的理解度、是否希望继续使用《汉语每日听力》辅助汉语听力教学等，大部分学生都认为《汉语每日听力》对辅助中级汉语听力教学是有用的，并且希望继续使用《汉语每日听力》学习；但是，关于是否能听懂《汉语每日听力》中的内容，其均值为3.68，表明学生基本能听懂，但还是有较难理解的部分，笔者后面可以考虑降低音视频难度。

2.《汉语每日听力》与汉语听力学习环境

第5、9、14、17、20、21、22、23题是针对学习环境进行的调查反馈，查看《汉语每日听力》能否起到提醒学生学习的作用。其中，第5、9、14、17题是关于学生是否会每次使用《汉语每日听力》进行预习、复习和拓展,《话题导览》和《生词》均值高于

4，表示同学们基本可以做到每次预习。《话题导览》部分，每次基本是发布两个短视频加上文字用于介绍新课的听力话题背景，学习负担相对轻;《生词》部分，包括课文1的生词和课文2的生词，每次发布约25个生词、释义、例句加语音，学习负担相对于《话题导览》较重，因此有学生表示不能做到每次学习生词。《课文》部分均值为3.66，有68%的学生在4分以上，表示每次都会复听课文，但也有32%的学生不会每次复听。《课外拓展》部分，推送的视频内容较多，基本每个话题是4个短视频，主要是为学生提供更多视听资源，72%的学生表示每次都会观看。

表 5-1　学生对《汉语每日听力》使用环境的评价

评价	提醒学习	放松地学习	随时随地学习	方便学习
完全同意	60.35%	48.44%	54.23%	64.70%
基本同意	24.76%	42.73%	36.58%	23.52%
不同意不反对	8.93%	4.86%	7.64%	5.88%
基本不同意	5.96%	0.99%	1.55%	3.92%
完全不同意	0	1.96%	0%	1.96%

由此可见，基于微信的《汉语每日听力》对于辅助汉语学习者学习汉语听力具有超时空、低焦虑、高参与的优势，为非目的语环境下的汉语学习者提供了一个更为轻松、方便的学习环境。

3.《汉语每日听力》与学习策略

学习策略是语言学习者为有效地掌握语言而采取的各种计

划、途径、方法、技巧等。通过使用一定的学习策略可以取得更好的学习效果。本次问卷中的第6、7、11、15、19题主要了解学生通过《汉语每日听力》学习汉语听力的学习策略。

第6题是了解学生通过课前《话题导览》部分推理、猜测新课听力内容，有38.1%的学生表示完全同意，47.62%的学生表示基本同意，这说明学生通过“话题导览”部分有超过85.72%的学生会使用推理策略猜测新课听力话题内容。

第7题是了解学生通过话题导览继续查询更多相关资料去了解听力话题背景的求解策略，反馈显示23.81%的学生表示完全同意，42.86%的学生表示基本同意，28.57%的学生表示不同意也不反对，5.76%的学生表示基本不同意或者完全不同意。这表明有超过60%的学生会通过话题导览部分继续查找相关听力资料了解更多与听力话题相关的背景。

表5-2　学生通过《汉语每日听力》使用的学习策略

评价	记忆生词	复听课文	学习拓展内容
完全同意	50%	38.1%	47.62%
基本同意	35.71%	38.1%	35.71%
不同意也不反对	7.14%	19.05%	9.52%
基本不同意	7.14%	4.76%	7.14%
完全不同意	0	0	0

4.《汉语每日听力》与学生情感

情感因素在第二语言学习过程中起着极其重要的作用，在通过《汉语每日听力》辅助中级汉语听力教学六课以后，笔者对学生再次进行问卷调查，了解学生的情感变化。问卷中的第8、12、13、16、19主要是关于学生对《汉语每日听力》的情感调查。

第8题是关于学生的焦虑问题，通过对“话题导览”的充分预习，能否缓解学生对新课听力内容的焦虑。通过结果分析，有64.29%的学生表示完全同意，26.19%的学生表示基本同意，这表明提供课前的话题背景知识输入并给学生留够充足的时间是可以缓解学生的听力焦虑的。

第12、16题是课前生词学习和课后的课文复听对学生情感的影响。通过前面的调查反馈知道有超过68%的学生会在课前自主学习生词，在课后自主复听课文。那课前自主学习生词和课后复听课文对学生的听力自信有什么影响呢?

根据调查得出，课前生词学习和课后复听课文让学生对汉语听力课有自信的平均值分别为4.56和4.36，表明有超过85%的学生同意课前、课后学习是可以增加学生的汉语听力自信的；同时课前生词学习与课后课文复听的均值对比也表明了，课前的学习与准备更能增加学生的听力自信，更表明了汉语听力课老师为学生提供课前学习的资源和平台的重要性。

第13、19题，是学生的态度问题。通过课前的学习，学生是否会相对积极地参加听力课上的活动或者问答；通过课外拓展，学生是否希望继续了解更多。对此，课前学习能让学生愿意主动参与汉语听力课堂活动的均值为4.32，其中有78%的学生表示通过课前的充分准备愿意主动参与课堂听力活动；课外拓展部分激发学生继续了解更多的积极态度的均值为4.08，但有80%的学生表示愿意。这两个数据表明了，首先，充足的课堂准备可以促进学生在课上积极参与的积极态度；其次，课外拓展能够激发学生去了解更多的积极态度。

5. 学生的收获与建议

表5-3　学生的收获和建议

收获/评价			建议
学习方式/学习环境	学生情感	学习策略	生词加图片；生词加更多例子；生词加练习；听力有快慢两种语速；中国省市地方性视频
方便、实用、轻松、有用、随时随地、让更多的学生知道	增加对中国文化的了解、提升词汇量、学会两首歌；不害怕、感兴趣、有信心、更喜欢	可以反复学习与记忆、关注了更多汉语公众号	

关于微信辅助汉语听力教学这种方式，有约35%的学生留言提及，认为这种方式不仅方便随时随地学习汉语，而且根据特定教材的设计非常实用，能够让学生保证听懂学好每一课；更重要的是，由于语言的听力学习常常会有听力焦虑，而轻松的听力学习环境和充足的准备可以缓解学生的听力焦虑，因此有学生表示这种轻松的汉语听力学习方式让她不再害怕。另外，微信辅助汉

语听力教学是延伸了汉语听力课堂教学，为学生创造了一个更方便、丰富的课外学习环境，所以学生会觉得通过微信辅助汉语听力教学是轻松、方便、实用的。

有38%的学生提到了和学生情感相关的内容，如增加了对中国文化的了解如饮食文化和高考、学会了两首中文歌、对中文和中国文化更感兴趣等加强了学生的汉语学习动机，这对学生学好汉语具有非常重要的作用；另有学生提到对汉语听力更有信心、不那么担心学不会等则表明给予学生更多的资源让学生更了解同时做好充足的准备可以缓解学生的焦虑情绪。

还有7%的学生提到了可以通过手机反复学习和记忆听力内容，以及通过汉语听力公众号又关注了更多的微信公众号以提升自己的汉语水平。这表明微信辅助汉语听力教学促进了学生记忆策略、实践策略的使用。

关于对《汉语每日听力》建议，学生主要提到了生词部分，如增加图片、例句和练习等，说明了学生对掌握生词的重视；还有学生提到了非常重要的一点：听力语速，有学生希望读慢一些，有学生建议放快慢两种版本。

六、微信公众号辅助中级汉语听力教学的反思与建议

（一）微信公众号辅助中级汉语听力教学的反思

1.微信公众号辅助中级汉语听力教学的优势

（1）弥补了课堂教学的时间局限

通过微信公众号辅助中级汉语听力教学，将汉语听力的学习与老师的指导时间延伸至课外，其课前预习帮助学生在课前做好准备，在听力课上老师就可以更专注地对学生进行听力训练，无需再花费过多时间介绍听力背景和相关的文化知识，也无需再全部讲解生词。这就有效地打破了课堂教学的局限，弥补了埃及科技大学当前汉语听力教学时间的局限。

（2）改善了教材语料相对滞后的问题

由于教材无法即时更换或者修改听力语料，所以导致教材中的很多语料或者事件都相对老旧，如《汉语听力速成——中级篇》第一课《外出旅游话题》中，课文的年代背景是二十年前。这就导致学生在听时就无法与当前的状况相对应，但微信公众号的即时、个性化的特点很好地解决了这一问题。老师可以通过搜集最新的语料通过公众号每天更新，既避免了直接发群里导致的学生焦虑，也为学生提供了最新的听力语料，并给学生留足了学习时间。

（3）调动了学生汉语听力学习的积极性

首先通过网络为学生提供听力资源符合当前这一代学生的特点和习惯。作为互联网的“原住民”，当代学生对于网络资源和信息接受得非常快。同时，微信公众号支持图片、视频的功能也可以让老师为学生提供多种形式的学习资源，通过学生喜欢的方式为学生提供听力资源，一定程度上调动了学生的积极性。

2.微信公众号辅助中级汉语听力教学的不足

（1）需要耗费较多时间

不论是在微信公众平台的设计前期还是教学推广使用期，教师都需要花费很多时间。在微信公众号平台的设计前期，教师需要发放调查问卷，了解学生的学习兴趣、学习重难点及学习能力，并以此为设计依据，对微信公众平台进行设计。在教学推广使用期，教师需要对每节课的文章进行设计与编辑。由于互联网资源丰富，图片、视频和音频内容良莠不齐，这就需要教师浏览大量的互联网资源，然后再进行筛选，看学习资源的难度是否适宜，内容是否有趣等。在设计文章内容时，教师还要考虑文章的排版是否整齐，拼音的标注是否正确，教学内容是否需要添加英文或者阿语解释。除此之外，教师还要常常关注该微信公众号平台，及时查看留学生是否有学习上的问题，以便及时解答学生的疑惑。微信公众号平台虽然可以更好地帮助学生学习汉语，但同时也给教师增加了更多的工作量。

（2）课下监督不足

虽然微信公众号平台具有统计功能，可以看出阅读的人数和使用的频率，但教师没办法知晓谁看过文章。微信公众平台虽然方便了学生学习，但是其中大量的网络资源可能会把学生的注意力吸引到别处，从而降低学习效率。为了督促留学生利用微信辅助学习汉语听力，教师可以在教学过程中，将微信公众平台线上学习与学业成绩挂钩；另外，微信小程序中已有很多成熟的作业程序，老师可以通过微信小程序发布作业，不仅可以监督学生的课前课后自主学习情况，还可以根据学生的作业错误情况掌握学生听力易错点。当然，不论使用哪一种课下监督方式，均应考虑到学生的学习兴趣和学习意愿，不然，不当的监管可能会引起学生的厌烦心理，加重学生学习负担，降低学生汉语学习的兴趣和积极性。

（二）微信公众号辅助中级汉语听力教学的建议

微信公众号辅助中级汉语听力教学的新模式，既需要学生与教师的配合，也需要高校机构的支持。针对微信公众号平台的不足之处，笔者将从学生、教师和工作单位三方面提出建议，为日后其他汉语教师利用微信公众号平台辅助汉语教学提供更多的方式。

1.提高学生汉语听力自主学习意识

汉语听力学习尤其是非目的语环境下的汉语听力学习不能只依靠教师的课堂讲授，学生的课外学习也非常重要且必要。因此，对于非目的语环境下的汉语听力教学，不仅需要提高老师的教学技能，更重要的是提高学生自主学习主动去听的意识。教师是学生自主学习的引导者，应该帮助学生养成自主学习意识，引导学生从自身情况出发，确定合适的学习目标，制定学习计划，养成课前预听—课中有针对性地听—课后巩固听的习惯。

在汉语听力学习中，教师除了需要教授学生汉语听力学习方法和技巧，帮助他们选择适合自己的学习策略，还应该重视引导学生提高自身自主学习、主动去听的能力。对此，作为一线汉语教师，我们可以向学生推荐一些比较好的关于汉语听力学习的资源。经过老师选择和整合的听力资源可以通过微信公众号或者微信群进行分享。而微信公众号模块分工明确，便于学生取用，因此，学生可以利用碎片化时间通过微信公众号平台自主学习汉语听力。

总而言之，在非目的语环境下的汉语听力教学，培养学生的汉语自主学习意识对于提高学生的汉语听力具有重要作用。而为学生提供自主学习资源，营造自主学习环境，采用有效的课下自主学习监督方式等是培养学生汉语听力自主学习的有效方式。

2. 教师需要提高利用现代教育技术的意识

汉语教师作为教学的指导者，需要顺应时代的发展，提高利用现代教育技术的意识和能力，充分利用网络和信息技术的发展，整合汉语学习资源并将其优势最大化。当然，教师提高自身意识，还需要国内和国外工作单位的培训与指导。

在当前人人均有手机的情况下，虽然国外汉语教学条件有限，但老师们还是可以充分利用资源，为学生营造汉语学习环境，提供丰富的学习资源。

3. 教师可以共同协作研发教学平台和资源

笔者建议海外汉语教师可以共同协作，结合当地学生的特点和学习需求建设符合该地的教学资源与平台。共同协作研发教学平台不仅可以节省一位老师单独创建资源的时间，最重要的是，建成的资源和平台是可以循环使用的。新任的老师可以通过平台快速了解学生学过的学习内容与学习特点，快速适应教学环境；老教师也不用一次次重复设计教学内容，通过共同研发的教学平台，老师们可以更高效地进行汉语教学。

移动端网络流行语自主学习模式初探（2021）

谷陵、孙冬娟

摘要： 本文讨论了适用于国际汉语教育网络流行语的筛选标准，对YouTube现有的面向中、高级汉语学习者的汉语自主学习模式的内容及其特点进行了调查分析，通过问卷调查了中、高级汉语学习者对于线上自主学习的需求，以YouTube视频网站和Formatives测试网站为搭建平台，设计了汉语流行语移动端自主学习模式。笔者选取了两组流行语，基于该模式进行教学资源设计，随后邀请学习者进行运用测试，对学习者的学习效果进行了数据分析，并就该模式的使用感受进行了访谈。数据显示使用新模式后的学生测验成绩明显高于未使用新模式的学生成绩，而且多数学习者在访谈中反馈十分喜欢这一模式，他们更偏好于通过线上碎片化的非正式学习来掌握汉语流行语。最后笔者对该模式设计及运用测试过程中发现的问题进行了反思。

关键词： 网络流行语；移动端；自主学习；线上学习模式

一、引言

近些年中国国力显著增强，国际影响力日益提高，“汉语热”席卷全球。同时日新月异的互联网技术提高了世界各地的网络普及率。为了教育资源价值最大化，建设网络在线学习平台以达成资源互换、知识共享。汉语国际教育学科与国家战略紧密相联，在互联网技术构建的资讯化时代中，开展网络教学成为新趋势，顺应时代需求、符合学科发展。

网络流行语是当下井喷式网络信息中极具流行性和广泛性的一个分类。相当一部分网络流行语已经逐渐从区域流行、昙花一现的新词新语被接纳为具有全民性的一般词汇，是现代汉语中不可缺少的一个“异类”。利用在线技术进行网络流行语教学，紧跟社会发展现状，并针对各国学习者的不同特点设计网络流行语在线教学的教学计划、教学课程、教学策略，将有利于汉语国际教学实践的进一步发展。

综上，在“互联网+”时代以及新冠疫情的背景下，笔者开展面向中高级汉语学习者的网络流行语自主移动学习模式研究，将常用的、实用的网络流行词语纳入汉语国际教学实践中，具有一定的理论意义和实践意义。最后笔者对该模式设计及运用测试过程中发现的问题进行了反思，针对不足之处为后续的进一步优化提出了设想。

二、相关概念与理论基础

（一）网络流行语的界定

网络流行语可以拆分为两个组成部分，即网络、流行语。

关于网络流行语的定义，各学者莫衷一是。本文认可陈建伟对于网络流行语的定义，他认为网络流行语是在网络上流行的一种语言形式，它以实时或相对延时的形式以文字、数字、字母和符号为主要载体，存在于具有共享性与开放性的网络聊天室、网络社区、博客上，是网络语言中最为活跃的那部分语言，是网民们约定俗成的表达方式。

（二）网络流行语的筛选标准

《新华字典（第12版）》筛选收录流行语的标准是：与当下生活息息相关、运用十分广泛且已相当稳定。

笔者认为，在对外汉语流行语教学的研究中，选取符合“基本词汇”特点的流行语进行研究更有意义和价值。基本词汇有着稳固性、能产性、全民常用性的特点。本文在《新华字典（第12版）》收录的流行语中再次筛选具备“能产性”的词语，符合标准的流行语如下：

处女+n.：处女地、处女作、处女秀

v.+屏：截屏、刷屏

晒+n.：晒工资、晒幸福、晒娃娃

n.+奴：车奴、房奴、卡奴

颜色词+领：白领、蓝领

裸+v.：裸婚、裸辞、裸奔

萌：卖萌、萌萌的（萌娃）、丑萌

拼+n./v.：拼车、拼团、拼购

本着考虑加强教学集合间知识内部的联系和“以旧带新”的教学理念，笔者选择了“noun+奴”和“裸+verb”这两组网络流行语作为本文的教学案例，以探究流行语自主移动学习模式的效果如何。

三、流行语移动端自主学习模式探索

（一）学习者移动端自主学习的需求访谈

笔者调查了15位汉语学习者平时学习汉语以及看汉语视频会使用哪些平台。最常使用的学习平台仍是YouTube，使用者来自地区相对广泛和全球化，而来自东南亚和南亚国家的被采访人员高频率使用的软件均是中国版抖音，他们表示抖音上的视频种类繁多且均配有汉字字幕，十分方便他们深度学习汉语、了解中国文化；优酷、爱奇艺、腾讯、西瓜视频等软件的使用者都是长期在中国读书的留学生且汉语均是高级水平。通过访谈内容可知，中高级汉语学习者有两个特点，一是他们的汉语学习热情仍比较高涨，对汉语相关的知识和内容有着极强的好奇心；二是他们已然掌握了丰富的汉语学习策略，并且有着较强的意志控制能力，让自己可以坚持学汉语。

综上可见，有必要进一步探索、建设流行语移动学习模式，让更多的汉语学习者可以掌握“汉语网络流行语”这一课本外的现代汉语。

（二）流行语移动端自主学习模式的具体设计

1.YouTube视频平台介绍

YouTube线上汉语教学时长要短得多，平均在10分钟左右，且多是综合课，课程容量较小。YouTube平台以影像视频为主要传播形式，可以同时传递声音、文字、图片等信息，有利于同步锻炼学习者的听、说、读的综合能力。

All Language Resources是国外著名的语言学习资源测评网站，该网站总结了汉语学习各方面的最佳资源，其中在学汉语最好的YouTube频道总结中提及了面向中级汉语学习者和高级汉语学习者的一些频道推荐，本文对这两个平台的粉丝量、教学模式、课型、教学法、内容、教学环节进行了总结。

表 3-1　以中高级汉语学习者为教学对象的四大 YouTube 频道①

名称	课型	教学内容	教学法	教学环节	教学模式
CHINESE ZERO TO HERO（4.8万）	以HSK1—6级语法课为主	按照HSK教材中语法点的先后顺序、以单个语法点为中心展开每课教学	语法翻译法（中英） 听说法 以旧带新（无字幕）	教材例句导入—讲解意义用法—三个额外例句辅助理解—练习部分提供四个左右的句子进行变换示范—简单总结—配合教材中的练习	YouTube上发布个别语法点的教学视频为其网站内部的课程售卖引流，以其独立网站为主体汇集其为初级到高级学习者所提供的所有学习资源，包括了课程内容、扩展内容和优秀学员展示，其中课程部分与teachable（语言教学平台）合作，将HSK各级语法点教学录播课打包进行售卖，辅以Telegram软件中的社群功能进行答疑；同时联动多个社交平台，使用Instagram/脸书/Linkedin发布每日词汇和语法点吸引关注度。
MANDARIN CORNER（9.82万）	以面向中高级汉语学习者的文化课为主	每课围绕一个文化问题为中心展开街头采访或讨论，如中国南北方的差异、东西方的差异、中国的一些社会现象	直接法、视听法、情景法（中、英、拼音字幕）	街头采访/一对一访谈/播客：导入—每个问题探讨面对某一观点或社会现象的受访者看法—多个问题进行串联—总结	其独立的网站会同步YouTube账号内发布的所有视频，如果用户愿意支持其创作（以支付10美元的方式）则可获得所有视频的PDF文稿（有翻译版、无翻译版）、听力版文件、flashcards等学习资料

① 注：除教学模式外其他信息只基于各机构在YouTube平台上提供的内容。

续表

名称	课型	教学内容	教学法	教学环节	教学模式
FOREIGN ON CAMPUS（23.8万）	面向高级汉语学习者的文化课视频	以中国留学生或美国华裔的视角展示中西文化差异的视频	直接法、视听法（中英字幕）	以一文化现象为切入点，展示不同参与者的不同看法和表现	以YouTube账号为主来进行视频发布，联动多个社交平台：WEIBO/FACEBOOK/INSTAGRAM/TWITTER发布视频推送提醒，为YouTube账号引流。
KEVIN IN SHANGHAI（39.4万）	面向高级汉语学习者的文化课视频	以跨文化交流、文化对比的介绍视频为主	视听法、情景法、直接法（中英字幕）	情境模拟：以一话题为切入点，模仿该情况下的各类语言交际	只通过YouTube账号进行文化异同方面的展示。

2.Formatives测试网站介绍

（1）如何设计练习

Formative是一个可以帮助教师快速对所教学生和班级布置作业并及时获得形成性评价的网站，你可以在任何一次测试中同时添加各种类型的问题，教师可为题目提供不同的内容支撑材料。

此外教师能够上传个人在本地文件中设计好的题目文件，也可在该网站云端图书馆以搜索关键词的方式查找其他老师在Formatives中上传的相关题目来作为参考和借鉴。除了出题形式多样外，答题的方式同样能根据具体题目的需求来进行变换，而不仅限于传统的选项和文字，教师可通过设置让学生用录音、视频、照片、白板等形式来回答问题，更准确地测试学生各方面的学习情况。

在出题时教师可以设置好正确答案，这样系统可以替教师自动为学生评分，节省时间；同时教师可以把题目设置为部分计分和随机打乱顺序，以便于防止作弊；而且每个题目老师可按需将其标上标签，这样后期可以跟踪学生的学习进度。在完成题目设计后，教师可选择学生视角查看学生在PC端、平板电脑端和手机端进入测试后的界面，并且教师可在此界面进行测试性质的作答，再点击“查看作答”界面检查系统自动打分的情况。

（2）如何邀请学生进入作答

建立班级：教师可通过填写学生姓名、邮箱或者让学生前往该网站输入邀请码的方式加入班级。教师可选择整个班级或多个班级，也可只选择班级中的几个学生，完成选择后系统会自动将试题发送至学生邮箱。

导入班级：可直接将Google class和Clever Roster中的班级导入至该系统中。

自由进入：每组练习题系统会自动生成一个单独的邀请码，教师可把测试网站和邀请码贴在公众平台，任何人均可通过输入邀请码的方式进入练习界面。

教师可再进行其他方面的设置，学生可进入练习的时间、作答完成后学生是否可以看到分数和正确的答案、答案提交后是否可以再次修改、是否打乱题目的排列顺序等。

查看学生作答情况和给予评分、反馈：

一旦学生开始了练习作答，学生的作答情况将实时出现在教师的“查看（学生）作答”的界面中。如果教师在出题时已设计好了答案和分数，系统会根据保存的设计自动为学生评分，不同的分数会以不同颜色的进度条在“查看作答”界面展示，如果教师出题时并没有设置正确答案，那么可在学生完成作答后通过拉动颜色条的方式进行评分，针对学生的作答，教师可给予学生多种形式的评价或指导，学生也可以在此对教师的评价或指导进行回复。以上步骤教师可以同时对多个学生进行批量操作。

追踪学生学习进度和成长情况：

点击Tracker界面，系统会按照班级、名字先后顺序对学生进行分类和排序，同时可选取参与测试的时间来限定选取数据的时间，界面中会展示出每位学生在一段时间中的测试分数表现，也会总结整个班级在一段时间内的测试表现，哪些知识点/课程分数高、哪些知识点/课程分数低，一目了然，便于教师把握班级整体成长情况和学生个人的成长情况，有针对性地调整教学策略。

3.新模式的设计方案

（1）教学目标

基于流行语自主移动学习模式下的教学目标：

扫除在识读、理解流行语方面的障碍，可以正确且合理地运用流行语去描述事物、陈述观点；

通过在固定情境下的操练，学习者可以领会到流行语的语体风格和表达特点，可以有选择地在合适的情境中使用流行语来表达自己的思想情感；

能够在电脑、平板和手机等移动终端上用拼音正确打出流行语；

通过自主学习让学习者对每类流行语所蕴含的社会背景和文化意义均有所领悟，在后续学习过程中可继续追寻其深层潜在的社会意义。

（2）教学内容

在教学内容的选择上，单个视频课程涵盖了每类流行语的共性概念讲解和结构分析、5个左右符合其结构的流行语样例、句型搭配、来自网络的典型例句、日常使用的情景对话和流行语相关的社会文化，并且教师会将课程中涉及的网络流行语和相关例句的文本、拼音展示在视频简介栏，方便学习者巩固学习。其中，来自网络的典型例句和日常使用的情景对话部分教师均采用了角色扮演的方式试图模拟真实情境，形成与现实生活的强关联，增强视频趣味性，风格生动活泼；讲解过程中调用多类模态以便深入学习者对内容的理解，所有内容浓缩在五分钟短视频中，按逻辑合为一体，讲解做到深入浅出。

（3）新模式特点

首先，YouTube平台方面，视频中以情景法为主要教学方法，通过丰富且生动的情景表演来构建接近真实的语境，帮助学生理解意义和用法；同时充分发挥YouTube简介栏和评论区的功能，为学习者复习、巩固和拓展应用提供平台。Formatives平台方面，利用线上测试的优势，选择题选项均用语音代替常规文字，以便展现日常沟通交流时的语调和语境，此外简答题部分不仅有需要用打字回答的问题，也有需要用录音回答的问题，从多个角度测试学习者的自主学习掌握情况。

（4）教学流程

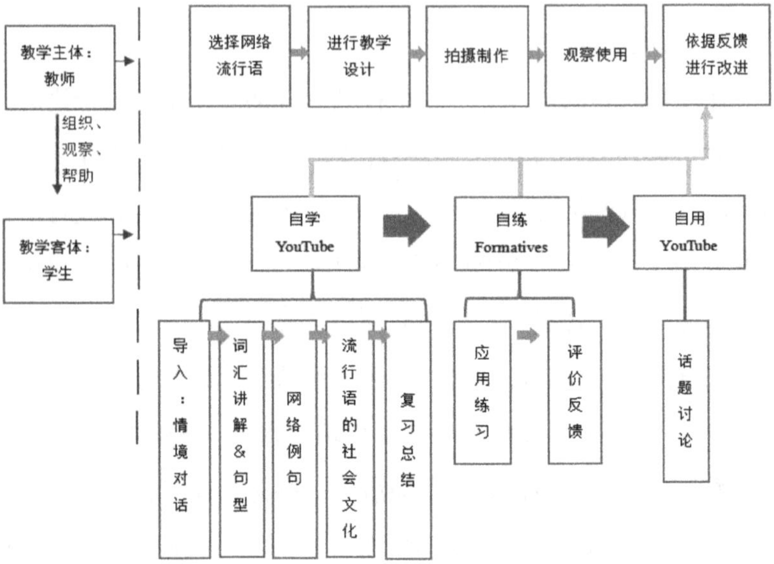

图 3-1　流行语移动端自主学习模式设计图

流行语移动学习以近些年来备受关注的汉语流行语为教学内容，以角色扮演的方式创新教学方法，融合真实社会大众生成的语料，来调动学生的学习积极性和兴趣，使学生在活动参与中完成学习对象与自我的双向建构。教师依据YouTube和Formatives两个平台的特点预设教学目标、设计教学内容、设置教学情境，形成以知识点为中心、清楚表达知识框架的短视频课程“集合”，搭建出一个独立运行、多线程进行的自主移动学习模式。

（三）新模式的运用测试

1. 被试者基本情况

此次实施过程旨在检验该模式的教学效果、调研用户对于流行语自主移动学习模式的其他潜在需求，共邀请了22位汉语学习者参加调查。

2. 新模式的测试流程

前测：在被试者了解了调查目的后，笔者首先询问了被试者来自的国家和HSK水平，然后逐一询问被试者是否知道“奴”和“裸”这两个汉字的意思，同时强调了不要查字典，接着笔者向被试者展示了“noun+奴”和“裸+verb”这两组流行语，询问他们是否知道这些流行语的意思，如果答案是肯定的，会要求被试者具体解释词语的意思，以便明确他们所理解的意思是否正确。根据前测的结果，笔者将被试者分为了两组，一组为实验组：先看教学视频、后做练习，另一组为对照组：不看教学视频、直接做练习。

3. 测试中所发现的问题

对“裸贷”“女儿奴”这两个词语难以形成准确的理解，线上测试的引导语设计不够明确、简答题不能获得即时性反馈，测试网站在Safari浏览器和中国境内偶尔会出现打不开、无法正常运行的情况，视频的音质、画质等制作方面存在瑕疵。

4. 小结

（1）难点学习提供充足脚手架。在自主移动学习模式中，对于一些概念意义和词语背景较为复杂的流行语需要进行补充教学。

（2）优化练习引导语设计，引入语音识别和文本分析技术。笔者设计的引导语“看句子，做选择”不够明确，可以改为“看句子，听录音，做选择”，或是在练习的开篇引导语中向被试者简要地介绍测试题目的考察形式。同时笔者建议Formatives平台可以丰富后台系统语言的设置，让教师和学习者可以有多类系统语言的选择。

（3）针对简答题目的即时性反馈问题则建议在Formatives系统中引入语音自动评分和文本自动评分系统，在语音自动评分方面，MyET口语测试系统达到了与人工评分类似的相关度，难度上也可与人工评分媲美，评分稳定性强，能够实现对学习过程的实时监控和对学习结果的快速反馈；在文本自动评分方面可以引入Automark这一采用自然语言处理技术、用来评价开放性问题回答的产品，该技术会从拼音、输入、句法、语义四个方面将学生的答案与模板进行比较，最后可以得出整体分数和详细的反馈。

（4）升级拍摄设备。为了提高视频的音质和画质，教师需要升级个人的拍摄设备，才可以有条不紊地推进教学，减轻学习者的认知负担，改善学习者的视频观感，但同时这些方面也对教师的数字化素质提出了更高的要求。

（5）预先交待清楚参加练习的注意事项，即如果出现网站无法正常运行的情况，可打开翻墙软件，同时确认是否在使用

Google浏览器。可将此注意事项写在视频、简介栏和练习的开篇语里。

四、流行语移动端自主学习模式的运用效果分析

（一）前测结果统计

前测主要的问题如下：

1.你知道“奴、裸”这两个字的意思吗?

2.（如果问题1答案是否定的，则跳过问题2；如果是肯定的，那么）请告诉我“奴、裸”的意思是什么。

3.（给学习者展示稍后要学习的流行语）你知道这些词语的意思吗?

4.（如果问题3答案是否定的，则跳过问题4；如果是肯定的，那么）请告诉我在你看来它们是什么意思。

下方实验组为先看视频，后做测试；对照组为不看视频，直接做测试。

通过前测笔者发现：首先“奴”类流行语更为被试者所熟知，而知道“裸”类流行语意思的被试者相对要少得多；其次随着语言水平的提高，学习者对流行语的掌握和了解程度也会相应有所提升，即使有一些词语的意义被试者并不清楚，但HSK6级的被试者往往都能准确猜中一些流行语的含义；最后，长期使用抖音、优酷等中国视频软件看汉语相关视频的被试者明显会对流行语有更多的了解。

（二）课后测试成绩数据分析

本文针对“noun+奴”类流行语和“裸+verb”类流行语各设计了一套试题，每套试题共有7个题目。考虑到两份试题需兼顾中级到高级语言水平的被试者，故笔者将测试题目的词汇难度控制在HSK4及以下。此次参加调查的22名被试均完成了这两份试题，笔者对测试成绩进行了统计，以下是被试者各题得分情况。

表4-1　考试一各组原始成绩表

语言水平	题号 / 学生序号	A	B	C	D	E	F	G	满分（20）
HSK4	1	1	2	2	2	0	4.5	4.5	16
	2	1	0	2	2	2	5.5	5.5	18
	3	1	2	2	2	2	5.5	3	17.5
	4	1	2	2	2	2	0	2	11
	5	0	2	0	2	2	2	0	8
	6	1	2	2	2	2	2	0	11
HSK5	7	1	2	2	2	2	5.5	5.5	20
	8	1	2	2	2	2	5.5	5.5	20
	9	1	2	2	2	2	4.5	5.5	19
	10	1	2	2	2	2	5.5	5.5	20
	11	1	2	2	2	2	5.5	4.5	19

续表

语言水平	题号 学生序号	A	B	C	D	E	F	G	满分（20）
HSK5	12	1	2	2	2	0	5.5	5.5	18
	13	1	2	2	2	2	5	5.5	19.5
	14	0	2	0	2	0	5.5	1	10.5
	15	1	2	2	0	0	5.5	4.5	15
HSK6	16	1	2	2	2	2	5.5	4.5	19
	17	1	2	2	2	2	5.5	5.5	20
	18	1	2	2	2	2	5.5	5.5	20
	19	1	2	2	2	0	5.5	4.5	17
	20	1	2	2	2	0	5.5	5.5	18
	21	1	2	2	2	0	5.5	1	13.5
	22	0	0	0	0	0	5.5	5.5	11

表 4-2　考试二各组原始成绩表

语言水平	题号 学生序号	A	B	C	D	E	F	G	满分（20）
HSK4	1	1	2	2	2	2	5.5	5.5	20
	2	1	2	2	2	2	5.5	5.5	20
	3	1	2	2	2	2	5.5	5.5	20
	4	0	2	0	2	2	5	3	14
	5	0	2	2	2	0	5	1	12
	6	1	2	2	2	0	4.5	4.5	16

续表

语言水平	题号 学生序号	A	B	C	D	E	F	G	满分（20）
HSK5	7	1	2	2	2	2	5.5	5.5	20
	8	1	2	2	2	2	5.5	5.5	20
	9	1	2	2	2	2	5.5	5.5	20
	10	1	2	2	2	2	5.5	5.5	20
HSK5	11	1	2	2	2	0	5	5.5	17.5
	12	0	2	2	2	2	5.5	5.5	19
	13	1	0	2	2	2	5.5	0	12.5
	14	1	2	2	2	0	5.5	0	12.5
	15	0	2	2	2	2	0	5.5	13.5
HSK6	16	1	2	2	2	0	5.3	5.5	17.8
	17	0	2	2	2	2	4.5	5.5	18
	18	1	2	2	2	2	5.5	5.5	20
	19	1	2	2	2	0	5.5	5.5	18
	20	1	2	2	2	0	4.5	5.5	17
	21	1	2	2	2	0	5.5	0	12.5
	22	0	0	2	0	0	5.5	0	7.5

为了明确流行语自主移动学习模式的效果，比照实验组和对照组的成绩，笔者使用SPSS对各语言水平中实验组和对照组的两次考试总成绩使用独立样本t检验进行了分析。

表 4-3　HSK4 实验组、对照组成绩数据分析对比

考试	分组	个案数	平均值	标准差	*t*	*P*
考试一	实验组	6	19.33	0.816	2.449	0.044
	对照组	3	15.00	4.500		
考试二	实验组	6	19.42	1.021	10.163	0.000
	对照组	3	12.83	0.577		

表 4-4　HSK5 实验组、对照组成绩数据分析对比

考试	分组	个案数	平均值	标准差	*t*	*P*
考试一	实验组	3	15.33	2.566	2.984	0.041
	对照组	3	10.00	1.732		
考试二	实验组	3	20.00	0.000	5.196	0.007
	对照组	3	14.00	2.000		

表 4-5　HSK6 实验组、对照组成绩数据分析对比

考试	分组	个案数	平均值	标准差	*t*	*P*
考试一	实验组	4	19.00	1.414	2.535	0.052
	对照组	3	14.17	3.547		
考试二	实验组	4	18.45	1.038	2.574	0.0497
	对照组	3	12.33	4.752		

根据上述数据分析可以看出，除HSK6的考试以外，在HSK4、HSK5的每次考试成绩和HSK6的考试二成绩里实验组均显著高于对照组，说明本文设计的流行语移动学习模式教学效果

显著，能够有效地帮助学习者学习、掌握汉语流行语。HSK6被试者的考试一成绩实验组和对照组之间不存在显著性差异，也说明“noun+奴”类流行语对于HSK6汉语学习者来说内容较为容易、效果不明显，更说明了在流行语移动教学设计中我们需要注意内容梯度的设计，为高级汉语学习者提供符合其认知难度的学习内容和材料，这样才更有利于帮助其改善自主学习效果、提高汉语水平。

（三）关于教学效果的反馈评价

此次访谈是针对了解该模式教学效果的访谈调查，该部分访谈共有13位被试者参与，笔者对其中10位进行了深度访谈，分别是3位HSK4级学习者、4位HSK5级学习者和3位HSK6级学习者；另外3位只简单询问了该模式对他们学习汉语是否有帮助以及他们有什么感受和看法。

关于“视频中的教学可不可以让你清楚地明白每一个词语的意思”这一问题，70%的学习者的答案均是肯定的，有30%的学习者表示对“裸贷”这一词不是那么明白，其他词语没有任何问题。

视频中有些词语，比如孩奴、猫奴，笔者在讲解完该类词语的共性意义后只通过情景表演的句子表现单个词语的用法和语义，并没有详细地解释词语意思。就这一设计，笔者询问了被试者的感受，所有访谈对象均反馈说通过这种方法他们仍可以很好地理解这些词语的意思，不需要额外详细的解释。

丰富的情景表演是该教学模式的一大特点，所有受访者都表示情景表演“非常有趣，很能吸引注意力”“看完视频觉得很开心”，受访者们都对情景表演的教学效果表达了肯定。

现行的稳定的汉语网络流行语往往其背后都是有着较为深厚的社会背景，反映着中国当下的一些特色文化，因此笔者在教学视频专门设计了流行语文化普及板块。关于这一版块，70%的受访者表示这很有必要；30%受访者（均为HSK6级）表示他们早已有所了解，因为他们平时会经常看中国的电视剧、电影、综艺节目，对这些流行语反映的社会文化并不陌生。

有关该移动学习模式效果的访谈最后一题是：你觉得让你自己在YouTube上看视频，然后做练习的教学方法对你学汉语，特别是口语，是否有帮助？

表 4-6　访谈结果

被试者	打分（5分）	评价
38.5%	5分	非常有帮助
38.5%	4分	比较有帮助
23%	3分	一般有帮助

五、关于词汇移动端自主学习模式的反思

（一）流行语专题学习网站设计思路

在设计流行语自主学习专题网站中笔者采用随机进入式自主

学习的设计方法，并通过建立完善的知识结构体系、设计资源拓展模块、设计清晰的导航策略、设计协作学习模块、设计规范的自我评价系统等方面来加强对学生自主学习的引导，与此同时，尝试设计切实可行的推广方式来扩大网站的知名度。

1. 建立完善的知识结构体系

关于“汉语网络流行语”这一专题，可将流行语与相关知识进行整合，将内容归为以下几类：

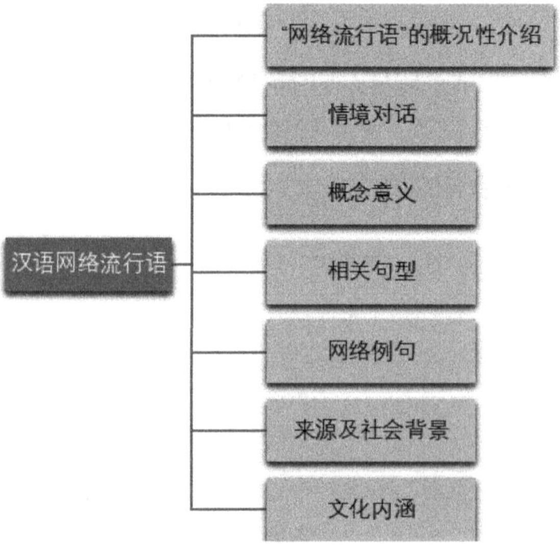

图 5-1　汉语网络流行语内容归类

2. 设计资源拓展模块

设计专题学习网站时，需要合理选择信息资源的表现形式，以便学习者拥有各类丰富的、实用的学习工具。首先明确它们的使用目标，信息资源的使用模板包括了呈现事实、创设情境、提供示范、解释原理、探究发现等，其次依据媒体选择的基本理论，最后按照学习者的特征和专题内容的类型，用最合适的形式表现专题内容。

流行语专题网站可以为每类流行语展示扩展的音频资源和视频资源，比如把教学视频的音频版放入资源库，也可以制作流行语相关的播客资源，方便学习者在任何生活情境下都能随时开展自主学习；还可以搜罗与流行语相关的影视片段，让学习者可以根据自己的需要增进对流行语的理解。

根据流行语的语言学习特点，笔者认为可以为其设计网站内部的“流行语学习词典”，让学习者可以通过检索的方式自主查找流行语，通过选择词条的方式进入学习界面学习。

3. 设计清晰的导航策略

流行语专题网站采用的是随机进入学习的策略，而且网站内部会有相对庞杂的资源，开放性强，为了避免出现迷航现象，清晰的导航至关重要，故导航策略使用以下设计：

（1）网站系统语言可以进行中、英等多语种切换，导航语言尽量简洁，避免在导航部分出现增加认知负担的情况；

（2）标题区我们可以设置专题导航，加入检索、返回、帮助等导航系统；

（3）内容显示区可以使用翻页功能来代替链接功能，让学生可以通过前后翻页的方式来寻找知识间的联系；

（4）在资源拓展区设置明确且简单的导航，让学习者可以从不同的地方随意点击进入相同的学习内容区域；

（5）导航部分可以采用白字和其他暖系饱和度较低、视觉效果温和的底色，突出文字。

4. 设计协作学习模块

笔者计划在流行语专题学习网站中，每一类流行语的学习界面最后应设计相应的讨论区，以供学生在完成自主学习后发表看法、交流观点，教师也可以通过学生在该区域的交流了解学生的想法。

网站中可以设计专门的答疑区，同时引入智能答疑系统，在学习者提出学习问题后，系统可通过分析在数据库中自动搜索答案，及时且有效地回答学生问题。

5. 设计规范的自我评价系统

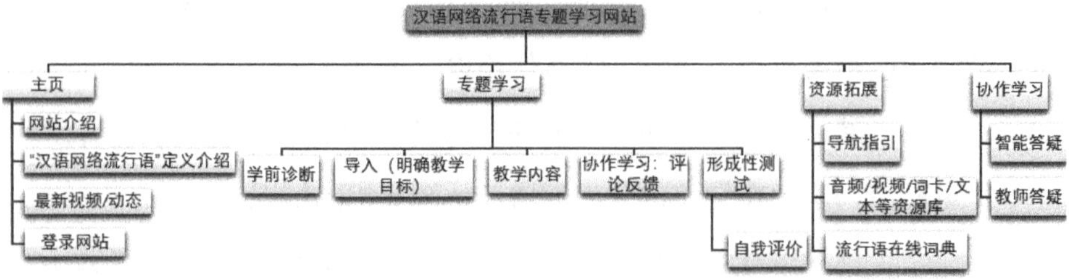

图 5-1　自我评价系统设计

（二）专题学习网站的学习步骤

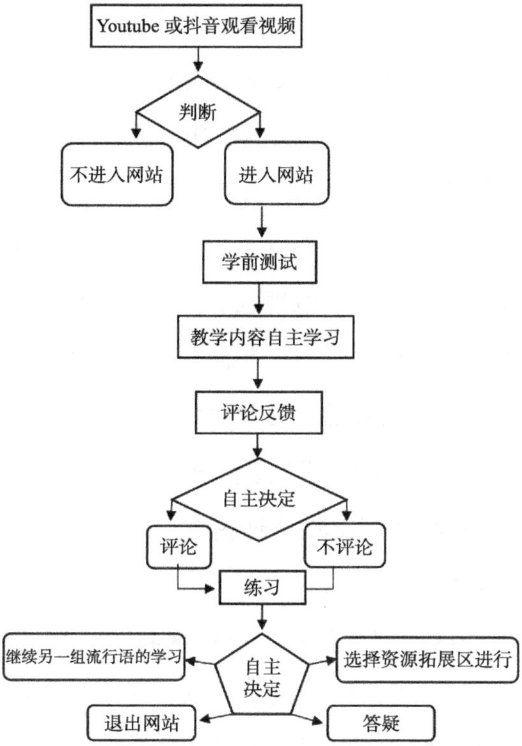

图 5–2　流行语移动学习模式再探索学习流程图

（三）关于词汇移动端自主学习模式构建的思考

1. 学习者角度

由于此次模式设计的目标用户为中级和高级汉语学习者，因此这里主要探讨针对此类学习者的相关思考。

（1）学习动机

外语学习动机主要包括两个部分：学习外语的动机和努力程度。

深层动机：对汉语及中国文化的兴趣和喜爱。

表层动机：从事与中国相关的工作，改善生活。

（2）学习策略

中、高级汉语学习者日常自主学习汉语偏好使用视听法，根据兴趣自行挑选中国电影、电视剧、综艺和短视频来加深对中国本土语言和文化的理解与掌握。与此同时，中高级汉语学习者在进行一个话题或主题内容的学习时更倾向于可以有充足的相关资源以供他们迁移应用、融会贯通、分析思考。

2.移动端自主学习资源设计角度

（1）设计原则

区分性强的内容梯度设计：以HSK4级、5级和6级为划分，各级之间所要求掌握的词汇量相差巨大。笔者认为前测了解学习者语言水平并为不同等级的学习者设计符合“i+1”原则知识输入难度是十分必要的，这样才更有利于达到最优的自主学习效果。

创造知识价值与情绪价值：本研究使用情景法设计教学内容，讲解与情景表演穿插进行，打造生动、活泼的学习氛围，让学习者在收获知识价值的同时收获情绪价值，得到了学习者的极大认可，激起了学习热情，使学习者更愿意主动参与到自主学习的过程中来。

提供充足且优质的拓展资源：中高级汉语学习者对学习资源的质与量要求较高，自主甄别能力强。因此对于预期理解难度较高的学习内容需要提供充足且准确的拓展资源，以便学习者挑选必需的资源来进行进一步学习。

（2）实现条件

移动学习设计中平台的选择需要兼顾交互性、兼容性、稳定性和全面性。

3.教学者角度

（1）提高信息化教学能力

构建移动端自主学习模式要求教师具有较强的信息化教学能力，教师要树立现代化教学理念，转变角色，培养学习者自主学习的能力；其次教师要具备应用现代化技术和设备的能力，培养数据意识和信息素养，掌握数据处理能力。

（2）加强对模式运行的监管

教师加强对模式运行的监管，对于学生的知识性疑问及时解答，对于模式运行产生的技术类问题要及时处理。

汉语语法微课评价指标体系开发（2019）

谷陵、李安然

摘要：本文通过文献法收集到两份权威微课评价量表，将这两份评价量表整合出研究框架。在此基础上，首先对专家评委对语法类微课作品的评语文本进行分析，再根据评语内关键词词频修改并确定各级评价指标，初步拟定出汉语语法评价指标体系，然后进一步对比传统汉语语法课堂，进一步总结出专家评委评语中未涉及的评价角度，并将此归入评价指标项，最后确定汉语语法微课评价指标体系初稿；通过问卷调查法，调查了唐风公司与北京师范大学联合举办的“首届研究生微课大赛”参赛者及获奖者，运用轶和运算法，计算出各级指标权重，最终确定了汉语语法微课评价指标体系。

关键词：汉语语法；微课；评价指标体系；构建对外汉语教学

一、引言

随着信息技术的不断发展与更新，互联网逐渐深入到教育的方方面面，信息技术和教育不断融合。微课作为现代教育技术之一引起了广泛关注。汉语微课在近年来也逐步得到了运用与推广。众多学者就如何设计汉语微课从不同角度进行了论述，但很少有论文涉及如何评价汉语微课。在汉语微课发展中，汉语微课的评价是关键环节，而目前对于汉语微课的研究缺乏分门别类的评价体系。本文试图通过建立汉语语法微课的评价指标体系来促进汉语微课的发展。

汉语语法微课评价指标体系由评价指标项、指标说明、权重、评语4个部分组成。包含4个一级指标，分别为教学选题、微课特点、教学内容和教学活动。各一级指标下共有9个二级指标和21个三级指标。各三级指标后对应有评价标准。

本汉语语法微课评价指标体系融合了专家学者、一线教师及微课学习者的意见，具有从学生角度出发，具有较强的可操作性、针对汉语语法微课进行评价的特点。

二、概念界定及理论基础

（一）微课定义

笔者认为微课在本质上是一种“课程资源”，具备课程资源的各类基本要素：供教学者和学习者移动学习使用。微课在形式上是一种“课程”，需要有明确的教学目标，精炼的教学内容、清晰的教学过程；微课的特色是“短小精悍”、“以视频格式传播”。因此，微课是非常适合于移动端进行汉语学习的资源形式，符合移动学习时间灵活、节奏快、信息碎片化的特点。

（二）微课评价原则

笔者总结出“微课评价”应该遵循以下原则：

1.科学实用性

教学内容科学正确、规范准确；教学材料完整；教学步骤完整；教学目标明确；充分发挥学生的主动性和教师的主导性，简单易操作，能切实帮助学习者掌握相对应的知识。

2.艺术性和技术性相结合

微课视频创意新颖，画面美观流畅、声音清晰；配合相应的文字、图片、视频；具有表现力。

（三）理论基础

1.认知负荷理论

认知负荷理论提出假设，人的认知结构是由短时记忆和长时记忆组成的。而且必须将短时记忆有效地转变成长时记忆这样才能发生真正意义上的学习。

基于认知负荷理论，在评价汉语语法微课时应该注意：

（1）微课设计者是否考虑所教授的内容与学习者认知水平之间的匹配程度，例如成年人和儿童学习者一次语法课应该教授多少语法项目。

（2）设计者是否采用多种讲解方式降低外在认知负荷。如：

在微课设计中是否采用了多种方式引起学习者的关注，采用多媒体手段降低学习者的认知难度等。

（3）是否激发学习者的学习动机，促进短时记忆转化为长时记忆，因此在设计微课时一定要让学习者的短时记忆向长时记忆转变，如：在设计语法类微课时，是否有足量且高效的练习。

2. 360度评估

360度反馈评价就是一定评价目的的指导下，多主体多视角地对被评价者进行评价，通过把这些多主体意见反馈给被评价者，使被评价者进行自省和反思，促进其工作效率提高。微课评价涉及到专家、教师（作为使用者）、学习者，以及使用该资源的平台机构等，同时视角也应包括制作者、使用者和评审者等多个视角。

3. 教师专业发展

教师专业发展的结构包括专业理念、专业知识、专业能力和专业态度与动机。具体在汉语微课教师的发展上表现在以下几个方面：

（1）持有教学专业理念。通过体验微课制作也教学，树立信息时代的先进汉语教学理念；

（2）不断更新专业知识。除了不断积累普通文化知识、教育专业知识以外，还要不断巩固系统的学科专业知识、增加实践性知识、最重要的是随着时代发展，也要不断更新自己的专业知识，形成完整且多元的学科知识结构。

（3）提高专业能力。将书本上的理论知识经过自己的时间经验和专业知识的整合过滤后，运用到实践中去。并提高自己的独立运用知识形成自己独特教学风格的能力。

三、部分现有微课评价分析

目前国内的微课大赛没有统一评价的标准，使得制作者制作出的微课良莠不齐，这在很大程度上严重阻碍了微课的规范化、系统化制作和发展。

（一）部分微课比赛评价现状梳理

1. 研究对象

本章以中国外语微课大赛、中国微课大赛、儒森汉语首届微课程比赛、首届研究生汉语教学微课大赛（全国邀请赛）为研究对象。

这几个赛事所评价的内容基本覆盖了微课的各个环节，从微课的制作、微课的应用到评价，另外在微课大赛的参与者与微课使用者在教育阶段上也是全面的，从基础教育到高等教育，从基础学科到对外汉语专业学科都有涉及，这些微课大赛都在各自的领域都有很大的影响力。

2. 评价指标的类目分析

综合这四个评审标准的主要内容，在分析其评价标准的异同点的基础上，笔者将本部分对微课评价标准的研究类目定为以下三个方面：评审目的、关注重点以及评审主体。

在这三个大方面的基础上又将这三个大方面分解成不同的小维度。笔者将评审目的的研究类目进一步划分为“促进教师发展”、“完善课程资源”及“其他”；微课的关注重点主要从科学实用性、技术性和媒体性三部分来进行分析；对评审主体的分析主要是从专家、教师、学生三个主体进行分析。

3. 本部分研究结果与讨论

（1）微课大赛目的分析

以下是笔者对这几个赛事的活动方案的分析归纳，得出了各个赛事的目的以及他们的侧重点。

表 3-1　多个微课大赛侧重点

赛事	目的侧重点
中国微课大赛	创新资源建设模式；促进教与学方式的；促进资源共建共享
中国外语微课大赛	提升外语教学质量和水平；推动微课在教学中应用
儒森汉语首届微课程比赛	提高对外汉语教师的微课程制作能力；推进微课程建设
首届研究生汉语教学微课大赛（全国邀请赛）	搭建教学经验交流和教学风采展示平台，实现优质教育资源共建共享，推动信息 在汉语教学线上线下课堂的创新应用和有效普及，提高未来师资队伍的信息技术应用能力，探寻未来汉语教学产业链的发展方向。

这四项赛事的目的都强调了促进教育资源共建共享以及促进应用方面，而汉语微课大赛则更多强调了对教师专业发展的

促进。

相对来说，具体学科的微课大赛评审目的更加细致，更加多元化。而大型非指定学科的微课大赛的评审目的主要集中于促进资源共享和促进微课应用两大方面。

（2）关注重点的分析

通过对这四项微课赛事的关注重点的分析，笔者得出在科学实用性方面这四项赛事都十分重视，其次是技术性和媒体性，其中技术性和媒体性的关注程度差异不大。

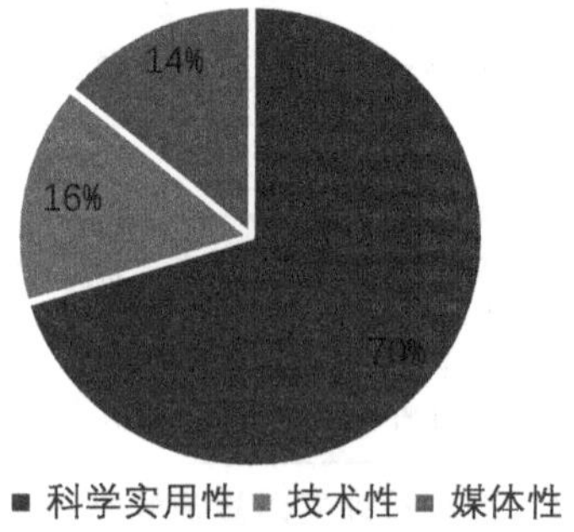

图 3–1　四项赛事评审标准关注重点比重图

（3）评审主体的分析

以下是笔者通过梳理这几个赛事的评审方案，得出的大赛评审人员的构成。

表 3-2　各个微课赛事评审主体表

赛事	评审主体
中国微课大赛	初评：由各省组织专家进行初评，优秀作品推荐参加终评。 终评：组委会组织专家进行终评，终评结果公示。
中国外语微课大赛	复赛评审：外语学科专家、教育技术学科专家、管理人员 决赛评审：相关领域专家组成
儒森汉语首届微课程比赛	上海儒森教育进修学校教学人员
首届研究生汉语教学微课大赛（全国邀请赛）	初评：组委会组织专家 决评：组委会终审专家 （专家为来自全国64个高校的53名汉语国际教育专家）

目前微课评价存在的现状及评审主体不够多元化的问题，更多其他重要主体的评价没有受到重视甚至没有纳入评审主体考虑范围内，如果评审主体持续单一，这样将不利于微课的良性发展。

（二）首届汉语教学微课大赛评价文本分析

1.研究内容分析及结果讨论

笔者首先收集了首届微课大赛的作品评语，然后筛选出一等奖作品1份、二等奖作品3份、三等奖作品6份和优秀奖作品6份。共得到其中有效评语82条。

笔者将这82条评语导入Excel表格，将专家评审意见中按照上文中的编码方式进行编码，分别对照“教学选题”“教学设计”“技术规范”“教学效果”和“教师风采”这些类目做出相应标记。

2.汉语语法微课方面，坚持以教学为中心，兼顾技术规范

同时，我们也应注意在这些方面仍有很大的进步空间：

第一，评价主体单一，以专家评价为主，缺少教师自评和学生评价。这一缺点并不是个别现象，在上述分析的多份评价标准中都暴露出了此问题。评审主体的单一化会使评审结果显得片面化，这样不符合促进微课良性发展的规律，需要引起足够的重视。

第二，评价没有对具体学科或要素的细化要求。在现有的微课评价体系中，大多都是对一般微课制作的评价要求，对具体的学科如“文史课”“理化课”“技能课”的特殊细化要求没有涉及。

四、汉语语法微课评价指标开发及体系构建

本文以语法微课为研究主题，以首届研究生汉语微课大赛后附的评委评语为研究材料，通过统计分析进行定量和定性的研究，试图梳理出汉语语法微课的评价指标体系。

（一）基于专家评语分析的语法微课指标开发

1.研究框架

笔者发现《微课的评价指标体系》和《优课的评价体系》有

相同的评价维度，同时也有一些需要互补的角度，于是将两表整合成一个相对完整的评价指标框架，初步确立了一级和二级评价指标并以此为本次评价指标研究的基本框架，经过对两个现存微课评价表的整合，初步确定了教学选题、教学内容、微课特点和教学活动四个一级指标和“选题简明”等10个二级指标。其中四个一级指标的权重分别是10、20、10、50。

同时，为了找到在一般微课评价指标中所忽略或未涉及的“汉语语法微课”评价维度，进而补充上述研究框架并形成“汉语语法微课评价指标体系”。笔者通过对首届研究生汉语微课大赛中专家评委对语法类微课作品的评语内容进行文本分析，挖掘出一般微课评价指标中忽视或未涉及的角度。初步形成“汉语语法微课评价指标集合。

此外，考虑到汉语语法微课与传统汉语语法课的联系与区别之后，试图通过与传统汉语语法课堂的对比找出语法微课中突出“语法”教学特点的评价维度。最后根据以上研究和对比对初步形成的指标集合进行修改和补充，最后梳理出一个含有一级、二级、三级指标及指标说明的汉语语法微课教学评价指标体系。

在此研究过程运用了Microsoft Office Excel 2007和Rost Content Mining 5.8进行数据处理和分析。

表 4-1　汉语语法微课评价指标研究框架

一级指标	二级指标	三级指标	指标说明
教学选题（10）	简明		
	典型		
教学内容（20）	逻辑清晰		
	科学正确		
	材料完整		
微课特点（10）	技术规范		
	视频美观		
教学活动（50）	教学效果		
	教学设计		
	教学设施	语法教学特点	
		面向全体，注重差异，调动学生积极性	
		教学环节，课容量，时间分配，教学过程	
		教学语言，教态，教学组织形式和方法策略，反馈和评价	
		熟悉使用现代信息技术设备，合理选择数字教学资源	

续表

一级指标	二级指标	三级指标	指标说明
教学活动（50）	教学设施	互动	
		教师动作	

2. 专家评语文本分析及各级指标确定

本研究以“首届研究生汉语教学微课大赛（全国邀请赛）”有关语法内容的微课教学作品358条来自37位一线专家的评语为研究材料。笔者在Microsoft Office Excel 2007中先将358条评语内容根据上表框架依据评语内出现的关键词进行手工分类，并将评语内容进行适当的总结归纳后填入表内对应的指标下。

再将每一项一级或二级指标如：“教学选题”“逻辑清晰”等下面所归类的评语内容用Rost ContentMining5.8进行文本分析，分别得出每一项指标下归类评语的词频，随后由高到低进行排序，频次高的设为或补充为相应指标项。同时笔者对每一项指标下的评语内容的整体感知后整理为“指标描述”。

（1）“教学选题”指标分析

本次微课大赛提供的语法教学选题一共有二百多条，分别有词类、句子成分、句式、固定搭配等方面的选择。在所有评语中，一共有157次关于“教学选题”的评语。在“教学选题”下，评语词频前四个由高到低如下表所示。笔者根据该指标下评语内容分析梳理出，评语中“代表性”和“有价值”中主要强调选题是否是留学生经常出错的语法点或者是经常使用的语法点。“针对性”和“典型性”主要是指教学选题是否符合学生认知水平和学习基础。

所以，根据评语分析的实际情况，在上述评价指标体系框架下，将一级指标“教学选题”下的二级指标和三级指标进行修改。

表 4-2 “教学选题”指标修改

一级指标	二级指标	三级指标	指标说明
教学选题（10）	代表性	典型性	选题典型，针对学生常用或常出错的语法点。
	价值性	针对性	

（2）“微课特点”指标分析

微课与传统课堂的差异主要体现在微课录制、剪辑的外在“技术规范”以及教师授课时作为主导者的“表现力”这两个方面。

①“技术规范”指标分析

关于“技术规范”的评语一共有204次。根据评语分析“技术规范”指标下词频前四由高到低排序如下表所示。同时在对该指标下评语内容整体分析后发现，选手们很容易忽视教学录制之后的剪辑，导致画面不清楚、声音过大或过小，或者时长过长。

②“教姿教态”指标分析

“教姿教态”下的评语一共有24条。在对“教姿教态”下评语分析中得到排名靠前的词频分别是：位置、讲稿、动作、镜头感。根据指标下评语内容分析，教师出现问题较多的是站位不合适、小动作过多、对着讲稿读、镜头感弱等。

所以，根据评语分析的实际情况，在评价指标体系框架下，对“微课特点”下的二三级指标进行相应的修改。如下表所示。

表 4-3 “微课特点”指标修改

一级指标	二级指标	三级指标	指标说明
微课特点（20）	技术规范	图像美观	视频清晰，美观；教师教学过程中动作合适得体，尽量脱稿教学。
		声音清晰	
		时长恰当	
	教姿教态	站位恰当	
		体态语合适	
		镜头感好	

（1）“教学内容”指标分析

根据评语内容分析，教学内容指标下评语较多且繁杂，有关“教学内容”的评语有320次。笔者在借鉴“微课评价指标框架”的基础上在其下设立了两个平行的二级指标“材料完整”、“科学正确”，再对每一个二级指标下的评语词频进行统计。这两个维度分别是从教学材料的“质”和“量”两个方面进行评价的。在“质”的方面要求教学内容正确，并且有逻辑；在“量”的方面则要求教学内容容量合适，环节完整，教学辅助配套资料完备。

①“材料完整”指标分析

有关材料完整的评语一共有129次。发现在“材料完整”中词语频率词频排序如下表所示。根据评语内容分析得到，评委强调“教学容量要合适”即不要讲解过多知识点或展示过多的教学环节。同时，教师提交的“教案”应该是详实的，“环节”应该是完整清晰的。

②“科学正确”指标分析

有关“科学正确”评语一共出现了191次。其下评语的词频如下表所示。评委就这部分还强调教学内容应该“思路清晰”“重难点突出”“讲解规范清楚”以及不要出现“知识性错误”。

所以，根据实际情况，将教学内容下的二级及三级指标进行调整。如下表：

表4-4 “教学内容”指标修改

<table>
<tr><th>一级指标</th><th>二级指标</th><th>三级指标</th><th>指标说明</th></tr>
<tr><td rowspan="6">教学内容（20）</td><td rowspan="4">材料完整</td><td>环节完整</td><td rowspan="6">教学内容完整，教学主线清晰，讲解正确。</td></tr>
<tr><td>容量恰当</td></tr>
<tr><td>教案详实</td></tr>
<tr><td>思路清晰</td></tr>
<tr><td rowspan="2">科学正确</td><td>重点突出</td></tr>
<tr><td>讲解规范</td></tr>
</table>

（1）“教学活动”指标分析

经过统计，在所有语法类作品评语中一共有765次有关教学活动的点评。为了便于统计分析研究，笔者首先参照“优课的评价指标体系”将“教学活动”一级指标下设三个二级指标“教学效果”“教学设计”以及“教学实施”。

①“教学效果”指标分析

“教学效果”下的归类评语一共有141次。词频排序如下表。根据评语内容综合分析，评委主要关注教学效果的两个大的方面：一为是否达到教学目标；二为教学过程是否精彩有趣。主要从“结果”和“过程”来评判微课作品教学效果。

②“教学设计”指标分析

“教学设计”指标下的评语一共出现205次，在教学设计下的评语中，关键词词频排序如下。经过对此指标下的评语内容分析，专家评委更多强调了汉语语法教学时教学设计的问题。如：“精讲多练，教师应该少讲语法规则，学生应该有更多开口练习语法的机会”、“导入和操练都应该给出恰当的情景，在情景中练习。”、“给出恰当的例句，与所学语言点对应”等。

所以，根据实际情况，将上述研究框架中二级指标“语法教学设计”下设增设两个平行三级指标为“精讲多练”“例句恰当”，分别在其后指标说后添加“讲解准确精当，练习充分”、“例句准确且足量”。

表 4-5 “教学设计”指标修改

一级指标	二级指标	三级指标	指标说明
教学活动（50）	教学效果	目标达成	目标明确，教学效果良好。
		精彩新颖	有趣味性，符合微课教学和传播特点。

续表

一级指标	二级指标	三级指标	指标说明
教学活动（50）	教学设计（语法）	精讲多练	讲解准确精当，练习充分。
		例句恰当	例句准确且足量。

③“教学实施”指标分析

笔者通过对评委评语的整理发现有三个评价维度：“以学习者为中心”、“教师教学素养”、“信息技术手段的运用”，根据统计，“教学实施”下的评语一共有419次。各部分关键词词频排序如下表。从评语内容分析来看，评委注重教师在微课授课时的“教学素养”。比如：语速是否适中、是否有亲和力，着装得体与否等。在教学技术手段上，评委强调需要选用合理恰当的技术手段。如图片、动画及视频，帮助学习者高效学习。

所以，根据实际情况，将上述研究框架中二级指标“教学实施”下的指标进行修改，如图：

表 4-6 “教学实施”指标修改

一级指标	二级指标	三级指标	指标说明
教学活动（50）	教学实施	教师素养	语速适中；教学语言难易度适中；教态自然，有亲和力；着装得体。
		信息技术	合理使用信息技术（图片、动画、视频）；信息技术手段多样。
		教学理念	教学以学习者为中心；教学过程具有启发性和引导性。

通过整理首届研究生教学微课大赛评语和参考“微课教学评价指标”总结出一份优秀的汉语语法微课作品应具备：

A.选题典型恰当小而精；

B.具有微课特点，视频效果呈现规范美观；

C.教学内容完整、科学且逻辑清晰且重难点突出；

D.教学目标明确且教学效果良好；

E.教学过程及材料符合微课特征并具有趣味性；

F.教学设计完整正确，具有语法教学特点，充分体现在情境中教学；

G.教师教学素养良好，语言表达清晰流畅简明；教态自然大方，教学方法与形式多样；

H.合理恰当使用信息技术手段。

④汉语语法微课评价指标体系初稿的形成

通过对比传统的汉语语法课堂，笔者发现微课与传统课堂存在一些相同点和不同点，并且将其总结归纳进评价指标体系中二级指标“教学设计”后，成为评价的三级指标，这一点也是“语法微课”评价的一个特色指标。

通过对专家评语的梳理及定性定量的分析，笔者初步梳理出了汉语语法微课评价指标体系的框架，然后通过进一步对比传统汉语语法课堂，得出专家忽略但对语法教学十分重要的维度补充进“框架”中。最终形成如下的评价指标体系。

（二）指标权重的确定

指标权重是指每条指标在指标集中于其他指标相对而言的重要程度，这个重要程度我们称之为权重。反应权重大小的数值我们称之为指标的权重系数；所以指标集中各条指标的权重系数集合，就为权重集（或权集），各指标与被评结果之间的确定关系反应在该指标集合中。

1.一级指标权重的确定

由于汉语语法微课的评价指标体系研究是在原有的两份权威微课评价指标体系整合的基础上进行的，且一级指标在原有评价指标体系框架下没有改变，分别都是“教学选题”“微课特点”“教学内容”和“教学活动”。所以笔者梳理出来的“汉语语法微课评价指标体系”继续沿袭了原有权威评价指标体系的一级指标权重。分别是“教学选题10”“微课特点20”“教学内容20”和“教学活动50”。

2.二三级指标权重的确定

（1）设计关于二、三级指标权重的问卷

本部分在已知一级指标的基础上，主要采用“问卷调查法”了解并收集被调查者对二三级各个指标项的重要性排序，然后在此基础上运用轶和运算法计算出二、三级各个指标项的权重。以此来确定各项二、三级指标的权重。

①调查对象的选择

根据《教育评价》一书中关于调查人数的要求的规定，又参考《信息分析与预测》一书关于调查人数的要求并结合调查的实际情况，本研究最终选定50位调查对象。

②调查对象基本情况

在筛选调查对象的专业、微课接触史和职业情况下，特摘选出来自中央民族大学的13位已经在首届及第二届全国微课大赛中获得一二三等奖的获奖者作为本研究的调查对象。此外，还邀请了部分来自北京语言大学、北京外国语大学、中央民族大学以及华中师范大学汉语国际教育硕士参加此次调查。这些调查对象都参加过北京师范大学与唐风公司合作举办的微课大赛培训会，并且都亲自参与过微课的制作与观摩，在此过程中形成了对微课的独到见解。

（2）问卷调查及结果分析

本次问卷一共收回有效问卷50份。均来自汉语国际教育专业的研究生和在职教师。其中有14人参加过微课大赛，7人获奖另外7人没有获奖。获奖7人中，2人获得一等奖，2人获得二等奖3人获得三等奖。对问卷的反馈结果进行统计、分析，结果见下表：

表4-7　关于二、三级指标项重要性排序的调查问卷反馈表

	指标名称	NO1选择人数	NO.2选择人数	NO.3选择人数
二级【教学选题】	代表性	13	37	
	价值性	37	13	

续表

	指标名称	NO1 选择人数	NO.2 选择人数	NO.3 选择人数
二级【微课特点】	技术规范	33	17	
	教姿教态	17	33	
二级【教学内容】	教学材料	13	37	
	科学正确	37	13	
二级【教学活动】	教学效果	16	4	27
	教学设计	27	14	7
	教学实施	5	30	14
三级【技术规范】	图像美观	25	25	
	声音清晰	25	25	
三级【教学效果】	目标达成	32	18	
	精彩新颖	18	32	
三级【教姿教态】	站位恰当	8	14	16
	体态语合适	23	15	8
	镜头感强	9	11	16
三级【材料完整】	容量恰当	17	20	9
	教案详实	17	10	22
	环节完整	13	17	16
三级【科学正确】	思路清晰	24	15	11
	重点突出	19	20	11
	思路清晰	7	15	28

续表

	指标名称	NO1 选择人数	NO.2 选择人数	NO.3 选择人数
三级【教学设计】	例句充足	9	21	20
	语义语用	16	16	18
	精讲多练	25	13	12
三级【教学实施】	教师语言	17	22	11
	信息手段	3	16	31
	教学理念	30	12	8

笔者对被调查者的选择进行整理时发现，被调查者对于一级指标“教学选题”“教学内容”和“教学活动”下所属的各个二级指标的重要性区分度大。其中，教学选题方面，选题是否针对学生的易错点所具有的价值性明显高于选题是否具有代表性；教学内容方面，教师进行微课教学时是否思路清晰、重点突出、讲解规范的选择明显高于教学材料是否完整详实；在教学活动方面，被调查者多数认为教师的教学设计明显比教学效果更重要，投票最少的是“教学实施”即教师在教学过程中是否能有良好的教学素养，前沿的教学理念等。

在各个三级指标的整理中，笔者发现，关于教学效果的三级指标目标达成和教学是否精彩新颖的选择中，被调查者偏向于认为“目标达成”更加重要；在教学实施方面的三个三级指标的排序中，百分之六十的被调查者都倾向于认为教师是否秉持“以学生为中心”教学理念最为重要，其次是教师教学的语言是否难度适中，语速恰当，只有百分之六的被调查者认为信息手段最应该受到重视。

此外，在对调查结果的整理中还发现，在“微课的技术规范”方面，两个三级指标“图像美观”和“声音清晰”的重要性投票率相同；在材料完整方面，被调查的教师们都认为容量恰当，教案详实和教学环节完整的重要性程度差别不大。

（3）指标体系各级权重的确定

本部分权重确定采用排序法计算，即通过调查问卷了解并收集调查对象对各级指标中的指标项重要性排序，并通过轶和计算法进行计算，最后保留计算结果整数视为各级指标和标准项权重系数。其中轶和运算法的具体公式为：

$$wi=\frac{2[(m+1)n-Ri}{mn(m+1)}$$

图 4–1　轶和运算法具体公式

公式中，wi是指第i个指标的权数；Ri指的是第i个指标的秩和；m指的是指标的个数；n是指评委的人数；如i=1，2，… m。

①二级指标权重的确定

采用秩和运算法计算的汉语微课，其中二级指标的各级总分是基于各项一级指标的分数基础。即各评价标准相对于上一级指标的权重。

②三级指标权重确定

这一部分同样和二级指标的计算一样采用秩和运算法，计算的总分基于各指标项对应的二级指标已经得出的指标权重分数。

③汉语语法微课评价指标体系总表

本汉语语法微课评价指标体系各级指标权重的得出过程为，一级指标沿袭原指标框架权重，二、三级指标在基于上一级指标权重数的基础上根据轶和运算法得出，结果保留整数或必要情况下保留一位小数。

在前文研究的基础上，完成各级指标权重的确定，最终得到了汉语语法微课评价指标体系总表。

表 4-8　汉语语法评价指标体系总表

<table>
<tr><th>一级指标</th><th>二级指标</th><th>三级指标</th><th>指标说明</th></tr>
<tr><td rowspan="2">教学选题（10）</td><td>代表性（4）</td><td>典型性（4）</td><td>选题典型</td></tr>
<tr><td>价值性（6）</td><td>针对性（6）</td><td>针对学生常出错或常用的语言点</td></tr>
<tr><td rowspan="5">微课特点（20）</td><td rowspan="2">技术规范（11）</td><td>图像美观（5.5）</td><td rowspan="5">视频清晰美观；教师教学活动中动作合适得体；尽量脱稿教学。</td></tr>
<tr><td>声音清晰（5.5）</td></tr>
<tr><td rowspan="3">教师姿态（9）</td><td>站位恰当（3）</td></tr>
<tr><td>体态语合适（3）</td></tr>
<tr><td>镜头感好（3）</td></tr>
</table>

续表

一级指标	二级指标	三级指标	指标说明
教学内容（20）	材料完整（8）	环节完整（3）	教学内容完整，教学主线清晰，讲解正确。
		容量恰当（2）	
		教案详实（3）	
	科学完整（12）	思路清晰（5）	
		重点突出（4）	
		讲解规范（3）	
	教学效果（15）	目标达成（8）	目标明确，教学效果良好。
		精彩新颖（7）	有趣味性，符合微课教学和传播的特点。
教学活动（50）	教学设计（语法）（20）	精讲多练（8）	讲解准确恰当，练习充分。
		语义语用结构结合（7）	讲解和练习从这三方面入手。
		例句恰当（5）	例句准确且足量。
	教学实施（15）	教师素养（5）	语速适中、教学语言难度适中；教态自然有亲和力、着装得体。
		信息技术（4）	合理、多样使用信息技术手段。
		教学理念（6）	以学习者为中心，教学具有启发性和引导性。
总分			
评语			

五、汉语语法微课评价指标体系特点及应用

（一）汉语语法微课指标体系的特点

1.结构说明

本汉语语法微课评价指标体系由评价指标项、指标说明、权重、评语4个部分组成。包含4个一级指标，分别为教学选题、微课特点、教学内容和教学活动。各一级指标下共有9个二级指标和21个三级指标。各三级指标后对应有评价标准。其中：

（1）各级评价指标都是基于学习者为中心的理念设计的，同时充分反映的微课的本质特点。

（2）评价指标说明的功能是对评价标准的进一步细化，方便使用本评价表的评价者在了解各项评价维度所针对的项目后进行准确打分。

（3）评语部分是评价者在对这个作品打完分后给参赛作品的鼓励及建议，通过更加直白的方式告知微课作品的制作者优势和不足。同样评委可以通过评语部分再次强调微课作品中存在的突出优点和显性不足，让参赛者更加直截了当的了解自己的优势和不足，使其在今后的微课制作甚至职业发展中规避问题，保持长处，扬长避短。

2.适用范围

该汉语语法微课指标体系是以权威的评价指标体系为基础框架，在充分梳理和分析权威专家的评价文本后梳理出评价指标项，具有权威性。并对了解汉语语法微课的教师进行了调查研

究，具有实用性。而且，此评价体系主要针对语法类微课，具有很强的针对性。但本研究没有针对一般的汉语微课，缺乏相应的普遍性。

3. 该评价指标体系的特点

（1）从学生角度出发、收集了专家、一线教师意见。

（2）具有较强的可操作性。可操作性被视为评价指标体系构建的基本原则。对汉语语法微课进行评价的可操作性首先要确认评价指标体系是否能够满足评价需要，是否在可及的范围内达到预期的目标，促进汉语语法微课的发展；其次可操作性还表现在评价指标、评价标准项的可观察、感受、测量性，是否便于评价主体进行判断。

在本研究中，指标项的选取过程中，指标是否便于评价者感知和判断是重要的指标项筛选维度，笔者去除了描述模棱两可的相应指标项，只留下易感知的部分。

（3）针对汉语语法微课进行评价。为了建立一个区别于一般的微课评价指标的专门针对汉语语法微课评价的指标体系，在整合研究框架时就注意保留技能微课的评价维度，梳理和分析语法类微课的专家评语阶段重点关注了专家对于语法教学的评价，此外调查研究阶段也是邀请的已经有过汉语语法教学经验的一线教师和微课制作者进行的调查。另外，在评价指标体系中，“语法讲解注重语义语用和结构相结合”“教师教学能够精讲多练”“教师准备的例句准确且充足”直接指向汉语语法教学，使评价体系具有较强的汉语语法性。

（二）汉语语法微课指标体系的应用

1. 案例选取

本研究选取的三个案例均来自“第二届全国研究生汉语教学微课大赛”的参赛作品。笔者选取了三个不同等级的参赛作品，分别邀请了3名来自中央民族大学参加过微课大赛的硕士和2名来自美国的汉语学习者共5名评价者对照“汉语语法微课评价指标”进行打分和撰写评语。

所选取的三个案例《结果补语》、《A比B+形容词》、《只好》分别是在微课大赛中获得一等奖、二、三等奖的作品。专家评委最后给出的得分分别是94.1、86.1和72。笔者将评分表及三份作品发给评价者。评价者在不知道以上作品的得分情况和评价情况下进行打分。

2. 分析

本研究开发出来的汉语语法微课评价指标体系的应用目的有三个方面。（1）引导汉语微课朝着更好的方向发展。（2）对于评价者来说，帮助评价者快速有效地甄别出不同质量的汉语微课；（3）对于微课制作者而言，帮助其发现微课制作的不足之处，促进制作水平不断进步，从而创作出更多质量更高，更受学习者欢迎的语法微课。

相比而言，五位评审者通过使用本文的评价指标体系进行评价之后的给分总体偏低，对作品一以及作品二的区分不够大，但基本上能够区分不同层级的作品。

经分析，作品一及作品二的各项指标得分以及总分，这两个作品表现优秀，无论是在教学选题和微课特点还是在教学内容和教学活动方面都有不错的得分。作品三在各个方面稍逊一筹，表现一般。根据各位评价者的评语反馈，作品一《结果补语》的亮点在于例句足量且丰富，教学手段多样但不足在于教学语言过难。作品二《A比B+形容词》的优点在于微课的互动性强，教学内容设计中国文化因素但是教师的语言不够简洁，练习不充分。作品三《只好》的最大问题在于教师没有出境，采用录屏的方式。相比前两个作品《只好》的表现力略差。同时教师的引导缺乏活力，视频很闷。

具有微课大赛获奖经历的汉语国际教育硕士实践性知识研究（2021）

谷陵、吕欢

摘要：实践性知识是教师知识中的重要组成部分。国际汉语教师需要应对复杂的教学环境，教学实践性知识尤为重要。汉语国际教育硕士获得实践性知识的途径众多，随着近几年汉语教学技能比赛的兴起，汉语国际教育硕士投入大量精力参与比赛，成为了形成教学实践性知识的重要途径。本文以第二届全国汉语教学微课大赛中获奖的四位汉语国际教育硕士的三轮备赛视频作为分析对象，通过对视频访谈文本的分析，得出四位汉语国际教育硕士选手实践性知识的构成情况，探讨了参赛者实践性知识的形成过程和特点。

关键词：微课大赛；汉语国际教育硕士；实践性知识

一、引言

实践性知识是教师知识中的重要组成部分。对国际汉语教师而言，在应对复杂的教学环境中，教学实践性知识更为重要。汉语国际教育硕士获得实践性知识的途径众多，随着近几年汉语教学技能比赛的兴起，汉语国际教育硕士在学习过程中投入了较大的精力准备比赛，一次次的比赛成为了他们快速适应教学，形成教学实践性知识的重要途径。

汉语微课作为一种新兴移动端教学资源，课程主题多样，内容短小精悍，打破了时空传播的限制，与汉语移动教学十分契合。汉语国际教育硕士通过参加这一类的赛事，可以提高汉语课程设计能力、教学能力等多种教师能力，在短时间内形成教学实践性知识。

本文以第二届全国研究生汉语教学微课大赛四位汉语国际教育硕士选手备赛过程中的三轮视频作为分析对象，通过对微课视频和访谈的转写，获得转写语料四万余字，在对语料进行了主题提炼和标注后，分析了参赛者在教学中的教学思想，观察参赛者实践性知识的形成。

这四位参赛选手X、H、L和Y均为M大学汉语国际教育专业硕士研究生，在第二届全国研究生汉语教学微课大赛分别获得了特等奖、一等奖、二等奖和三等奖。汉语国际教育硕士在参赛过程中的成长，在一定程度上反映出汉语国际教育硕士在微课大赛中实践性知识的获得情况，可为今后汉语国际教育硕士的培养提供参考。

二、汉语国际教育硕士微课相关实践性知识的界定

（一）汉语国际教育硕士实践性知识的定义

基于国际汉语教师的实践性知识研究，我将汉语国际教育硕士的实践性知识概念界定如下：

汉语国际教育硕士对既定的教学目标，结合已有理论和个人学习经验，展开的一系列的能调动自如的教学行为，这种教学行为体现了汉语国际教育硕士对教学的认识，这种认识能在教学实践和反思中不断深化，即汉语国际教育硕士实践性知识。

（二）汉语国际教育硕士的实践性知识构成

本研究根据对四位汉语国际教育硕士选手的访谈，通过微课大赛备赛过程中形成的三轮微课视频，观察他们的教学行为、教学思想，将他们所形成的实践性知识分为以下九类：关于语法点的专业知识、关于二语教学的知识（二语教学的认识、方法）、教师语言的知识、关于学生的知识、教学经验的知识、教师自我反思纠正的知识、关于教师教姿教态的知识、关于微课的知识、关于教学媒体（音视频、教学课件）使用的知识。

（三）汉语国际教育硕士参赛选手实践性知识的形成机制

在分析汉语国际教育硕士参加微课比赛的过程中发现，汉语国际教育硕士在此期间的实践性知识生成主要受理论学习、自我反思、导师评价三方面影响，是一个不断学习、在情境中与他人和环境互动自我建构的过程。

建构主义学习理论认为学习是引导学生从原有经验出发，生

长（建构）起新的经验。

1. 个人自主构建

汉语国际教育硕士在已有的专业知识和教学经验的基础上，对微课的定义、微课的课程设计以及多媒体技术手段的应用进行主动学习，逐渐建构起教学实践性知识，在准备微课比赛这种特有的氛围下，联系已有的二语教学知识，新学到的知识与旧知识相互作用，从而内化成自己微课汉语教学的实践性知识。

2. 情境中的社会构建

社会建构主义认为知识依赖于具体的认知个体和情境，具有个体性和情境性。

汉语国际教育硕士仅通过依靠自己的反思和学习来增加实践性知识是有局限性的。大量观摩、研究一些优秀的汉语微课教学的视频，主动探索、发现，建立新旧知识之间的联系。借助音视频等一些现代化的教育技术手段来创造交互式的学习环境；与同学之间合作学习，向导师虚心求教，进行协商、互动。

3. 构建主义学习过程

认知主体建构知识主要是通过改变、组织，及重组原有的知识和信息来达成。

汉语国际教育硕士实践性知识建构依赖于原有的知识基础，在微课比赛这种环境下对课程进行设计、修改，是一个主动学习、适应的过程。

学习的意义性是指学习者学习知识的能力。汉语国际教育硕士需要自己在实践中感悟，将旧知识和新知识进行调整、融合、推陈出新。

社会互动性是指学习者在学习的过程中，不单是自己独立的探索过程，同时借助一定的社会文化产物。汉语国际教育硕士获得实践性知识需要借助现有的不同资源在学习中完成自己知识的内化。

学习的情境性是指认识主体在特定的情境中会构建出特定的知识，注重情境的特殊性。在微课比赛这种特定的环境下，汉语国际教育硕士面临的是一个之前没有全面了解的新概念。

知识学习的内隐性和默会性是指学习者在学习的过程中是自发的、无意识的自动化执行活动。不同的汉语国际教育硕士在学习中有不同的路径和方法，在综合方面都有所提高，所获得实践性知识的多少也与自身在比赛中投入的精力有关。

三、基于微课赛事的四位参赛者教学实践性知识情况分析

表 3-1　汉语教学微课大赛评审标准

项目	评分项	分值
作品规范	微课视频、教学课件、教案规范、习题匹配	20
教学安排	选题价值、课程设计、教学内容、教学方法、教学过程	35
教学呈现	信息技术应用、授课语言、教姿教态、互动效果	20
总体效果	加分项，系列作品、翻转课堂的设计	25

（一）微课赛事中四位参赛者的教学思想分析

1.参赛者的教学行为

教学行为繁多复杂，经过对四位参赛者的视频分析，得出参赛者的教学行为主要有以下方面：

在语言点的专业知识方面，汉语国际教育硕士课程设计过程中，存在语言点讲解不清、例句有误、汉语国际教育硕士本身对语言点理解不够准确等问题。参赛者借助多种表现形式来展现语言点的意义，如音视频、图片等增强课程内部的互动；改变讲解方式，选择与语言点契合，与学生生活联系密切的例句。

在汉语作为第二语言教学方面，微课设计包含参赛者对课程的导入、讲解、练习、活动等方面的；对语法课或文化课的设计见解，课程中教师的互动、教师肢体语言等方面的知识。相应的教学行为也比较多样，如在教学过程中，针对课程趣味性不强、汉语国际教育硕士讲解枯燥的现象，汉语国际教育硕士会加入一些适合学生喜好的工具来吸引学生的注意力，及时调整教学方法。

在教师语言方面，针对汉语国际教育硕士语言繁琐、难易度与学生学情不匹配，口误、鼓励语不适宜等教学现象，参赛者在下次录课中的语言会更简洁有效，鼓励语也更多样化，出现的时间也比较合适。主要是通过以下途径完成的：对照视频梳理下一轮的语言，写逐字稿，根据学生的水平和课程的内容随时调整教师语言的难度，使之符合学生的水平。

在关于学生的知识方面，汉语国际教育硕士相对应的教学行为会有：标注拼音，生词解释，选择词汇大纲里适合学生水平的词汇，打磨教学语言，课件等。

在传统教学中积累的教学经验、学习到的专业教学知识是微课教学中教学行为的基础。汉语国际教育硕士根据已有的教学经验做出的教学行为，根据教学经验来判断学生已有知识并设计课程等。

在微课教学方面，汉语国际教育硕士的教学行为展现了他们的成长变化。在备赛过程中，汉语国际教育硕士开始对微课教学并不了解，是在“做”的过程中，联系在传统教学中积累的教学经验、学习到的专业教学知识对微课的设计进行修改。关于微课的教学，汉语国际教育硕士关注到了微课教学中的互动、主题化教学、微课中的练习方式、微课课件的图片、音视频等材料的选取和应用等方面。汉语国际教育硕士对关于微课的知识是一个不断学习的过程。

在具体的课程视频中，汉语国际教育硕士的教学行为繁杂多样，不同的教学行为背后可能会有不同的教学思想或者相同的教学思想。教学行为背后的教学思想并不是相互独立的。比如：汉语国际教育硕士调整了语言点练习的方式，使得练习的互动性更强，更能吸引学生的注意，而在这背后的教学思想就涉及到关于二语教学的知识（选择互动性强的练习方式、讲练结合等），关于学生的知识（学生已有的知识、学生的认知特点），关于教学媒体使用的知识（用音视频使得课程更加生动有趣，吸引学生的注意力）。在不同的教学情景中，教学行为背后的教学思想可能只有一种，也可能有多种。

2. 参赛者教学思想的界定

汉语国际教育硕士的教学思想指的是汉语国际教育硕士在微课教学中对教学的理解和认识，并且根据已有的教学理念或教学理论采取了一定的教学行为。

3. 参赛者教学思想的归类

表 3-2　四位汉语国际教育硕士的教学思想归类

现象	教学行为	总结教学思想
使用的语言（生词）没有考虑学生是否能理解。	根据学生学习水平，确定教师用语。换掉学生理解困难的脚本词。	教师的语言知识 。
口头禅过多。	写逐字稿。	教师的语言知识。
教学语言中存在个别不够规范的情况。	写逐字稿。	教师的语言知识。
使用语法术语和语法公式对学生而言有点难。	减少语法术语和语法公式的使用。	教师的语言知识。
语法点是否讲解地清楚完整。	加上了“是”、“的”的位置讲解。	教师的语言知识。
教师语言出现错误、有些话很多余、繁琐、语言偏难、有口音。	写逐字稿。	教师的语言知识。
语速过快。	根据学情，降低语速。	教师的语言知识。

续表

现象	教学行为	总结教学思想
阶段2口头语:“好，好的、很好”等词使用频率略高。	看自己的视频，改为不同的词如“很好、非常好、很棒”等，穿插在合适的教学中，减少频率以及不必要的口头禅。	教师的语言知识（教师反思纠正）。
录课过程中出现口误，或不正确的语言搭配。PPT上的文字提示与教师语言文字不统一。	写逐字稿并及时修改、反复练习推敲，PPT上的非教学内容的字要通俗简明。不必要的内容不要引起学生的过度关注。课件上不合适的词要删掉。	教师的语言知识（教师反思纠正、教师学习的知识、关于微课课件的知识）。
转盘游戏中汉字多，学生还不了解。	带学生先读一遍再进行练习，减轻压力。	关于学生的知识。
设想学生是否能听懂，对该知识点的认识如何?	对可能出现的问题进行预测并设计解决策略。	了解学情，采取教学措施。
学生学到的知识是否浮于表面而实际不会运用。	自己查看之后觉得没讲清楚。	学情预测与解决。
学生在学习过程中会出现什么问题。如:1阶段的教学设计是一条线式讲述，如果学生一下没听懂，跟不上，那后面的教学效果肯定就不好了。	以自己学习英语的经验，站在学生的角度思考。例句要符合学生的认知、有意义、学生好理解、能用上。	学情预测与解决。
可能不认识生词“坐飞机”。	提前带读，再提问。	预测学情。
教学语气似乎是对儿童，但例图用的都是成人。	教师的语气要符合教学对象。	关于学生的知识，关于教师自我的认识。

续表

现象	教学行为	总结教学思想
课程标题不完整。	课程标题应该完整、专业给学生以准确的传达。	关于学生的知识。
确定了教学对象，但是对教学对象的语言水平了解并不多。	观摩其他教学视频，请教导师，了解学生语言水平。	学生学情知识。
没有考虑到教学中学生要用到的话。	从学生交际的视角来设计课程。	关于学生的知识、二语教学的知识。
复习的时候用语法点引入。	预测是学生可能产生的偏误。	预测学情。
假设有学生的反馈而给予一些回答。	转变这种互动形式，把互动形式转化到视频里面。	对微课教学的认识。
开场白近于传统课堂，没有特点。	改动，更加微课化一些。	对微课教学的认识。
课程零散。	两个人物变成一个人物，且围绕一个人物的生活展开，更主题化。	对微课教学的认识。
教师的教学进度与ppt展示内容不符，对教学内容的不熟悉，影响视频的流畅性。	多加练习，熟练演示教学。	关于微课教学的认识。
课程设计中不同姓名的学生数量有点多。	要减少——减轻学生不必要的负担。	对微课教学的认识（减轻学生负担）。
课件中用到的照片反光严重。	选择美观、清晰的照片。	关于微课课件材料选取和排列的知识。
图片有点杂乱。	选择美观、清晰的图片，排列整齐。	关于微课课件材料的选取和排列的知识。

续表

现象	教学行为	总结教学思想
作业形式老旧，视频作业的形式不适合，没有交际性，没有考虑到学生的实际情况。	设计适合微课教学的作业。	微课教学中作业的知识。
部分字号较小。	调整字号。	微课课件字号的知识。
字幕遮挡了课件中的部分内容。	调整字幕位置。	对微课中字幕的认识。
以时间顺序来说人物的北京生活，虽然贴近学生的生活，但是讲解内容不全面，教师设置的例句背景单一。	借助音视频手段创设更多的场景。	对微课中音视频的认识。
表现力不强。	可适当加入视频，结合学生的生活实际，扩大例句范围。	对微课中音视频的认识。
衣服的颜色跟PPT颜色融为一体了。	微课拍摄教师的服装颜色要和课件搭配。	微课拍摄服装的知识。
教师的语气、神态有些不自然，精神状态不够饱满，教学语言感染力不足，与PPT配合过程中显得不够自然流畅。	教师要有良好的教姿教态、精神饱满的拍摄状态。	微课拍摄教师教姿教态的知识。
教姿教态虽然很放松，但是镜头感不足，教师的动作幅度不能过大，手部动作琐碎。	多看视频，自我反思，进行自我纠正，增加拍摄次数、对着镜子练习、根据已有的教学经验找出最合适的状态。	微课拍摄教师教姿教态的知识。

续表

现象	教学行为	总结教学思想
ppt内容被挡住了。	给教师留站位。	微课拍摄教师站位。
头发遮挡眼睛。	教师妆发。	微课拍摄教师的妆造。
画面不清晰。	调节摄像机到合适的参数，调节片场灯光。	微课拍摄仪器的知识。
ppt现在比较简陋。	美化课件。	微课课件的知识。
视频应用太粗糙。	美化视频。	微课视频运用的知识。
PPT圈画过多，页面不美观。	画面清晰美观、色彩搭配应赏心悦目（PPT色彩，PPT和教师之间的色彩）。	微课课件的知识。
作业形式传统。	作业要有交际性，帮助学生学以致用，自主输出。	微课作业设计的知识。
对微课的认识仅限于看唐风官网的参赛视频，第一遍的视频，传统课堂的感觉比较重，微课感不足，教学设计也存在一些问题。	深化对官网视频的学习并请导师讲解点拨，再反思、改正自己视频的不足。据调查，官网视频是大部分人参考的唯一资源，在各方面的展现都值得新手学习。 微课感不足：需精心设计内容、教姿教态等方面。如减少传统课堂的师生互动，站在学生线上上课的角度来设计课程，发挥线上资源展示优势，促进学生理解。	关于微课教学的认识、关于二语教学的知识。

续表

现象	教学行为	总结教学思想
开头没有明确教学对象，有点混乱，缺少教学背景的介绍。明确才能更好地设计教学内容和教学语言。	一开始就要明确教学对象，课程设计才有针对性，准确性。	二语教学课程设计的知识。
情境创设不够生动。	图片辅助展示。	二语教学的知识。
内容不够生活化。	内容结合现实生活引起学生兴趣，贴近生活，有交际性。	二语教学的知识。
导入不够简练。	删减不必要的教师语言。	二语教学的知识（导入简练）。
设计中教学环节缺失，有导入，但讲解和练习不明确，无作业环节。	在导师的指导下完善教学环节。	二语教学的知识。
阶段1的开场白，这句话听起来很奇怪。	同学评课，给出建议。	二语教学的知识。
主题式教学运用不好，容易语境单一，句子的灵活度受到限制，导致例句的选择比较艰难。此话题例句的选择本身比较困难。	运用生活中常见的情境创作常用的句子，记录母语者的日常用语，发现合适的情境和句子，对留学生的汉语教学要依靠生活中的常见情境，取自生活，用自生活。	二语教学的知识（情境设置）。
阶段1直接引入语言点，讲解部分不明显。	设置疑问，引起学生的注意，根据有关情境带学生完成学习过程 。	二语教学的知识（情境要适用、趣味性强吸引注意力）。

续表

现象	教学行为	总结教学思想
大量句子的罗列，设计不够精心。	教学的设计是否符合教学对象的学习特点，能否最准确的展示该语言点。	二语教学的知识（是否符合学生认知，是否准确）。
讲解串在句子中讲并不明显，需要简洁明了，不可拖延。	讲解部分要突出，讲解明了，有讲有练。	二语教学的知识。
讲解中用的例子出现错误。对教学内容掌握还不够，如："去中国是开车去还是坐飞机去"这样的句子。	不设置与实际情况不符合的引导性问题——教师说的句子一定要联系实际。	二语教学的知识。
导入过于平常不能吸引学生的注意力，体现不出微课的特点，过于复杂则前后衔接不畅，是否能对应讲解主题。	设计的导入要注重新、奇、引人入胜。	关于二语教学的知识（导入要新奇）。
情境输出的句子过于单一，应用性不强。	选取学生生活中的句子。	二语教学的知识。
开场白太单一，且没有趣味性，但首要应考虑怎么讲更清楚。	查阅易产生的偏误，用复习的方式导入。	二语教学的知识（语言专业知识素养）。
导入的时候介绍自己和外国留学生。	站在留学生的角度上，拉近师生距离。	二语教学的知识。
互动时停留的时间略短。	可以借助手势指向镜头提示学生复述句子或回答问题。	关于文化课课程设计的知识。
课程的讲解太生硬，平铺直叙。	观摩其他文化类微课教学视频，请教导师修改。	关于文化课课程设计的知识。

续表

现象	教学行为	总结教学思想
专业名词太多，没有专门详细的讲解——应该增加讲解的趣味性和可操作性。	观摩其他文化类微课教学视频，请教导师修改。	关于文化课课程设计的知识。
文化课没有字幕。	加上两种语言的字幕。	关于文化课课程设计的知识。
开头和中间都有课程内容的介绍和点题。	明确学习内容，加深学生记忆。	教学经验（关于二语教学的知识）。
人物主角发生变化，原来的比较零散。	人物主角两个变为一个，难度降低、逻辑性强，学生更容易接受。	教学经验与教师反思。
教学环节完整清晰。	设计完整的教学环节有助于学生学习。	教学经验与教师反思。
先复习新学的再复习旧学的。	帮助学生记忆。	教学经验（关于二语教学的知识）。
PPT字幕显示有误。	仔细检查。	教师自我反思。
“出租车”的图片更适合“坐出租车”，图片要准确表达意思。	仔细检查。	教师自我反思。
一起“做”大巴车，课件中有别字。	仔细检查课件。	教师自我反思。
假设有学生的反馈，注意到互动的重要性，但这种互动没有与微课完美结合。	转换互动形式，与课件中的人物进行对话。	教师自我反思（关于微课的知识）。
字幕和教师的话有些不统一。	注意断句的正确，字幕和教师语言的契合。	教师自我反思。

经整理，汉语国际教育硕士的教学思想有教师的语言知识、关于学生的知识、对微课教学的认识（音视频的运用知识、课件材料的选取知识、微课拍摄的知识）、汉语作为第二语言教学的知识（课程设计、语法文化等内容的教学）、汉语国际教育硕士已有的教学经验知识、汉语国际教育硕士的自我反思纠正知识，共六类。

汉语国际教育硕士通过对课程设计的不断修改，形成了自己的教学思想，教学理念，对设计一节好的微课已经有了全面的、个人的看法。通过教学行为来观察汉语国际教育硕士的教学思想，对比与传统课堂中形成教学思想的不同，可以看出汉语国际教育硕士在参赛中的成长轨迹。

（二）微课赛事中四位参赛者的实践性知识研究

1. 实践性知识的分类和阐释

表 3-3　实践性知识的解释

实践性知识	阐释
关于语法点的专业知识	教师本身对某一个语法点的理解，例如：学生对这语法可能产生的偏误、这种语法点的教学活动应该怎么设计。
关于二语教学的知识（二语教学的认识、方法）	教师对汉语作为第二语言教学中采用的教学方法，例如：精讲多练、即讲即练等。
教师语言的知识	教师在上课期间的语言对学生而言是否简明易懂，还有教师的口头禅、口误等。

续表

实践性知识	阐释
关于学生的知识	教师对学生的了解，比如学生的认知特点、学情、个人喜好、文化背景等；
教学经验的知识	教师根据以往的教学经历积累的教学经验。
教师自我反思纠正的知识	教师对自己上课的过程、课件设计的内容反思并纠正不足。
关于教师教姿教态的知识	教师教学时候的仪容仪表、着装、手势、眼神等。
关于微课的知识	教师对微课的了解，例如：如何做好一节微课。
关于教学媒体（音视频、教学课件）使用的知识	如课件、上课需要用到的音视频等。

2. 四位参赛者教学实践性知识形成过程的个案分析

（1）H的实践性知识

H是国际教育学院的一名汉语国际教育硕士生，参赛之前有一定的教学经验积累。设计的课程是语法点《只有……才》，教学对象为初级汉语水平的来华留学生。通过三轮视频的分析和后期的访谈，将H的实践性知识分类如下。

表3-4 H第一轮视频的实践性知识分析

实践性知识	课程设计中的教学思想、教学行为举例
关于语法点的专业知识	要选取有新意的、不常讲授的、对学生来说有点困难的语法点； 查阅语法点的等级以及同级词汇。
关于二语教学的知识（二语教学的认识、方法）	要吸引学生的注意力，教学设计应源于生活事例；教学环节不完整、缺少细致的讲解环节以及练习和活动环节，这个过程中讲解不够细致，学生是否真能听懂值得考虑。
教师语言的知识	
关于学生的知识	
教学经验的知识	意识到教姿教态有点奔放，需要注意表情管理。
教师自我反思、纠正能力	整个课程的设计比较粗糙笼统，还需要细微精致的修改。
关于教师教姿教态的知识	看完视频意识到应该做得更好。
关于微课的知识	学习了上一届的视频，对主题式讲解印象最为深刻，并在课程设计中运用。
关于教学媒体（音视频、教学课件）使用的知识	音视频使得课程非常有高级感，但并不认为一定要用到；课件的页面看起来不整洁。

H对第一届微课大赛视频的观摩，受主题式讲解影响较大，课程设计的灵感源于生活经验，比较新颖。不足之处是注重形式而忽视了内容，对语法点的讲解和练习投入的注意力不够。因此，在第一轮课程设计的反思中，H形成的实践性知识主要是关

于微课的知识和关于二语教学中教学环节的知识。

表 3-5 H 第二轮视频的实践性知识分析

实践性知识	课程设计中的教学思想、教学行为举例
关于语法点的专业知识	注意到语法点本身的多样性； 意识到本节视频缺少这个语言点专业的讲解资料以及合适的情境、例句； 认为寻找符合语言点的语义、语用特性且符合留学生实际情况的情境，根据情境产出合适的例句，是本节设计中最大的难点。
关于二语教学的知识（二语教学的认识、方法）	选取了新奇，有趣的导入情境； 学生看到序号标注，会觉得有压力、无趣；对讲解方法要进一步调整。所以后期要寻求吸引力强的导入、简明的讲解、实用有效的练习； 例句不能有消极意义，要适合留学生使用。
教师语言的知识	换掉学生理解困难的脚本词，有的词汇虽然符合词汇等级大纲，但是学生不一定熟悉会用，还是要寻求最简单的表达。
关于学生的知识	导入产出的目标句对学生而言并不实用； 练习部分的设计模板与教学对象年龄不符。
教学经验的知识	
教师自我反思、纠正能力	查阅语言点的本体研究，但帮助不大，没有从书籍或网络获得有效资源。
关于教师教姿教态的知识	手部动作琐碎。
关于微课的知识	打破对主题化教学的固有印象，情境设计的好坏由例句的数量来判断；情景不能过多，跳跃性不能太强，要考虑到课程的完整性。

续表

实践性知识	课程设计中的教学思想、教学行为举例
关于教学媒体（音视频、教学课件）使用的知识	PPT的模板与课件内容无关。

在第二轮课程设计中，针对第一轮语法点环节缺少，讲解不清的问题，H对语言点的相关讲解资料进行查阅，也因此发觉语言点的情境创设、例句输出自己面临的最大问题。更深层次的关注学生的感受，设计的课程要为学生减少压力，例句要符合学生的生活且不能有消极意义，选择的课件风格要与学生的认识特点相统一。在这一轮中，H形成的实践性知识主要是关于语法点的专业知识以及二语教学中关注学生的知识。

表 3-6　H 第三轮视频的实践性知识分析

实践性知识	课程设计中的教学思想举例
关于语法点的专业知识	对语法点的讲解做了扩充。
关于二语教学的知识（二语教学的认识、方法）	作业要有启发性； 例句要有意义，不能为了练习语法点而练习语法点。
教师语言的知识	
关于学生的知识	
教学经验的知识	

续表

实践性知识	课程设计中的教学思想举例
教师自我反思、纠正能力	导师指导与自我反思相结合。
关于教师教姿教态的知识	
关于微课的知识	选取能够串联起来的两个情景来支撑整个课程； 对微课教学有了自己的认识； 教师的妆造、服装颜色需要注意。
关于教学媒体（音视频、教学课件）使用的知识	设计明了的图片进行辨析，图片明白易懂能解决抽象的语言问题。音频的运用可以让情境更生动，吸引学生的注意力。

第三轮课程设计中，通过导师指导与自我反思相结合，对二语教学中的作业有了更新的认识，对例句的输出提出了更高的要求，对微课的情境性、教学媒体的运用、教师的妆造、拍摄中的眼神、肢体动作等有了更全面的认识。第三轮所设计的微课作品最终获得一等奖，三位评委所给的平均分92分。

（2）X的实践性知识

x是国际教育学院的一名汉语国际教育硕士生，参赛之前曾做过一年的汉语教师志愿者，在本科和硕士阶段，积极参加各种演讲比赛、教学比赛等活动，积累了一定的教学经验。设计的课程是《“是……的”强调句》，教学对象为初级汉语水平的来华留学生。

表 3-7　x 第一轮视频的实践性知识分析

实践性知识	课程设计中的教学思想举例
关于语法点的专业知识	选择简单清晰，活动好设计、让学生能用上的语法点，要方便后面的课程设计。
关于二语教学的知识（二语教学的认识、方法）	对教学环节的认识、教学方法的知识（一开始就要吸引学生的注意力）、互动的知识。
教师语言的知识	
关于学生的知识	关注学生喜好、国别、预判学情。
教学经验的知识	根据已有的教学经验来设计课程。
教师自我反思、纠正能力	认真学习了第一届的视频并对自己的设计进行修改、学习第一届视频。
关于教师教姿教态的知识	
关于微课的知识	
关于教学媒体（音视频、教学课件）使用的知识	教学页面要美观干净。

在第一轮视频中，课程设计还处于一个非常基础的层面。x 对微课的设计还不了解，但通过对第一届视频的学习以及自身专业知识、教学经验的积累，x 设计了一个教学环节比较完整的课程、教学页面美观干净的课件，从自身的生活经验出发，讲练结合，初步讲解了《“是 …… 的”强调句》的一种用法。但在“教师语言的知识”、“关于微课的知识”并没有投入过多的关注，教

学课件中也出现了一些疏漏，如课件中出现别字、该标而未标拼音等问题。

表 3–8 x 第二轮视频的实践性知识分析

实践性知识	课程设计中的教学思想举例
关于语法点的专业知识	从学生可能产生的偏误入手作为导入，关注语法点的专业讲解。
关于二语教学的知识	主题性更加明显、提高交际性、选择贴近学生生活的句子，增强学生的学习兴趣、复习和操练。
教师的语言知识	口头语的使用（微课还是传统课堂）、认为口头语有一定的缓冲作用、教师语言要更精炼。
关于学生的知识	学情（源于自己了解、导师帮助）。
教学经验的知识	
教师自我反思、纠正能力	PPT 课件、站位、观摩第一届视频、导师指导。
关于教师教姿教态的知识	
关于微课的知识	微课的趣味性。
关于教学媒体（音视频、教学课件）使用的知识	课件非常简洁明了直观，应该选择吸引学生注意力的课件。

在第二轮的设计中，x 对每方面的知识理解都更深了一层。在对语言点理解更深一层的基础上，追求微课的主题性更加明显。更改主题人物，由原来的两个人物变为一个人物，并贯穿全

课，将整个课程串联起来，微课的主题性更加突出，课程的开场白的转变，也突出了微课的受众特点。相比第一轮视频，第二轮的教学设计中，汉语国际教育硕士生对于微课的知识以及微课中课件的展示有了更多的认识。

表 3-9　x 第三轮视频的实践性知识分析

实践性知识	课程设计中的教学思想举例
关于语法点的专业知识	扩充了讲解内容。
关于二语教学的知识（二语教学的认识、方法）	吸引学生注意力、遵循即讲即练的教学原则。
教师语言的知识	
关于学生的知识	
教学经验的知识	相关教学经验。
教师自我反思、纠正能力	认真观摩第一届视频并学习第一届视频的长处；导师指导自己的课程设计后，对知识点、微课有更进一步认识。
关于教师教姿教态的知识	妆造方面要适用于微课的拍摄。
关于微课的知识	微课应该怎样呈现出最好的效果。
关于教学媒体（音视频、教学课件）使用的知识	矢量图、动漫这一类图的效果比较好；关于教学媒体使用的知识、教学设计的知识。如使用色彩鲜明的图片吸引学生的注意力、加上五种语言的字幕扩大受众

第三轮设计是对第二轮的补充完善。在这一轮中，音视频的运用更加多样。例如：采用色彩鲜明的图片来吸引学生的注意力，同时以音视频为载体，将教学环节多样化的呈现出来：将屏幕对面的学生和课程中的学生角色融合，拉近了教师与学生的距离，吸引了学生的注意力，整个课堂变得更加有趣。除此之外，教师将自身妆造、衣着都与微课相互配合呼应。第三轮设计应用于翻转课堂模拟教学后，修改而成的微课作品获评特等奖。

（3）L的实践性知识

L是国际教育学院的一名汉语国际教育硕士生，参赛之前曾做过两年的汉语教师志愿者，有一定的教学经验，设计的课程是《“把”字句S+把+O+V+在\到+Place》。对待汉语教学，L从一开始就有自己坚持的教学理念：“一定把语法点讲透、讲清楚、让同学们能够练习就可以了。”第一轮的设计很注重语法点的讲解，第二轮第三轮关于微课的知识逐渐增多。

表 3-10　L 第一轮视频的实践性知识分析

实践性知识	课程设计中的教学思想举例
关于语法点的专业知识	选择学生通常的学习难点作为讲解的语法点。
关于二语教学的知识（二语教学的认识、方法）	语法点的讲解、重复教学、教学方法（多种手段引导）、导入的方式、教学理念（启发式教学）。
教师语言的知识	口误、口头语过多、鼓励语的频率、是否对应、单一等方面还存在问题。

续表

实践性知识	课程设计中的教学思想举例
关于学生的知识	学生的认知特点。
教学经验的知识	以往教学经验
教师自我反思纠正的知识	导师指导了修改课程设计的正确方向，避免走弯路。自己反复观看视频。
关于教师教姿教态的知识	教师经验、教师的声音。
关于微课的知识	
关于教学媒体（音视频、教学课件）使用的知识	

L注重语法点的讲解，在第一轮设计中，可以看到她急于教授给学生语言点完整、系统的用法。在讲授中直接引入了语法点的学习。归纳语法点后，鼓励学生自主发现其中的规则，在视频和访谈中可以注意到，L更类似于传统的汉语教师，期望学生掌握语法规则，并由此展开练习，在授课的过程中也注重对学生语法知识的考察，相对而言，趣味性稍弱一点。从一轮视频中可以了解到教师关于语法点的专业知识、关于二语教学的知识都比较丰富。但就微课教学而言，教师的语言还需要雕琢，教师关于微课的知识和关于教学媒体的相关知识都比较薄弱。

表 3-11　L 第二轮视频的实践性知识分析

实践性知识	课程设计中的教学思想举例
关于语法点的专业知识	减少语法点的讲解。
关于二语教学的知识（二语教学的认识、方法）	课程设计应有故事性（主题性），增加课堂互动、减少机械性练习，同时注意互动的量和形式。
教师语言的知识	简化语言。
关于学生的知识	
教学经验的知识	以往的教学经验。
教师自我反思纠正的知识	反思自己视频中的讲解方式、练习； 观摩第一届视频、寻求导师帮助。
关于教师教姿教态的知识	
关于微课的知识	微课课件中，画面有点杂乱。
关于教学媒体（音视频、教学课件）使用的知识	音视频材料的加工和使用。

根据第一轮视频的不足，L 在课程中简化了语法点教学的数量，添加了音频导入，设置了情境，增加了课程的趣味性，但随之带来的是教师语言难度提升，练习的设计虽然多样，但没有层次感。通过反思和向老师求助，L 选择了互动性、交际性比较强的练习来精心设计。通过第二轮的课程设计，L 在关于二语教学的知识，关于微课的知识以及关于教学媒体使用的知识方面都有

了大的提高。

表 3-12　L 第三轮视频的实践性知识分析

实践性知识	课程设计中的教学思想举例
关于语法点的专业知识	安排语法点讲解次序，为下节课讲解留伏笔。
关于二语教学的知识（二语教学的认识、方法）	故事性（主题性）、要提高趣味性。
教师语言的知识	口头禅、语误。
关于学生的知识	根据学生学情，给视频加英语解释。
教师自我反思纠正的知识	反思自己的视频；反思讲解方式、练习量；寻求导师帮助。
关于教师教姿教态的知识	
关于微课的知识	微课课件页面要简明扼要，与老师的课堂活动相搭配。
关于教学媒体（音视频、教学课件）使用的知识	音视频材料的加工和使用。

第三轮的教学设计保留了第二轮中的音频和设计思路，在自我反思和导师的帮助下简化了练习并突出了层次感，L对二语教学的知识有了新的认识。这一轮更加突出了课程设计的故事性，利用人物将课程从头到尾串起来，并为下节课埋下了伏笔，将音视频材料进一步加工以更适合学生的学情。微课作品最终获评二等奖。

（4）Y的实践性知识

汉语国际教育硕士生Y是国际教育学院的一名硕士生。有一定的教学经验。设计的课程是文化课《中国的移动支付》。在第一轮课程设计中，只是对文化内容做了一个简单的陈述，存在教师语言过难，教学设计缺乏趣味性等问题。经过老师的点评，通过对自己视频的反思并且寻求老师的帮助，经历第二、第三轮修改后，终于变成了一节简明易懂，趣味性强的文化课，在这个过程中，汉语国际教育硕士生Y对文化类的微课有了自己的见解，认为文化课不能采取简单粗暴，灌输的教学方式，要以一种"柔性"的方式来把这个东西转化在一个主题里，教师需要全方面的准备，然后才能开始上一节文化课。

表3-13　Y第一轮视频的实践性知识分析

实践性知识	课程设计中的教学思想举例
关于语法点的专业知识	文化点选择贴近学生的生活。
关于二语教学的知识（二语教学的认识、方法）	意识到教学设计知识缺乏，在这个环节要大改。
教师语言的知识	教师语言偏难。
关于学生的知识	开始教学对象并不明确，缺乏对教学对象的了解。后来确定为中高级水平的学习者。
教学经验的知识	文化课教学经验缺乏。
教师自我反思纠正的知识	
关于教师教姿教态的知识	原有的语法课教学经验。

续表

实践性知识	课程设计中的教学思想举例
关于微课的知识	自认为比较缺乏。
关于教学媒体（音视频、教学课件）使用的知识	运用了一些相关视频辅助课程讲解。

第一轮视频中，除了相关视频的运用和文化选题的确定，汉语国际教育硕士生Y对文化课微课设计的其他有关知识大都比较缺乏，选择文化点后，确定了教学对象，以视频为载体，根据过去语法教学的教学经验展开了教学，但效果并不理想。经过了第一轮微课的设计，Y对教师语言的知识、关于微课的知识认识最多。对第一轮视频感想最深的是认为自己最主要的就是主题性不够明显。

表 3-14　Y 第二轮视频的实践性知识分析

实践性知识	课程设计中的教学思想举例
关于语法点的专业知识	贴近学生的生活，学生能用上。
关于二语教学的知识（二语教学的认识、方法）	教学设计知识缺乏。
教师语言的知识	教师语言偏难。
关于学生的知识	开始教学对象并不明确，缺乏对教学对象的了解。后来确定为中高级水平的学习者。
教学经验的知识	
教师自我反思纠正的知识	简化语言、看自己的视频、导师帮助。

续表

实践性知识	课程设计中的教学思想举例
关于教师教姿教态的知识	看视频修改。
关于微课的知识	
关于教学媒体（音视频、教学课件）使用的知识	美化课件。

通过对第一轮录像的反思，Y通过写逐字稿和自己多加练习来解决语言复杂的问题，通过积极和老师交流，对文化课如何上、如何展示也有了新的见解。因此，在第二轮视频中，教师重新设计了教学方式和教学环节，剔除了原先输出的比较难的词汇，改变了原先生硬的、直接的教学方式，用一个问题来引导学生进入课堂，以老师移动支付的一天来进行讲解。虽然还不是特别成熟，但可以看出明显的进步。

表 3-15　Y 第三轮视频的实践性知识分析

实践性知识	课程设计中的教学思想举例
关于语法点的专业知识	语言点的选择要贴近学生的生活，让学生能用上。
关于二语教学的知识（二语教学的认识、方法）	文化课不是分割的，文化课的语言逻辑更强、设计要主题化，教师选题和课件设计都要有趣，趣味性是基础，才能吸引学生注意力； 文化课要采用柔性教学的上课方式。
教师语言的知识	通过写逐字稿的方式来纠正教师的口头禅、语误，降低语言的难度。

续表

实践性知识	课程设计中的教学思想举例
关于学生的知识	明确教学对象和学生的认知特点、语言能力、注重互动。
教学经验的知识	
教师自我反思纠正的知识	文化类的教学方式、微课的主题性；借助教师指导团的评论来修改。
关于教师教姿教态的知识	注意在微课中教师的教姿教态、衣着、语音语调、神态举止。
关于微课的知识	线上交流、服装问题、教师形象、镜头感、拍摄的知识、云平台。
关于教学媒体（音视频、教学课件）使用的知识	技术手段的应用（更加精致）。

在第二轮教学设计的基础上，文化课的设计更加有趣。第三轮视频中，Y更加关注关于学生的知识，在作业环节中也注重符合学生认知特点的互动练习。运用音视频以及技术手段让课程更加精致，更有趣味，对文化类微课的教学认识更进一步了。微课作品也获评三等奖。

四、基于微课赛事的四位参赛者实践性知识的形成与更新

（一）四位参赛者实践性知识的形成过程及特点

1.参赛者实践性知识的形成过程

汉语国际教育硕士在微课备赛过程中形成实践性知识的程度

是不同的。他们原有的教学经验和专业知识基础不同，一开始对微课教学投入的重点也不同。但形成过程有共性。第一轮是汉语国际教育硕士基础能力的展现，参赛者们依靠原有的教学经验来设计课程，经过导师的点评和建议，在第二轮都转向语法点讲解方式的挖掘，逐渐关注到关于微课的知识以及教学中课件、音视频等教学媒体的使用。在第三轮则是对语法点讲解的进一步完善，增强表现力，增加课程的交互性，提高了课程的“微课感”。

汉语国际教育硕士针对微课课程设计，在最开始的时候关注点各有不同，但第二轮中普遍表现出对语言点讲解的侧重，如何讲清楚一个语言点，应该讲多少种用法、各个教学环节应该采取什么样的方式能更好的展现教学思路，第三轮中，一方面是对语言点扩充或者删减，对作业内容和形式的设计，完善各个教学环节，使各环节之间衔接更加顺畅，另一方面是对微课中音视频手段的运用，注意到教师的教姿教态、妆造等拍摄方面的知识。在三轮设计中，参赛者们已经认识到，汉语微课教学的比赛应该是如何把一个语言点清楚的、有趣的教给学生，培养学生对汉语的兴趣。微课作为一种教学形式，可以采用必要的教学媒体材料，使课程的表现力更强，更吸引学生的兴趣，经得起学生反复观看学习，才是一节好的微课。在微课教学中，要注意微课是一种教学形式，课程的重点仍然是设计好一节课，不能舍本逐末，只追求形式新颖、音视频等材料丰富。

综上分析，四位参赛者实践性知识的形成过程如下：

（1）在第一轮中，参赛者根据已有教学经验，对微课教学进行初步感知，在课程设计的准备过程中每个人关注的重点不同；

（2）在第二轮中，参赛者将重点都放在了语言点讲解方面，围绕语言点和讲解的方法来展开课程设计，在这个过程中实践性知识得到了全面的提升；

（3）第三轮课程设计是在第二轮的基础上，进一步深化、完善语言点的讲解。并借助多种现代技术手段丰富语言点的呈现，也会对微课拍摄、教姿教态等加以注意，参赛者对微课教学的知识了解更进一步。

2. 参赛者实践性知识的形成特点

在备赛初期，参赛者对微课及其设计的知识还处于空白，通过视频的观摩，逐渐对微课有了一个大致的了解：时间短、要录制、没有真实的学生。每位汉语国际教育硕士观摩后对微课都有自己设计的侧重点。后期通过指导教师对微课的讲解和个人实践，逐渐对微课有了一个系统的认识。结合对参赛者的访谈，认为四位参赛者在微课教学比赛中实践性知识的形成特点有以下方面：

汉语国际教育硕士在微课教学比赛中形成的实践性知识比较丰富多样，相比传统教学，形成实践性知识耗时短，数量多，更深入。首先，微课中的实践性知识依赖于微课比赛特有的环境，备赛时间为一个月。参赛者在有限的时间内，通过不断学习、自我反思以及外界的帮助，在备赛过程中形成了实践性知识。其次，微课比赛不同于传统教学，汉语国际教育硕士在比赛中学到的不仅有语言点讲解的知识，二语教学的知识，还有在微课中应该如何教学的知识以及微课拍摄的相关知识。最后，微课备赛中，学院有专门的微课培训教师以及导师为学生提供实时、正确的指导，促进参赛者实践性知识质的提升。

在第二轮的设计中，都将如何讲解语言点作为微课设计的核心。他们剥除了微课的形式，在语言点的讲解方面不断修改，认为微课拥有的便捷功能都是为语言点的讲解服务，将语言点的讲解、互动等与微课的形式相互融合，来达到教学的目的，并在实践性知识的形成过程中，形成了自己的教学理念。语言点的讲解能借助微课的形式达到最好的展示，二者配合相得益彰是参赛者的设计要求。因此，微课对教学设计提出了更高的要求。

（二）四位参赛者实践性知识形成与更新的途径

1.理论学习

在第一轮视频设计之前，参赛者只能通过观摩第一届微课大赛的视频来进行初步的学习。在后两轮的不断修改中，参赛者学习第一届视频里的教学方式，追求语言点讲解的明晰，也希望能借助像第一届视频里的教育技术手段，更多样地呈现语言点的讲解，来使课程更有表现力，“微课感”更强。参赛者们都认为看每一轮视频的时候都会有不同的体会，能给自己的课程设计提供很多帮助。

除此之外，学院教师举办的培训讲座和导师指导是参赛者系统的学习资源。在关于微课的讲座中，从微课的教学方式、展示方式、拍摄条件、技术手段等多方面展开讲解。导师能针对参赛者出现的问题给予实时反馈，促进参赛者的修改。

2. 自我反思

参赛者将学与做，知与行相结合，在做微课中学习微课，使用微课，增进了个人对微课的理解。微课的特点是“短小精悍”。微课中的教学对象是虚拟的，虽然是隔着屏幕的教学，但如何要让汉语国际教育硕士在短时间内实现语言点的导入、讲解、练习、活动、作业等主要环节，设计一节有趣的微课，能吸引学生的注意力，在微课中也能达到交际使用的目的，是需要反复思考的。汉语国际教育硕士的教学经验大多是在传统课堂中积累的，一节课不会像微课一样要经过反复设计、录制、观看再进行修改。所以微课为汉语国际教育硕士提供了可以对自己设计的课程反复观看，修改的机会。汉语国际教育硕士通过在修改的过程中也是自我监控、自我反思的过程。汉语国际教育硕士观看自己的视频后进行反思，在后期的设计中也会自我监控，生成最优化的设计。通过教师的自我反省，不断发现问题，解决问题。形成螺旋式上升的成长动态。

3. 教师指导

在访谈中，参赛者们表示教师指导是最有效的方式。他们一致认为，教师针对课程设计中出现的问题能够一语中的，为课程设计指出一个明确的方向，促进参赛课程的修改和进步。是自己对微课设计深入理解、学习的重要因素。

教师指导分为培训教师团队指导和培训教师指导或导师指导。

培训教师团队的教师是由国际教育学院教学经验丰富的多位教师组成，针对本次的汉语微课教学技能赛事，为学院里的学生提供专门的集体指导。多位教师对参赛者提交的作品提出建议，或者直接观摩真人现场录课，进行课后点评。导师之间集思广益，各抒己见，对汉语国际教育硕士课程设计的各个方面给予了意见，使得参赛者的修改更加彻底全面。

培训教师指导和导师指导都是教师单独的指导。培训教师指导是指学院专门的微课培训教师对学院参赛学生进行指导。培训教师给参赛者培训微课相关的知识，如微课的内容展示方式、微课中活动的设计、微课的拍摄、拍摄时教师的妆发、服装等。为参赛的汉语国际教育硕士提供了专业的指导。帮助学生加深了对微课的认识，为设计好一节微课做了更多的知识储备。除此之外，汉语国际教育硕士的个人导师也是助力参赛者课程设计的重要推力，他们以个人丰富的教学经验和卓越的教学能力，给学生的课程设计提出修改建议，在时间上比较灵活，可以随时解答学生的疑惑，加深学生对微课教学的理解，促进其教学实践性知识的形成。

五、微课赛事对四位参赛者形成实践性知识的影响

（一）微课大赛对四位参赛者实践性知识形成的积极影响

微课教学比赛能在短时间内快速促进汉语国际教育硕士实践性知识的形成。本次大赛的准备时间为一个月，在一个月内，参赛者需要正常学习专业课程和相关作业，此外设计微课并完成三轮的视频拍摄，每一轮拍摄后都有教师团队给予意见，轮次密集，时间紧凑。参赛者们都准备了逐字稿确保在录制的过程中不卡顿，从细微处不断改进。但在传统的实际课堂中，不会有这么多次的拍摄，教师也很少写逐字稿，上课比较灵活，允许有一些口头语进行缓冲作用。汉硕从传统课堂中获取实践性知识需要一个长期的积累。

微课的时长一般在十分钟以内，在设计理念、资源构成、交互程度、应用范围等方面有诸多优势，且在移动互联网时代，微课更能适应碎片化学习方式的需求。通过访谈，参赛者们都表示他们在微课大赛的备赛过程中获得的实践性知识，大大丰富了原有的知识体系。他们在微课中形成的实践性知识不仅用于微课教学，也为他们走向工作岗位积累了教学经验。微课需要在教学设计和视频录制方面都有一个精致的呈现，因此教师也是从方方面面都做了精心的准备。微课中形成的实践性知识有利于教师在传统课堂中的教学设计更加完善。

参赛者能够使用一些教育技术手段使得教学更加高效。在备赛过程中，参赛者培养了自我对教育技术快速学习、上手、运用

的能力，有利于接受新知，帮助汉语国际教育硕士在成为新手教师后不断学习。微课中可以运用音视频等手段来使课程有更丰富的表现力，教师在微课大赛中获得了一些有关教学技术手段的知识，如利用各种软件剪视频。这些技术手段用在实际课堂中，可以解决一些抽象的问题，能使课堂更有趣。

（二）四位参赛者在微课比赛中获取实践性知识的不足

1. 内在因素方面

教学经验丰富的参赛者能在备赛中适时调整自己的课程设计，能够获得更全面的实践性知识。教学经验较少的参赛者，在接触到微课教学时需要学习繁多的知识，获得的实践性知识就比较有限。四位参赛者都有相关的教学经验积累，有的是一两年的海外教学经验，也有的是国内汉语机构教学或者学院内部的留学生汉语辅导经验。教学经验丰富的参赛者在课程设计中更能关注学生的学情，教师语言知识不会过难。对自己的教学行为也会更全面的进行反思，能通过查资料或者寻求导师帮助等方法对课程设计进行针对性的完善。教学经验较少的参赛者对语言点的讲解方式、教师语言的难易度都需要更进一步的学习。

参赛者的自我反思是主动构建实践性知识的重要途径，通过对录制视频的反思，注意到自己的不足，反思能力越强，对课程的理解越深刻。学习能力是指对视频的观摩，对导师的建议，对同学的课程设计等的学习运用能力，能够明确问题，取长补短。

参赛者应该秉持认真谦虚的学习态度，学习专业知识，对自己的教学进行全方位多方面的反思。

参赛者对本次比赛的重视程度不同，获得的实践性知识也不同。如果参赛者对这次比赛比较重视，积极进行课程设计，寻求多方帮助，认真反思并纠正；那么他能建构自己的实践性知识。

2. 外在因素方面

除了参赛者自己本身的努力，外界的帮助对他们来说是必不可少的。

微课大赛的举办方在官网提供给参赛者微课课程制作的视频，包含教师的教姿教态、微课拍摄、音视频制作、字幕插入等教程。同时，提供第一届微课大赛的优秀视频供后来者学习参考。成为参赛者第一轮视频的重要学习资源。

学院的教师指导是参赛者在后两轮课程设计中重要的外力作用。个人导师指导的时间非常灵活，参赛者甚至可以随时寻求导师的帮助。集体教师指导的教师都拥有丰富的教学经验，可以明确的指出参赛者存在的各种各样的问题，并提出解决问题的方向，帮助参赛者节约备赛时间，避免无用的努力。

同时，学院提供了微课教室专用的高清数码摄像机、摄影灯、拍摄幕布、电子白板一体机、麦克风、工作台、镜子等等，为参赛者提供了完备、高效的硬件基础设施，便利了参赛者反复练习拍摄微课，直到参赛者练出最完美的状态。

（三）微课大赛对汉语国际教育硕士培养规划的启示

学院为学生开设有关微课设计的课程，教育技术手段应用的课程。

除此之外，还可以定期举办汉语教学技能之类的比赛。比赛能够促进汉语国际教育硕士专业知识和实践能力的融合，帮助汉语国际教育硕士在实践中检验理论知识，在短时间内促进实践性知识的形成。汉语国际教育硕士应该积极参加各类教学比赛。

导师可以借助一些建构主义理论的教学模式，帮助汉语国际教育硕士形成关于微课教学的实践性知识。如遵循随机通达教学模式：针对同一个教学目标，导师启发学生多从不同的角度思考怎样才能达到目标。如支架式教学的模式：导师指导可以充当学生的脚手架，尊重学生原有的课程设计，在学生需要的时候适当点拨，有助于汉语国际教育硕士对自己课程设计的深入思考。导师还可以鼓励汉语国际教育硕士之间形成一个学习共同体，互相评价，取长补短，彼此进步。针对汉语国际教育硕士出现的问题，导师能分析出学生的短板，帮助学生及时找到正确的方向并给予一定的意见，学生在发现问题、解决问题的过程中达到进一步的成长。针对汉语教学技能比赛，学院可以组成一批经验丰富的指导教师团队，对学生进行集体点评和单个导师点评相结合，促进汉语国际教育硕士实践性知识的形成。还可以购置更新微课拍摄的相关设备，给学生提供充足的资源，有利于学生培养相关的能力。

学院可以鼓励学生经常写教学反思日记，这样有助于集中思想，对某一个问题进行深入思考，经过积累，就能从具体的事物中看出共性的东西，不断提高教师的实践能力，增长教师的实践性知识。

基于叙事的新手网络汉语教师专业发展初探（2017）

谷陵、马琳

摘要：随着时代与科学技术的发展，全球学习汉语的学习者增多，网络汉语课堂会在未来很长时间都会成为国际汉语教学的中坚力量。但目前网络汉语教师不受重视，网络汉语教师培训不够完善。对网络汉语教学的研究不仅可以给予该行提供更多的参考意见，也能提高网络汉语教学的质量，以更好地适应新时代对汉语的新要求。本文将会从网络汉语教学的特点出发，通过对三位网络汉语教师的叙事研究，初步探讨了网络汉语教师发展的现状，讨论了一些网络汉语教师专业发展存在的问题。

关键词：网络汉语教学；新手教师；专业发展；叙事研究

一、引言

教育部师范教育司对教师专业发展的定义即是教师不断接受新知识，增长专业能力的过程。即在教育实践中通过不断的学习与探究来拓展其专业内涵，提高专业水平，从而达到专业成熟的境界。目前影响教师专业发展的因素相关研究主要集中于个人的专业知识专业技能、教师教育背景、教育体制、管理制度等方面，而网络教学环境对于汉语教师专业发展的影响尚未受到足够的重视。

网络汉语教学与传统汉语教学在教学环境和教学主体方面存在不小的差异。教学环境主要分为物理环境和心理环境。物理环境下，传统汉语教学会受空间、采光等外在因素影响，而网络汉语教学以网络作为依托避免了这些因素，其次网络汉语教学与传统汉语教学相比，具有不受时间、空间限制的特点，但是网络汉语教学不可避免的是需要稳定的网络环境；在心理环境即社会文化心理环境下，传统汉语教学是人对人的即时互动教学，在双方了解的情况下共同营造良好课堂气氛，而网络汉语教学的教师与学生并未相互了解，甚至可能出现每一次教学活动出现的学生都不一样的情况，老师较难与学生之间建立良好的师生关系，缺少了解与互动，因此网络汉语教学相比传统汉语教学而言缺少了形成生动活泼课堂气氛的条件。

在教学主体方面，课堂教学活动是由教师的教和学生的学组成的“教”和“学”的“双边”活动。教师是教学活动中“教”

的主要参与者。相比传统汉语教师，网路汉语教师中教师专业背景差别大、教师自主性大；学生是教学活动中“学”的重要参与者，由于网络汉语教学不受时间、空间的限制在给学生带来便利的同时也为网络汉语教学带来一定困扰即网络汉语教学的学生相对来说自主性、流动性、不确定性强和约束力弱。

本文以网络汉语课堂的三位新手汉语教师为研究对象，其具体情况如下：马教师，女，中央民族大学国际教育学院2014级汉语国际教育专业中国研究生，即笔者。在孔子学院网络孔子课堂开设《快乐学汉语》、《旅游汉语》等系列课程，课程数量超过100节。刘老师，女，首都师范大学美术学院国画专业中国研究生。在孔子学院网络孔子课堂开设国画绘画及赏析等系列课程，课程数量超过100节。阮老师，男，北京语言大学汉语国际教育专业外国（越南）博士研究生。在孔子学院网络孔子课堂开设《汉语教程》等系列课程，课程数量超过400节，学生人数超过5000人。

笔者结合自身教学经历和教师专业发展相关理论对其中两位新手网络汉语教师进行了三次半开放式访谈，并将自己的教案、教学反思和笔记等材料与访谈一起作为叙事研究资料，从网络汉语教学的特点出发，依据网络汉语教师在教育实践中经历和发生的事件，对网络汉语教师的专业成长阶段、特点和存在问题进行了分析。

二、三位网络汉语教师的叙事研究

（一）关于三位新手网络汉语教师“整体 — 内容”方式的叙事研究

1.基本情况

三位新手网络汉语教师都在网络孔子课堂开设过课程，其成长阶段大致相同。可以归纳为：网络汉语教学缘起 —— 网络汉语教学的第一堂课 —— 教师自我反思与发展 —— 离开网络孔子课堂。笔者选取了三位教师在不同成长阶段的片段对其成长经历进行描述。

马老师：在选择了中央民族大学汉语国际教育专业并通过了民大的研究生入学考试后，我对汉语国际教育有了新的认识，通过学习对我们的针对性训练，我掌握了较多的教学技巧并了解到如何上好一门对外汉语课程，也掌握了一定的教学方法。在得知孔子学院网络孔子课堂正招收汉语国际教育专业的在读研究生后，虽没有接受过网络汉语教学，但因为热爱国际汉语教学并想锻炼自己后报了名，于是我成为了一名网络汉语教师。

刘老师：在成为CET（China Education Tours）项目的兴趣老师时，对国际汉语教学产生了浓厚的兴趣，并想成为一名国际汉语教师，在得知孔子学院网络孔子课堂在招收网络汉语教师时，立刻将自己的简历、作品和一段教学视频发送到指定邮箱，不久她就成为了一名网络汉语教师。

阮老师：来自越南的他因对中国、中国语言和文化产生浓厚的兴趣，于是决定来到中国，学习地道汉语，成为一名专业的国际汉语教师，为此他参加汉语培训班并在一年后申请成为中国吉林大学汉语国际教育专业的研究生。在得知在校生可以申请成为孔子学院网络孔子课堂的网络汉语教师后，他想着在锻炼自己教学水平和教学能力的同时也可以积累经验，为未来能够成为一名优秀的国际汉语教师打下基础，于是他投递简历和示范教学视频并成为了一名正式的网络汉语教师。

国际汉语教师专业发展阶段大致可分为职前教育阶段、引导阶段、能力形成阶段、稳定和停滞阶段、生涯低落阶段。由上可知，三位老师的专业发展具有共同的特点，即都处于国际汉语教师专业发展的职前教育阶段、具备一定的教师知识，但缺乏网络汉语教学的相关理论知识和实践知识、都将成为国际汉语教师作为职业发展目标、具有教学动机并有国际汉语教学的相关教育和生活背景。

2. 网络汉语教学第一堂课

三位网络汉语教师在关于网络汉语教学第一堂课中发生的事件“整体-内容”方式的叙事分析。如下：

马老师：在想着听课的学生有一部分是想来中国旅游，于是借了一本《体验汉语之旅游汉语》的书进行相关的备课以及制作PPT，但由于第一次接触网络教学，研究后才发现网络课堂中的PPT不存在动画播放，且在学生是不固定、他也没有进行预告的情况下，第一节课并无学生听课。

刘老师：由于之前在CET项目中教过兴趣班，以为直接按照原来的教案讲就可以，于是就按照原来的教案准备了第一节课，但在正式上课后才发现，之前的教学方法在网络教学根本不适用，特别是书法、国画这种动手实践能力强的课程，不精心设计很难引起学生注意，因此刘老师的第一节课并没有吸引很多学生。

阮老师：根据他自学汉语的经历，他提出“网络汉语课程应该是从初级综合课开始，重点在于听说。因为只有提高了听说能力，学生的学习兴趣才会比较高涨”的想法，于是他选择了一本初级汉语综合课本进行备课，在充分的准备后发现，课堂固定，学生自选的方式在网络教学中教学效果并不理想

结合三位老师的经历来看，他们都有着相同的特点：一是不了解网络汉语教学的特点，尤其缺乏网络汉语教学的知识和技巧。二是面对第一节课的不理想，都出现了失望、沮丧心理。

3.教师自我反思与发展

马老师：有了第一节课的经验，他先观摩了几节其他优秀网络汉语教师的课程，发现由于受到时间和环境的影响，多数以教师讲授为主，课堂互动较少，于是在反思教学的基础上，他以自己讲述为主并留一定时间给学生思考。但每次课程的学生不多，基本没有互动。

阮老师：阮老师同样遇到学生互动少的情况，于是暂时停止了自己的课程并对网络汉语教学进行调查研究发现，网络教学的

学生具有极强的自主性以致于老师没办法留作业，改作业，师生互动较少且有些学生只看教师评分与课堂标签却忽略了自己的水平，同时，网络孔子学院的直播回放没有被利用起来，为此阮老师想到把网络孔子课堂推广到越南去，根据学生的水平开设固定的网络课程。在一些国内外社交软件上发布即将开课的消息后，将同一水平学生拉到Facebook上的讨论组并在每节课上课前一小时将课堂链接粘贴到一个准备好的模板上，这个模板包括如何进入课堂、怎么使用在线课堂工具、一些规定等，并在这些封闭的讨论组布置讲解作业。一个月后，阮老师成为了网络孔子学院的的人气教师。

通过对比两位老师的经历可以知道，网络汉语教师在专业发展过程中会出现在教学过程中是否能找到教学突破点以及能否保持高涨的教学积极性的特点。

4. 离开网络孔子课堂

马老师：过了刚开始上课的新鲜感后，由于没有师生互动、无法了解学生的学习情况等原因渐渐的对网络汉语教学失去兴趣，同时网络孔子学院对教师的要求也不断更改，因此在拿到实习证明后马老师选择离开网络孔子学院。

刘老师：同样缺乏师生互动的刘老师在网络孔子学院的规定不断变化且薪资报酬不那么丰厚，要求越来越多后，在拿到实习证明后选择了离开网络孔子学院。

阮老师：阮老师的网络汉语课程越来越火，同时他也愈发热爱这个职业，但由于网络孔子课堂要求所有老师暂停所有课程后被迫停止了网络汉语课程但现在也没再重新开始。

虽然三位老师都离开了网络教学，但其心路历程不同，一个是勉强进行教学后主动退出，一个是积极教学后被迫图提出。可以看出，新手网络汉语教师在生涯低落阶段都有以下特点——是否有充分教学动机和是否具有较高教学积极性。

（二）关于三位新手网络汉语教师“类别 — 内容”方式的叙事研究

通过调查研究发现，在引导阶段三位新手网络汉语教师都意识到要补充网络汉语教学的相关专业和实践性知识。在能力建设阶段，教学环境知识即网络汉语教学的实践性知识在教师知识意识中占主要地位。同时可以看出新手网络汉语教师在专业发展上存在以下特点：第一，教学前期缺乏网络汉语教学的专业和实践性知识；第二，教学过程中能够及时自我补充网络汉语教学的实践性知识。此外，虽然三位老师在职前教育阶段对自己身份都有不同的认识但在引导阶段和能力建设阶段只有阮老师成功转化成为一名网络汉语教师。可以看出，新手网络汉语教师在专业发展上有着不一定都能实现身份转换的特点。

三、新手网络汉语教师专业发展的思考

（一）关于汉语网络教师

1. 新手网络汉语教师在专业发展过程中存在的问题

综合笔者对以上三位网络汉语教师的叙事研究及网络汉语教学特点，笔者认为新手网络汉语在教师专业发展上可能存在网络汉语教学的理论和实践性知识在教学前期不受重视、教师自我认同感低，易出现消极心理情绪及教学后期教学积极性不高的问题。

2. 新手网络汉语教师专业发展存在问题的原因

出现以上问题的原因有很多，从三位新手网络汉语教师的叙事材料上看主要有以下几个方面。一是教师本人对网络汉语教学不够了解，缺乏网络汉语教学的理论和实践性知识。二是网络汉语教学的特殊性容易导致新手教师自我效能感低[①]。三是新手网络汉语教师角色意识不强。四是目前高等教育院校缺乏网络汉语教学的介绍和推广。五是网络教育机构缺乏新手汉语教师培训。六是网络教育机构奖励机制力度小。

3. 对新手网络汉语教师专业发展的建议

面对以上问题，笔者认为可以从这几个方面改善，第一是主动学习网络汉语教学的理论性知识，第二是要及时总结网络汉语教学的实践性知识，第三是要培养新手网络汉语教师自我认同

① 郝敏宁：影响教师专业发展的因素分析.硕士学位论文.陕西师范大学，2007。

感，第四个是要加强网络汉语反思教学。

（二）关于高等教育院校

教师教育是教师专业发展的一个重要途径。网络汉语教学作为一种新型的国际汉语教学，并未纳入高等教育院校教学培养模式体系中，导致学生对于网络汉语教师、网络汉语教学的认识了解不足，不利于网络汉语教师的发展。因此应当将网络汉语教学纳入教学体系并加大教学实践比重。

（三）关于网络教育机构

网络教育机构也是网络汉语教师的专业发展重要的一部分，根据目前调查研究笔者认为网络机构可以从以下几个方面进行改善即加大新手网络汉语教师培训力度和完善教师薪酬激励机制。

四、结语

当前网络汉语教师专业发展不受重视的问题仍然是制约网络汉语教学事业发展的要素之一，其原因也是多种多样的。笔者通过对三位网络汉语教师的叙事研究，探讨网络汉语教师的专业发展过程中的特点，分析网络汉语教师在专业发展上存在的问题及其原因。最后，也针对网络汉语教师专业存在的问题提出了相关建议。本文还存在许多不足的地方，例如调查研究的样本数量不足、调查对象的教育背景相似、在访谈上问题上的关注点不够全面等。由于笔者水平有限，在分析、总结等方面都不同程度的影响了本研究的科学性和系统性。随着互联网技术的发展和普及，移动设备也将越来越广泛地应用于网络汉语教学中，汉语教师如何提高自身的数字化能力，调整教学方法和心态，迅速适应并胜任未来虚拟环境中的汉语教学，是一个值得重视并亟待研究的问题。

线上汉语教师情感能力的叙事研究（2021）

谷陵、陈白哥

摘要：移动端设备如手机和平板已成为线上教学的常用设备，而虚拟环境所产生的距离感使得情感因素对于线上教学效果的影响愈发凸显。本文以三位线上汉语教师为研究对象，通过对三位线上汉语教师的叙事材料进行研究，根据线上汉语教师情感能力分析框架，从整体—内容的叙事视角探究线上汉语教学对教师情感能力方面的要求，分析线上汉语教师的情感能力线上课堂教学的影响，并从专业发展角度考察线上汉语教师情感能力的发展规律。研究发现:（一）课堂教学方面：线上汉语教师在自身、学生以及师生关系上的情感能力的不足可能会使课前准备工作成为无用功、影响教师教学水平的发挥；而提高教师或学生与环境之间的情感能力可以减少环境对学生的影响，并使教师在课堂教学中能够更加方便、高效地获取技术或教学支持。（二）教师专业发展方面：生手型教师应着重于拓宽教学经验的广度，体验教学中情感能力的运用；熟练型教师应针对少数情感能力不足的情况从内部提高情感能力；胜任型教师应着重反思情感能力发挥失常的特殊状况，同时促进在教师管理、教学制度的改善。最后，本文在线上汉语教师的情感能力培养方面向教师本身、教学机构和培养院校提出了相关建议。

关键词： 汉语教学；线上汉语教师；情感能力；叙事研究

一、引言

新型冠状病毒疫情改变了教育行业的运行方式，其中也包括国际汉语教育行业。如今，线上汉语教学成为了汉语教学的主要方式，也因而对线上汉语教师这个新群体的专业素质也提出了新的要求。以往关于教师能力素质的研究多将重点放在认知和教学能力方面，而线上汉语教师的情感能力则较少被关注。教师的情感能力会对教学质量产生很大影响，线上汉语教学对教师情感能力的要求也是有其特殊性的。本文以三位线上汉语教师为研究对象，根据线上汉语教师情感能力分析框架，采用叙事研究的分析方法，从整体 — 内容的叙事视角对三位线上汉语教师的教育叙事材料进行分析，以探究线上汉语教学对教师情感能力方面的要求，分析线上汉语教师的情感能力对教师专业发展、线上课堂教学的影响，并就教师情感能力培养方面提出了相关建议。

二、线上汉语教师情感能力的特殊性和分析框架

（一）教师情感能力的界定

1.情感能力

本文采用萨洛维（Salovey）和梅耶（Mayer）的观点（1990），认为情绪智力是智力的一种，是个体准确有效地加工情绪信息的能力，并认为个人特质独立于情绪智力的范畴。

2.教师情感能力

教师情感能力是指教师能够成功完成教育教学活动所需的情感操作能力。

（二）线上汉语教师情感能力的特殊性分析

1.环境因素

本文所指的教学环境主要包括教室设施、时空限制、课堂氛围等方面。通过对比线上教学与传统教学，分析线上汉语教师情感能力方面的特殊要求。

（1）教学设施

传统教学的教学设施比较固定，线上教学对教学设施的要求几乎和传统教学完全不同，由于涉及到不同的负责主体，在稳定性上很难保证。在课堂上如果出现了因教学设施不当而产生的问题，教师和学生都有可能产生情绪波动，同时也可能涉及到其他工作人员或学生家长。

（2）时空限制

传统教学在时间、空间上都有较稳定的规定，线上教学利用

了网络的便利性，在时间和空间上灵活度较高，这意味着课堂的契约性会有所降低。

（3）课堂氛围

传统汉语教学是人对人的及时互动教学，学生和教师同处在一个教学空间内，教师通过组织教学，师生交流，共同营造良好的课堂气氛。线上汉语教学是人对机的非及时互动教学，教师和学生通过网络进行联系，教师和学生之间的互动不够高效，情感联结也不够强。线上汉语教学的客观条件限制了课堂气氛的活跃程度。

2. 交互因素

人际情感联系主要通过交互方式实现，包括师生之间、教师与其他人员之间、学生与其他人员之间等方面。

（1）师生之间

传统教学中师生之间的情感联系也需要教师通过发挥一定情感能力才能得到良好的维持。线上教师所需要的情感能力不仅包括了传统教学中所需的情感能力，还需要教师更强的情感调控能力等。

（2）教师与环境之间

在准备充分的情况下，传统课堂之内只有教师和学生共同参与。但线上教学难免会涉及到很多与教学本身无关的人员，教师与环境中其他人员的沟通可能经常发生在紧急的情况下，甚至是在对方已经抱有一定情绪的情况下，因此线上汉语教师需要很强的情感沟通能力。

（3）学生与环境之间

传统课堂中的学生一般不容易受到外部人员的影响，线上课堂中的学生，更加容易受到所处环境其他人员的影响。需要教师有很强的情感感知能力以及情感沟通能力。

（三）线上汉语教师情感能力分析框架

表 2-1　线上汉语教师情感能力分析框架

	教师自身	学生	教师与学生	教师与环境	学生与环境
感知	教师自身情感的感知能力	学生情感的感知能力	师生情感关系的感知能力	教师与环境之间情感关系的感知能力	学生与环境之间情感关系的感知能力
交互	教师自身情感的表达能力	学生情感的理解能力	师生情感沟通能力	教师与环境之间的情感沟通能力	学生与环境之间的情感沟通能力
调控	教师自身情感的调节能力	学生情感的调节能力	师生情感关系的调节能力	教师与环境之间情感关系的调节能力	学生与环境之间情感关系的调节能力

三、“整体 — 内容”方法的叙事分析

本文以线上汉语教师情感能力结构框架模型为基础，采用整体 — 内容的方式，对三位线上汉语教师的叙事材料进行关键点提取，并对研究对象的情感能力进行了分析。

（一）不一样的初体验

1.C老师的故事——三个“第一次”

“第一次”线上汉语教学实习是在读研的第一年，我在导师的介绍下，来到了Y机构进行线上汉语教学实习。在Y机构的第一个学生我已经完全记不得是谁了，并不是因为时间隔得远，而是我感觉在Y机构“我面对几乎每一个学生（除了固定学生以外）的心理状态都像是在面对第一个学生。”因为Y机构是实时连线型的课程，教师上线等候学生的来电，接到来电之前，可以说对这节课的学生背景、汉语水平、教学内容是没有一点儿准备的。除了少数的学生会提前以文字消息的形式提前沟通，大多数的学生都会直接打来电话。所以即使在我很想完成实习课时数、很想挣课时费的情况下，“我上线的每一分钟几乎都在祈祷不要有学生打来电话，心里总是对未知的状况维持着紧张、担心、焦虑的情绪。”每次连线成功见到学生之后我的心理状态都会有些许平复，因为我几乎和每个学生都能形成良好的教学互动，甚至有时候会很享受上课的感觉。但在等待未知的下一节课时，那种焦虑感又会重新占据我的大脑，每次上线等待我都需要费很大的力气去克服自己的恐惧。两个月之后这样的心情依旧没有太大好转，并且日复一日地加重了我的心理负担。于是我在达到学校要求的实习课时量之前就暂停了在Y机构的教学工作。

“第一次”真正的线上汉语教学是在一年以后。受新冠疫情的影响，我来到了T机构以线上教学的形式继续我的实习。面试通过后T机构对几个新来的线上汉语教师进行了为期一个月的线上培训，我的第一个学生是还没出培训期就接到的，而且是校长（也是学生的顾问）安排给我的。因为我几年前曾经在T机构实习过，并且给校长留下了很好的印象。这个学生是一个换了很多老师都没能搞定的7岁男孩，校长决定让我试试。这个学生非常排斥学汉语，而我上课的内容是辅导他完成学校的作业，这无疑是一项艰巨的任务。我虽然很头大，但是也想尽自己的全力去应对这个挑战，便花了大量的时间和精力去准备第一节课。

第一节课这个学生因为排斥情绪不愿意来到镜头前，他妈妈花了20分钟才把他哄过来，并被要求陪着他一起上课。“我准备的作业材料是由他父母提前发过来的，但在上课时孩子否认那是他的作业，我就几乎没有在课堂中再提及。整节课在猜拳互相问问题以及用身体比汉字猜汉字中度过，课堂气氛很活跃，学生也表示愿意再来上课，”但本节课学生实际收获不多，只能算是一节破冰课，建立了基本的师生关系，学生稍微找回了一些说汉语的状态。“虽然备课的过程中我一直在紧张，但其实开始上课的时候，看到比我还紧张的学生，瞬间就觉得不那么紧张了。我发现其实我紧张的原因大多来源于准备不足或者知识储备不够，担心遇到应付不来的尴尬情况。”

第二节课前我请销售跟家长确认作业的问题，家长表示之前发来的确实就是他的作业，我结合学生的厌学情绪，相信了家长的说法，判定上节课学生是为了逃避作业而说谎。上课后我们的前半节课仍然以轻松谈话的方式进行，她妈妈也在旁边陪读。“当我们谈起作业开始，学生的情绪开始变得暴躁，跟在他旁边的妈妈也用英语争执了几句，导致后半段学生不愿意配合任何课堂活动，一心盼着下课。”下课前学生在不情愿的情况下配合了一小会儿课堂活动，完成得也不是很顺利，留作业也不知道学生是否听清，就匆匆下线了。下课后我进行了反思：“学生很明确地表示不喜欢学汉语，因为不好玩。但他并不排斥听说对话，也不排斥简单的汉字认读书写，学习新词很快，只是非常讨厌作业和读课文。如果目标是让学生真正学到东西，那一定得是以他愿意学的方式。提出作业就好像把玩和学分开了，学生自然会产生排斥的心理。”抱着这样的想法，我开始从学生可能感兴趣的角度继续备课，没想到下一节课却成为了我跟这个学生的最后一节课。

“学生似乎把上节课的不满情绪直接带到了这节课，不愿意配合我进行任何教学活动，对我准备的与作业无关的教学内容也表示毫无兴趣。我在上课前刚刚做好的心理准备也瞬间化为乌有，感觉自己对此无能为力，无论怎么做也无法调动学生的积极性。”学生和旁边的家长一再交涉，家长最后同意了学生只上30分钟的要求，当时离学生期待的下课时间还有5分钟。这5分钟我继续进行的正常教学，试图用更加生动的讲课方式留住学生。但就在5分钟快到了的时候，学生没有任何表示地直接退出了教室。“面对自己一个人的头像，我的脑子一片空白，本想着联系一下校长或者行政，但又怕校长会觉得我搞不定这个学生；行政那边，因为我觉得学生和家长在课上已经明确表示今天就上30分钟了，只是没有告别，不需要反复确认了，可能出于自己的面子，也没有联系行政。”

课程结束以后，校长在课程群里问我课上得怎么样，估计是学生家长先跟校长交流过，校长才来找的我。我也只能很被动地说学生状态不好提前下课了等等，没有敢提自己的责任。等组长联系我的时候，她先是提醒我下次应该及时联系反馈，然后想去问问校长那边学生的意思。“还没挂电话时她发现我的表情不太好，就问了一句你没事儿吧？我当时瞬间就绷不住了，一股沮丧和挫败感猛地冲上来，躲在镜头旁边也没办法掩饰哽咽。”虽然这只是一件小事，我自己心里也知道，作为一个生手老师，我即使尽自己所能去准备每节课，效果也不一定都会理想。但学生离开也并不全是我的问题，毕竟学生自己不想学，老师再怎么教学生能学到的东西也有限。“不知道我是因为被迫下课感到没面子，还是自己的能力没有达到自己预期的效果而气馁，还是自己没有准备得更充分的遗憾。总之那一天的情绪非常低落。那天还是我的生日，家人用心为我准备的生日蛋糕我也是心里五味杂陈地吃完了，想着又长大一岁，自己也要坚强一点，面对自己的失败，吸取经验，继续成长。”后来组长和校长得知那天是我的生日，都特地发了很长的信息来安慰和鼓励我，原来组长和校长都这么关心、照顾我，我心里也觉得很温暖、很受鼓舞。

“第一次”小班汉语教学是在正式入职不久，这个项目的学生是英国一所国际学校的小学生，一个班4–5个学生。校长和几个有经验的教学组长在我们上课前三天给我们进行了密集培训，每天都要讲练好几次，每天都要备课到深夜。我第一次模拟讲练的时候刚到打招呼的环节就被叫停了，校长说我的感觉不对，让我重新来。当时我的脑子一片空白，不知道该怎么往下顺。“其实打开摄像头时我就已经心知肚明自己是没有准备好的，因为我想了一上午的教案在讲练前半小时被组长大改了不少，讲课之前还没能好好把程序顺下来，烂熟于心，导致讲课时手忙脚乱。因为我是第一次开会议，不太熟悉操作，大家进会议进了好长时间，等人等得气氛凝重了好久。所以我一开始上课的时候就笑容僵硬，说话结巴，声音也小，真是又尴尬又放不开。我想如果面对的是真实的学生，估计不会这么紧张。好像每次模拟讲练，尤其是面对老师即将到来的批评，我就特别怕自己发挥不好。我喜欢和真人互动，平时中国人扮成学生模拟的时候总会出意想不到的幺蛾子，有些是外国学生根本不会出的问题，感觉这样的模拟是没有意义的。而且感觉对着认识的人，而且明知道他们什么都会，就更难设身处地地去考虑怎么讲才能让他明白、语速多慢他才能听懂了。面对真实的学生，学生一定是有反馈的，慢慢经验就积累起来了，变成了教学肌肉记忆。”其实老师们对我的改进意见以及点评还是很温柔的，我也没有特别下不来台，只是对自己的表现很不满意，会议结束之后还是有点想哭。不过其实就像老师说的，暴露的问题越多，真正上场时越能临危不乱。第二次讲练的前一天晚上我自己开着摄像头练了很久，讲练时果然效果非常好。“我发现不论是线上还是线下，作为老师虽然想给孩子留下一种很nice的印象，但是其实老师nice与否不是停留在表情和语气上，而是学生是否能感受到你个人真实的性格。所以最好的状态就是放松，把自己要说的话说清楚，不要太期待学生的回应，也不用表现得太像个演员。”真正上课之前，我给自己做了很多思想工作，以放松、真实的自己去面对学生，果然第一节课的效果就很不错，感觉学生也都很喜欢跟我上课。

C师的叙事故事有三个关键点：

（1）C老师因意料之外的状况（包括已发生和未发生的）产生的情绪十分强烈。

（2）C老师在正常课堂教学中与学生的情感互动良好。

（3）C老师在模拟讲练时情绪很紧张，尤其是有中国人扮演外国学生时。

综上，C老师在线上教学初期的情感能力状况表现为：

教师自身情感的感知能力较强；教师自身情感的调节能力、教师与环境之间的情感关系感知能力有所增强；教师自身情感的表达能力、师生情感关系的感知能力、师生情感关系的调节能力、教师与环境之间的情感沟通能力、学生与环境之间情感关系的感知能力较弱。

师生情感沟通能力和学生情感的调节能力在不同的情况下表

现出一定的差异性：当师生情感关系一般或良好时，C老师的师生情感沟通能力以及对学生情感的调节能力较强；当师生情感关系不佳时，C老师的师生情感沟通能力以及对学生情感的调节能力较弱。

另外，我们通过访谈还发现：

（1）即使在教学工作准备充分的情况下，情感能力的欠缺或发挥失常，也会在一定程度上影响教学质量。

（2）关于线上网络设备操作的培训虽然很详尽，但是没有实操过还是会令新教师们焦虑，应该加强多种特殊情况的实操。

（3）关于线上模拟讲练，由教学经验不够丰富的中国人来扮演外国学生的讲练效率较低。

2.S老师的故事——不容易的宝妈

S老师的第一次线上汉语教学是在来T机构做线上汉语教师之前，当时她工作的机构是使用C软件进行线上教学的。S老师在第一节线上课之前接受了一次针对C软件的操作以及突发状况应对的培训。“线上课的时候肯定会有因为各种原因造成的突发状况，但是用C软件遇到的网络或者设备状况确实不多，所以培训的时候也只是让我们不要慌，告诉了一些解决办法，比如看不见、听不见从哪里能设置，万一连接中断可以直接跟学生用微信联系之类的。这些办法也都很方便可行，其实这就已经解决了所有的问题。”有过线下教学经验的S老师认为，“线上课的心理状态其实比线下课要轻松，不像线下课那么紧张。因为不像面对面那么真实，线上云端的这种形式学生只能看到你的面部表情，哪怕你遇到不会讲的地方，翻翻书、查查百度都不会有什么影响，至少心里是有底的。”对于可能发生的网络设备突发状况她也不是很担忧，“上课出现的状况总共也就那么几类，其实解决起来也都挺方便的，在心理上我会觉得这件事很简单。”令她不适应的其实更多是教学方面。“我一开始和学生上网课的时候，因为和学生彼此不熟悉，我们的关系、我们的上课的氛围、学生的反应都需要彼此有一个磨合的过程，不像线下课磨合得那么快，有时候一节课就能培养出默契。线下课毕竟是同处于一个空间里，我们是有这种情感交流的状态的，可能我眼睛看着学生，他就可以完全跟着我的思路和节奏去走。但是线上课就不可能做到我的眼睛盯着他的眼睛，我们只能是盯着屏幕，就很难带着学生走。”

她的第一个线上汉语学生是一个宝妈，她有三个孩子，平时上网课都在家里，很难专注地集中在电脑前去学习。“比如我问她某一个问题，此时此刻如果她家里的人叫她，或者她的孩子围过来找她，我们的课都会受到干扰。这样她没有跟住我，我就要重复我的问题，这样的次数多了，教学进度就会变慢，教学效果也不好，有时候还要花很多时间去复习。所以一开始我会有一点吃力，节奏上会有一点不好把控，我们都要去熟悉线上上课和教学的状态和流程，第二步才是熟悉彼此。”

在教学过程中S老师还发现了一个问题，就是线上课学生比起线下课学生更不愿意去深究某一个问题。“线上课的学生也不会像线下课那样有耐心，因为他在家里上课肯定会受到一定的环境干扰，老师这边也可能会受到工作环境、工作信息之类的影响，这些对上课的效率肯定是会打折扣的。而且网课的时间感觉更紧迫，先不说网络设备问题可能会耽误很多时间，下课时间到了就是真下课了，得直接断线了，有什么问题也只能下次再说了。如果真是他在教室里的话，首先这个氛围就能让学生感觉到你在这里就是需要全身心投入地去解决学习的问题，而在家上网课的学生可能会觉得反正一会儿就下课了，网也不好、听不清之类的，他可能就会下意识地找个理由，把自己真正的问题压缩压缩再压缩，有些学生可能就会选择放弃或者下节课再说了。很多问题可能就会大事化小、小事化了了。”

S老师的叙事故事有2个关键点：

（1）对比线下教学，线上教学让S老师感到更加放松。

（2）线上课的学生更容易受到环境的影响，且学生更不愿去深究某一个问题，教学效率比较低。

综上，老师在线上教学初期的情感能力状况表现为：

教师自身情感感知能力、教师自身情感调节能力、学生情感感知能力、师生之间情感关系的感知能力、学生与环境之间情感关系的感知能力较强；学生与环境之间情感关系的调节能力有待提高。

另外，通过访谈可以发现：教师认为线上课教学效率的降低可以通过调节学生与环境之间的情感关系来避免。

3. Z老师的故事——充分的准备与好队友

Z老师在第一次线上课之前对于这个学生的了解并不多，学生所学的教材也是之前没接触过的，因此Z老师在课前做了大量的准备。“开始肯定还是会有一点紧张吧，而且我比较担心的可能是网络或者设备上的问题，怕自己的操作不熟练，可能会让课堂没法开始，或者中间可能会出现一些意外，自己不会处理。但是一见到学生之后我就好了，一方面是我觉得我给她定的水平还是合适的，准备的内容也很细致充分。我把课文都打印出来，把认为的生词都在上面标了拼音，以防万一她有任何一点儿不是这一级别的问题。另一方面是这个女孩性格很好，特别听老师的话，反应又有点儿慢，所以减轻了我很多压力。我觉得第一节课总体还是比较顺利的。”在第一次上课的过程中，学生的网络时而出现卡顿或听不见的现象，第一次面对这种状况的Z老师并没有对此产生太多心理负担。“因为学生认同这是她自己的网络问题，不会觉得是学校或者老师的责任，这一点我们是没有争议的，所以不会对我造成什么压力。而且当时上课有任何的问题的话，即使不知道怎么办我也可以求助行政老师，发消息给她们，她们就会马上到我身边来帮我，用她们的微信扫我电脑上的二维码就可以很快换成微信上课，这也减轻了我很多压力。”

Z老师的叙事故事有2个关键点：

（1）充足的课前准备、能够及时提供帮助的同事都为Z老师的第一次线上课减轻了心理压力。

（2）厘清网络问题的责任方使得Z老师在面对网络状况不佳的情况时不会太有心理压力。

综上，Z老师在线上教学初期的情感能力状况表现为：

教师自身情感感知能力、学生情感感知能力、师生情感关系感知能力、师生情感沟通能力和教师与环境之间的情感沟通能力较强；

另外，我们发现：教师认为将意料外情况尽可能地转化为意料内情况，能够有效减少因教师自身情感调节能力不足导致的对课堂教学的负面影响。

4. 小结

对于没有线下经验的生手线上教师来说，线上教学初期是提高教师情感能力的关键期。对于有线下经验的生手线上教师来说，学生与环境之间的情感调节能力是提高的重点。

（二）工作环境中的矛盾

1.C老师的故事——被耽误的课与模糊的边界

有一次接了一个新学生，她要上的课型是我之前没上过的，因此我花了很多时间去做准备。“到了上课的时间，等了她十分钟她还没来，我就在工作群里联系行政，得知学生家里的网断了，正在调试，让我等一下。我就坐在电脑前，一遍一遍看着一会儿要讲的教案，在心里提醒自己不要忘记其中细小的环节，不知不觉半个小时也过去了。”在我们公司的规定里，如果学生无故迟到半小时就算旷课，给一半课时费，老师也可以下线了。但是这次因为学生确实有突发情况，肯定是不能直接算旷课的了。“等待学生的这半个小时其实我什么都没做，仅仅是做了心理准备和思维准备，如果这节课被取消，也就意味着我这四十分钟都白白浪费掉了，因为取消的课是没有工资的。但其实课被临时取消的老师付出的时间和精力并没有少多少。线上课就是因为不知道会出现什么状况，所以总在等待，而且不是可以休息或者利用空闲做其他事情的那种等待，而是为了上课做足了准备、绷着弦儿地等待。”最后在离下课十分钟前，行政通知本节课取消，第二天另找时间补回来。这样的决定看似我不会损失这节课的工资，但是这五十多分钟等于白白浪费在等待中了。“也许我可以做点什么别的事，好让时间不白白浪费，但在这种你不知道学生会不会上线、什么时候上线、上线的时候你的脑子在不在线的情况下，又怎么能踏实下来干得了其他事呢？”

还有一次因为网络操作问题耽误上课的经历，那次是因为跟其他老师共用一个zoom账号，其他老师在上课的时候设置了进入教室的密码，而我对此并不知情，导致我整节课坐在电脑前等待学生进来，而学生们也在等待着进教室却不知道密码，学生们又都是小孩子，不知道怎么跟销售联系，我们就这样完完全全地消耗掉了一节课。“当时我的情绪也很不好，所以就跟校长建议说希望共用账号的老师们如果要修改密码设置，下课一定要改回来，不然其他老师不知道情况会很被动。”当时校长采纳了，并且答应第二天会在群里通知，并且让销售通知给这个班的学生多赠送一节课，而我还因为课时费的问题烦恼了好久。“我心想“都怪那个改我密码的老师，害得我这节课白白等了这么久，课时费估计也没戏了。”但第二天我看到群里的通知时，惭愧的感觉涌了上来。群里的通知是要求老师们上课前自己先提前检查密码以及设置是否都是准备好的再开始上课。我才意识到其实这是我自己的问题，不是修改我密码的老师的问题。因为本身公用账号就是每个人都可以修改设置的，而上课前检查账号信息等工作是老师自己必须要做的，就像去教室上课要带书一样。“我不应该把自己的责任推给别人，哪怕是在心里这么想，也是不负责任的。既然已经进入职场，就也要负起工作的责任，该自己检查清楚的就要自己检查清楚，不然不会有人替自己的行为负责。这么一想觉得那节课的课时费就算不发给我也没什么好奇怪的了。”

除了在网络上与其他同事之间产生的矛盾，我还因为居家工作产生了和家人之间的矛盾。当时我的孩子不满一岁，需要有人全身心地陪伴和照顾。我初回职场，又是从事教师行业，在工作初期必然要花大量的时间去进行培训、备课、磨课、反思、反馈、开会等工作，而我又是一个进取心很强、追求完美的人，这让我课外的工作几乎占据了全部的时间。家里负责帮忙照料孩子的是我的父亲。一开始他因为能和外孙朝夕相处而感到幸福，我也能全身心地投入在工作中。但是不满一岁的宝宝对母亲的依赖还是很强烈，经常吵着要找妈妈，这让我的父亲左右为难，一边不敢打扰我上课，另一边孩子的哭闹也让他十分心疼。渐渐地，我感受到父亲对我工作的不满。他经常抱着孩子站在我房间的门外，听到我没在说话，就进来问我是不是没课了，没课就下来陪陪孩子。有时候我因为在专心工作拒绝了他，他就会很生气地说"有完没完了"、"都不心疼孩子吗"之类的话，有时候还会甩门而去。"我心里觉得特别委屈，为什么爸爸不能理解一下我的工作，明明我每天除了工作以外根本没有自己的娱乐时间，晚上陪孩子睡觉还要起好几次夜，我已经这么累了，为什么还要对我这样的态度!"所以有段时间，我因为不想听到他对我的责备，经常因为赌气，一下课就抱走孩子，也不给他好脸色。我们之间的关系也越来越恶化，甚至有时候会持续一整天不说话。这种恶性的关系也在一天天加剧我的心理压力，直到自己不堪重负，向组长提出了减少课量的申请。组长得知我的情况后，立刻跟我打了视频电话，安慰了一下我的情绪，并且就老人帮忙照顾孩子的事给出了她的体会和建议。跟组长聊完，我瞬间意识到自己在这件事的处理方面有很大的问题，便找时机跟父亲进行了一次促膝长谈，理解了父亲的辛苦和对我的包容，也表达了我对工作和孩子的态度。"我们之间的隔阂消失了，我也给自己设定了清晰的工作边界，不仅提高了我在有限时间内的工作效率，也让我兼顾到父亲和宝宝的情绪。最重要的是，我开始学会平衡家庭和工作，学会取舍和让步。"

C老师叙事故事有3个关键点：

（1）C老师对因课程取消而造成的课时费以及时间成本损失

非常在意。

（2）C老师向上级反映了他人的问题，并在第二天从上级的反馈中自省了自己的问题。

（3）C老师在处理家庭和工作关系的过程中，情感能力有了一定的提升。

综上，C老师在工作遇到困境时的情感能力状况表现为：

教师自身情感的感知能力、教师与环境之间情感关系的感知能力较强；

教师自身情感的表达能力、教师自身情感的调节能力、教师与环境之间的情感沟通能力和教师与环境之间情感关系的调节能力在关键事件中有所提升。

在访谈中发现：

（1）因薪酬体系或课程设置的不合理会在一定程度上影响教师情感能力的发挥。

（2）居家工作的教师需要运用情感能力来平衡家庭与工作的关系。

2.S老师的故事——被浪费的时间

S老师来T机构之后，开始使用T机构自主研发的线上教学系统进行线上教学，并且由于规章制度等原因，教师和学生是不能直接在第三方平台进行沟通的。S老师第一次在T机构上课时，由于学生的设备没有调试好，耽误了将近20分钟才上课，下半节课的教学效率也受到了很大的影响。“上课开头15分钟还没见到学生，也联系不上学生，只能先去联系行政、销售，一节课50分钟那15、20分钟就耽误过去了。下课以后还要写各种反馈，就特别麻烦。”第一次在T机构线上教学的经历与S老师在另一个机构的线上教学经历相比，显得十分复杂和麻烦，这令S老师感到身心俱疲。不巧的是，后续排给S老师的课大部分都因为学生旷课而没能成功上课。“一个月课排得满满的，旷课的学生得占一半。而且学生旷课只给一半的课时费，那备课、等学生、写反馈的时间就都白白搭进去了，我心里当然有情绪。”刚刚入职没多久的S老师，已经在她所有的工作当中，把在T机构汉语教学工作的优先级排到了最后。“我为什么会觉得不想浪费时间，就是因为这儿的线上课搞得很复杂。总是有问题，他们的系统问题特别多，解决办法也很麻烦，学生还老旷课，上课的成功率特别低，实在是得不偿失。”关于工作上产生的负面情绪，S老师经常与同事进行交流，但没有与上级进行沟通。

S老师叙事故事有1个关键点：

来到新工作环境后，操作流程繁琐、上课效率低和薪酬计算方式不合理等因素使S老师产生了强烈的倦怠感。

S老师在线上教学初期的情感能力状况表现为：

教师自身情感的感知能力较强；

教师自身情感的调节能力较弱。

教师自身情感的表达能力和教师与环境之间的情感沟通能力在不同的情况下表现出一定的差异性：当与同级同事交流时，自身情感的表达能力较强；当与上级同事交流时，自身情感的表达能力较弱。

访谈中发现：教师认为在线上教学前给新教师们打心理“预防针”、简化设备操作流程能有效减少因自身情感调节能力不佳而对教学产生的负面影响。

3.Z老师的故事——表情和文字传达的信息

Z老师升为教学组长后，经常组织多人活动。“我第一次作为教学组长在线上开组会的时候，我会关注每一个人的表情，但其实当我在说一个比较正经的事时，谁也不会嬉皮笑脸的去给我回应，这个是非常正常的。但就是大家这种面无表情，确实会对我产生情绪上的影响，我会想：大家在听吗？大家会不会觉得我说的特别烦？他们会不会觉得我说话让人很有压力？反正我会去想很多东西。在线下我会觉得大家会活泼一些，因为线下的话大家都是坐在一起的，无论怎么样都会有一些互动。但在线上，大家每个人都是独立的人，他们也不知道要跟谁互动，所以就没的互动，只能大家清一色的面无表情，作为主持者我会觉得很有心理压力。”在非实时通话的工作上，同样会有让Z老师产生情绪波动的情况。“有一次我这里有个需要多人完成的工作，我就在周五建了一个群然后@所有人布置任务。结果到下周二还有一个老师没有任何回复。然后我就私信问她是怎么想的，结果她说没有@我呀，我不知道呀。我就把我单独建群并@所有人的这个记录截图给她了，结果她说的话对我产生了巨大的冲击，我所有的思路一下子全被堵塞了。‘你@所有人，谁知道是@谁啊。’其实我当时正在我的一个番茄时间里专注地做一件事情，但是她这句话让我不得不停下我手头所有的事情，去想她这一件事情该怎么办。”受到强烈情绪冲击的Z老师没有马上回复这个老师，而是选择了冷处理的方法，自己先冷静地思考。“我会觉得她这么说非常没有礼貌，而且对工作也非常不负责。我回去看了好几遍聊天记录也没有发现我说的哪一句话是带着情绪的，是会对她产生冒犯的。其实这件工作确实是她推迟了很多天，而我也没有把我的情绪带给她，只是让她尽快回复。但我得到的却是一句反问句，所以我会觉得非常气愤。难道我做的工作就值得你这样回复我吗?”Z老师 面对自己强烈的负面情绪，选择了把她们保留给自己。“我对自己有一个要求，就是我不能把我的情绪再传递给第三方。我不希望我是一个报复型的性格，我也不希望自己是一个传递负面情绪的人。所以我会把这件事情先自我消化，也希望自己能沉下来，等冷静了再去回复她。”Z老师提到曾经接受培训时有一位老师曾说过“任何一件事情，只要能用语音去沟通就不要用文字，因为有时候会产生情绪的错误传递”。经过了冷静的思考，综合多种因素，Z老师对这件事进行了客观的分析。“我想也许这个老师就是大大咧咧的，而且我作为组长，级别比她高一些，可能这就是我应该承担的责任。既然这件事我们的沟通有问题，对于团队合作是不利的，那我就应该在冷静了之后再去找她沟通一次。”Z老师在事情发生的第三天找到这个老师，把自己的想法都告诉了她，矛盾也就在坦诚的沟通中化解了。

Z老师的叙事故事有2个关键点：

（1）主持多人会议时，面对大家的面无表情Z老师会产生对自己的怀疑，从而心理压力。

（2）在与同事发生冲突时，Z老师选择冷处理，自己消化情绪后，再去找当事人沟通。

综上，Z老师在面对工作环境中的矛盾时，情感能力状况表现为：

教师自身情感的感知能力、教师自身情感的表达能力、教师与环境之间情感关系的感知能力、教师与环境之间的情感沟通能力、教师与环境之间情感关系的调节能力较强。

自身情感的调节能力在不同的情况下表现出一定的差异性：当工作面向多人且气氛凝重时，自身情感的调节能力发挥不佳；当工作信息可以搁置时，自身情感的调节能力较强。

另外，我们发现作为汉语机构的核心教学人员，情感能力水平越高越能胜任教学、培训、组织等各项工作。

4. 小结

对比三位老师在这两个方面的情感能力总体状况，可以发现教学经验越多、工作性质越多元的教师，在这两个方面的情感能力水平越高。

（三）网络设备的突发状况

1.C老师的故事——手势、口号与聊天框

在第一次小班课上，学生由于账号设置、网络连接等问题陆陆续续花了10分钟才都成功进教室。在这10分钟里，我一边紧张地联系行政帮助学生调试网络，一边跟学生寒暄。但是寒暄得太久，已经进来的学生似乎等得有点不耐烦了，对我的回应慢慢在减少，这让第一次面对这么多学生的我感到不知所措。“我猜学生可能需要马上学点新鲜东西才能提起兴趣，不知怎么突然冒出来一个点子，问已经进来的学生他们是第几小组，随后就教了他们‘六’的发音和手势。当时网上流行一句夸人厉害的话‘六六六’，我就发给学生一个带有‘六’手势和‘666’数字的表情包，让学生用中文读出来之后给他们解释意思，这个过程中学生就陆陆续续都进来了。刚学会新东西的学生非常积极地教会了刚进来的学生，我还顺便给我们这个小班设置了一个口号，以后每次开始上课之前我们都要一起说‘六六六’，一下子班集体的感觉就有了。”

有一次上课的过程中，我的网络不知出了什么问题，学生无法看到我、听到我，而我能非常清楚地看到他们、听到他们。学生们因为老师卡住了，正在互相讨论接下来该做什么。因为我们这个班的学生都比较积极活跃，我们的课堂气氛一直不错，所以当时我也没有特别紧张，很自然地换成用聊天框下达我的教学指令。“他们正在商量该怎么办时，有一个喜欢操作电脑的学生跟大家用英文说：‘她能听到我们说话！你们快看，她正在聊天框里跟我们说话。嘿！她让你读这个词呢。’”由于我的打字速度非常快，网络对文字的传输速度也非常快，学生那边的节奏几乎没有受什么影响。令人意外的是，学生的状态似乎比平时没出状况时还好，可能是因为他们觉得这样的互动形式很新奇，也满足了他们自主组织课堂的需求。“几个学生开始自动分工，喜欢操作电脑的孩子负责读出来我的指令，发音最标准的孩子负责在其他人读错的时候纠正，平时不怎么说话的孩子负责观察我的网络状况，终于在8分钟之后他发现我的图像开始动了！大家一起露出了胜利的笑容。”

C老师的叙事故事体现出1个关键点：在面对网络突发状况时，C老师总能想出巧妙的办法来应对。

综上，C老师在面对网络设备状况时的情感能力状况表现为：

自身情感调节能力、学生情感感知能力、学生情感调节能力、师生情感关系感知能力、师生情感沟通能力以及师生情感关系调节能力较强。

不难发现网络素养较高的教师在网络设备突发状况时能灵活地采取应对策略。

2.S老师的故事——被打乱的教学计划

S老师有一次因为学生网络设备一直在调试而耽误了15分钟，在这十五分钟里S老师也在忙着联系行政，帮助学生调试网络设备。“在调试的时候我的情绪是越来越紧张，因为不知道这个问题是学生的问题还是我的问题，也会害怕学生那边会有意见嘛。调试的时候我总是要跟学生说等一下、稍等这种话，去传递这样的信息。然后学生等待的时间我又要去群里找行政或者IT，@他们还不一定马上回复。明明是在学生应该上课的时间，让学生去等待的话我是会觉得很尴尬，或者觉得不好意思啊。哪怕解决好了这些问题，上课肯定还是会觉得有点别扭，毕竟让学生等了那么久，耽误了人家上课的时间。而且就算调好了学生的情绪可能也不会很高，他们投入到上课的精神集中度也会下降了。从上课的第一分钟开始学生整个人的状态都是最佳的状态，但是20分钟开始，他的思想反应都会慢一点，身体状态可能也会疲惫了。”在前十五分钟紧张地调试后，学生网络设备终于可以正常使用了。但开始上课时，不论学生还是老师的状态都已经不是最佳状态了。“调试设备的时间会打乱自己的教学计划和思路，上课的精气神也就已经耗掉一半了，肯定会影响上课的质量。”上课过程中，学生的网络还会时不时产生一些延迟。“我这边问他一个问题，他那边延迟，给我的感觉是他好像没有回答我。但他是因为没有听见，所以等到他回答的时候我又抛出了下一个问题。所以就是因为网络延迟，他那边正在回答我的第一个问题，这边我又来了第二个问题，他不知道该回答哪一个问题。而这边我又会觉得，这么简单的一个问题你怎么能想半天呢？这个时候学生的厌学情绪和我的着急的情绪都会起来。”刚开始遇到这种情况的S老师会因此而烦恼，但是当她知道问题所在后，她也能很好地处理和应对自己和学生的情绪。“我知道这不是学生的问题，所以一旦我理解了，即使我烦躁，我也会好好把课上好。为什么网课便宜呢，是大家都方便，但是效果确实不太好。”

S老师的叙事故事中有2个关键点：

（1）因网络设备问题而导致教学无法开展会打乱老师的教学计划、影响师生的整体精神状态，从而导致教学质量的下降。

（2）教学质量若因为网络不畅而降低，会影响S老师的情绪，但S老师可以自己处理好情绪。

综上，S老师在面对网络设备状况时的情感能力状况表现为：

教师自我情感感知能力、学生情感感知能力、师生情感关系感知能力较强；

教师自我情感调节能力、师生情感沟通能力和师生情感关系调节能力在不同的情况下表现出一定的差异性：当教师无法判断影响教学的责任方时，教师自我情感调节能力、师生情感沟通能力和师生情感关系调节能力的发挥会受一定影响；当正常教学时，教师自我情感调节能力、师生情感沟通能力和师生情感关系调节能力的水平可以得到比较好的发挥。

另外，自身情感调节能力以及师生情感关系调节能力的不足会影响课堂教学质量。

3.Z老师的故事——失望的爷爷

Z老师有一个学生，是清华大学的外籍教授，年纪比较大了。前几次上课的时候他们用的是T机构自己的系统，使用起来完全没问题。但是突然有一次上课时发现，Z老师听不到他那边的声音了，其他都正常。“前几次上课都没有问题，而且他用zoom给他的四五十个学生上课都没有问题，所以他就特别纳闷儿这个到底是什么问题。这个爷爷其实性格非常的好，也是一个特别礼貌的人，他不会把他的情绪传递给你。但是那个不是针对你但又特别失望的表情，真的会让我特别有压力，我当时也特别希望知道怎么办。”当时这个学生拒绝改用微信上课，想用skype上课，就得重新加好友，前前后后耽误了很长时间才上课。“后来我请我们的IT在上课的时候登我的账号跟爷爷调试一下，这个爷爷也同意了，还特地下载了一个远程调试软件，最后发现是爷爷的录音设备被其他程序占用了，但是爷爷自己又搞不定。IT当时远程给他调好了之后，下次上课还是听不见。这次爷爷就真是相当失望，后面有大概一个月的课好像就这样取消了。”Z老师一开始以为学生对此很不满意才取消了后面的课。但后来学生解释说是因为他要上大学里的三门课，实在没时间复习。他的课结了一门之后，他就又回来上汉语课了。值得高兴的是，这次用系统上课设备也恢复正常了。“他回来上课以后，我自己是没有再跟他聊过这件事了，因为我觉得他应该也能理解其实可能是他自己设备的问题，而且他也能体会到我们都是尽量在帮他解决。可能他在之前和销售的沟通过程中有过不是特别愉快的情况，聊天记录里是有过情绪，但他并没有把这种情绪带到课堂中来。”谈到当时调试过程中的心情，Z老师还记忆犹新。“当时我们两边都同时在跟行政和销售联系，这个时候真是最尴尬的时候！因为你跟他说话也听不见他的回答，那你就不如不说，只能赶紧想办法去解决。但是又大眼瞪小眼的，所以这个时候就特别尴尬，再加上当时什么方法都不行，真的是懵的状态，就是后背出虚汗的那种感觉。所以我也特别能理解刚上网课的老师那种特别无助、不知道该怎么办的那种心情。”

Z老师的叙事故事体现出2个关键点：（1）当网络问题的责任方不确定时，Z老师产生了强烈的心理压力，并表示非常能体会新老师的这种心情。（2）在学生从遇到网络问题到取消课程、再到回来上课的整个过程中，Z老师能清晰地感知学生的情感状态。

综上，Z老师在面对网络设备状况时的情感能力状况表现为：

自身情感感知能力、学生情感感知能力、学生情感调节能力、师生情感关系感知能力、师生之间情感沟通能力、学生与环境之间情感关系的感知能力较强；

自身情感调节能力有待提高。

教师自身情感的调节是一个需要时间的过程，在上课遇到意料外情况或者无法解决的问题时，即使是胜任型教师也很难在短暂的课堂中就调节好自己的情感状态。自身情感的调节能力是否充足，其实是通过课后反思来考察的。自身情感调节能力强的教师，能在下课后以反思的形式来认识自己在突发情况中的情感处理策略，并调节自己的情感状态，以促进自己在教学上的进步。

4. 小结

结合三位老师的专业发展阶段以及在面对网络设备状况时的表现，我们发现S老师和Z老师体现出教师自身情感调节能力的不足都是在面对成人学生且网络问题的责任方不明确时，C老师面对的学生是小孩，因此即使在网络问题的责任方是自己时也没有产生过多紧张情绪。

（四）不配合的学生

1.C老师的故事——致家长的一封信

我的一个学生非常排斥学汉语，因为他才10岁，汉语水平已经非常高了，还是被父母强迫学汉语。一直以来我们上课都不是很顺利，学生的态度不算积极，但也还能勉强配合。有一天，他在上课前跟爸爸吵架了，前半节课一直不好好跟我说话。“我问他任何问题他都不张口回答，还打字说：‘别问我问题。’我也想试着调动气氛，可脑子一片空白，什么也想不出来。”最后我试探着问到了他不想说话的原因，原来是生爸爸气了，所以赌气不想说汉语。“这时候我灵机一动给他唱歌逗他开心，还一边自嘲一边自恋地表演，最后他终于决定：宁愿看漫画说汉语也不要听我唱歌。我的目的终于达到了！”那节课的后半段，我勉强带着他描述了几张漫画。

第二天刚上课的时候，我看到学生正跟他的父母笑着说话，松了一口气，觉得这次课终于情绪好起来了，不用像上次那么艰难了。结果没想到他父母走了以后，他进入上课状态时依然臭着脸对我，跟他说话也不理。“我感觉到自己不被尊重，开始生他的气了。我严肃地告诉他不可以不说话，场面一度像要吵起来的样子。我先是妥协了用打字地方式沟通，先跟他聊了聊其他的话题，关于他房间的布置、猜了猜他的兴趣等等。就在气氛刚刚开始缓和的时候，他的爸爸走了进来，质问他为什么一直安静着不说话，爸爸在争执了几句后摔门离去。我问他爸爸说了什么，他偷偷在打字区告诉我：‘他很傻。’慢慢地聊着聊着，他似乎放松一些了，就说我现在可以说中文了。”看来他达到了他的目的：气他的爸爸。目的达到后他便不再排斥说汉语了。后面我们的课进行得还可以，我也慢慢开始消气了，并且能够理解他的心情，因为毕竟小时候我也是这样被父母“强迫”坚持学某样东西，父母的苦心也都是长大后才能懂的。“下课前我试探出了他的意思：他不喜欢上课，讨厌所有的老师，没有喜欢的老师。我问他我是不是最讨厌的，他也说不上来，说明其实上课艰难也不完全是我造成的。我告诉他可以用温和的方式跟父母沟通，告诉他们你想要的是什么，我也会帮他跟父母沟通。”下课以后，我把这几次上课的情况跟组长汇报，并且提出要给他的家长写信的想法。组长非常欣赏我的这种做法，并且给予了一些支持和指导。信的内容大概是请家长理解一下正值暑假的孩子想要得到休息的心情，表扬了一下孩子的汉语能力，希望家长能多给孩子一些鼓励，并且告知我们今后将为了提升开口率转变教学方式。我给家长写信的做法得到了校长以及其他组长的认可，我也觉得自己是受内心驱使想要为这个学生争取一点学习自由，提高他的学习效果，是一件很有意义的事情。但是学生的家长并没有回复任何信息，学生和父母的沟通情况也不得而知。

写信之后的第一节课，我改变了教学策略，把漫画从主线调整到了最后讨论的素材。我们前半节课都在聊天，不但气氛很好，学生也说了很多的话。后面进入漫画的时候也更容易了，而且明显学生的表现非常活跃。

C老师的叙事故事体现出3个关键点：（1）学生一开始情绪不佳时，C老师能够用幽默的方式调动学生的兴趣。（2）学生表现出对C老师不理不睬时，C老师产生了强烈的负面情绪，并在沟通的过程中逐渐化解了情绪，产生了共情。（3）通过询问得知学生情绪不佳的原因后，C老师通过指导、写信等方式帮助学生建立起跟家长的沟通，最终改善了教学效果。

综上，C老师在面对不配合的学生时情感能力状况表现为：

教师自身情感的感知能力、教师自身情感的表达能力、学生情感的感知能力、学生情感的理解能力、学生情感的调节能力、师生情感关系的感知能力、师生情感沟通能力、教师与环境之间的情感沟通能力、学生与环境之间情感关系的感知能力、学生与环境之间的情感沟通能力和学生与环境之间情感关系的调节能力较强；

教师自身情感的调节能力在不同情况下有不同的表现：当不被学生尊重时，教师自身情感的调节能力较弱；当学生能够基本配合老师时，教师自身情感的调节能力较强。

2.S老师的故事——孩子的天性

S老师有一个13岁的学生，水平比较高，已经学到了HSK5。这个学生在上线上汉语课时，注意力经常不集中，总是打开其他的网页并走神。“你想吧，孩子摸电脑的时候，你猜他会不会打开其他的网页，这个你是没办法控制的。而且他在看其他东西的时候，你是能从他的眼神、表情中看出来的，讲着讲着突然就笑出来了，这种情况你能怎么办呀。”S老师虽然也不希望这样的行为影响教学，但她能够站在学生的角度去理解她们。“老师是肯定会有情绪，但是又要去理解，这是孩子们不可避免的贪玩的本性，让孩子摸电脑他就不可能老老实实地坐在这儿跟你上课，他肯定想看看这、看看那的。”对于这个学生，因为HSK5真的是非常难，所以上课也是一件非常累的事。“差不多每半小时到四十分钟的时候他会说脑子有点疼，我会觉得这时候看一下手机、看一下网页很OK啊。”当学生适当跑神的时候，S老师不会去打扰他，顺便自己也可以稍微充充电。“我也比较懂事，在他跑神的时候我就会等个两三分钟，利用这个时间看看下面的内容怎么讲。因为再怎么说他也是小孩，小孩犯错大部分都是无意识的，等过了一会儿你叫他回来的时候，他会说‘啊啊啊不好意思老师，我刚才怎么跑神了’之类的，我还会觉得挺可爱的。”

S老师认为，给小朋友上课，哪怕学生完全集中注意力的时间只有十分钟，那也算是很成功的一节课了。“因为孩子们都很聪明，哪怕只有十分钟学进去了，能吸收到的东西其实是很多的。别看有的大人一个小时眼睛都盯着你，看上去可能很想集中注意力，但是他下课以后不一定还记得几个词儿。所以我们不要求这个孩子每分钟都要盯着老师，盯着电脑，反而我不希望我的学生这样子。”当学生不守规矩的频率比较高时，S老师也会用一些技巧把学生的注意力吸引回来。“他不遵守纪律的时候可以用中文放慢语速地把课堂纪律顺一下，慢慢的把他的情绪也沉静下来，带回到课堂中。这个过程自己可以不带任何情绪，放慢的语速就会给学生一种严肃的感觉。”S老师认为在课堂中保持情绪稳定的非常重要的一件事就是在课前把对学生的期待调整到合适的期待值。

S老师的叙事故事体现出2个关键点：（1）S老师对学生的贪玩的天性表示理解，并能够在放学生开一会儿小差和严肃地重申纪律之间掌握好一个平衡度。（2）S老师在课前调整好对学生的期待值，保证了教师在课堂中情绪的稳定。

综上所述，S老师在学生不配合时的情感能力状况表现为：

教师自身情感的感知能力、教师自身情感的调节能力、学生情感的感知能力、学生情感的理解能力、学生情感的调节能力、师生情感关系的感知能力和师生情感关系的调节能力较强；

调整合适的期待值是维持教师在课堂中情绪稳定的有效方法。

3.Z老师的故事——孔雀型老师与暴躁的学生

Z老师遇到过一个情绪非常暴躁的学生。“这个学生一上来就揉着眼睛，各种挑刺儿，找茬说你们这个不好、那个不好（但其实是他的网络不太好），经常在课上发牢骚、发脾气，是个负面情绪挺严重的学生。”这个学生也是换了好几个老师才最后被Z老师接的，因为Z老师在应对这种学生方面很有自己的一套。“我觉得这方面我还有点优势，因为我的性格是属于孔雀型的，在课堂上我会是情绪的带动者。给这个学生上课的时候我的声音放得比较大，情绪高昂地去带动他，而且不让他有喘息的机会，一个句子接着一个句子地跟着我走，也会比较注重去鼓励他，如果说得对就让他再说。所以那节课学生在最后突然绽放了笑容，对我说：‘老师，我觉得跟着你上课收获挺大的，谢谢你，希望有机会再见。’总之是做了非常有礼貌的一个告别。”

Z老师以一位专业老师的态度来对待这位“问题学生”，学生的情绪被Z老师调动了起来，对老师的态度也有了很大的转变。“在课前准备的时候确实是挺有压力的，但是真到面对学生这样情绪的时候，我不是特别发怵，因为我觉得交流是相互的。他虽然是一个情绪比较无常的人，但是他也会有情绪好的时候，他也喜欢赞扬，他也希望有收获。所以你给他他想要的，时不时把他做得好的点表扬一下，这样做大部分人应该都是能接受的。”当Z老师谈到应对带着情绪的学生的诀窍，她认为：“作为老师还是得有共情，你得知道学生产生负面情绪的痛点是什么。而是要针对这个点继续挖呢，还是要完全转一个话题，就得根据学生不同的情况来选择最合适的方法了。”

Z老师的叙事故事体现出2个关键点：（1）Z老师用自己高昂的情绪带动学生的情绪，不让学生的负面情绪有插入课堂教学的余地。（2）Z老师注重与学生的情感交流，抓住学生的痛点并能选择合适的方法去应对。

综上，Z老师在面对不配合的学生时情感能力状况表现为：

学生情感感知能力、学生情感理解能力、学生情感调动能力、师生情感关系感知能力、师生情感沟通能力和师生情感关系调节能力较强；

4. 小结

高水平的情感能力能使教师在面对不太配合的教学对象时灵活地做出积极应对，从而保证教学质量不受太多影响。

四、线上教师情感能力在教师专业发展过程中的变化情况

（一）三位教师情感能力随教师专业发展阶段的变化情况

作为本文研究对象的三位线上汉语教师分别处于不同的专业发展阶段：

C老师处于生手型教师上任阶段。在这个阶段，C老师第一次面对各种各样的教学情境，体现出情感能力在各方面的不足，并积极采取学习、反思、磨练等方式去提高自己的情感能力，以初步适应线上汉语教学工作。

S老师处于熟练型教师提升阶段。在这个阶段，S老师将已有的线下教学经验与刚接触的线上教学经验相结合，分析自己的情感能力在何种情况下能够得以更好的发挥，从而提高线上汉语教学的教学质量。

Z老师处于胜任型教师进阶阶段。在这个阶段，Z老师出色的情感能力已经能够支撑她比较轻松地应对各种教学状况，而她工作中的新挑战是与各级同事的相互配合。

三位线上汉语教师分别处于三个不同的专业发展阶段，他们的情感能力变化趋势如图4–1所示。

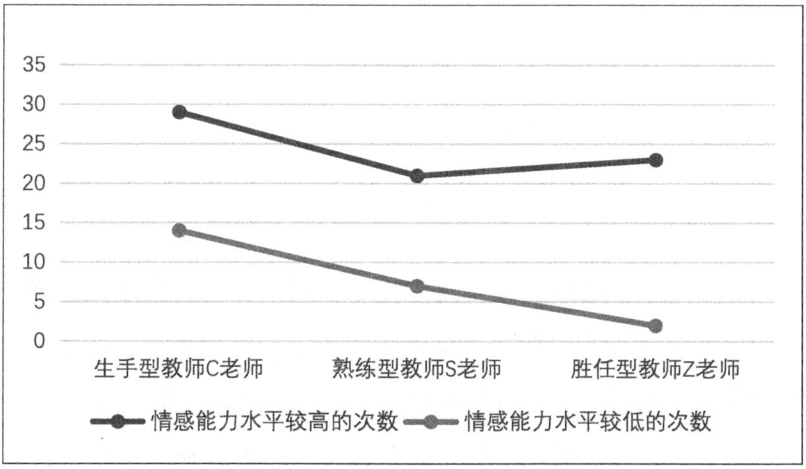

图 4–1　三位教师情感能力随教师专业发展阶段的变化情况

（二）C老师——生手型教师上任阶段

以时间发展为线索，在四个线上汉语教学典型情境中C老师情感能力的总体变化趋势如图4-2所示。

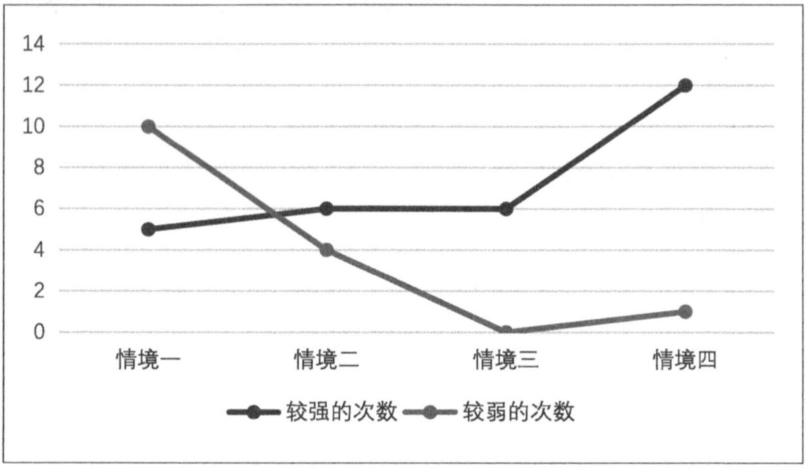

图4-2　生手型教师上任阶段面对不同教学情境表现出的情感能力变化

从C老师情感的总体变化趋势中，我们可以发现体现C老师情感能力较强的次数随着时间的推进有了显著的增加，而体现C老师情感能力较弱的次数随着时间的推进也基本呈降低趋势。

可见，生手型教师上任阶段是提高和培养教师情感能力的关键期。

以时间发展为线索来考察C老师不同类别的情感能力在四个线上汉语教学典型情境中的变化情况，我们发现 C老师共有9种情感能力得到了明显的提升，分别是：教师自身情感的表达能力、教师自身情感的调节能力；学生情感的调节能力；师生情感关系的感知能力、师生情感沟通能力、师生情感关系的调节能力；

教师与环境之间情感关系的感知能力、教师与环境之间的情感沟通能力；学生与环境之间情感关系的感知能力。

这9种情感能力也是生手型老师上任阶段线上汉语教师情感能力培养和提升的重点。

另外，C老师在教师自身情感的调节能力、学生情感的感知能力、师生情感关系的感知能力、师生情感关系的调节能力和学生与环境之间情感关系的感知能力这5个方面与处于熟练型教师提升阶段的S老师相比有明显的差距，主要包括情感感知能力和情感调节能力。

由此可见，这5种情感能力水平的提高是生手型教师转变为熟练型教师在情感能力发展上的重要标志，情感感知能力和情感调节能力的提升是转变的关键点。

（三）S老师——熟练型教师提升阶段

以时间发展为线索，在四个线上汉语教学典型情境中S老师情感能力的总体变化趋势如图4-3所示。

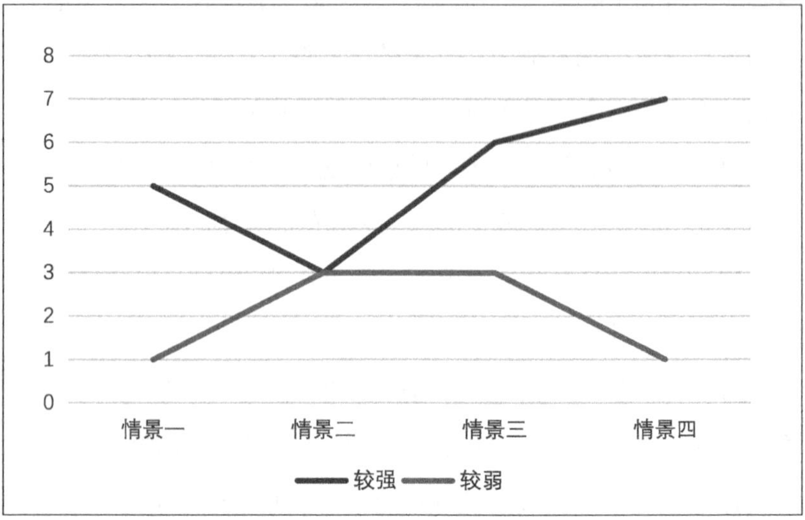

图 4-3　熟练型教师上任阶段面对不同教学情境表现出的情感能力变化

从S老师情感的总体变化趋势中，我们可以发现体现S老师情感能力较强的次数随着时间的推进呈曲折上升的趋势，而体现S老师情感能力较弱的次数呈不稳定的变化情况，但总体处于较低水平。

可见，熟练型老师提升阶段也是提高和培养教师情感能力的黄金期。

以时间发展为线索来考察S老师不同类别的情感能力在四个线上汉语教学典型情境中的变化情况，我们发现S老师共有6种情感能力表现出不稳定的情况，分别是：教师自身情感的表达能力、教师自身情感的调节能力；师生情感沟通能力、师生情感关系的调节能力；教师与环境之间的情感沟通能力；学生与环境之间情感关系的调节能力。这6种情感能力也是熟练型老师提升阶段线上汉语教师情感能力培养和提升的重点。

另外，S老师在教师自身情感的表达能力、师生情感沟通能力、教师与环境之间的情感沟通能力这3个方面与处胜任型教师进阶阶段的Z老师相比有明显的差距，主要包括情感交互能力。

（四）Z老师——胜任型教师进阶阶段

以时间发展为线索，在四个线上汉语教学典型情境中Z老师情感能力的总体变化趋势如图4-4所示。

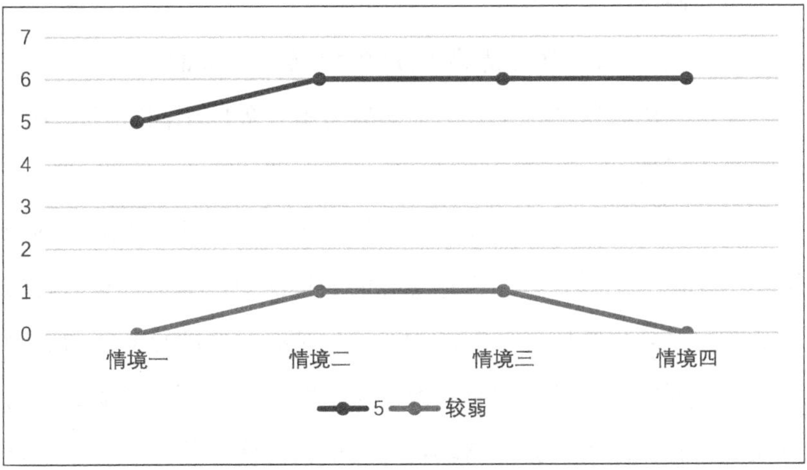

图4-4 胜任型教师上任阶段面对不同教学情境表现出的情感能力变化

从S老师情感的总体变化趋势中，我们可以发现体现S老师情感能力较强的次数随着时间的推进呈曲折上升的趋势，而体现S老师情感能力较弱的次数呈不稳定的变化情况，但总体处于较低水平。

可见，熟练型老师提升阶段也是提高和培养教师情感能力的黄金期。

以时间发展为线索来考察Z老师不同类别的情感能力在四个线上汉语教学典型情境中的变化情况，我们发现Z老师共有1种情感能力表现出不稳定的情况，即教师自身情感的调节能力，这也是胜任型教师进阶阶段线上教师情感能力提升的重点。

五、研究结论及启示

（一）线上汉语教师情感能力对教师专业发展的影响

线上汉语教师的情感能力对教师专业发展的不同阶段产生的影响是不同的：

第一，生手型教师上任阶段是提高和培养教师情感能力的关键期。在这个阶段，教师自身情感的表达能力、教师自身情感的调节能力、学生情感的调节能力、师生情感关系的感知能力、师生情感沟通能力、师生情感关系的调节能力、教师与环境之间情感关系的感知能力、教师与环境之间的情感沟通能力、学生与环境之间情感关系的感知能力这9种情感能力是提高和培养的重点。线上汉语教师应着重于拓宽线上教学经验的广度，从而在各种各样的教学状况中提高自己各方面的情感能力。其中，教师自身情感的调节能力、学生情感的感知能力、师生情感关系的感知能力、师生情感关系的调节能力和学生与环境之间情感关系的感知能力这5种情感能力是生手型教师转变为熟练型教师在情感能力发展上的重要标志，对各对象的情感感知能力和情感调节能力的提升是转变的关键点。

第二，熟练型老师提升阶段也是提高和培养教师情感能力的黄金期。在这个阶段，教师自身情感的表达能力、教师自身情感的调节能力、师生情感沟通能力、师生情感关系的调节能力、教师与环境之间的情感沟通能力、学生与环境之间情感关系的调节能力这6种情感能力是培养和提升的重点。线上汉语教师情感能力的发展应着重于少数情感能力不足的情况，分析其内在原因，并有针对性地提高线上汉语教师的情感能力。其中，教师自身情感的表达能力、师生情感沟通能力、教师与环境之间的情感沟通能力这3种情感能力是熟练型教师转变为胜任型教师在情感能力发展上的重要标志，对各对象情感交互能力的提升是转变的关键点。

第三，胜任型教师进阶阶段是线上汉语教师情感能力的巩固期。在这个阶段，教师自身情感的调节能力是提升的重点，胜任型线上汉语教师应着重分析少数情感能力不足情况出现的影响因素，反思情感能力发挥失常时的心理状况以排除内部因素，改进教师在教师管理、教学制度等以排除外部因素，从而全方位地保证高质量线上汉语教学。

（二）线上汉语教师情感能力对线上课堂教学的影响

线上汉语教师情感能力对线上课堂教学的影响主要体现在以下几个方面：

第一，线上汉语教师自身情感的调节能力的不足会导致教师无法发挥自己正常的教学水平。这种情况一般发生于意料外的突发情况中，教师容易产生紧张、焦虑、愤怒、无助等强烈的情绪。而教师是否能够在有限的课堂时间内尽可能地把自己的情绪调节到可以正常进行教学活动的水平，可以说是有突发状况发生的课堂教学成功与否的关键。

第二，学生情感的感知、理解能力以及师生之间情感关系的感知能力方面的不足，可能会使一部分课前准备工作成为无用功。当线上汉语教师没能很好地感知、理解学生的情感以及师生情感关系时，所做的教学准备工作很可能是不适合学生本节课使用的。只有充分感知并理解了学生的情感状态，并且对师生情感关系有正确认识后，才能选出最适合学生的教学内容和方法。

第三，线上汉语教师对学生与环境之间情感关系感知、沟通和调节能力的提高能够减少环境对学生汉语学习的影响。线上汉语教学具有远程性、灵活性、弱控制性等特点，学生学习地点的专门性无法得到比较好的保证。在这样的条件限制下，线上汉语教师有义务帮助学生排除来自学习环境的一切干扰因素。

第四，教师自身情感的表达能力与教师与环境之间的情感沟通能力、情感关系调节能力能够有效拉近教师与远程同事们的距离，从而在课堂教学中需要得到技术或教学支持时能够更加方便、高效地获取。

（三）线上汉语教师情感能力的提升与培养

1.线上汉语教师自身

线上汉语教师可以通过以下几种方式，自主地、积极地去提升自己的情感能力。

第一，以专业人员的标准来要求自己。虽然我国教师专业离成熟的专业还有一定的距离，但这更要求教师群体中的每一个人都要以一个成熟的专业人员的标准来要求自己。从教师情感能力的角度看，我们认为专业的线上汉语教师应做时刻审视自己工作的不可替代性，经常检验自己专业理论及专业技能的扎实性，不断提高自己的教师情感能力，使其能够很好地服务于课堂教学。

第二，正确看待自身专业发展。线上汉语教师应该保持积极的发展意识并时刻关注自己的成长进程，尽可能多地撰写教学日志并且定期回顾总结，分析自己的情感能力水平是如何影响自己角色转变和身份认同的，找到问题并想办法去克服这些问题，在教学经验的不断累积中顺利地走向更高的专业发展阶段。

第三，做终身学习者。线上汉语教师应该秉承终身学习的理念，通过阅读文献、收集前人教学经验、自我情感能力测试等方式，去了解教师情感能力的概念、内涵，同时了解自己的情感能力水平。同时，不同专业发展阶段、不同教学情境、不同教学条件能够更加丰富地体现线上汉语教师情感能力的不同方面。教师们也应重视与同学、同事或同行进行相互交流和学习。

第四，以教学实践为起点，成为教育研究者。线上汉语教师应该加强自己的科研意识，关注自身情感能力在教学中的影响，利用微格教学、教育叙事等方式将零散的实践经验形成研究成果，推动线上汉语教师情感能力研究的发展。

2.线上汉语教育机构

线上汉语教学机构需要从以下几方面进行完善，帮助线上汉语教师们更加系统、科学地提高情感能力。

第一，按照不同的发展阶段定期开展情感能力专题培训。生手教师上任阶段应着重培养的情感能力共有9种。由于涉及到的面比较广，机构培训部门可以采取教学分享会为主，典型情境模拟讲练为辅的形式，间接或直接地拓宽并提高生手线上汉语教师的情感能力。熟练教师提升阶段应着重培养的情感能力共有6种。针对这些方面，机构培训部门可以采取模拟讲练的方式，让熟练教师们在模拟实战中检验自己情感能力的发挥情况。这里要注意的是模拟课堂的真实性，培训部门可以在平时多多收集教师们的真实教学日志，从中挖掘典型的教学情境，并设计模拟课堂的脚本。在组织模拟讲练时，情境脚本应该对授课教师保密，而其他人员应该积极参与扮演情境中的角色，同时也需要有人负责干预网络、设备等状况以增加情境的真实度。这样的磨练相比于传统模拟讲练定会效果倍增。胜任型教师进阶阶段应着重培养的情感能力主要是教师自身情感的调节能力。相比于前面两个阶段，胜任型教师的情感能力水平已经非常高了，而接下来要面对的挑战将会是工作性质更多元，面对的工作对象除了师生以外还有各级同事，工作内容也从单一的教学变成组织团队工作等。机构的培训部门可以以测验、考核的形式来督促胜任型教师持续学习。

第二，开创更开放的线上汉语教师管理模式。除了传统的教学部门师带徒、一个组长管理一组人以外，线上汉语教师的管理可以在网络的便利下尝试寻找其他模式，一方面可以减少教学组长的工作负担，一方面也能打破各级教师之间的沟通障碍。结成小组的教师之间的心理距离会更近，有利于教师相互交流教学或工作上的心得。教师流动配对并进行教学互练互评，能够促使全体教师之间的相互学习、交叉学习，并且在与不同类型的同事互练互评时体验面对不同类型学生的状况，在真实的交往过程中提高情感能力。

3. 高等教育院校

高等教育院校可考虑从以下几个方面入手，提高汉语国际教育毕业生的综合情感实践能力。

第一，通过编制线上汉语教学项目式课程深化课程改革。将线上汉语教学的相关内容编制成项目式课程，纳入到选修课范围内。选修此项目的学生需通过完成高质量的线上教学知识技能培训、情感能力培训以及真实情境考核等环节来获得学分。项目式课程更注重学生实践能力和专业素质的培养，而情感能力是其中很重要的一个方面，应该加入培训大纲以及考核的评分标准中。

第二，建立线上汉语教学实习基地，完善实习导师制度。线上汉语教师的教育实习是教师专业发展历程的重要环节，可为教师今后的专业发展奠定基础。高校可与各汉语教学机构建立起合作关系，共同搭建线上汉语教学实习基地，一方面可以增加学生的实际教学经验，另一方面也可以向市场输送人才。线上汉语教学实习基地应设置统一的实习目标，即帮助实习教师认识自己和教学对象、了解真实的教学情境中会出现的状况、学会在教学中及教学后进行反思，共同帮助实习教师实现从准教师到生手教师的过渡。与之相对应的实习导师制度也应该在导师分配、指导大纲、评价方式等方面进行完善。导师分配可以采取校内外“1+1”的实习导师模式，以确保实习指导更加充分、有效。校内导师与校外导师可以分工合作，校内一方主要负责理论分析和经验提升，校外一方主要负责教学实践的相关指导。在教学实习过程中，实习生也能够将情感能力方面的问题从理论、实践两个不同角度与两位老师交叉探讨，保证实习生在获得教学经验、技能的同时，提高实践智慧和反思能力，更好地发挥情感能力对教学的积极作用。

第三，加强实习后的教育反思研习。在目前大多数培养单位的教育实习中，教师对教育实习的反思往往止步于一纸“实习总结”，而在实习结束后由专人指导的教育研习却是最容易被忽视的环节。高校或实习单位可组织实习生以工作坊的形式向全体实习生和实习导师进行总结报告，并由全体实习生和实习导师提出评价意见，同时开展关于教学管理、情感能力提升、教师专业发展等问题的深刻讨论，让教学实习经历在思想的碰撞中产生更多的价值。

参考文献

1. Desmond Keegan.（2000）.从远程学习到电子学习再到移动学习.开放教育研究,（5）：6-10.
2. 黄荣怀, Jyri Salomaa.（2008）.移动学习——理论·现状·趋势.北京：科学出版社。
3. 黄荣怀，张振虹&陈庚等.（2007）.网上学习：学习真的发生了吗？——跨文化背景下中英网上学习的比较研究.开放教育研究,（6）：12-24.
4. 孙朝阳.（2022）.国际中文教育数字资源的研究热点、发展趋势可视化分析（2000—2021）(eds.)数字化国际中文教育，58-69.
5. 张振虹，杨庆英&韩智.（2013）.微学习研究：现状与未来.中国电化教育（11），12-20.
6. 王佑镁，王娟，杨晓兰&伍海燕.（2013）.近二十年我国移动学习研究现状与未来趋势——基于中西方对比的研究综述.现代远程教育研究（01），49-55.
7. 马箭飞，梁宇，吴应辉&马佳楠.（2021）.国际中文教育教学资源建设70年：成就与展望.天津师范大学学报（社会科学版)(06),15-22.

8. 闵雨霖&李思.(2022).探究信息化教育下移动学习工具在大学英语混合式教学模式中的应用.海外英语(11),126-127.

9. 周可依,周原,刘钰森&赵宁宁.(2017).留学生移动辅助汉语学习的需求分析.现代教育论丛(05),87-96.

10. 孙华春,崔竹&章伊雯.(2021).国内移动辅助英语学习研究热点及演进分析.贵州师范学院学报(02),52-59.

11. 陈忱.(2021).新建构主义视角下基于英语类App的混合式教学模式研究.哈尔滨学院学报(07),106-109.

12. 杨亚楠.(2021).教育信息化背景下大学英语课堂有效性的调查分析.教育观察(26),5-7.

13. 张璟玮,刘礼泉.(2019).移动终端汉语教育应用软件现状调查与分析.中国语言战略(01),92-100.

14. 张璐,槐珊.(2017).汉语视听说教材教学话题与话题兴趣的调查分析.语言教学与研究(02),17-27.

15. 宫华萍,尤建新.(2021).基于TQM的高校在线教学质量因素与短板改进研究.中国电化教育(10),79-85+104.

16. 张丹清,陈海燕.(2014).移动探究学习工具及模式研究.软件导刊(教育技术)(04),77-79.

17. 胡奇军.(2022).移动微型学习对研究生英语课程的应用探索研究.科技视界(08),74-76.

18. 程娟,鲁媛.(2020).对外汉语学习App现状探究.东华理工大学学报（社会科学版）(04)，384-389.

19. 吕世平，潘玉田.（2012）.移动学习：新型学习方式的优势、局限与探索.继续教育（04），15-17.
20. 李丛立，张小波.（2013）.多模态环境下的翻译教学模式构建研究.中国电力教育（16），233-234.
21. 郑艳群.（2009）.《商务馆学汉语词典》插图评析.世界汉语教学（01），131-137.
22. 严晓蓉，何高大.（2015）.视觉学习视角下的语言可视化表征与教学应用.远程教育杂志（02），46-54.
23. 刘丹蓉.(2021).基于UMU平台的“课内翻转”教学模式探索.教育信息技术（Z1），44-46.
24. 赵金芳.（2015）.基于浙江高校微课比赛的课程设计与构建策略.当代教育理论与实践（08），48-51.
25. 沈梅英，刘春霞&干科安.（2008）.元认知策略在大学英语课外听力自主学习中的应用.浙江理工大学学报（03），330-333.
26. 曹祎怡.（2014）.对外汉语高级教材中话题选择的研究——以《博雅汉语〈发展汉语〉》为例,《第七届北京地区对外汉语教学研究生论坛文集》，北京：北京大学对外汉语教育学院。
27. 陈冰冰.（2009）.国外需求分析研究述评,《外语教学与研究》第2期。
28. 郭素红，吴中平.（2012）.留学生汉语需求分析的理论与方法,《汉语学习》第6期。

29. 林婷，冷冰冰.（2017）.大学生英语移动学习情况调查研究，《戏剧之家》第1期。

30. 刘华，方沁.（2014）.汉语教学用话题库及话题分类影视资源库构建,《世界汉语教学》第3期。

31. Michael Long.（2011）.《第二语言需求分析》，北京：外语教学与研究出版社、剑桥大学出版社。

32. Jones A C，Scanlon E，Clough G.（2013）Mobile learning: Two case studies of supporting inquiry learning in informal and semiformal settings，Computers&Education.

33. 梁工谦.（2014）.质量管理学（第二版），北京：中国人民大学出版社。

34. 王明贤.（2014）.现代质量管理（第2版）(21世纪经济学管理学类专业主干课程系列教材，北京：清华大学出版社。

35. 郭绍青，黄建军&袁庆飞.（2011）.国外移动学习应用发展综述,《电化教育研究》第5期。

36. 朱守业.（2008）.面向移动学习的课程设计和学习模式,《中国电化教育》第12期。

37. 王佑镁，王娟&杨晓兰等.（2013）.近二十年我国移动学习研究现状与未来趋势——基于中西方对比的研究综述,《现代远程教育研究》第1期。

38. 昝志华.（2013）.美国数字化故事竞赛（DISTCO）——数字化故事教育应用研究的新渠道,《现代教育技术》第1期。

39. 宋霞霞，马德俊.（2012）.基于数字化故事的教育叙事可视化研究,《现代教育技术》第2期。
40. 傅健，杨雪.（2009）.国内移动学习理论研究与实践十年瞰览,《中国电化教育》第7期。
41. 乔印伟.（2002）.汉语阅读教学任务及其量化分析,《世界汉语教学》第2期。
42. 高春华.（2015）.移动学习：新型学习方式的优势、局限与探索高春华,《教育探索》第11期。
43. 何东.（2011）.合理设计课堂练习_增强教学实效,《南昌教育学院院报》第6期。
44. 韩金.（2014）.在线教育游戏的研究,《中国信息教育技术》第19期。
45. Sihuan bao.（2010）.《中文游戏大本营-课堂游戏100例》，北京：北京大学出版社。
46. 谷同飞.（2015）.我国移动教育游戏的发展现状分析,《教育前沿》，第16期。
47. 张会.（2011）.移动学习与对外汉语教学,《北京广播电视大学学报》第2期。
48. 张丽娟.（2012）.移动学习及其带来的影响,《通信管理与技术》第6期。
49. 周健.（2013）.《汉语课堂教学技巧325例》，北京，商务印书馆。
50. 赵金铭.（2006）.《对外汉语课堂教学技巧研究》，北京：商务印书馆。

51. 崔乐.(2011).论对外汉语新词语词典的释义原则与方法,《海外华文教育》第4期。

52. 胡明扬.(1997).对外汉语教学中语汇教学的若干问题,《语言文字应用》第1期。

53. 刘善涛，王晓.(2014).对外汉语学习词典插图配置研究——以《商务馆学汉语词典》为例,《辞书研究》第2期。

54. 夏立新.(2013).《商务馆学汉语词典》释义存在的问题及改进意见,《云南师范大学学报(对外汉语教学与研究版)》第1期。

55. 焉德才.(2006).论对外汉语词汇教学中的“有度放射”策略,《语言文字应用》第2期。

56. 杨金华.(2009).突出“对外”特性的释义和用法说明——析《商务馆学汉语词典》的释词,《辞书研究》第6期。

57. 周健.(2007).语块在对外汉语教学中的价值与作用,《暨南学报(哲学社会科学版)》第1期。

58. 傅健，杨雪.(2009).国内移动学习理论研究与实践十年瞰览,《中国电化教育》第7期。

59. 李开.(2002).对外汉语教学中的词汇教学与设计,《语言教学与研究》第5期。

60. 钱家渝.(2006).《视觉心理学：视觉形式的思维与传播》，上海：学林出版社。

61. 齐春红.(2002).词汇教学的特点及其认知理据,《云南师范大学学报（哲学与社会科学版）》第6期。

62. 朱永海，张舒予.（2013）.知识视觉表征：知识可视化的实践途径,《电化教育研究》第8期。

63. 赵国庆.（2004）.知识可视化定义的分析与修订,《电化教育研究》第3期。

64. 王萍.（2013）.微信移动学习的支付功能与设计原则分析,《远程教育》第4期。

65. 李庆玲.（2012）.基于Web的高校教学反馈体系研究《远程教育》第3期。

66. 黄静，张文霞.（2014）.多元反馈对大学生英语作文修改的影响,《中国外语》第1期。

67. Alina Tugend.（2011）. *Better by Mistake*：*The Unexpected Benefits of Being Wrong*, *the best learners fail often.*

68. Tugend, A.（2011）. *Better by mistake*：*The unexpected benefits of being wrong*. New York：Riverhead.

69. 何克抗，李文光.（2022）.《教育技术学》，北京：北京师范大学出版社。

70. 黄伯荣，廖序东.（2011）.《现代汉语》，北京：高等教育出版社。

71. 刘珣.（2000）.《对外汉语教育学引论》，北京：北京语言大学出版社。

72. 吕必松.（1999）.《汉字与汉字教学研究论文选》，北京：北京大学出版社。

73. 王宁.(2015).《汉字构形学导论》，北京：商务印书馆。
74. 张延成.(2011).《国际汉语教学网络资源与技术》，武汉：湖北教育出版社。
75. 郭绍青，黄建军&袁庆飞.(2011).《国外移动学习应用发展综述》,《电化教育研究》第5期。
76. 李晓丹.(2012).《胡文华：汉字与对外汉字教学》,《华西语文学刊》第1期。
77. 江新.(2007).《“认写分流、多认少写”汉字教学方法的实验研究》,《世界汉语教学》第2期。
78. 柯仙桃，刁春婷.(2018).《基于智能手机的移动汉字学习软件研究现状及设计原则》,《汉字教学》第21期。
79. 陈作宏.(2006).多媒体在对外汉语高级口语教学中的运用，《民族教育研究》第2期。
80. 关项南，孙杰.(2016).微信辅助对外汉语教学初探,《当代教育实践与教学研究》。
81. 闫河.(2017).《微信公众号后台操作与运营全攻略》，北京：人民邮电出版社。
82. 赵金铭.(2006).《对外汉语口语教学研究》，北京：商务印书馆。
83. 蔡薇.(2019).近二十年汉语听力研究与教学综述,《云南师范大学学报》第4期。
84. 陈新.(2020).基于多模态理论框架的汉语视听说教学模式设计与研究,《云南大学学报》第42期。

85. 董元元.（2017）.微信辅助高校英语听说教学的行动研究,《教育现代化》第16期。

86. 李圃.（2017）.埃及汉语学习者的话题兴趣及内部差异调查,《海外华文教育》第7期。

87. 王瑞烽.（2020）.疫情防控期间汉语技能课线上教学模式分析,《世界汉语教学》第3期。

88. 希夏姆.（2013）.埃及本土汉语教师培养培训的现状与前景——以埃及艾因夏姆斯大学语言学院中文系为例,《国际汉语教育》第1期。

89. 蔡宝来，张诗雅&杨伊.（2015）.慕课与翻转课堂：概念、基本特征及设计策略,《教育研究》第11期。

90. 陈文冠.（2007）.基于网络环境下自主学习网站的建构与应用,《电化教育研究》第6期。

91. 崔光佐，陈虎&李树芳.（2002）.移动虚拟校园（MVC）的构思与实践,《现代远程教育研究》第4期。

92. 董方.（2014）.网络流行语的衍生特点及其对对外汉语教学的影响,《科技视界》第4期。

93. 顾曰国.（2007）.多媒体、多模态学习剖析,《外语电化教学》第2期。

94. 郭华峰，梅成才.（2015）.基于微信公众平台的微课移动学习平台设计,《中国教育信息化》第1期。

95. 郭绍青，黄建军&袁庆飞.（2011）.国外移动学习应用发展综述,《电化教育研究》第5期。

96. 何莲珍.(2003).自主学习及其能力的培养,《外语教学与研究》第4期。
97. 黄骞,王海军.(2019).机器自动口语测试的信度和效度研究——以MyET口语测试系统为例,《现代教育技术》第9期。
98. 黄荣怀,王晓晨&李玉顺.(2009).面向移动学习的学习活动设计框架,《远程教育杂志》第1期。
99. 霍华德·加德纳.(2008).《多元智能新视野》,北京:中国人民大学出版社。
100. 江新.(1999).第二语言习得的研究方法,《语言文字应用》第2期。
101. 焦建利,周晓清.(2015).基于Pad的一对一数字化学习BA4C模型,《电化教育研究》第1期。
102. 李浩君,徐佳程&房邵敏等.(2016).个性化移动学习路径优化策略应用研究,《电化教育研究》第1期。
103. 李蕾,李晓丽.(2014).基于iOS手持终端的移动学习资源设计研究,《中国电化教育》。
104. 刘建设,李青&刘金梅.(2007).移动学习研究现状综述,《电化教育研究》第7期。
105. 马玉慧,赵乐&李南南等.(2016)新型移动学习资源——教育App发展模式探究,《中国电化教育》第4期。
106. 杨小平.(2012).《当代汉语新词新语研究》,北京:中国社会科学出版社。

107. 蒋立兵、万力勇、陈佑清（2017）面向用户体验的微课设计框架构建与应用，《电化教育研究》第2期。
108. 李鹏鸽、左玉、刘志荣、葛优洋（2016）微课评价指标体系的构建与实施，《教学与管理》第16期。
109. 梁宇（2015）国际汉语教材评价指标体系建构——基于21世纪国外3份英语教材评价量表视角，《云南师范大学学报（对外汉语教学与研究版）》第4期。
110. 梁宇（2017）教师为评价者的国际汉语教材评价标准实证研究，《国际汉语教育（中英文）》第3期。
111. 梁宇（2016）学习者为评价者的国际汉语教材评价标准预试研究，《海外华文教育》第6期。
112. 孙聘（2015）基于用户体验的微课评价指标体系设计，《现代教育技术》第3期。
113. 苏钰淳、徐洪香、常帅（2019）区间数模糊综合评判在高校微课评价中的应用，《辽宁工业大学学报（自然科学版）》第2期。
114. 王岚、张一春（2015）微课的评价指标体系研究，《教育现代化》第3期。
115. 王泽颖、赵启斯（2015）基于层次分析法的微课评价指标体系构建，《软件导刊（教育技术）》第7期。
116. 周东岱、孙聘（2016，）从资源与课程属性的视角谈微课评价，《现代教育技术》第4期。
117. 陈向明（2009）《对教师实践性知识构成要素的探讨》，《教育研究》，第10期（总第357期）。
118. 陈向明（2018）《教师实践性知识再审视 —— 对若干疑问的回应》，《北京大学教育评论》第16卷第4期。
119. 胡铁生、黄明燕、李民（2013）《我国微课发展的三个阶段及其启示》，《远程教育杂志》。
120. 江新、郝丽霞（2010）《对外汉语教师实践性知识的个案研究》，《世界汉语教学》第24卷第3期。
121. 江新、郝丽霞（2011）《新手和熟手对外汉语教师实践性知识的研究》，《语言教学与研究》第2期。
122. 吕琳琼（2019）《微课探“微”：教师实践性知识养成的叙事探究》，《外语教学》第40卷第2期。
123. 孙德坤（2014）《国际汉语教师个人实践知识个案研究》，《世界汉语教学》第28卷第1期。
124. 白雪苹（2017）教师情感研究的多维视角，《河南理工大学学报》（社会科学版）。
125. 李水（2016）对外汉语个别式辅导教师情感因素的动态分析 —— 基于叙事的个案研究，《云南师范大学学报》（对外汉语教学与研究版）。
126. 刘胡权（2018）论教师职前培养的“情感-人文”取向，《教师发展研究》。
127. 余可华（2018）国外教师情感研究演进及趋势，《云南师范大学学报》（对外汉语教学与研究版）。
128. 张文海、卢家楣、张庆（2011）青少年气质对其情绪调节的影响：教师情感能力的作用,《心理科学》。

129. 郑楚楚、郭力平（2018）二十一世纪以来国内外教师情绪智力与教师职业倦怠关系研究的元分析,《教师教育研究》。

130.（以）利布里奇,（以）图沃-玛沙奇（2008）叙事研究：阅读、分析与诠释，重庆：重庆大学出版社。

131. Sophia, Nizielski & Suhair, Hallum& , N. Lopes & Astrid, Schütz（2012）Attention to Student Needs Mediates the Relationship Between Teacher Emotional Intelligence and Student Misconduct in the Classroom, Journal of Psychoeducational Assessment.

132. Gholami, Khalil & Faraji, Sonia & Meijer, Paulien C. & Tirri, Kirsi（2021）Construction and deconstruction of student teachers' professional identity: A narrative study, Teaching and Teacher Education.

133. Mérida, López, Sergio & Extremera, Natalio（2020）The Interplay of Emotional Intelligence Abilities and Work Engagement on Job and Life Satisfaction: Which Emotional Abilities Matter Most for Secondary-School Teachers?, Frontiers in Psychology.